中等社会科100テーマ

―〈地理総合・歴史総合・公共〉授業づくりの手引き―

和井田 清司・篠塚 明彦・小林 汎
吉本 健一・大野 一夫・米山 宏史
杉浦 正和・田中 祐児 [編著]

三恵社

[執筆者]

＊和井田　清司	武蔵大学	教授
＊篠塚　明彦	弘前大学	教授
＊大野　一夫	元歴史教育者協議会	事務局長
＊米山　宏史	法政大学中学高等学校	教諭
＊小林　汎	元筑波大学	教授
＊吉本　健一	至学館大学	教授
＊杉浦　正和	武蔵大学	非常勤講師
＊田中　祐児	元埼玉県立高等学校	教諭
田代　博	一般財団法人日本地図センター	相談役
松永　和子	法政大学	非常勤講師
上野　廣幸	函館大学	非常勤講師
田島　康弘	鹿児島大学	名誉教授
大谷　猛夫	元東京都足立区立東島根中学校	教諭
磯部　作	放送大学	客員教授
大野　新	大東文化大学	特任教授
竹内　裕一	千葉大学	教授
渡辺　哲郎	日本大学習志野高等学校	教諭
鈴木　裕明	国際学院中学校高等学校	教諭
四十栄　貞憲	千葉市立千葉高等学校	教諭
楳澤　和夫	千葉大学	非常勤講師
江連　恭弘	法政大学第二中・高等学校	教諭
山田　耕太	筑波大学附属駒場中・高等学校	教諭
北條　薫	和光高等学校	教諭
小野　恭一	鹿児島県歴史資料センター黎明館	学芸課主事
河合　美喜夫	中央大学	特任教授
田城　賢司	和歌山県立熊野高等学校	教諭
飯塚　真吾	八千代松陰中学・高等学校	教諭
井ノ口　貴史	京都橘大学	非常勤講師
齋藤　一晴	日本福祉大学	准教授
吉田　俊弘	大正大学	教授
武藤　章	正則高等学校	講師
桑山　俊昭	法政大学	非常勤講師
八島　朔彦	芝浦工業大学柏高等学校	教諭
菅澤　康雄	千葉県立市川工業高等学校	教諭
内久根　直樹	千葉県立東葛飾中学校・高等学校	教諭
渥美　利文	東京都立農芸高等学校	教諭
三井　肇	東京都立上野高等学校	主任教諭
小林　孝生	神奈川県立瀬谷高等学校	教諭
鈴木　隆弘	高千穂大学	教授
和井田　祐司	大阪暁光高等学校	教諭
杉浦　真理	立命館宇治高等学校	教諭
井田　佐恵子	駒場東邦中学高等学校	教諭
華井　和代	東京大学	講師

[＊印は編者／執筆順　2019年6月現在]

はしがき

　1947年に成立した社会科は、科学的社会認識と民主的社会の形成者の育成をめざし、学校の教育課程の中で重要な位置を占めてきました。

　一方で、学習指導要領の変遷につれて、社会科の目標・内容・方法等は変容してきました。とりわけ、社会科生誕70年目をむかえた2017年、学習指導要領が大幅に改訂され、資質・能力の育成、主体的・対話的で深い学び（アクティブ・ラーニング）、カリキュラム・マネジメント等のキーワードに示されるように、教育課程のねらい・内容・方法・評価の体系が再編成されました。中等社会科（中学社会科・高校地歴科・高校公民科等を総称）も、高校新科目（「地理総合」「歴史総合」「公共」）の創設を含め、大きな変革に直面しています。

　他方で、学校や教師たちは、制度面の変遷に対応しつつも、それぞれの時代の基本的社会問題を見すえ、創造的な実践を開発し、蓄積してきました。政治主導の制度改革を現場に根ざした実践が中和してきたともいえます。時には、創造的実践は制度をつくりかえる契機ともなりました。「現代社会」や「総合学習」は、現場実践の中から萌芽したものに他なりません。下から積みあげてきた中等社会科実践の成果を継承する課題が重要です。そして、私たちのめざす中等社会科は、第1に現代世界と社会構造を分析的かつ総合的に研究するものであり、第2に学問世界と教育実践を結ぶものであり、第3に青年期という生徒の発達特性や発達課題にせまることが求められています。

　本書は、中等社会科実践の蓄積をふまえ、社会科の初心である平和と民主主義の理念を継承しつつ革新する立場にたち、今後の実践創造にむけた手引きを提示するものです。なお、本書は、全体を5章で構成しています。1・2章は総論であり、1章では中等社会科の制度と実践の展開過程を整理し、2章では中等社会科における授業づくりのポイントをまとめています。3・4・5章は各論であり、本書の中核部分です。ここでは、新教育課程における中等社会科の中軸科目となる「地理総合」「歴史総合」「公共」を中心に、地理・歴史・公民各領域の授業テーマを厳選し、実践の手引きとなるよう編集しました。各テーマについて冒頭にインパクトの強い写真・図版・資料をしめし、本文の叙述は①テーマの課題と視点 ②教材研究のポイント ③授業づくりのヒント ④発展学習 という構成をとっています。授業の準備や展開にそくして活用可能なスタイルになっています。

　日々の実践創造に努力されている現場の中等社会科教師のみなさんに、本書を届けたいと思います。同時に本書は、大学における中等社会科の教科指導法関連科目のテキストとしても活用可能なかたちで編集しています。未来の中等社会科教師をめざすみなさんに手にとってもらえると幸いです。また本書には、姉妹編である『中等社会科の研究』（三恵社、2018年）があります。本書が実践編と考えれば、前書は理論編です。あわせてご活用ください。

　本書は、43人にのぼる執筆者と各分野の編集委員のご支援によって完成いたしました。各分野の編集は、小林汎氏・吉本健一氏（3章地理領域）、大野一夫氏・米山宏史氏（4章歴史領域）、田中祐児氏・杉浦正和氏（5章公民領域）に担当いただきました。各分野の執筆者への依頼、原稿のコメントや調整等、多方面にわたり献身的に取り組んでくださいました。また、木全俊輔氏をはじめ三恵社のみなさまには、各執筆者への連絡調整、図版の許諾手続き等、煩瑣な作業を含む編集実務をていねいに対応いただき、刊行につなげていただきました。なお本書は、武蔵大学研究出版助成を受け、刊行しています。

　以上のみなさまに記して深謝致します。

2019年6月23日　　和井田清司・篠塚明彦

目　次

はしがき..3

第1章　中等社会科のあゆみと課題

1　中等社会科の誕生―初期社会科......................8
2　中等社会科学習指導要領の変遷と特徴..........10
3　中等社会科実践の知的遺産............................14

第2章　中等社会科の授業づくり

総論　中等社会科―授業づくりの理論と実践......18
1　学習指導案とは何か、どう作成するか..........20
2　教材研究とは何か、どうすすめるか..............22
3　教科書とは何か、どう活用するか..................24
4　教科書を使って協同的な学びを―ヒトラーの独裁始まる（中2歴史）......................................26
5　社会的問題を探究する授業を―"石油は枯渇する?"「資源問題のなぞにせまる」......................30
　■板書・プリント・発問について............29,33
6　調査・発表学習やフィールドワークにどう取り組むか..34
7　実物教材・映像教材をどう活用するか..........36
8　新聞学習の可能性と課題................................38
9　ディベート・討論学習をどうすすめるか......40
10　課題・探究学習をどうすすめるか................42
11　ICT活用の可能性と課題................................44
12　評価活動をどうすすめるか............................46

第3章　「地理総合」実践の手引き

総論　地理総合を教えるにあたって......................50

【A　地図と地理情報システムで捉える現代世界―GIS】
1　地理総合で学ぶこと―持続可能な社会をめざして..52
2　地理情報システムをどう活用するか..............54
3　地球儀を使って地球を理解する......................56
4　楽しい地図学習..58
5　地震が起きるのはどうしてか―大地のメカニズム..60
6　世界の気候の特色と人びとの暮らし..............62

【B　国際理解と国際協力―世界とSDGs】
7　世界がもし100人の村だったら―ネット・ロアの世界から..64
8　世界はもう満員?―人口急増する国・人口減少の国..66
9　世界と日本の食料事情―飽食と飢餓..............68
10　世界の民族と国家について............................70
11　イスラーム世界を知る....................................72
12　パレスチナで起きていること........................74
13　資源・エネルギー問題と現代社会................76
14　経済発展の陰で何が起きているか................78
15　つくる責任とつかう責任―持続可能な生産と消費..80
16　気候変動がもたらすもの―地球温暖化........82
17　環境破壊―陸の豊かさ・海の豊かさを守る...84

【C　持続可能な地域づくりと私たち―日本とSDGs】
18　グローバル化と情報化社会―インターネットは世界をどう変えたのか..............................86
19　頻発する自然災害にどう向き合うのか........88
20　福島県がめざす100%自然エネルギー..........90

21	安全・安心な暮らしを実現する―環境マップづくり	92
22	大都市一極集中と地域の再生	94
23	沖縄から見た平和と日本社会	96
24	北海道のアイヌと日本のマイノリティ	98
25	国際社会における日本の役割	100
コラム	国旗から世界をみる―「ユニオン・ジャック」のついた国旗	102

第4章 「歴史総合」実践の手引き

総論 「歴史総合」の魅力的な授業づくりをめざして 104

【A 歴史の扉】
1. 地域から見た日本史・世界史 106
2. 文化遺産で学ぶ 108

【B 近代化と私たち】
3. 近代化がもたらしたもの 110
4. 市民革命と立憲政治の広がり 112
5. 欧米列強とアジア 114
6. 琉球とアイヌ 116
7. 日本の近代化 118
8. 自由民権と帝国憲法 120
9. 日清・日露戦争とアジア 122
10. 帝国主義―アジア・アフリカの分割 124
11. 近代化と現代的な諸課題 126

【C 国際秩序の変化や大衆化と私たち】
12. 第一次世界大戦 128
13. ロシア革命と世界・日本 130
14. 民族自決とアジアの独立運動 132
15. 大正デモクラシーと世界 134
16. 今に生きる不戦条約 136
17. ファシズム 138
18. 日本のアジア侵略をどう認識するか 140
19. 第二次世界大戦 142
20. アジア太平洋戦争と民衆 144
21. 大戦後の国際連合と国際経済体制 146
22. 日本国憲法の成立と民主化 148
23. 二つの大戦と戦後の冷戦 150
24. 大衆化と現代的な諸課題 152

【D グローバル化と私たち】
25. 脱植民地化とグローバル化 154
26. 核実験と平和運動 156
27. 高度経済成長の時代 158
28. パレスチナ問題と中東戦争 160
29. ベトナム戦争と日本 162
30. 石油危機と世界経済 164
31. 冷戦の終結と地域紛争の拡散 166
32. アジアの経済成長と貿易の自由化 168
33. 9・11テロとアフガン・イラク戦争 170
34. 現代的な諸課題と持続可能な社会 172
35. アジアの平和と友好に向けて―歴史認識の課題 174

コラム 家族の歴史年表をつくる 176

第5章 「公共」実践の手引き

総論 主権者教育としての「公共」をどう創るか 178

【A 公共の扉―社会の基本原理を学ぶ】
1. 近代社会の扉―自立した主体と社会（アダム・スミスに学ぶ） 180
2. 正義とは何か―「幸福」か、「公正」か 182
3. 思想革命としての社会契約説 184
4. 「人権」と「権利」はどう違うか 186
5. 民主主義社会の原理と制度 188

【B 現代社会と私たち―社会問題を読み解く】
6. 権利対立の調整とルールづくり 190
7. 消費者保護から賢い消費者の権利へ 192
8. 日本国憲法の理念と現実―9条をめぐる相剋 194
9. 若者の政治参加と模擬選挙 196
10. 広がり深まる人権 198

11	「静かな沖縄を返してください」―沖縄の米軍基地問題	200
12	市民が真実を探る模擬裁判	202
13	権力の横暴を防ぐ権力分立と地方自治	204
14	日本の平和外交と国際協調	206
15	市場経済のメカニズムとその限界	208
16	経済を支える金融―バブルの発生から崩壊まで	210
17	消費税は庶民に冷たい税金か	212
18	社会保障をどう維持するか	214
19	人間らしい働き方を求めて	216
20	グローバル経済の光と影	218

【C　持続可能な社会へ―社会問題の解決を探る】

21	生命倫理を考える―生と死の自己決定をめぐって	220
22	住民の声を町づくりに―模擬請願	222
23	多文化共生、誰もが当事者	224
24	地球温暖化とパリ協定―模擬COPで議論	226
25	世界の平和を築く―平和の主体としての市民	228

| コラム | ワイマール憲法の教訓―ファシズムを防ぐ仕組み | 230 |
| コラム | 日本の領土問題をどう見るか | 231 |

資料・付録

1	中等社会科構造図	234
2	中等社会科関連年表	236
3	中等社会科　学習指導要領（抄録）	240
4	索引	250

第1章

中等社会科のあゆみと課題

1　中等社会科の誕生
2　中等社会科学習指導要領の変遷と特徴
3　中等社会科実践の知的遺産

　戦後教育の花形教科として社会科は誕生した。社会科は、戦後の日本国憲法・教育基本法・学校教育法に体系づけられた平和主義・民主主義の教育理念を具体化するものと位置づけられた。平和と民主主義を希求する時代潮流のなかにあって、初期社会科の時代には自由で創造的な実践が次々と生み出されていった。

　社会科が生まれて70年以上が経ったが、社会のあり方と密接に結びつく教科である社会科は、この間、常に社会の変化や政治状況の変化に直接的にさらされて大きく揺さぶられてきた。1989年の学習指導要領改訂では、高等学校社会科が地理歴史科と公民科に解体・再編され、高校からは社会科の呼称さえも消されてしまった。しかし、中等教育段階の社会系諸教科を包含した「中等社会科」として捉えてみると、社会認識系のカリキュラムはそれなりの一貫性をもったものとして措定することもできる。

　大きく揺さぶられた社会科70年の歴史のなかで、社会科の理念を体現する性格の典型的な実践と理論が開発されてきた。それらは、当時の課題や教育制度に対応しつつ実践・開発されたものであるが、それと同時に時代を超えた価値をもつものでもある。

　新しい価値の創造が求められ、「コンテンツ・ベースからコンピテンシー・ベースへの転換」、「21世紀型能力」などが強く叫ばれている今日だからこそ、改めて中等社会科70年の歩みをふりかえり、現在の中等社会科の直面する課題を見すえ、これからの方向性を考えることが求められている

第1章　中等社会科のあゆみと課題

1　中等社会科の誕生 —初期社会科

1 中等社会科の誕生

　日本の社会科は、小中高校を一貫するものとして、1947年に誕生した。小学校段階を初等社会科、中学高校段階を中等社会科と呼ぶ。この社会科は、戦前の修身・国史・地理の延長線上に位置するものではなく、それらの全面的な否定のうえに成立した。すなわち、戦後の日本国憲法・教育基本法（旧法）・学校教育法に体系づけられた平和主義・民主主義の教育理念を具体化する文脈から誕生した。

　さらに社会科は、戦後新教育の花型として、カリキュラムのコアに位置づけられた。平和と民主主義を希求する時代潮流や学習指導要領（「試案」）が下からの実践を要請したこともあり、自由で創造的な実践が生まれた。上原専禄によれば、社会科は子どもに「社会の能動的担い手」としての「観念と意識」を自覚させる日本の教育史上画期的なものであった（著作集12巻 p.182）。

　ちなみに、成立期の社会科学習指導要領に、こうある。「社会科はいわゆる学問の系統によらず青少年の現実生活の問題を中心として、青少年の社会的経験を広め、また深めようとするものである。したがってそれは、従来の教科の寄せ集めや総合ではない」「ほんとうの知識、ほんとうの技能は、児童や青年が自分でたてた目的を満足させようとする活動からでなければ出来てこないことを知って、そこから指導法を工夫しなければならない」

　社会科は、英語では「Social Studies」で、「社会研究」を意味する。社会科の原点は、社会研究の体験を子どもたちにつませることにある。子どもたちが主体的に社会を研究し、科学的認識力と社会的実践力を培うものとして出発したといえる。

2 初期社会科の制度と特徴

　社会科の制度は、学習指導要領の改訂を契機に変遷をとげてきた。このうち、学習指導要領（1947年・1951年版）に体現された成立当初の社会科教育の制度（目的・内容・方法・評価の全体）を「初期社会科（initial social studies）」と呼ぶ。

　初期社会科は、当時の教育課程がジョン・デューイに代表されるアメリカの経験主義教育の影響を受けたところから、経験主義社会科と呼ばれることもある。また、学習過程において問題を解決する学習を重視したことから、問題解決社会科と指摘されることもある。そうした特色をとおして、第2次世界大戦後の民主主義社会をになう市民像がめざされたのである。しかし、初期社会科には、アメリカからの影響が強く、社会機能法や適応主義的な特徴に対する批判もみられ、「日本の社会科」をめざす意見も少なくなかった。

　初期社会科の中等段階におけるカリキュラムは、中1から高1段階まで「一般社会」という共通の課程がおかれ、総合社会科（学問体系を背景にせず、社会問題を総合的に探究する）という特色をもった。そのなかでやや変則的だが、中学段階で、「国史」（のちに「日本史」）が位置づけられた。高2段階からは、選択社会科として「人文地理」「西洋史」「東洋史」）（のちに「世界史」「日本史」）「時事問題」という学問的色彩の強い分化科目が位置づけられた。[巻末、中等社会科構造図参照]

　このうち、「時事問題」は当初教科書が作成されず、新聞やラジオ放送等から教材をさがし、社会問題を探究的に学ぶものとされた。だが、現場での実践は困難が多く、逸脱をおさえ指導の統一性をめざす文部省の行政指導により、「時事問題」単元要綱（1950）が示され、やがて検定教科書が発行（1952年度）され、科目そのものもほどなく消滅した。

　初期社会科の時代は学習指導要領が「試案」として位置づけられ、地域や学校での自主的なカリキュラム編成が推奨された。そのため、コア・カリキュラム型（社会科をカリキュラム全体のコアに位置づけるもの。ex.明石プラン）や地域教育計画型（本格的な調査をふまえて地域課題を中心にカリキュラムを編成するもの。ex.川口プラン）など、カリキュラム改造運動と呼ばれるように多彩な実践プランが登場した。

その後、地域や生徒の生活現実をとりあげ、問題解決過程を重視した実践があらわれるようになった。その中から2つの典型実践を、次に紹介しよう。

3 初期社会科の典型実践と特徴

（1）山びこ学校（1951年　無着成恭）

『山びこ学校』は、山形県山元中学の生徒と担任教師・無着成恭による学級文集「きかんしゃ」を編集して、1951年に出版されたものである。生徒たちが自分の生活を見つめ、課題を探究して記録した綴方である。本書は、無着が実践した社会科授業の記録であり、農村の生活と農業の問題をとりあげ、探究し、議論し、綴方にまとめている。

無着は、教科書の記述が農村で貧困にあえぐ人々の現実にそぐわないことに気づき、生活現実に立脚した「ほんものの教育」をめざした。そこで、生徒たちに自分たちの生活をリアルにみつめて記録させるとともに、直面する現実の問題をとりあげ、その背景や原因を生徒に考えさせ、文集にまとめていった。さらに文集を読み合わせながら、改善策を検討した。無着は、社会科の求めるほんものの生活態度を発見する手がかりを綴方という方法に求めたと述懐している。

この実践は、地域の現実を出発点として生徒が主体的に学習し、地域の課題を改善する方向を模索するものであった。そのことから、当時の社会科教育がめざしていた問題解決学習のモデルと受けとめられ、注目を浴びることになった。

（2）水害と市政（1953年　吉田定俊・丸木政臣）

1953年6月26日、熊本市は記録的な大雨に見舞われ、歴史的災害－白川大水害を被災した。熊本大学附属中学の3年生は、この水害問題を社会科でとりあげ、大規模な問題解決学習を実践した。単元展開は、次のようである。

①水害体験討議（夏休みの水害研究の発表を含む）
②水害の実態調査（他県との比較を含む）
③過去の水防調査（封建時代の治水工事）
④外国の河川改修調査（TVA・黄河）
⑤今後の水防計画の考察（レポート）

二学期からの学習に先立ち、生徒たちは夏休みを使って、市内各地の調査を実施した。容易に進まない復旧状況に対して、罹災者の住宅を整備すべしという意

無着成恭『山びこ学校』青銅社（1951）の初版本。
本実践はその後映画にもなり、注目を浴びた。舞台となった山元中学校は、過疎化の影響で廃校となり、現存しない。

見が出るなど、社会問題としての自覚がみられるようになった。

単元展開をみると、学習は地理や歴史をふくむ多角的な学習として進展し、水防計画の提言を考察するところまで発展する。その際、歴史学習では、生徒が熊本大学図書館で江戸時代の治水対策の資料を調査し、熊本城を守るために、白川の城側の堤防を補強し、対岸に流れ込むように治水対策がなされていたことを発見する。市域が拡大したにもかかわらず、昔からの水防計画が水害時まで改善されず、今回の水害で白川左岸に被害が集中した一因となったことを解明した。外国の治水対策も参照しつつ、今後の政策を提言してこの単元が終結している。

生徒が、生活問題をとりあげ、政治・地理・歴史的な知的探究をふまえて解決策を模索する問題解決学習の典型といえる。

以上のような初期社会科の制度と実践をみると、創設期の社会科が、民主的社会の形成者を育成する視点から、主体的で問題解決的な学習を重視し、下から活力あふれる実践が生まれていたことがわかる。その後社会科は、知識主義や系統学習の傾向が強くなり、ともすれば暗記科目として生徒に忌避されるようになる。だが今日、中等社会科においても、「主体的対話的で深い学び」の実現が求められている。社会科本来のあり方を探究するためにも、あらためて初期社会科の経験から学ぶことが重要である。

（和井田清司）

■文献・資料紹介
- 和井田清司他『高校初期社会科の研究』学文社（1998年）
- 平田嘉三編『初期社会科実践史研究』図書センター（1986年）
- 小原友行『初期社会科授業論の研究』風間書房（1998年）
- 無着成恭『山びこ学校』岩波文庫（1995年）

第1章 中等社会科のあゆみと課題

2　中等社会科学習指導要領の変遷と特徴

1 経験主義の教育課程

　初めて学習指導要領が示されたのが、1947年である。そして、1951年に第1次の改訂がなされた。1947～1955年までこの二つの指導要領のもとにあった時期を一般的に初期社会科と呼んでいる。1947年版と1951年版はいずれも試案として示されたものであり、学校現場において独自のカリキュラムを作成することが認められた。戦前の知識注入を排除し、民主主義社会の担い手となる市民の育成がめざされた。そのために、生徒の主体的な問題意識を中心に据えて批判的かつ科学的な方法によって問題の解決を図ろうとする問題解決学習がめざされた。1947年版指導要領では、「社会科はいわゆる学問の系統によらず、青少年の現実生活の問題を中心として、青少年の社会的経験を広め、また深めようとするものである」と述べられている。経験を重視した問題解決学習を志向したことから経験主義とも呼ばれている。

　中等社会科のカリキュラムは、中学校および高校1年生の段階まで一般社会科（総合社会科）が置かれ、そのうえに選択科目として東洋史・西洋史・人文地理・時事問題（51年版では東洋史・西洋史にかわり日本史と世界史）が位置づけられた。一般社会科では社会生活との接点から大単元が構成されて問題解決学習がめざされた。また、選択科目である時事問題は、特に教科書を作らず新聞やラジオの記事を教材とする問題解決学習が進められた。

2 系統主義への転換

　第2次改訂がなされた1955・56年版では、経験主義から系統主義への転換がはかられた。系統主義とは、教えるべき内容を系統的に配列したもので、その学習内容を教材の論理にしたがって順に学習するものである。経験主義という「感性主義的認識」から、系統主義という「理性的認識」への転換ともいわれた。

　こうした経験主義（問題解決学習）から系統主義への転換には、政治的背景や経験主義への批判などが影響したものと考えられる。1950年の朝鮮戦争勃発とそれに伴う警察予備隊創設やレッドパージ、さらに1951年のサンフランシスコ講和条約などの動きが社会科を巡る状況を大きく変えていった。政権サイドから社会科の内容やそのあり方に対する批判が噴出していった。それに加えて、一部で見られた形骸化した経験主義学習に対してマスコミなども含めて「這い回る経験主義」といった批判もなされていた。なお、このときの改訂は社会科に限ったものであり、教育課程全体の改訂ではなかった。

　1955・56年版では中等社会科のカリキュラムは、中学校で分野社会科（地理・歴史・政経社）、高校では社会を必修とし、選択科目として日本史・世界史・人文地理が並立する構造となった。必修とされた社会も系統的な内容に改変されたものであり、問題解決的な学習であった時事問題は姿を消した。

　1960年版では高校の科目がさらに細分化された。

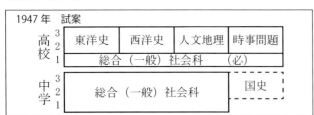

社会は倫理・社会と政治・経済に分けて必修とされ、人文地理は地理となりA・Bが置かれ、世界史にもA・Bが置かれることになった。こうした科目の細分化はやがて学習内容の増加にもつながることになる。

3 「教育の現代化」と構造主義

高度経済成長が進む中での改訂となったのが、1969・70年の第4次改訂であった。高度経済成長のもとで経済発展に努力する勤勉な国民像や生産性の高い目的追求型の国民像がめざされるようになった。高度経済成長を背景としつつ、より一層現代科学の成果を反映させるべく、高度で科学的な教育を進める「教育の現代化」の方針がアメリカの影響のもとに打ち出された。これにより、現代科学の成果と科学的方法の導入が重視されるようになり、内容の高度化がはかられた結果、中等社会科は知識主義の学習へと向かうこととなった。

この時の改訂では、中学校の政治・経済・社会的分野が公民的分野に名称変更され、現在の三分野の社会科が確立した。同時に、従来のザブトン型の学習にかわって、地理的分野と歴史的分野の並行学習を基礎に、その成果の上に公民的分野を学ぶという教科の基本的な構造を踏まえたとされるいわゆるπ型が登場した。その是非が多くの議論を生んだπ型は、次の改訂で徹底がはかられていくことになる。

4 「考える」社会科へ

1977・78年には第5次の学習指導要領改訂がなされた。高度経済成長期を経て、国民生活は大きく変化し、1974年には高校進学率が90％を超えた。この間、財界からの強い要請にもとづく高校の多様化や能力開発主義の教育は、その結果として「詰め込み教育」「知識偏重」「受験戦争」などを生み出すことになった。このような中で、社会科に対して、多くの知識を詰め込む「暗記科目」という認識が広がっていった。また、学習内容の高度化は社会科の教科としての分化を進めることにもなり「科目あって教科なし」と批判されるようにもなっていた。このような状況にあって学習指導要領の改訂にあたっては、「ゆとりある学校生活の実現」が志向されることになり、学習内容・授業時間数の大幅な削減がなされた。

中等社会科のカリキュラムにあっては、高校に現代社会が新設され、1年生で履修する必修科目とされた。現代社会は、「中学校教育との関連を一層密にしながら、国民として共通に必要とされる基礎的な内容の総合的科目を編成する」という方針にもとづき、総合科目として新設されたものである。現代社会は知識を系統的に教えるのではなく、現代社会の諸問題について生徒による主体的な問題解決をめざす科目とされた。また、2・3年生で学ぶ日本史や政治・経済などの選択科目の基礎をなす科目と位置づけられた。現代社会の設置に伴い、中学公民的分野では学習内容が一部現代社会に移され、時間数も大幅削減された。現代社会は、「覚える」社会科から「考える」社会科への転換を意図したものといえよう。

5 高校社会科の「解体」

第6次の改訂は1989年になされた。このときの改訂は、中等社会科の形を大きく変えるものであった。前の改訂では「科目あって教科なし」との批判に対応したものであったが、今回の改訂により高校の社会科自体が「解体」され、地理歴史科と公民科に再編された。今回の改訂にあたっては、総理大臣の諮問機関として設置された臨時教育審議会（臨教審）が大きな影響を及ぼしている。臨教審は、1984年に「戦後政治の総決算」を掲げ、憲法改定も視野に入れた政治改革を志向する中曽根内閣のもとで、教育改革の方向性を

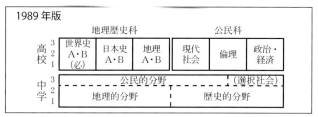

打ち出すために設置されたものである。その臨教審の第2次答申（1986年4月）で、「中等教育段階における社会科の教科構成のあり方、家庭科の内容と取り扱いについて検討すること」が提案された。これを受けて1987年12月に、高校社会科を再編し地理歴史科（地歴科）と公民科の二つの教科を設けることを盛り込んだ教育課程審議会の最終答申が出された。40年余りにわたり続いた高校社会科がわずか1年ほどの議論で解体され、後期中等教育から社会科は姿を消したわけである。

なお、この時に現代社会が必修科目から外され、かわって世界史が必修とされた。また、小学校1・2年生においては社会科と理科を廃し、生活科が創設された。そのために社会科は小学校3年生から中学校3年生までの7年間だけに存在する教科（「7年体系の社会科」）となり、中等教育のカリキュラム上は教科としての一貫性を失うことになった。高校社会科の「解体」は、まさに「戦後政治の総決算」の象徴ともいえる極めて政治的な影響が強い中で進められたできごとであった。しかし、社会の科学的な認識と民主主義の担い手の育成、そのための総合教科としての社会科という理念そのものは地歴科、公民科へと受け継がれていくことになる。

6 「生きる力」と「総合的な学習の時間」

自ら課題を見つけ、自ら考え、主体的に判断し、問題を解決する力を育てるという視点から「生きる力」が提起された。それが1998・99年の第7次改訂である。「生きる力」を育てるためには、これまでの画一的といわれた学校の授業を変え、生徒自身が自己の能力・適性や興味・関心に応じて主体的に学習に取り組むことができるようにすることが必要であるとされた。中学校では生徒自身が選択して学習できる幅を一層拡大し、それまでは3年生のみで選択可能だった選択「社会」が1・2年生でも履修できるようになった。また、「知識を教え込む教育」から「自ら考え、学ぶ教育へ」という意図のもと、従来の知識体系による学力に対して、既存の教科の枠を超えて横断的・総合的な課題対応型の学力を追究する「総合的な学習の時間」が新たに設けられた。

また、「総合的な学習の時間」とあわせて、2002年から完全実施される学校5日制による授業時数の減少にともない学習内容の大幅な精選（「厳選」）と「ゆとり」が求められる学習指導要領となった。

この時、前改訂においてなされた世界史必修への疑問も出されていたが、引き続き世界史の必修は維持された。一方、現代社会の標準単位は4単位から2単位に削減されている。新設された「総合的な学習の時間」では、国際・環境・情報・健康・福祉等のテーマについて横断的・探究的な学習が推奨された。そのため、中等社会科のカリキュラムの基本に大きな変化はなかったが、「総合的な学習の時間」との連携・協働関係が求められるようになった。

なお、1998・99年版の学習指導要領については、2003年に総則を中心に一部改訂がなされている。途中での部分改訂は異例のことであった。これは「ゆとり教育」による学力低下が問題視され、「総合的な学習の時間」を受験のための学習時間に充てるなどの動きが一部に見られたことを受けての対応であった。基本的には「確かな学力」の保障と「総合的な学習の時間」の充実を確認するものであり、中等社会科のカリキュラムに直接的な変更はなかった。

7 「活用能力」の育成

「生きる力」は、次の第8次改訂においても基本的に引き継がれた。今次の改訂は、2006年の教育基本法改定とそれに伴う2007年の学校教育法改定を踏まえてのものであった。学習指導要領は、知識基盤社会（変化が激しく、常に新しい未知の課題に対して、知識を活用しながら対応することが求められる社会）やグローバル化に対応できる人材の育成をめざした。知識をため込むよりも、その知識をいかに使いこなしていくかという力（＝活用能力）の育成が強く求められたのである。こうしたことの背景には、教育基本法・学校教育法の改定とともにOECDによるPISA調査結果の影響が考えられる。PISA2003の結果は、日本に「PISAショック」とまでいわれる現象を引き起こした。日本

の児童生徒は読解力や活用する力、そして、学びに向かう意欲・関心が低いという結果が出たのである。

　学習指導要領改訂の基本方針は、①基礎的・基本的な知識・概念や技能の習得、②思考力・判断力・表現力等を確実に育む言語活動の充実、③社会参画に関する学習の重視という三点であった。これは、学校教育法で規定された学力の三要素（基礎的な知識・技能、思考力・判断力・表現力等の能力、主体的に学習に取り組む態度）と合致するものであり、PISA型学力への転換が意図されたものである。

　中等社会科のカリキュラムには大きな変化はなかった。但し内容においては、社会的事象の意味や意義を解釈する、資料の収集とそれを活用して考察・判断し、適切に表現するなど言語活動に関わる学習の充実が見られた。また、中学校公民的分野では「効率と公正」、高校現代社会で「幸福・正義・公正」といった諸課題を考察する際の枠組を示している点は、これまで見られなかったことである。

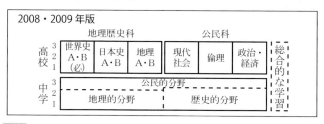

8　学びの大変革

　2017・2018年の第9次改訂は、これまでの改訂とは全く異なる大改訂となった。中等社会科にとっては、高校社会科「解体」以上の大きな変革である。この改訂は、前学習指導要領の「活用能力」の育成を一層推し進めたものであるが、これまでとは全く異なるつくりとなった。従来の学習指導要領では内容を中心に記載されていたものが、「何を学ぶかだけではなく、どのように学ぶのか、何ができるようになるか」ということばに象徴されるように学びの様式、身につけるべき能力までもが学習指導要領で示されたのである。そして、高校の地歴科では従前の日本史Aと世界史Aを廃して、あらたに歴史総合を設置し、あわせて地理総合が新設された。また、公民科では現代社会を廃し、まったくの新科目として公共が設置された。そしてこれら三科目が必修とされた。歴史総合では従来の通史学習が否定され、公共ではあらたに「公共的な空間」という概念が前提にされるなど、これまでの学びの枠組とは全く異なるものが登場したのである。

　あらたに学びの様式で示されたのが、アクティブ・ラーニング（主体的・対話的で深い学び）であった。これにそうように各科目の中でも課題探求型の学びが提示された。問いを立て、その問いに対する解について史資料をもとに解明していくような学びが求められている。こうした転換の背景には「コンテンツ・ベース」から「コンピテンシー・ベース」へという能力重視の「21世紀型能力」の育成という考え方があるのだが、ここにはそうした能力を求めるグローバル企業からの影響もうかがうことができる。また、歴史総合の設置にあたっては、日本史の必修化をめざす動きが関わったこと、現代社会という科目の総括もなく公共が新設された背後には政策側の意図があることなどがそれぞれの科目の性格をより複雑なものにしている。

　今回の改訂で、中学校では歴史分野で世界史的内容の若干の充実が見られた程度でカリキュラム上の大きな変更点はなかった。しかし、今回の改訂では、小・中・高の学びの連続性がより強く意識されており、実際のところは、中学校に大きな影響がある。公共では体系的に憲法を学ぶようにはなっておらず、政治経済を選択しない生徒にとっては中学校が憲法を学ぶ最後の場になりかねない。また、歴史総合では近現代史のみを学ぶことになり、前近代を学ぶ場が中学校しか無いということも想定される。さらに、高校の総合系三科目は全て中学校での学びを前提として成り立っているものであることを考えると、この改訂でカリキュラム上の大きな変更のなかった中学校での社会科の学びが、より大きな意味を持つものになるだろう。

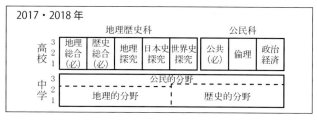

（篠塚明彦）

■文献・資料紹介
- 水原克敏『新訂 学習指導要領は国民形成の設計書』東北大学出版会（2018年）
- ＊過去の学習指導要領については国立教育政策研究所の学習指導要領データベースインデックスから閲覧することが可能である。（http://www.nier.go.jp/guideline/）

第1章　中等社会科のあゆみと課題

3　中等社会科実践の知的遺産

1 中等社会科の制度と実践

　授業づくりは、学習指導要領や検定教科書をそのまま伝達することではない。創造的な授業づくりが、逆に学習指導要領や検定教科書に影響をあたえ、実践が制度をつくりかえることもある。制度と実践とは、あくまでも相互規定的なものである。その意味で、行政課題の達成を教育実践と受けとめるのは皮相である。

　以下、戦後の中等社会科実践を創造してきた典型的事例を紹介する。惰性にあらがう教師たちの知的遺産から学び、今後の実践に活かしていきたいからである。

2 「凝縮的単純化」の授業づくり―田中裕一実践

　田中裕一による「日本の公害－水俣病」（1968.11.20、熊本市立竜南中学校3年7組）は、日本最初の水俣病授業である。学習指導要領や教科書に「公害」の指摘がない当時、先駆的実践であった。中学3年、資本主義経済の諸問題に位置するこの授業は、①日本の公害の実情と問題点（概観をつかむ）、②熊本の公害：水俣病（問題を深める）、③公害の整理的討論（まとめ）の3時間構成であり、②が公開授業として世間の注目を集めた。

　この授業は、次の3つの授業理論に支えられていた。
　第1は、テーマ選択における「課題化認識」である。田中は、水俣病のテーマを身近な地域問題として授業を構成したのではない。地域から出発し、日本と世界をつらぬく課題を精選する課題として扱おうとした。上原専禄の提示する地域・国家・世界に通底する課題化認識という考えに学んで設定したテーマであった。

　第2は、授業の山場を構成する「凝縮的単純化」の手法である。田中は、教材研究の要諦として、「最高の学問、思想、芸術などの成果を、極度に単純化して与えること（これは濃縮であって決して希釈ではない）」（『石に叫ぶとき』p.260）を強調した。水俣病授業では、①猫実験と②見舞金協定の矛盾提示に凝縮的単純化が活かされている。①の結果を知りながら、②の締結を急いだ会社側の倫理性が問題となる。

　第3は、理解と関心の内面化をはかる「感動の思想化」である。水俣病の実態を理解する際、写真・手記・音声資料・新聞記事等を使い視覚・感覚に訴える手法が活かされるが、授業はそうした感動の共有でおわらない。戦友会がしばしば戦場の郷愁に流されるように、思想化されない体験は方向を誤りかねない。そこで、感動を理性的な思考・討論によって思想化することが重要となる。公開授業後の時間を整理的討論として位置づけたゆえんである。

　こうして田中は、当時の社会の基本的な問題である水俣病の教材研究を通して、科学的・芸術的手法を結合した独自の授業理論を開発した。同時にこの水俣病実践を契機として、「公害と教育」の実践が全国的に拡大し、異例の学習指導要領・検定教科書の緊急改訂をもたらす原動力になった。実践が制度を組み替えた典型的な事例といえる。

研究会で「水俣病授業」実践を報告する田中裕一氏（1969.1）
［田中千勇子氏提供］

3 子どもが動く社会科―安井俊夫実践

　安井俊夫は、生徒の共感を起点に、「子どもが動く」社会科の理論と実践を開発した実践家である。

　教師は歴史発展の筋道を把握させたいと考えるが、「子どもには子どもの入り方」がある。安井がそのことに気づくきっかけは、生徒の素朴な疑問に直面したことだった。「矢じり1つつくるのにどれくらい時間がかかったのか…失敗はなかったのか」。この生徒は、日常失敗ばかりしている自分の生活とつなげて歴史を考えている。そうした子どもなりの入り方・わかり方に依拠した授業づくりが重要ではないか。教職10年目で経験したこの事実が、安井の授業観を転換

させた。

　生徒が身をのりだす教材を準備し、生徒が「入りやすさと切実さ」をもつ授業を工夫することで、主体的な学びと追究の深化が可能となる。発問・授業方法を意識しながら教材を設定し、どのような教育内容を実現できるかを見定める。授業づくりの「下からの道」であり、「子どもが動く社会科」の誕生である。

　こうして開発した「スパルタクスの反乱」の授業は、歴史研究者との論争を招いた。安井は、一方で歴史学の研究成果を実践に活かすことに専心するが、他方で子どもの受けとめや認識の筋道を重視した「歴史教育固有の論理」を強調する。研究の世界と教育実践の世界との境界で、両者の区別と連携を明確にする課題が存在する。

4 バナナから世界の構造に迫る―大津和子実践

　大津和子の「一本のバナナから…」の授業は、高校社会科で当時創設された『現代社会』の典型実践である。全12時間構成のこの授業は、バナナという身近な食べ物を素材に、その奥にひそむさまざまな事象を、豊富な教材研究を活かし、クイズを楽しむような展開で学ばせている。最後は、バナナ労働者の声（「バナナを通して日本とフィリピンの関係を知り、日本をどうすればいいか考えてください」）を紹介し、その声に応える文章を書かせるかたちで終結する。

　大津の授業は、次のような特徴を持っている。
　第1は、モノ教材の活用である。

　バナナという具体的なモノ（教材）を通して、目に見えないしくみ（教育内容）を認識する実践である。バナナは、日本人の日常接する食物であるとともに、その生産－流通過程において、多国籍企業のアグリビジネスや総合商社、地主的土地所有、南北の経済格差等が埋め込まれている。その意味でバナナは、モノ（実物）教材としての典型性と具体性をもち、社会構造としての南北問題（地球規模の不平等、北と南の相互性）・大量生産消費社会・食の安全性というしくみを学ぶ格好の素材となっている。

　第2は、オープンエンドの手法である。

　学習は、社会構造の理解にとどまらない。バナナ労働者からの具体的な問いかけに回答をせまることで、理解・関心の内面化をはかり、同時に意見表明を求めている。他人事の学びから自分事の学びへの転換が図られる。こうした仕掛け（応答性・意見表明性）は、主体的思考を促進し、「かわいそう」からの脱却がはかられ、自己関係性（ヒモの一端を自分も握っているという自覚）を明確化する。実際その回答や、バナナを通してつかみ取った内容は個性的で多様な理解の束となって終結し、かつ持続する。オープンエンドという形をとることによって、それぞれの生徒のなかでリアルな把握として定着する。

　『現代社会』は、大津実践にみるように実践史的には高校社会科のルネサンスをもたらした。だが、2018年の高校学習指導要領改訂により廃止され、新科目『公共』が登場する。『現代社会』40年の実践経験をいかに『公共』に継承するか。重要かつ焦眉の課題である。

5 普遍的で個性的な実践創造を

　学習指導要領の改訂（2017-8年）により、「地理総合」「歴史総合」「公共」の新科目（いずれも高校低学年必修）が登場し、中等社会科の実践環境は拡張した。その実践枠組みを活かすために、主権・人権・平和という普遍的課題をとりあげつつも、具体的で個性的な実践の創造が求められる。その際、中等社会科実践の知的遺産を参照し、その理念や方法態度を今後に活かすことが重要である。

　なお、授業づくりでは、教育内容（ex.学習指導要領）→教材（ex.検定教科書）→教授行為という「上からの道」だけでなく、教授行為（子どもの問いやニーズ）→教材（自主教材）→教育内容（平和・人権・民主主義等の理念）という「下からの道」の開発も重視したい。学習指導要領や検定教科書の知識事項をなぞり、教育知識の伝達に終始するのでなく、世界規模の「基本問題」に肉薄する知の探究を組織する授業づくりに挑戦したいものである。

（和井田清司）

■文献・資料紹介
- 安井俊夫『子どもが動く社会科』地歴社（1982年）
- 大津和子『一本のバナナから』国土社（1987年）
- 田中裕一『石の叫ぶとき』未来を創る会（1990年）
- 安井俊夫「歴史の授業をどのように見直してきたか」『歴史地理教育』（2009年7月増刊号）
- 和井田清司『戦後日本の教育実践』学文社（2010年）

第 2 章

中等社会科の授業づくり

総論　中等社会科―授業づくりの理論と実践
1　学習指導案とは何か、どう作成するか
2　教材研究とは何か、どうすすめるか
3　教科書とは何か、どう活用するか
4　教科書を使って協同的な学びを
5　社会的問題を探究する授業を
6　調査・発表学習やフィールドワークにどう取り組むか
7　実物教材・映像教材をどう活用するか
8　新聞学習の可能性と課題
9　ディベート・討論学習をどうすすめるか
10　課題・探究学習をどうすすめるか
11　ICT活用の可能性と課題
12　評価活動をどうすすめるか

第2章　中等社会科の授業づくり

総論　中等社会科 —授業づくりの理論と実践

1 授業の3要素—授業づくりの「3つの研究」

　授業には、3つの要素がある。授業づくりには、この3つの要素への研究が不可欠である。
　第1は、教材研究である。
　社会科の場合、社会に関する諸事象を空間的・時間的広がりのなかで学習する。そのための教材研究は、社会科学の最新の成果を摂取または創造する行為として考えられる。最新の学問的知見を、対象学年の生徒に理解可能なかたちで凝縮的に単純化して提示することが教師の専門性として求められる。その際、検定教科書などのテキストに即して教材理解を深める「教材解釈」にとどまらず、独自の教材を開発する「教材づくり」への挑戦を重視したい。また、授業構成の視点からみると、学習者の意欲を喚起する教材・教具を優先して教授行為を構想し、その学習活動に即して教育内容を決めていく「下からの道」があってよい。
　第2は、子ども研究である。
　対象学年の発達特性や社会問題認識状況に関する研究である。中等社会科の場合、青年期は「第2の誕生」ともよばれ、自分とは何か、社会の中の自分の位置など、さまざまな葛藤をくぐりながら自己確立していく時期にあたる。また思考過程においても、抽象的論理的思考が可能な形式的操作段階にあたる。こうした発達特性に配慮した授業デザインが求められる。授業は相手のある行為であるから、子ども理解の研究が不足すると、文字どおり子どもから相手にされない。
　第3は、教育方法（教授法）研究である。
　授業の目標・内容をさだめ、教材・教具をえらび、学習を展開し、その過程と結果を評価する。その際、学習集団（個人・グループ・一斉）の適時的選択、学習メディア（印刷資料・映像資料）の組み合わせ、学習環境（学外の専門家との連携を含む）構成への配慮も重要である。
　以上の3つの研究を活かして学習指導を展開する。その際、対象とする子どもの社会認識に働きかけて、その更新を生み出す行為が授業に他ならない。図にあるように、授業以前の認識が授業行為を経ていかに変容するかが、授業のめあてである。授業テーマに関して、対象学年段階での理解として、ゆがみや不足のみられる認識が、授業を通して真っ当で充分な認識へと進化することが、めざすべき目標となる。

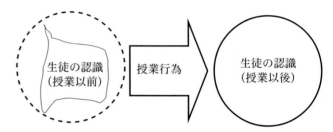

2 授業づくりのポイント—本章の構成

　本章には、中等社会科の授業づくりに際して、おさえておいてほしい12のポイントが記述されている。それらは大別して、次の4つの領域から構成される。
　第1に、授業づくりの事前準備とプラン作成である。
　ここでは、学習指導案（pp.20-21）作成のポイントと、その前提となる教材研究（pp.22-23）および「主たる教材」としての検定教科書（pp.24-25）の扱いが解説される。
　とりわけ、教育内容と教材とを区別する視点が重要である。学習指導は、教材の理解を通して教育内容を習得することを目的とする。別言すれば、可視的な教材を通して抽象的概念的な教育内容を理解することが目標となる。その際、教材と教育内容を1対1対応と考えないことが肝要である。すなわち、教育内容に対応する教材は理論的には無数に存在する。教材のなかには、「主たる教材」としての検定教科書にとどまらず、「副たる教材」が含まれるからである。その中から、最もふさわしいものを選択し、効果的に学習することである。例えば、主権・人権・平和・資本主義等は教育内容である。そのうち、「平和」に対応する教科書教材に限っても、国連組織・核軍縮・日本国憲法9条・日米安保条約・アジア太平洋戦争等さまざまある。教材を網羅するのではなく、教育内容理解に最適な教材を厳選して深く学ぶことが重要となる。

第2に、授業展開の実際についての知見である。

ここでは、2つのタイプの事例——教科書を使う協同学習 [pp.26-29]、社会問題の探究学習 [pp.30-33] ——に即して、授業の導入－展開－まとめの構成が提示されている。あわせて、板書・プリント・発問の説明が付される。

ただ、導入－展開－まとめ（終結）という形式は、明治時代後期に定着した定型的な授業スタイル（「公教育教授定型」）の残滓という性格もあり絶対的なものではない。また、板書や発問の技法は、日本の教師たちの知恵が蓄積されてきた分野である。後日ふり返ってその1時間の内容が想起可能なかたちで板書されていること、調べればわかる「質問」で理解の状況をおさえ、思考をうながす「発問」で深い理解に導くこと、などが重要である。とりわけ、「教えたいものを子どもたちの学びたいものに」（日本教育方法学会編『教育方法学ハンドブック』学文社 2014年 p.340）する発問づくりは、授業づくりの中核といえる。

第3に、リアルで生徒主体の学習を可能にする探究ツールやメソッドの知恵である。ここでは、リアルな教材として新聞学習（pp.38-39）や実物・映像教材（pp.36-37）の活用法が紹介される。さらに生徒の探究を促進するメソッドとして、調査・発表・フィールドワーク（pp.34-35）、ディベート・討論（pp.40-41）、課題探究学習（pp.42-43）の工夫が展開される。そして、それら全体を促進するツールとしてICT（pp.44-45）の活用が不可欠だろう。

これらは、「アクティブ・ラーニング」を展開する際の教材やメソッドとして活用可能ではあるが、形態や方法だけに拘泥すると、「活動あって学びなし」の恐れもなしとしない。学習の目的・内容に即した最適の形態・方法を活用することに留意が必要である。

第4は、学習成果の確認とカリキュラム改善につながる評価（pp.46-47）活動である。

評価(evaluation)は、測定(measurement)や評定（外からのランク付け）とは異なる。測定＝評価と即断したり、順位づけの作業に終わらないようにしたい。評価の目的は、生徒の学習改善や教師による授業改善にある。日本でも、総合学習の創設（1998年版学習指導要領）にさいして「数値によらない評価」が導入され、ポートフォリオ活用等のパフォーマンス評価が注目された。1980年代以降アメリカで開発された真正な評価（authentic assessment）の流れが日本でも活かされるようになった。学習状況を正確に把握し、生徒の学習意欲を喚起し、授業改善につながる評価の開発は、日本の実践の弱点であり、焦眉の課題である。

3 未完の授業づくり ——現代社会の基本問題を見すえて

授業づくりに完成はない。ある時期ある学校で効果的でも、別の時期・別の学校で有効とは限らない。教材（学問世界）・子ども（学習主体）・メディア（教育方法）が日々変化し、実践者である教師も進化する。そのため、授業づくりは、学問研究の到達点をベースに、子どもや教育環境の変化に対応して教育内容・教育方法を最適化するデザイン（de-sign：脱－定型）が求められる。

かつて日本生活教育連盟は「日本社会の基本問題」を明確化し、「単元習作」(実際の授業を想定した集団での学習指導案づくり)を試みながら、典型実践を創造した。それから数十年、社会科領域をめぐる問題はより広範かつ深刻さを増している。

グローバル化や高度情報化は地球規模の競争社会を出現させた。格差社会化の蔓延である。その構造と関わり、不寛容な出来事が世界を覆う。人類の生存を左右する地球環境問題や核軍縮問題、「世界史の地獄化」とも称される暴力と紛争の蔓延。他方で、人工知能（AI）が人間の生活基盤をゆるがしつつある。社会構造転換の画期（epoch）に遭遇している。

こうした構造変動期において、〈地域—日本—世界〉を通底する「基本問題」を取りあげ、社会科の新たな創造にむけた教師たちの挑戦が求められる。世界と日本の社会的諸問題を、授業という世界に翻案し、典型的な事例や凝縮的単純化の手法で提示し、生徒たちに主権者にふさわしい社会認識と実践的思考力を育成する課題である。

（和井田清司）

■参考文献

- 稲垣忠彦『増補版 明治教授理論史研究－公教育教授定型の形成』評論社（1995年）
- 二谷貞夫・和井田清司編『中等社会科の理論と実践』学文社（2007年）
- 二谷貞夫他編『中等社会科ハンドブック－＜社会・地歴・公民＞授業づくりの手引き』学文社（2013年）

第2章　中等社会科の授業づくり

1　学習指導案とは何か、どう作成するか

1 学習指導案とは

　学習指導案は、どのような計画でどのような授業を展開するかをまとめた授業プランである。これを教員がつくるのは、授業が意図的であり計画的であることの証しである。授業は、けっして「その場しのぎ」ではないということであり、年間指導計画に基づき作成されている。1年間105時間の授業であれば、105時間分の学習指導案を持っているということになる。

　学習指導案には、単元の構成と本時にあたる1時間の授業内容が書かれている。第三者が読めば、授業者が「教材についてどんな考えをもっているか」「どんな計画で授業を進めようとしているか」「生徒（子ども）の実態」「目標」「評価」「1時間の展開」「授業者のねらい」がわかるようになっている。

　学習指導案は、多くの場合、公開授業や研究授業、学生の模擬授業や教育実習の際に作成されている。その意味は、授業を参観する第三者に対して授業後の検討・協議に資するためであり、共に学び合うことを可能にする。学習指導案の書式は、決まったスタイルがあるわけではない。学校の研究テーマや研究の目的に沿って、様々に工夫した書式がつくられている。最近は、研究団体や文科省、各地の教育委員会のウェブサイトに学習指導案の書式が紹介されている。そのなかには、フローチャートもあれば略案・細案など多様である。

　日々の授業ではどうだろうか。教員は、必ずしも授業ごとに学習指導案を作成しているわけではない。しかし、多くは、毎時間のシナリオや略案（主発問や教材の扱い方）をもとに授業に臨んでいる。それは、「授業ノート」であったり「授業展開メモ」であったりする。この略案をベースにして作成することが学習指導案の細案につながっていく。

2 学習指導案の書式とその項目

　学習指導案を作成する上でのポイントを取り上げておく。以下が一般的な書式の項目と内容である。

（1）タイトルならびに授業日・授業者など

　タイトルは、「○年○組　地歴科・歴史総合学習指導案」という科目名になる。「いつ、どこで、だれが」授業をするかという授業日・教室・授業者名は必ず明記する。学生の教育実習の場合は、指導教員名を記載する。

（2）単元名

　ふつう、3～5時間扱いの小単元名で記載する。大単元では扱う時数も多く、内容が多岐にわたるためである。なお、使用教科書名を付け加えておくことがあってもよい。

（3）単元の目標と評価規準

　①小単元の内容を踏まえて、単元の目標を設定する。目標は、「○○を考えることができる」と、生徒の立場での文体とする。

　②評価規準は、次の項目のそれぞれについて記述する。いずれも、目標に即して「…考察している」「…意欲的に追究している」などの語尾となる。

　これまでは、「関心・意欲・態度」「思考・判断・表現」「技能」「知識・理解」の4観点であったが、学習指導要領（2017・18年版）では、「知識・技能」「思考・判断・表現」「主体的に学習に取り組む態度」の3観点となる。

（4）単元について

　単元の位置付けについては、学習指導要領を踏まえて記述する。

　①単元観（あるいは教材観）

　教材研究の成果は、ここに記述する。この単元で何をどのように学ぶのか、どのような教材をもとに獲得させたいことは何かなど、具体的に記載する。教科書記述について論じることもよい。仮にさまざまな学説が存在するならば、それぞれの学説にどのように向かわせるのかといったことも触れていく。学習指導要領で強調されている「主体的・対話的で深い学び」の視点から、どのような教材を取り上げるのかという記述があってもよい。

　また、本時に関わって教材に対する教員の考察も加

えることができる。

②生徒（子ども）の実態

この項目で取り上げる「実態」は、単元の学習内容についての既習知識や疑問など、どのように捉えているかを記載する。単元の事前調査などから捉えることもできる。また、これまでに何を学んできたかを振り返り、到達点を明らかにすることもできる。

いずれにしても、生徒の単元内容の理解についての実態である。教材研究の視点としても、この実態は重要な要素である。単元の中で「討論」や「グループ学習」を取り入れるならば、普段の授業での取り組み方について記載する。

（5）単元の構成

単元の授業の計画である。例えば、5時間扱いならば、5時間分の授業テーマと内容・評価項目を記載する。その上で、本時の位置付けを示す。

（6）本時

①本時のテーマとねらい（目標）

前述の（3）（4）をもとに、本時では何を学び、何を獲得するのかを記述する。

②本時の展開

学習過程は、表にして提示するのが一般的である。表にした場合の記述は、下記に示した。ただ、縦軸と横軸の項目は、授業者や授業内容により多様である。表のⒷとⒸの項目を合体させる案もあれば、Ⓓの項目に資料を挿入する案もある。Ⓐの項目については、研究テーマに沿う形で、「問題提起」「討論」「課題」と表記する案もある。あまり形式にとらわれずに授業展開を提示してもよい。コアとなるのはⒸである。

③本時の学習評価

評価の記載は、どのような学びとなったのかを検証する内容である。これは、授業後に生徒がまとめたものやノートなどをもとに評価していく。

（7）参考文献

単元を通して参考にした図書や論文、実践記録、ウェブサイトなどを記載する。

3 学習指導案は「案」であること

学生の模擬授業や教育実習では、多くの時間をかけて作成しているのが学習指導案である。しかし、時間をかけて綿密につくったにもかかわらず、授業展開でつまずくことがある。それも授業の反省として受けとめればよい。これは、次のステップの材料である。

学習指導案は「案」である。授業展開で予想とは異なる反応に出会うことがある。また、既習内容を十分理解していないために、次の展開に進めないこともある。その場合、学習指導案の展開通りにはならないことも承知しておきたい。

（大野一夫）

Ⓐ学習過程 （時配）	Ⓑ学習内容	Ⓒ学習活動	Ⓓ指導上の留意点・評価（＊）
導　入 （　分）	本時の学習テーマと導入教材提示。	・教材をもとにした発問を記述し、その反応を発表させるのかどうかなどを記述する。	・教材の扱い方を「丁寧に読み取らせ、予想」などと記述する。 ＊知識・態度など
展　開 （　分）	どんな内容の項目を学ぶのかを記述する（大項目・小項目の内容など）。	・主発問や補助発問を具体的に示し、学習活動を記述する。 ・学習活動はグループで取り組むのか、または「討論」「発表」などの学び方を記述する。	・グループの構成や、討論などの扱い方、想定したことと異なる場合などの留意事項を記述する。 ＊思考・判断・表現など
まとめ （　分）	本時のまとめとしての内容や発展課題などを記述する。	・この時間で学んだこと、考えたことをどのようにまとめるか記述する。例えば、個別にまとめるか、話し合いでまとめるかなど。	・ノートを活用するかなどの配慮事項や課題についての取り上げ方などを記述する。 ＊思考・表現・技能など

第2章 中等社会科の授業づくり

2 教材研究とは何か、どうすすめるか

1 生徒（子ども）研究から始まる教材研究

　教材研究は授業づくりの要である。その教材研究は、生徒の社会・歴史認識をつかむことから始まる。教員は、普段から生徒の考えていることを観察し、新しい単元や学習内容に入る前には、既習内容を把握することである。

　例えば、「円高・円安」と日々の暮らしの関係を学生に問いかけたところ、理解できていないことがわかった。すでに中・高校で学んでいるはずだが、自分のものになっていない。憲法でも、「守る義務があるのは国民」と答える学生が多数を占めた。第99条を理解していないことがわかった。これは、暗記や浅い学びになっていることからきている。それだけに、教材についての中・高校生の実態を調べて、どういう認識か、どんな疑問を持っているのかを把握することである。この実態を受けとめて、教材研究を深めていく。

2 生徒の学び方

　35年以上も前のことだが、新聞の投書欄に中学校の第二次世界大戦の「授業参観」があった。

　「…何より驚いたことは、その授業参観で"第二次世界大戦"が終戦となった経過を、たった3行で片付けてしまったことだった。　昭和20年3月10日東京大空襲／8月6日広島、8月9日長崎に原爆投下／8月15日天皇のラジオ放送で終戦　と黒板に書いただけで、何の説明も補足もないまま、次のページの"戦後"に移ってしまったのである。この間わずか数分だった。…」[1]

　このような授業は稀なことかもしれないが、出来事を列挙して終わってしまう授業では、自ら歴史と向き合う生徒は育たない。

　数年前の新聞に中学生の投書「歴史学習の意味を考えた」が掲載されていた。

　「…歴史の授業を受ける意味は、過去の過ちを繰り返さないようにするためだと考えられる。実際、無理やり詰め込んだ知識なんて1カ月で半分ぐらい忘れてしまう。そんな授業が何の役に立つだろうか。自分たちに必要なのは、年号や出来事を覚えるだけの授業ではなく、その時代に生きた人の考えや思い、時代背景を理解することだと思う。過去の悲惨な出来事を繰り返さないために必要なのは、『1941年に太平洋戦争が開戦』と覚えることなのか。それとも『太平洋戦争中に生きた人はどのような気持ちだったのか、どのような生活をしていたのか』と考えることなのか。」[2]

　生徒には、〈社会科＝暗記〉のイメージが強い。その学びを変革すること、生徒自身が社会・歴史事象に向き合い、自ら探究することが求められている。未来をきりひらく主体となる生徒を育てるためには、教員の教材研究と創造的な授業づくりを高めることにつきる。

3 教材研究のすすめ方

　どのように教材研究をすすめていけばよいか。その具体的な取り組みを取り上げておきたい。

（1）教科書を研究する

　教科書に叙述されている内容の理解が不十分であれば、教えるという教授行為には至らない。また、学習指導要領の理解も欠かせない。これが第一歩である。さらに使用している教科書にとどまらず研究することである。生徒の社会・歴史認識を踏まえるならば、中学校の授業では小学校の教科書、高校の授業ならば中学校の教科書も研究対象になる。生徒たちがどのように学んできたのかを知ることである。

（2）最新の研究成果に学ぶ

　学問は、日進月歩である。従って、常に新しい研究成果を確かめておくことである。専門書の研究、学界の動向にも注目していく。例えば、かつては歴史の「鎖国」が一般的な表記であったが、今はその表記を使わないか注釈を加えている。日本で認められていない夫婦別姓問題や死刑制度、自然エネルギーや地球温暖化問題など、新たな研究がすすんでいる。

（3）フィールドワークで学ぶ

　教員は、日頃から自分の目で確かめる教材研究をす

ることに心がけたい。研究会などが実施しているフィールドワークに参加したり、自ら計画を立てたりして取り組むとよい。中学校の総合学習でメディア規制問題を研究していた中学生は、新聞社の編集委員の話を直接聞いて、次のようにまとめていた。

「インターネットや電話、本や新聞から学びとることも大事だが、実際に人と会うことによって得られるものは、それ以上に大きなものだと実感した。」[3]

これは生徒の研究だが、教員の教材研究のあり方を示している。裁判を扱うなら裁判の傍聴を体験する。かつて、公害問題では、六価クロムの調査に出かけて住民健康診断の場に立ち会ったことがある。薬害問題では、被害者の訴えを直接聞き取りに出かけた。

江戸川区の「六価クロム住民健康診断会場」（1970年代に筆者撮影）

2018年「薬害根絶デー」（厚労省前で筆者撮影）

歴史の教材研究には、遺跡や博物館・資料館へ出向いての探究がある。アジア太平洋戦争を扱うなら、戦争を体験した方の話を聞くこと、体験記を読むことも教材研究になる。

こうした取り組みから、教材を入手し、授業で活用する。教材研究には、自ら歩いて探索して自分の目で確かめていくことも求められている。

(4) 情報を収集する

現代社会は、新聞など文書資料のほかにインターネットから必要な情報を得やすくなっている。白書や総務省の統計資料もネットから入手できる。様々な資料収集も教材研究である。資料を普段から蓄えておけば、授業づくりに役立つ。ただ、情報の分析は多面的多角的におこなうことが肝要である。

情報には偽りの情報もあることも注意が必要である。

(5) 実践記録から学ぶ

社会科の実践の歴史も70数年になる。これから授業をしようとするテーマには新しいものもあるが、多くの教員が実践を積み重ねてきている。そこで、過去の実践記録を探し、その実践に学ぶこと、課題などが記されていれば参考になるはずである。また、実践プランを提起している図書もある。そこで得た実践を真似や追試することもできるが、授業の対象となる生徒は異なるので、創意工夫が求められる。

4 教材研究が楽しいこと

教材研究の成果は、教材の見方や考え方を確かめることになる。冒頭に生徒の疑問を引き出すことを述べたが、実は、教える側の教員自身が疑問を持って教材研究に向かうことが欠かせないことである。どんな授業、どんな教材でも、「面白い」「なぜだろうか」「どうしてこうなるのか」「もっと調べてみたい」ということがなければ、生徒を意欲的に授業に向かわせることはできない。

そして、教材研究を通して得た「教材」が授業に生かされていく。モノや実物教材、写真や映像など、授業で使える教材を得ることができるのも、教材研究を通してである。

（大野一夫）

■注
1)『朝日新聞』1983年5月16日付「声」欄
2)『毎日新聞』2016年11月4日付「みんなの広場」欄
3) 大野一夫『新・中学校公民の板書』地歴社（2004年）より引用。

3 教科書とは何か、どう活用するか

1 教科書の制度

　教科書の定義と位置づけについて、教科書の発行に関する臨時措置法（1948年）の第2条は「「教科書」とは…学校において教育課程の構成に応じて組織構成された教科の主たる教材として、教授用に供せられる児童用又は生徒用図書であり、文部科学大臣の検定を経たもの又は文部科学省が著作の名義を有するもの」と規定している。

　次に、学校では教科書の使用義務があり、学校教育法（第34条）は小学校においては、教科書を使用しなければならないと定め、中学校、義務教育学校、高等学校、中等教育学校、特別支援学校にも準用するとされている。

　教科書の作成から採択の過程に関しては、①学習指導要領の告示後、教科書会社が執筆者に原稿執筆を依頼し、執筆者が原稿を書き、編集作業を経て白表紙本を作成する、②文部科学省が教科用図書検定（教科書検定）を行い、各白表紙本の合否を決定する（教科書会社は文科省の検定意見に応じて書き直しを行い、再提出する）、③検定に合格した白表紙本は教科書と認められ、公立の小中学校の採択では、各教育委員会が複数社の教科書の中から選定し（広域採択）、国立と私立の学校の採択では、各学校の当該教科の教員が選定を行うというプロセスをたどっている。上記のプロセスには、教科書会社が自社の教科書が検定で不合格になることを恐れて自主規制し、独自性の乏しい学習指導要領の文言通りの記述になる傾向や、公立学校の採択では実際に授業を行う教員が選定に関与できず、現場の声が採択に反映されないなどの問題点がある。

　教科書の発行と採択の方法は各国ごとに多様であり、自由発行、認定、検定、国定などがあり、教科書検定が唯一の方法ではない。日本では教科書検定をめぐり、家永教科書裁判が行われ、3次にわたる長期の訴訟（1965～1997年）を通じて学問の自由と検定制度の合憲性などが法廷で争われた。その間の1982年、教科書検定で高校日本史教科書の記述が「日本軍が華北に『侵略』…」から「日本軍が華北に『進出』…」と書き改めさせられたことから「（第一次）教科書問題」が発生し、中国・韓国との外交問題に発展した。その結果、アジア諸国への配慮の観点から「近隣諸国条項」が設けられ、現在に至っている。

2 教科書の構成と記述

　中学校の社会科の教科書は50分間の授業で、見開き2頁分を行うことを想定して構成されている。中学校地理のある教科書は、「学習の始めに」（1頁分）、もくじ（2頁分）、「この教科書の学習の仕方」（1頁分）、本文（1～275頁）、さくいん（4頁分）から構成され、本文では第1部「世界のさまざまな地域」と第2部「日本のさまざまな地域」がそれぞれ4つの章から編成されている。さらに本文の各頁には写真、地図、雨温図、グラフ資料などを掲載し、生徒が本文を読んで理解することを誘ったり、資料からデータを読み取れるよう工夫がなされている。

　さらに、各章末には「学習をふりかえろう」「トライアル地理」「地域を探ろう」「未来の社会をつくるために」「技能をみがく」「解説」など様々なテーマ学習が用意され、多角的な視点から地理学習の理解を深めるための場面が設けられている。

　教科書の記述内容をみると、中学校の社会科、高校の地歴科ともに、地理では各地域の特徴、歴史では通史の説明が網羅的に記述されている。要点のまとめとしては分かりやすいが、生徒が学習内容をもっと知りたくなるような、生徒の知的な関心を喚起するような具体的で生き生きとした記述はなされていない。そこで実際の授業では、「教科書を教える」のではなく「教科書で教える」ことを意識して、教員は資料集や様々な実物教材などを利用して、生徒の知的好奇心を喚起したり、学習内容を多様な方法で深めることが求められている。教科書が「教科の主たる教材」であることに留意しながら、生徒が楽しく授業に参加し、その学びを深められるよう教科書と、その他の教材を併用するための教材研究・教材開発が必要である。

3 教科書を教材として活用する

教科書に掲載されている図版や資料などは本文の理解を深めたり、時代背景を知るうえで有効に活用できる。たとえば、『ともに学ぶ人間の歴史 中学社会 歴史的分野』(学び舎)には、見開き2頁に大きな絵画資料が掲載されている。「フェフェの領主に会う茶屋新六」(『朱印船交祉渡航図』)にはベトナムの領主の館と住人が明るい雰囲気で描かれていて新六が領主に商売の許可を懇願している様子を想像できる。また、「黒船を見学する人々」(『黒船来航風俗絵巻』)は様々な民衆が興味津々に黒船を遠望している姿が描かれ、黒船来航が幕府に不安と衝撃を与える一方で、民衆には見物の対象であったことが読み解ける。絵画資料の読解は、生徒が画面から「変だな」「何だろうか？」と疑問に思ったことに気づかせ、それを手がかりに授業の導入に用いたり、歴史の真相を理解することができ有効である。

教科書の批判的検討も必要である。T社の中学校地理の教科書の「第2部日本の様々な地域」の「第1章 日本の姿」のなかの「1 世界の中での日本の位置」では「緯度では、日本はおよそ北緯20度から50度の間にあり…経度では、およそ東経120度から155度の間にあり」と記している。ここでいう北緯50度は千島列島の最北端に位置し、東経120度は台湾の西端に達している。他方、O社の中学校地理の教科書では「日本の南北は、ほぼ北緯20度から46度に、東西はほぼ東経122度から154度の範囲にあり…」と記述している。O社の記述に対して、T社の記述は日本の国境をはるかに越え、他国である台湾まで含む範囲に設定していて疑問であり、特定の国境・領土認識を感じる。私の授業では、T社とO社の記述を比較し、その違いと問題点を考えさせた。

歴史的分野では、M社の中学校歴史教科書では「第3部 近世」「第4章 世界が繋がる時代」の「⑴ 大西洋の東と西－スペインの中南米征服－」で「サツマイモとは「薩摩（鹿児島県）の芋」という意味です。…しかし、この芋の原産地は、地球のうら側の中央アメリカです」と記述している。ここで「地球のうら側」という表現は日本を中心・表側とみなし、中央アメリカを裏側と捉えている日本中心の空間認識・世界認識として問題がある。私の授業では、教科書に散見される、こうした「問題性」のある記述に注目し、その問題点を生徒に考えさせることにしている。

4 海外の教科書に学ぶ

日本の中学・高校の社会科の教科書が、本文を軸に事実を網羅的に記述しているのに対して、諸外国の教科書は資料の活用や問いの設定など多様な探究的学習を掲載している。たとえば、イ・インソク他編『検定版 韓国の歴史教科書 高等学校国史』(明石書店、2013年)は全体(406頁)で9章から構成され、各節に「単元導入」「資料を読む」「歴史の窓」「人物紹介」「補助学習」「探求活動」「まとめ」を設け、生徒が様々な観点から本文の理解を深められるように工夫がなされている。「探求活動」の例では、ニクソン米大統領の「対アジア基本戦略」を読み、内容を整理し、理由を説明し、背景を調べることや、南北韓の統一方案を読み、共通点と相違点を比較し、望ましい統一方案を討議すること、などの課題が載せられている。

『ドイツ・フランス共通歴史教科書 現代史』(明石書店、2008年)は全体で344頁、5つの部から成り、各章を構成する各課は見開き2頁で、左頁には本文と用語解説、キーワードが、右頁には文字資料、戯画、グラフ、統計、ポスターなどが歴史を読み解くための資料として掲載されている。

今後日本の教科書も 諸外国の教科書に学び、本文中心主義から様々な資料や問い、課題学習や探究学習を掲載した教科書にシフトすることが望ましい。

(米山宏史)

第2章 中等社会科の授業づくり

4 教科書を使って協同的な学びを —ヒトラーの独裁始まる（中2歴史）

中学社会（歴史的分野）の3種類の教科書比較

	『ともに学ぶ人間の歴史』	『新編 新しい社会 歴史』	『[新編] 新しい日本の歴史』
出版社	学び舎（A4判、332頁）	東京書籍（AB判、300頁）	育鵬社（AB判、306頁）
部・章・節	第5部 二つの世界大戦 第8章 帝国主義の時代 第9章 第二次世界大戦の時代 (1) チャップリンが来た-第一次世界大戦後の文化- (2) 世界中が不景気だ-世界恐慌と経済政策- (3) ヒトラーの独裁が始まる-ナチ党のドイツ-	第6章 二度の世界大戦と日本 ＊二度の世界大戦と日本 1節 第一次世界大戦と日本 2節 世界恐慌と日本の中国侵略 1 世界恐慌とブロック経済 2 欧米の情勢とファシズム	第5章 二度の世界大戦と日本 ＊近代2の世界へようこそ！「大衆の時代」のようすをみてみよう 第1節 第一次世界大戦前後の日本と世界 第2節 第二次世界大戦終結までの日本と世界 68 世界恐慌と協調外交の行きづまり 69 共産主義とファシズムの台頭
小見出し	・ヒトラー・ユーゲント ・ベルサイユ条約破棄・軍備増強 ・水晶の夜-ユダヤ人迫害 【ピカソが描いたゲルニカ爆撃】	・ファシズム ・イタリアのファシズム ・ドイツのファシズム	・全体主義の広がり ・ファシズム ・政党政治の混乱
写真・図版・資料など	①機関銃の実弾射撃訓練をするヒトラー・ユーゲントの少年 ②ヒトラー・ユーゲント集会の少年たち ③アドルフ＝ヒトラー（1889〜1945）／下の文字は「一つの民族、一つの帝国、一人の総統！」と書かれている。 ④首相に就任した日、窓に姿を見せたヒトラーに歓声を上げる民衆（1933年 ベルリン） ⑤ナチ党の選挙ポスター／「われわれの最後の希望は、ヒトラー」と書かれている。 ⑥ベニート＝ムッソリーニ（1883〜1945） ⑦ピカソ「ゲルニカ」 ⑧主な政党の国会議席数 （①〜⑥は写真、⑦は絵画、⑧は表）	①ナチスが行った収穫祭 ②ナチスの宣伝（「我が闘争」より） ③ベニート・ムッソリーニとアドルフ・ヒトラー ④「1兆マルク」紙幣と札束で遊ぶ子ども ⑤ナチスの得た議席の変化 ⑥本を焼くナチス ⑦ナチス党員の話（「あのころはフリードリヒがいた」より） （①③④⑥は写真、②⑦は文書資料、⑤はグラフ）	①ムッソリーニとヒトラー ②ナチスの集会 ③スターリン ④ソ連の強制収容所 ⑤ドイツとイタリアの侵攻 ⑥ゲルニカ ⑦銃撃された浜口首相 （①②③④⑦は写真、⑤は地図、⑥は絵画）

【注】・中学社会（歴史的分野）の教科書：東京書籍、帝国書院、教育出版、日本文教出版、育鵬社、清水書院、学び舎、自由社の8社が発行。
・歴史的分野の教科書のシェア（2019年度）：東書50.8％、帝国17.9％、教出14.1％、日文9.5％、育鵬社6.4％、清水0.8％、学び舎0.5％、自由社0.0％。
・地理的分野：4社（東書、帝国、教出、日文）、公民的分野：7社（東書、教出、日文、帝国、育鵬社、清水、自由社）、地図帳：2社（帝国、東書）

1 教科書を活用して1時間の授業を創るには

最近、教科書が読めない子どもたちが増えている。「日本の中高校生の多くは、詰め込み教育の成果で英語の単語や世界史の年表、数学の計算などの表層的な知識は豊富かもしれませんが、中学校の歴史や理科の教科書程度の文章を正確に理解できないということがわかったのです。これは、とても深刻な事態です。」（新井紀子『AI vs. 教科書が読めない子どもたち』東洋経済新報社〔2018年〕）と、東ロボ君で話題となった新井紀子（国立情報学研究所教授）が警告している。教科書を読み込むことは学習の出発点として重要なことである。

中学社会（歴史的分野）は、8社8種類の教科書が使われている。上表は第二次世界大戦の時代、特にナチズムに関わる学習内容について、3種類の教科書を比較したものである。大枠は学習指導要領で決められているので3つとも同じような構成であるが、タイトルのつけ方、学習のねらいとして強調している点は異なっている。生徒は1種類の教科書しか目にすることはないが、教える側は複数の教科書に目を通して、教材研究することが重要である。そして「My授業」を構想して意味のある歴史学習を実現して欲しい。

ここでは、『ともに学ぶ人間の歴史』（学び舎）の「ヒトラーの独裁始まる—ナチ党のドイツ—」（表の網掛け部分）を例に"学びの共同体"を提唱・実践している草川剛人（元帝京大教授）の提案授業から授業づくりを考えてみる。

この授業の特徴は、教科書を隅から隅まで活用しながら、従来の覚えること中心の授業、生徒が全員先生の方を向いて話を聞くスタイルの授業、一言で言えば伝統的な一斉授業を、4人グループで生徒が協同して学ぶ授業に変えることである。先生はコーディネータ（進行係）に徹し、生徒自身が授業の主人公となり、「主体的、対話的、深い学び」を実現することにある。特に、最後の「ジャンプの課題」が学びを深め、発展さ

せるうえで重要な意味を持っている。

2 小見出しをつなげて一文をつくることから

　最初に、本日の授業は教科書の「ヒトラーの独裁が始まる－ナチ党のドイツ－」について学習することを説明して、併せて小見出しに注目させる。同時にワークシートを配付する。

　その上で、「教科書に、「ヒトラー・ユーゲント」「ベルサイユ条約破棄・軍備増強」「水晶の夜－ユダヤ人迫害」の３つの小見出しがある。この小見出しをつなげて一つの文にしてみよう」と課題１を生徒に投げかける。（教師は授業のテーマと３つの小見出しを板書する。）

　生徒を当てて答えてもらうが、うまく文がつながらないときは助け船を出す。例えば「ヒトラー・ユーゲントがつくられ、ベルサイユ条約を破棄して軍備を増強し、ユダヤ人迫害の水晶の夜になった。」と一文が完成し、生徒たちがうなずいたら、本時の授業の「核」が一応共有されたことが分かる。この導入部分は５分程度としてテンポよく進める。

3 グループで音読してワークシートに挑戦！（共有の課題）

　授業の展開のメインはワークシートの課題２から課題５に取り組むことである。「４人グループでワークシートの課題をやってみよう」と提起する。（ここでは、４人×８グループ＝32名の生徒を想定している）

　まず、教科書の本文を段落ごとにグループ内で音読する。あわせて、写真も説明文を読みながら見るように指示する。その間、教師はグループを回り、生徒のようすを観察し、音読が終わったところから、グループでワークシートの作業に取り組むように指示する。

　ここでは、教科書を写真などの図版も含めて「音読」の手法でグループごとに読み込む、そして課題に協同して取り組むことである。一人では分からなくても４人が知恵を出し合えば、おのずと答えが出てくる。

　時間配分としては、音読５分、ワークシートの取り組み10分、合計15分程度とする。

4 生徒が板書して説明する

　８グループのうち５グループ程度が作業を終えたころを見計らって、教師の方で割り振って、前に出て答えを板書するように指示する（全グループが終了するのを待っていると、早く終わったところは飽きてしまうし、時間もかかる。遅れているグループを励ましつつ、ある程度終了したら次に移ることが大切）。

　課題２〜課題５には、全部で７つの問いがある。これを７つのグループに割り当てる。８番目のグループ

【ワークシート】
ヒトラーの独裁が始まる──ナチ党のドイツ──

（教科書p.228-229）

課題１　「ヒトラーユーゲント」「ベルサイユ条約破棄・軍備増強」「水晶の夜──ユダヤ人迫害」の小見出しを１つの文にしなさい。

■４人グループで写真の説明文と教科書の本文を段落ごとに音読し、次の課題に答えなさい。

課題２　写真２はヒトラー・ユーゲントの本文のどの部分に関連するか関連部分を書き抜きしなさい。

課題３　次の年表の（　）に適語を入れなさい。

1920	（１）のナチ党は国会で10議席。（１）が「（２）条約を破棄せよ」と主張。
1929	世界恐慌　↓
1932	ドイツの失業者600万人、<u>ドイツ国民は（１）の主張に希望を託した①</u>。
1932.1	選挙でナチ党が国会で第１党になった（p.228主要政党の国会議席数）。
1933	（１）が首相に〔のち（３）〕になった。ナチ党以外のすべての政党を解散させた。この年から５年間で陸軍予算を（４）倍に増加した。<u>民主主義や個人の人権を否定し、軍事力によって他国に侵略する体制②</u>。
1938.11	ナチ党がドイツ全土でユダヤ人商店のショーウィンドウや窓ガラスを打ちこわし、ユダヤ人への略奪・暴動を広げ、礼拝堂を放火・破壊した。

（１）　　　　　　）
（２）　　　　　　）
（３）　　　　　　）
（４）　　　　　　）

課題４　下線①を示す写真は何番か、理由も書きなさい。

課題５　下線②を何というか。

課題６　ゲルニカの人々の苦しみ、悲しみは、ピカソ『ゲルニカ』にどのように描かれているか、文章で説明しなさい。

には、課題3の年表を使って全体を説明してもらう。その際、他のグループの答えと違う場合には、その理由も説明してもらう。（8番目のグループには作業の途中でやるべき課題を事前に指示する）

課題2、課題3、課題5は、教科書を読み込んでいれば、答えはすぐに出てくる。今回の実践では、課題4について、担当の第3グループは写真4としたが、第8グループが写真5ではないかと意見が分かれた。写真4には「首相に就任した日、窓に姿を見せたヒトラーに歓声を上げる民衆（1933年 ベルリン）」とあり、写真5は「ナチ党の選挙ポスター／「われわれの最後の希望は、ヒトラー」と書かれている。」と説明されている。

第8グループの主張を受けて、第3グループは、「5はナチ党のポスターだから『希望』と書くだろう。4はナチ党以外の人が歓声を上げているから、『ドイツ国民は（　1　）の主張に希望を託した』というワークシートの下線部分に合っていると思う」と主張した。他のグループも第3グループの言い分に賛同した。

今回の場合は、違った答え（意見）がでたことで、生徒がより深く考えるきっかけとなっている。異なる意見が出るような授業が望ましい授業スタイルである。見解の違いは、生徒が色々と思考するきっかけとなり、学びを深めることにつながる。時間配分としては、生徒の発表に10分程度、ここまでで30分程度。

5 「ジャンプの課題」に挑戦する！

ワークシートの最後の課題6に取り組むにあたっては、各グループに、美術全集から取った『ゲルニカ』のカラーコピー1枚（A3判）とホワイトボード（A3判／マグネット付）、ホワイトボード用のペン、イレーザーを用意する。『ゲルニカ』のA3判カラーコピーを用意することは重要である。教科書の小さな絵では迫力がないし、詳細な部分が読み取りにくいからである。ホワイトボードは、話し合いの際のメモ、意見集約して発表する際の要点整理に活用してもらう。

まず教師は『ゲルニカ』について説明して、課題を提起する。

「1937年、ドイツ空軍がスペインのゲルニカ市を無差別爆撃したとき、これを知ったピカソは、横7.8m、縦3.5mの壁画を描き、パリの万国博覧会スペイン館に展示しました。そのときのピカソの気持ちになって、絵からわかることを文章で説明してみよう」と。

ピカソの絵の魅力によって想像力を掻き立てられた生徒は、『ゲルニカ』から受けた強いインスピレーションを言葉に表現しようとする。人間の腕や手や足、顔、牛の頭、馬の頭、死んだ子を抱いて天に向かって泣く女、両手を上げて落ちていく女など、生徒は想像力を駆使して絵から読み取ろうとする。

「黒い絵の中の顔や手、足、動物の顔は、爆撃でバラバラにされたのだろう。『戦争で人間も動物もこんな目にあうんだ』とピカソが叫んでいるようだ。なかでも、子どもの死体を抱いて天に向かって泣き叫ぶ女の人の顔は、悲しみを超えて怒りをぶつける母のすごさを感じます。」（第7グループ）といったような感想を発表して授業は終わる。課題6の取り組みに10分、発表10分程度でまとめて、50分の授業を終了する。

このジャンプの課題は、所謂「学習のまとめ」ではなく、本時の学習を深めると同時に、今後の歴史学習を飛躍させていく発展性のある学びである。歴史を暗記物と思い込んでいた生徒に、歴史を学ぶことの意味を感じさせる実践であろう。

ここでは、標準的な一単位時間50分の授業実践である。もし、60分とか75分の時間があれば、全体に余裕をもつと同時に、ジャンプの課題にじっくり取り組んで欲しい。生徒が「日本の場合はどうだったのだろうか」とか、「これは過去の問題だろうか」などと生徒同士で思いを巡らせることができたら、より歴史を興味深く、かつ歴史を学ぶ意味が深まってくるであろう。「現在と過去との間の尽きることを知らぬ対話」（E.H. カー）を実現しているからである。

■文献・資料紹介

- 佐藤学『学校を改革する－学びの共同体の構想と実践』岩波ブックレット（2012年）
- 秋田喜代美『学びの心理学 授業をデザインする』左右社（2012年）
- 和井田節子他『協同の学びをつくる〜幼児教育から大学まで』三恵社（2012年）
- 佐藤学・草川剛人他『「学びの共同体」で変わる！高校の授業』明治図書（2013年）／『「学びの共同体」実践 学びが開く！高校の授業』明治図書（2015年）
- 佐藤学『学びの共同体の挑戦-改革の現在』小学館（2018年）

★学びの共同体研究会のHP〈http://japan.school-lc.com/〉

〈板書・プリント・発問について（その1）〉

【板書について】

「板書」とか「発問」という用語は、日常会話では使わないが、教育現場ではよく使用される言葉である。

「板書」とは、授業などで、黒板に字を書くことである。最近はホワイトボード（白板）も増えてきたが、教室での通常授業では、現在でも黒板が使用されることが多い。

＜板書のイメージ＞

```
20××／○／○（月）晴れ
P.228～229「ヒトラーの独裁始まる―ナチ党のドイツ―」
課題1
  ヒトラー・ユーゲント  ベルサイユ条約破棄  軍備増強  水晶の夜―ユダヤ人迫害
    （がつくられ）     （をして）    （をし）  （と呼ばれる）  （が起こった）
課題2
ヒトラーも「自由な、すばらしい猛獣の眼光が、まず青年の目にきらめかなくてはならない」と述べました。
課題3
  （1）ヒトラー  （2）ベルサイユ  （3）総統  （4）12
課題4    写真4（第3グループ） ←― ？？ ―→ 写真5（第8グループ）
     （ヒトラーに歓声を上げる民衆）        （最後の希望はヒトラー）
                                          ナチ党の選挙ポスター
課題5  ファシズム
```

黒板にチョーク（白墨）で文字や図表を書くには訓練がいる。事前に「予行演習」が不可欠である。字の大きさ、見やすさ、誤字脱字をしない、書くスピード、何を書くか、全体のバランスをとるなど総合的な能力が必要である。黒板が「暗線」（表面に薄く方眼を加工）付きの場合は、それを利用すると文字や図表が書きやすいので、うまく利用することである。チョークの色を上手く使い分けることも心掛けたい。

また、板書量が多いと、生徒はただ写す作業に追われて、肝心の授業内容が頭に入らないので、要点だけを整理して板書することが大切である。

板書する際の基本は、生徒の立場に立った時に、わかりやすい、記録が取りやすい板書はどのようなものかを考えることである。板書が無秩序だと「パニック」になる生徒もいることを忘れないで欲しい。

上図は、草川実践における板書の例である。生徒にプリント（ワークシート）が配付されているので、プリントの課題を黒板で整理する目的で板書されている。課題6は生徒の発表がメインなので、特に板書はしないが、生徒はグループでの話し合いや発表の際の他のグループの意見をメモするように習慣づけることが大切である。

略地図を黒板にうまく描くのは、慣れないと難しい。事前に模造紙などに略地図を書いたものを黒板に貼る方法がある。授業の展開に従って、地名や用語などを張り付けていくと授業の展開がスムーズに、かつ視覚的になる（生徒には同じ略地図をワークシートとして渡しておくこと）。多くの黒板はマグネットが使用できるが、もしマグネットが使えない場合には、「マスキングテープ（養生テープ）」を利用すると黒板に貼り跡が残らないので良い。

【プリント（ワークシート、資料プリント）について】

プリントは学習内容の定着、授業を深め、豊かにするうえで重要である。大きく分けて「ワークシート」と「資料プリント」がある。「ワークシート」の場合、単に教科書の語句を確認する穴埋めプリントに終わっている場合があるが、先に示した実践例のように教科書を深める内容、発展性のあるものが望まれる。

資料プリントは、授業テーマを生徒が考えるうえで必要な教材を提供するものである。なお、掲載資料は出典を記載することが重要である。教師自身の教材研究を深めていくことにもつながる。両者を兼ね備えたプリントの事例は、次頁の実践で紹介する。

プリントとノートを一体化して、学習効果を高める方法として、見開きのノートの左側にプリントを貼り、右側にメモする方法がある。右側のスペースはゆとりができるので、生徒は復習の際などに加筆や別の資料の貼付などが可能となる。何よりもプリントとノートが別々にならないので、整理がしやすいし、紛失も減少する。

（小林汎）

■参考文献
- 劔持勉『プロの板書 基礎編』教育出版（2014年）
- 劔持勉『プロの板書 応用編』教育出版（2017年）

第2章　中等社会科の授業づくり

5　社会的問題を探究する授業を
―"石油は枯渇する?"「資源問題のなぞにせまる」

A　世界の原油産出量と埋蔵量（単位 百万kl）

		1960年	1972年	1973年	(%)	確認埋蔵量
1	アメリカ合衆国	409.4	549.4	533.2	16.6	5613
2	ソ連	171.8	451.6	491.9	15.3	7553
3	サウジアラビア	72.6	333.6	425.7	13.2	15411
4	イラン	62.1	292.4	340.1	10.6	10812
5	ベネズエラ	165.6	187.4	195.3	6.1	2196
6	クウェート	94.5	174.5	159.8	5	11602
7	リビア	—	130.6	126.1	3.9	3690
8	ナイジェリア	1	105.8	118.9	3.7	2902
9	イラク	56.4	86.6	117.1	3.6	5724
10	カナダ	30.5	82.6	99.5	3.1	1474
11	インドネシア	23.9	62.9	77.7	2.4	1829
12	アブダビ	—	61	76.7	2.4	2973
13	アルジェリア	10.2	62.8	63.5	2	1579
	世界計	1218.4	2953.2	3215.7	100	86873
	（うち中東）	306.8	1058.6	1234.7	38.4	50248

（『日本国勢図会』1975年版より作成）

B　世界の原油産出量と埋蔵量（単位 百万kl）

		2015年	2016年	2017年	(%)	確認埋蔵量	可採年数
1	ロシア	587.1	635.7	637.2	14	12720	20
2	サウジアラビア	589.6	606.4	578.3	12.7	42327	73.2
3	アメリカ合衆国	545.2	516.7	541.5	11.9	5633	10.4
4	イラク	230.9	256.1	259.3	5.7	23654	91.2
5	カナダ	214.5	214.7	230.6	5	27116*	117.6
6	中国	249.1	233.7	223.4	4.9	4075	18.2
7	イラン	165.8	206.7	220.6	4.8	24995	113.3
8	アラブ首長国連邦	167.1	173.8	169.9	3.7	15550	91.5
9	クウェート	161.3	165.7	157.1	3.4	16139	102.7
10	ブラジル	141	145.7	152.8	3.3	2009	13.1
11	メキシコ	131.6	125.4	113.6	2.5	1054	9.3
12	ベネズエラ	139.5	128.8	113.3	2.5	48058*	424
13	カザフスタン	76.7	92.9	101.9	2.2	4770	46.8
14	アンゴラ	102.5	99.7	95.4	2.1	1514	15.9
15	ノルウェー	93.1	94.9	93.7	2.1	1014	10.8
	世界計	4502.9	4580.6	4566.5	100	262644	57.5
	（うち中東）	1420.5	1514.5	1485.3	32.5	128483	86.5

＊カナダはオイルサンドを、ベネズエラはオリノコタールを含む

（『日本国勢図会』2018/2019年版より作成）

C

　現代科学文明はエネルギー抜きには考えられない。最近までエネルギーといえば石油―その消費量が一国の文明の進歩の尺度とさえ考えられてきた。

　一九六〇年に日本人が使った石油量は、発電用や工場用などもひっくるめて、一人当たり石油かん（十八リットル入り）二〇本ほどだったが、一九七〇年にはそれが約一〇九本にふえた。日本よりテンポは遅いかもしれないが、同じような石油消費の増大は、インドや東南アジア、アフリカ、南米などの開発途上国でも、今後当然起こると予想される。

　しかし、地球上のわれわれは、いつまでも石油に依存することはできない。一九七三年秋から冬にかけて世界をおそった「石油ショック」は、今から考えると、いささか政略的なもので「作られた危機」ではあったけれども、石油の枯渇は、もはや避けることのできない現実となりつつある。

　正確な予測はむずかしいが、現状のまま進めば、少なくとも二〇年後には石油は非常な貴重品となり、三〇年後には枯渇するだろうとみる専門家が多い。

　そうだとすれば、われわれは一日も早く石油にとって代わるエネルギー源を探し求めなければならない。

（以下略）

一九七四年五月

朝日新聞東京本社科学部長　広田哲士

〈出典：『あすのエネルギー』（朝日新聞社、一九七四）「あとがき」より〉

1　「石油危機」とは何だったのか？

　社会科の学習では、時事問題的な課題をどのように扱うかが問われる。但し、マスコミ等で流される情報を表面的になぞるだけでは、事の本質に迫れない。教員の教材研究の力量が問われるところである。

　1973年秋から冬にかけて「第1次石油ショック」に見舞われたことは、学校で習うので知っていることと思う。トイレットペーパーや合成洗剤がスーパーの棚から消えた。ビルのネオンサインが消え、駅の照明が間引かれてテレビの放送時間が短縮された。ある種の「パニック」が起こったのである。

　教材に使った『あすのエネルギー』（朝日新聞社、1974）は、当時ベストセラーとなった本である。多くの人々が「あと数十年後に石油は枯渇して大変なことになる」と感じていた。しかし、それから60数年経過しても「石油は枯渇する」と誰も騒いでいない。なぜなのだろうか？この謎解きをすることが授業のテーマである。

　資料プリントとワークシート（次頁参照）を作成して授業を展開する。教科書だけでは、不十分であり、事実を探究する学習ができないからである。

2　資料からどんな疑問を持つだろうか？

　〈授業の導入〉は、資料 C （上記の「あとがき」）を読んで、疑問に思ったことはないか、何人かの生徒に聞いてみる。「石油の枯渇は、もはや避けることのできない現実となりつつある。…少なくとも20年

後には石油は非常な貴重品となり、30年後には枯渇するだろうとみる専門家が多い。」に、生徒が注目してくれればしめたものである（傍線を引くように指示して全員で共有する）。

どうして予想が外れたのだろうか？当時の専門家はなぜ誤ったのだろうか？と疑問を持ったら、「予想が外れた理由は何だと思いますか？」をチームで考えてもらう。想像力を巡らせて色々な考えを出してもらう。そのためには個人で考えるよりもチームの方が楽しく展開できるし、色々意見が出やすい。ここで生徒が夢中になるように工夫をしたい。

チームごとに発表（板書）で出てきた意見を教員の方で分類して整理する。石油の消費量の減少（省エネ、代替エネルギー、温暖化問題）、新しい油田の発見、技術革新（採掘、採油）、科学の進歩（埋蔵量の増加）等が出るであろう。なかなか出てこないのが、経済（石油価格など）と結びつけた意見であるが、ここに、本日の授業で解明しなければならないポイントが潜んでいる。なお、地中の油層から一次回収（自噴、ポンプ等）では2～3割しか回収できない事実はほとんど知られてない。回収率を上げるための様々な技術が開発されていることにも注目させたい。

次にデータで確認する〈展開（その1）〉に入る。

3 具体的にデータで確認すると

最初に「日本における石油の消費量はどのように変化しているのだろうか？また、エネルギーに占める石油の割合はどうなっているであろうか？」と問いを投げかけて、石油の消費量（全体、一人当たり）の変化を資料プリントから読み取る。急激に増加したが、現在は減少傾向にある。すごいな～と感じると同時に最近の減少傾向から省エネ、他のエネルギーに転換などについても確認する。

【発展課題】として、「1960年代に石油の消費量が急激に増えていますが、その理由は？」と聞いて、「エネルギー革命」（石炭から石油への転換）についての解説と高校ならばその歴史的背景にも触れるとよい（時間がなければ、今回は言葉の説明だけに留める）。

ここで、"中休み"を兼ねて、新聞記事「昭和史再訪 モノ不足の風評、主婦を走らす」（2009・11・28 朝日）

第2章 中等社会科の授業づくり

の一部を読んで、第1次石油危機が発生したころの当時の様子について具体的に感じてもらう。

4 埋蔵量（確認埋蔵量）は？

後半の〈展開（その2）〉では、「世界には、あとどのくらい石油（原油）はあるだろうか？「世界の原油産出量と埋蔵量の推移」の表から考えてみよう」と問いかけて、ワークシートの可採年数を計算する。なお、その際に可採年数の定義（ある資源の確認埋蔵量を年間生産量で割ったもので、今後、現在の生産が何年間可能かを示す指標）を押さえておくことが重要である。

1973年の場合（資料A参照）、86,873 ÷ 3,216 = 27年となるので「30年後には枯渇」ということが、あながち根拠のないものではなかったことが分かる。

可採年数の変化は、29.7年（1980）→ 45.5年（1990）→ 41.1年（2000）→ 55.8年（2010）→ 57.5年（2017）となり、減るどころか増加傾向にある。どうしてだろうか？と疑問を投げかけて、導入で生徒が出した意見（予想）に再度注目させる。

5 発展学習として

最後の山場は、「なぜ、埋蔵量（確認埋蔵量）は減らないのだろうか？」を考えることである。資料Dを読んで、確認埋蔵量というのは「既に知られている油田の埋蔵量のうち、現在の技術・生産費・価格の水準を前提に、採掘可能な埋蔵量」であることを確認する。とすれば、生徒が予想したように、新しい油田の発見や採掘技術の進歩などで埋蔵量は増加する。また、生産コストが下がれば埋蔵量は増えることになるし、石油価格が上昇すれば、やはり増えることが分かる。当然逆もある。生徒もなるほどと思う、"腑に落ちる"とは、このことであろう。

ここで言っている「確認埋蔵量」の定義は、あくまでも社会科学的・経済的な意味での定義であり、自然科学的な定義ではない。それをあたかも自然科学的な定義のように捉えて、「専門家」と称する人が危機を煽ったのである。有限な地球にある資源はやはり有限だからいずれ枯渇すると短絡的に考えてはいけないのである。このテーマは何も石油に限るものではなく、地下資源全般に共通する問題であることも押さえておきたい。極めて現代的な課題でもある。

なお、近年「原油の仲間」といわれるエネルギー資源の開発が進んでいる。石油関係ではオイルサンド、オリノコタール、オイルシェールであり、天然ガスではシェールガスが注目されている。「シェール」とは泥土が堆積して固まった頁岩のことであり、そこに含まれている石油や天然ガスの採掘が技術開発により採算が取れるようになったからである。カナダのオイルサンドやベネズエラのオリノコタールが有名である。アメリカはシェールガスの開発（「シェール革命」）により、エネルギー自給率を高め、新たな「エネルギー戦略」を立てている。これまで輸出が禁止されていた原油は、2015年末に解禁され、日本もアメリカ産原油を2016年より輸入している。

■文献・資料紹介
- 岩淵孝『現代世界の資源問題入門』大月書店（1996年）
- JOGMEC編『石油資源の行方─石油資源はあとどのくらいあるのか─』コロナ社（2009年）
- 石油連盟『石油製品のできるまで』（2010年）、『もっと知りたい！石油のQ&A』（2015年）
- 『日本国勢図会』『世界国勢図会』（各年版）矢野恒太記念会

D 急増してきた石油の埋蔵量

ある資源の埋蔵量を一年間の生産量で割った数値を「可採年数」「耐用年数」「余命」などという。これまで、石油の「余命」は、よく「あと三〇年」といわれてきた。ところがこのところその「余命」が伸び、第2表（表は省略）で見られるように四五年をこえるようになった。石油は、周知のとおり、「再生不可能な資源」の典型であり、本来、採掘すればするほど「余命」が短くなるはずである。

では、なぜ、再生不可能な資源である石油の埋蔵量が急増してきたのか。その秘密は「埋蔵量」という言葉の中に隠されている。実は、この確認埋蔵量というのは、自然科学的に想定される全埋蔵量をさすのではなく、「既に知られている油田の埋蔵量のうち、現在の技術・生産費・価格の水準を前提に、採掘可能な埋蔵量」をさすものなのである。だから、新しく油田が発見されたり、技術水準が向上するなどすれば増加するものであり、生産費が安くなったり、販売価格が高くなったりしても増加する

……（中略）……

間違いなく増加するものなのである。要するに、確認埋蔵量というのは、自然科学的な数値ではなく、社会科学的な数値なのであり、社会の変化にともなって大きく変動しうる数値なのである。

〈岩淵孝『現代世界の資源問題入門』（大月書店、一九九六）より〉

〈板書・プリント・発問について（その２）〉

【発問について】

広辞苑によると、「発問」とは、「問いを発すること」であり、「質問」とは「疑問または理由を問いただすこと」である。

学校現場で使われる「発問」は、先生が生徒に問いかけるときに使われる「書き言葉」である。「話し言葉」としては、「次の問いを考えてみよう、分かる人は？」とか「先生が質問することの答えが分かる人？」とかいうことが多い。また生徒は「先生、質問があります」という言い方をするのが普通である。

発問とは「（先生が意図する）子どもの思考や活動を促す」ものである。思考や活動を促すといっても、「考えなさい」「・・・しなさい」といった「指示」ではなく「問いかけ」である。優れた発問は「生徒が自ら考えたくなる、活動したくなる」ものであり、その結果として「授業のねらいや課題解決につながる」ものである。

【鎌倉幕府は何年？？】

例えば、「鎌倉幕府はいつできましたか？」と発問したときに、ある生徒が「1192年」と答えた場合、先生の方は「正解、よくできました」と言い、続けて「『いい国つくろう！鎌倉幕府』で1192年！しっかり覚えておこう」と確認をする。このような授業風景は普通にありそうである。だが、二つの問題点がある。

一つは、教科書に書いてある年号を確認しているだけで、かつ先生と一人の生徒との一問一答で終わるものだからである。もし、歴史好きの生徒が「1185年ではないですか？」と質問したときに、先生はどうするのであろうか？（現在では、文治の勅許による守護・地頭の設置・任免がなされた1185年が有力説である）

先生が「教科書には1192年と書かれているけど、最近の研究では、1185年が有力説なんだ。1192年は征夷大将軍に任命された年だが、1185年には既に頼朝は支配を確立していて・・・・」と解説したら生徒の興味は深まるであろう。と同時に、試験に出るからと言って年号だけを丸暗記する勉強は間違いだと気がつくことであろう。

「人味山野に、室町幕府」で覚えた1338年を室町幕府の成立（足利尊氏が征夷大将軍を北朝から任命）とする記述は、教科書からも消えている（後醍醐天皇が吉野に下った時点で、京都には対抗勢力として幕府が誕生しているので、1335か36年を採用している）。同様に見てくると、江戸幕府の成立を、徳川家康が征夷大将軍に任命された1603年とすることが問題となる。関ヶ原の戦い（1600）を画期とした方がよいであろう。こうした教材研究を踏まえて授業をすれば、「教科書を教える」のではなく、「教科書で（を活用して）教える」授業へと転換できるし、発問も豊かな内容となり、生徒の歴史への興味・関心を高めることができる。

【日本に近い国は？　東京の東にある都市は？】

「日本に近い国はどこか？」一見ありふれた発問であるが、「近い」を吟味すると奥が深い発問となる。生徒はすぐに「韓国」「中国」など距離の近い国を思い浮かべるが、「ドイツも近いと思うけど？」と踏み込んで生徒を揺さぶる。実は、日本とドイツは面積が非常に近い国である。この追加発問（揺さぶり）で生徒の思考が促され、「近い」という言葉の意味を広げて、面積が近い国、人口が近い国、GDPが近い国等を積極的に探すことが可能となる。「四角い頭を丸くする」ではないが、既成概念を壊す、新しい発見のある発問へと発展させることは重要である。

「東京の東にある都市は？」の解答は、南米チリの首都サンチャゴである。ロンドンは東京の北北西に位置しているが、ロンドンから見て東京は北東方向である。と言われると「どうして？」と思う。また、「東京から磁石をもって真東に移動したらどの辺に到着するか？」の解答は、サンフランシスコ付近である。地球儀を利用して丁寧に立体における方位を説明する必要があるが、「常識」として思い込んでいることが「間違っていた」と気が付く、「不思議だ」と興味をそそられるような「発問」を工夫して欲しい。それが学習のねらいとも繋がるであろう。優れた発問は、「興味関心を引く」発問と「ねらいにつながる」発問との組み合わせであると考えてもよいであろう。

（小林汎）

■参考文献
- 野口芳宏『野口流 教師のための発問の作法』学陽書房（2011年）
- 栗田正行『「発問」する技術』東洋館出版社（2017年）

第2章　中等社会科の授業づくり

6　調査・発表学習やフィールドワークにどう取り組むか

石巻市立大川小学校跡でのフィールドワーク（筆者撮影）

宮城県石巻市立大川小学校は、2011年3月11日の大津波によって、児童74人が犠牲となった。同校は浸水想定区域外とされていたが、2018年4月の仙台高等裁判所判決は、津波を想定せずに備えが不十分だったとして学校側の責任を認めた。

震災遺構として保存することになった大川小学校旧校舎には、全国から多くの中高生が訪れ、津波で被災した校舎で、当時の出来事を追体験している。説明をする人の中に、津波にのみ込まれながらも助かった、当時5年生だった青年がいる。大学生となった今、「次代に伝えていく」ために自ら「語り部」となり、津波の恐ろしさや命の尊さを訴える活動を続けている[1]。

1 地域調査の面白さ

地域調査の魅力は、教室を出て学校生活とは異なる日常に接することにある。地域における調査活動が子どもたちに大きな学習効果を与えることは、多くの教員が分かっているものの、なかなか実行することが難しい。地域調査が可能であったとしても、実施には手間ひまがかかり、制約も多いため、準備と調整に多くの時間を要する。それでもやはり、地域調査は生徒にとって楽しいものになる。

小林汎は人びとの生活の場である地域を「合切袋（がっさいぶくろ）」に例えている。これは信玄袋とも言われ、布製の袋に口ひもがついた、こまごました携帯品いっさいが入る便利なものである。地域もまた、雑多なものが詰まった、複雑で、総合的・学際的なものといえる。

そうした、地域を観察、調査することで、子どもたちは新たな発見をしながら、多くのことを学んでいく。

実際の地域調査は、対象地域に出かけて観察や聞き取りをする「現地調査」と、インターネットや図書館で書籍や地図などで調べる「文献調査」がある。調査の目的によってどちらかに重点が置かれるが、地域調査はどちらにも欠かせない。事前の文献調査をもとに地域で見たり聞いたりする体験学習によって、身近な地域への関心を深め、自然や社会環境、経済活動が日本の地域や世界とつながっていることを理解させていきたい。

2 フィールドワークの効果

フィールドワークとは、調査目的に即した場所に出向き、直接観察したり、関係者に聞き取りやアンケートを実施することで、史料・資料収集をおこなう調査技法のことをいう。地域調査もフィールドワークに含まれる。

フィールドワークは、現地で客観的な研究成果を得ようとする活動であり、自分自身の見聞を広める旅行や、学問的な手法によらない未踏の地の実態を解明しようとする冒険などとは異なる、一つの研究手法である。

フィールドワークは地理学や文化人類学、社会学、考古学、地質学など、多くの分野でおこなわれているが、歴史学においても、フィールドワークは重要である。史料や古い写真を詳細に分析する作業において、実際に現地を歩いたり、体験・追体験することで、理解を深めることになる。

しかし、最近では、フィールドワークが広く普及するようになり、研究以外でも用いられることが多くなった。テレビ番組「ブラタモリ」で登場する地層観察や鉱物採取なども、今ではフィールドワークとみられるようになっている。

中学校や高等学校の授業において、フィールドワークを実施することは時間の制約が大きい。身近な地域の学習で3時間程度の調査活動をおこなおうとすれ

ば、準備・実施・まとめに各1時間とられてしまう。そのため、現地調査は1時間だけとなってしまい、どうしても教師主導で内容を決め、生徒参加型の取り組みが困難になりがちである。

それでも、訪問地が決まると、聞き取り調査の質問項目を考え、調査内容を決める過程を通じて、生徒には「自主性」がみられるようになる。そして、グループで協力し合うことで「協調性」、役割分担することで個人の「責任感」が育成されていく。

3 フィールドワークの実践

地域調査に重点をおいた学習を続けているのは、筑波大学附属駒場中高校の生徒たちである。この学校では、高校2年で必修科目の課題研究として9講座を設置している。その中の「水俣」の講座では、夏のフィールドワークを中心に、時間をかけて水俣病に取り組んでいる。

事前学習として、夏までに水俣病の基本的な知識を学習するが、中高生向けの分かりやすいテキストを使い、NHK戦後史証言プロジェクトやETV特集番組を使って視覚的にも水俣について学ばせている。

3泊4日のフィールドワークの現地訪問スケジュールは、水俣で教育旅行を企画するNPO法人の協力を得ながら作成している。フィールドワークの成功の決め手は、訪問地の選定と取材相手である。水俣病の当事者や支援者、マスコミ関係者、市議会議員などへの聞き取りは、時間をかけて信頼関係を築いていかなければ実現しない。つまり、この水俣での現地調査は、何年も継続して水俣に通い続けてきたことが、現在の訪問受け入れにつながっているといえる。

夏のフィールドワークのあとは、報告書にまとめるのが大変な作業となる。そのためには、事前の担当者ごとの割り当てや、質問項目の選定など、きめ細やかな準備が重要になる。テーマを決め、報告書をまとめていく作業は、生徒にとっては苦労の連続となる。しかし、作り上げた時の達成感は何ものにも代え難いものとなる。

課題研究を終えた生徒は、フィールドワークを通して、「街の至るところに嘗ての名残があるものの、注意をむけなくては、そのひとつひとつに気づくことはできない」「過去を全く知らなければ、何もなかったのだと信じて疑わなかったかもしれない」と感想を述べている[2]。

4 報告書の作成とプレゼンテーション

生徒が自分自身でみたこと聞いたことを記録し、文章にまとめていく作業には大変な労力を要する。報告書などの冊子にする場合は、調査の目的を明記し、指定された文字数で作成しなければならない。見やすくするために、写真や図表も適切にはめ込んでいくことも必要になる。これは、調べたことを地図に表現したり、作品として展示する場合も同様である。

これらの面倒な作業を経験することで、生徒たちは実に多くのことを学んでいく。そして、目的をもって一つのことをやり遂げることで、達成感とともに大きな自信を身につけることになる。

フィールドワークによって調べたことを、自分たちの考えや思いを込めて相手に伝える場が発表会である。最近では、自分から相手への一方通行となる発表ではなく、双方向性をもつプレゼンテーションが増えており、自分の伝えたいことと相手の聞きたいことをうまく融合させる工夫が見られるようになっている。そのため、視覚的効果にまさるプレゼンテーションにする専用ソフト（PowerPointなど）を用いることが多くなった。

また、GISを活用したフィールドワークやプレゼンテーションが増えていることも最近の特徴である。地図情報発信サービスを使い、衛星画像、空中写真、デジタル地図から仮想的に景観観察することもできるようになった。GoogleマップやGoogle Earthなどのストリートビュー機能を使って震災前の街の姿を映し出すなど、従来よりも効果的なプレゼンテーションが可能になっている。

（吉本健一）

■文献・資料紹介
- ぴあMOOK中部「ナゴヤ歴史探検」ムック（2018年）
- 「江戸楽」編集部『古地図で歩く江戸・東京』三栄書房（2018年）

■注
1) 日本経済新聞「大川小の悲劇語り継ぐ―生き残った青年の決意」（2018年3月10日）写真は2016年9月、筆者撮影
2) 大野新「熊本・水俣大会にむけて水俣を知る」地理教育研究会会報第532号（2019年）

第2章　中等社会科の授業づくり

7　実物教材・映像教材をどう活用するか

（出典：wikipedia『アドルフ・ヒトラーの演説一覧』〈https://commons.wikimedia.org/wiki/File:HitlerEnElPalacioDeLosDeportesDeBerl%C3%ADn1933.jpeg〉参照 2019 年 6 月 25 日）

左は、首相就任後初、1933 年 2 月 10 日のヒトラー集会演説の様子。泡沫政党だったナチスが、過大な賠償要求と世界大恐慌の負担による大混乱があったにせよ、ドイツ国民から大きな支持を得て一党独裁を実現した不思議さの一端について、ヒトラー演説の力を実際の映像から体験した上で考察させたいのである。実は、1 月 30 日首相指名の 2 日後に 10 分の演説をラジオ放送した。ラジオを活用したのは画期的だったが、目の前に聴衆がおらずマイクの前だけでは、ヒトラーは演説の力を全く発揮できなかった。そこで、宣伝相ゲッペルスと相談して、実際の演説会場からラジオ中継し、その熱気を国会選挙戦に活用しようとした。

1　よくできた映像番組を活用しない手はない

　NHK 教育の番組は時間が短くて使いやすいが、教室でそのまま見せるものが多くて、視聴覚教材としては内容の不十分なものが多い。代わりに、良いドキュメンタリー番組から重要なところを選んで見せていた。その後素晴らしいシリーズが出た。ドキュメンタリーを短く編集したものを見せながら、二人の女子が論争する 20 分強の番組だった。視聴後に講義で内容を深めたが、取り上げられた事例は生徒はよく覚えていて、難しい状況と人物の名前や表情まで忘れなかった。つまり、関係者が実際に語る映像が印象深く、ドキュメンタリー番組の威力が絶大なことがよくわかった。

　映画は、放送を録画して筋とポイントがわかる形で授業 1 時間の長さにカットして編集し、授業時間が余裕のあるクラスで見せた。映画を丸々見せようとは考えなかった。目的は番組や映画の鑑賞ではないので、教材として位置づけ、理解を定着し深めるためにプリントに内容要約や補足説明、キーワード記入欄などを入れた。映像制作の意図と授業の目標が同じことはないので、教材として利用したいのは、映像のリアルさによって過去の状況や現実社会の過酷さなど、教師の話やテキストで伝えられない効果が期待できるからである。

2　状況をリアルに感じさせる効果を活用

　そのまま使える優れた NHK 教育番組は多くないので、教員が長い映像のポイント部分を操作して見せることが多かった。しかし、今はネットに短い優れた映像が多くアップされている（例えばユニセフの映像ギャラリー）ので非常に楽になった。例えば、YouTube にある「紛争鉱物入門」の 4 分映像は、日本語字幕付で優れたものである。コンゴの惨状とそれを防ぐために我々のすべきことが端的に分る。英語字幕があればプリントなどで日本語訳を配付できるので、世界中の優れた映像教材を使うことが可能となっている。

　また、実物教材（レアリア）も、そのリアルさで生徒の興味を惹きつけることができる。紙幣など身近なものでも詳しく観察すると、日銀が発行した証券であることなど様々な情報や背景が見える。また、ひきり棒を使った火起こしや綿花から糸を紡ぐ体験など、道具を使う面白さもある。消費税が始まって 1 円玉が不足した時に、神戸の生協が「一円札」を発行したので、これを使って紙幣の本質を考えさせた。本物の代わりに模造品しかないものも多い。和久俊三『公判調書ファイルミステリー』（1988）は、単行本に小説に沿って様々な刑事関係書類が添付されていた。刑事裁判の話に入る前に見せるだけで、膨大な書類証拠をもとに

裁判が行われることを実感できる。

重要なのは、実物自体から得られる面白さと教材としての効果との適切なバランスをとることである。体験した面白さを楽しんだだけで、火起こしが可能になった状況や意義が頭に残らなかったら、教材の活用としては失敗なのである。実物からは、モノと人との関わり、作る人や使う人の状況・意図、時代や社会における意味、発明された背景や工夫など、考察が多面的多角的に広がる可能性がある。だから、実物の刺激や情報から何を生徒に考察させるかを明確にした上で、授業展開の適切な場面で実物を使わねばならない。考察させたいテーマに向けて生徒が動き出すように、どんな発問や提示の仕方が適切なのかをしっかり考えないと、楽しむ効果の方が大きくなってしまうのである。

3 実物や映像は事象と背景を考察する補助

実物教材と比べると映像教材は、大きな失敗のリスクがないので使いやすい。しかし注意すべきなのは、こうした映像教材を見せることが生徒には本質的に受動的な行為であり、主体的対話的な活動ではないことである。実物は、生徒が手元に置いて観察したり使ったりすることで、生徒の主体的な関わりを引き出せる。他方の映像は、生徒がただ見て聞くだけなのである。映像は、情報量が膨大であることが多く、重要でない部分に生徒の目が行ってしまうことがあるし、制作者の意図的な編集で一方的な見方が刷り込まれてしまうこともある。だから、映像の活用の前後には、必ず生徒が考え対話して考察する活動を入れて、学習過程全体の中で適切な理解と考察が行われるように配慮しなければならない。

ヒトラーの独裁化を考察するために映像資料を活用する例で考えてみよう。ヒトラーに対する生徒のイメージを出させてから、なぜヒトラーが多くのドイツ国民の支持を得たのかを推測させる。そして、DVD「映像の世紀」第4巻から、ラジオで放送された首相就任後の党員集会演説を見せるのである。このDVDは、恐慌から首相就任までがチャプター4で15分あるが、ヒトラーの演説映像と関連部分8分だけでも十分である。スポーツ宮殿の大集会の雰囲気を感じながら、当時のドイツ人と同じ彼の演説を聞くのである。これは、ラジオで何度も放送され、映画にして上映された実際の映像である。重要なのは、その演説内容をプリントで読んで考察することである。現在のポピュリストが言うような国民受けする政策を約束せずに、国民に「勤勉と決断と誇りと屈強さ」という努力を要求している。

歴史的背景は、大恐慌の影響やアウトバーン建設で失業者を激減させたというDVD映像があるが、プリントで示して考察時間を増やすことができる。DVDでは取り上げていない歴史的事実や背景が多いので、演説を聴いたときの感想を踏まえて、様々な背景やその後の行動とあわせて考察することが重要である。

リアルさの効果が大きい映像を選び、文章でも想像できる部分は使わずに映像の時間を最低限として、そこからは見えない歴史的社会的背景を補足し、生徒の考察活動を重視して討論や発表の時間などにあてたい。

4 パワーポイントや動画を自作したくさん準備しよう

複雑な現代社会では、実際に生の現実を体験することの効果が大きく、関係者と会ったりその人を呼んで話してもらったりできればベストである。しかし、それは授業の一部でしか可能でないし、実体験で得られない情報も多い。そうした部分を補うのが、生徒が手に取れる実物であり、言わば仮想的体験をする映像なのである。そして映像教材は、パソコンやネット上にいつでも使える形で準備できるので、教材の質を増やす点で最も効果的なのである。

プロジェクターなどを活用した授業が当たり前となっている。映像や文字資料を切り替えて提示して、黒板とテレビを使った授業より効率的な情報提示が可能となった。教師が黒板を使って説明することを、ソフトを使って図や写真、文章を組み合わせた動画にすることも容易になった。生徒自身が議論をA3用紙に書いて黒板に貼り、ソフトを使って映像化することもできる。こうした技術を活用して様々な映像教材を準備し、生徒の活動を中心にし、その考察の状況に合わせて活用できるようにしたいものである。

(杉浦正和)

■文献・資料紹介
- 宮内正勝・阿部泉『手に取る日本史教材』地歴社（1988年）
- 綿引弘『手に取る世界史教材』地歴社（1989年）
- 全国民主主義教育研究会『手に取る公民・現代社会教材』地歴社（1991年、続1999年）
- 阿部泉『続 手に取る日本史教材』地歴社（1998年）

第2章 中等社会科の授業づくり

8　新聞学習の可能性と課題

1 新聞学習と学力

　社会科・公民科の学習において、新聞学習は従来からも重視され、多様な実践が蓄積されてきた。

　2018年版学習指導要領において、「主体的・対話的で深い学び」が強調され、そのための教材や教育環境を充実させるために、公民科の分野でも、「授業において、新聞や公的機関が発行する資料等を一層活用すること」との指摘がなされている。

　特に2016年より18歳選挙権が実現し、学校教育における「政治教育」の一層のレベルアップが要求され、その重要な構成要素として、現実社会を現在進行形で動的に映し出す「新聞」の学習に期待されることは格段に大きくなっているといえる。しかも近年問題視されている子どもの読解力・言語力・考える力などの育成のために、新聞学習は極めて有効であるといえる。

　一般に学校教育における「新聞学習」は、新聞を作成し発行する「新聞づくり」学習と、市販されている「新聞」を授業の教材として活用する「新聞学習」に区分されてきた。「新聞づくり」学習は、能動的で協同的な活動であり、身近な出来事や自分たちの考えを文章に表現し、公表してコミュニケーションを広げる極めて有効な学習形態で、特に小中学校の特別活動や総合学習において大きな成果を蓄積してきた。

2 「新聞ばなれ」と学校に新聞を

　「新聞」が各家庭のほとんどで定期購読されていた時代（1980年代）には、生徒全員に新聞切り抜きや、新聞記事の発表学習を企画することは、社会科や公民科授業の定番としても取り組まれてきていた。

　しかし、インターネット技術の進展とスマートフォンなどの端末の爆発的な普及で、新聞を定期購読している世帯は今や5割を切っていると言われている。

　10代、20代の若い世代が新聞を一日に15分以上読む割合（新聞行為率）は今や10％を切っている。現在では、生徒や学生たちの日常的な政治や社会に関する情報源はテレビ報道とインターネット情報などもっぱら電波・電子のメディアである。

　だからこそ、今、教室に紙の「新聞」を意識して持ち込み、学習として人類の文化遺産であり民主主義社会の必需品であるといわれてきた「新聞」の紙面を通して手触り感のある世界とのつながりを確認したい。

3 すべての教室に新聞を

　「新聞販売協会」が2004年から「すべての教室に新聞を」という運動を始めている。希望する小中高の学校に、クラス数分の新聞が無料で提供される。例えば、埼玉県の場合「読売・朝日・毎日・日経・産経・東京・埼玉」新聞といった全国紙と地方紙が登校日の朝届けられ、生徒たちが教室でその日の新聞を手にすることができる。これはなかなか得がたい学習条件でもある。ちなみに、現在、この運動に応募している学校は徐々に増え、全国では2779校（2017.5）に至っているが、それでもごく一部の学校に限られている。各家庭での講読率が急激に低下している中で、学校や各教室ぐらいは、いつでも新聞を手にできる条件を整えたいものだ。

4 「教科通信」としての新聞活用

　社会科の授業の中で、関連する新聞記事を補助教材として活用することは従来から重視されてきている。これは、教員による長期にわたる「新聞切り抜き」の蓄積によって的確で豊かな参考資料が保障される。

　紙の新聞の切り抜きは、新聞全体に眼を通し、必要な記事を選び、ハサミで切り抜き、台紙に貼るという手作業を通して、不思議なくらい記憶に残るものである。インターネットで検索した資料とは比較にならないくらい、その記事のボリュームや見出しなどが印象として残るのである。

　それにもまして効果的だと思えるのが、毎日発行の「教科通信」としての新聞活用である。日々発行される各種新聞の中から、複数（できれば3、4名）の社会科・公民科担当の教員がローテーションを組み、「ぜひ生徒に読ませたい」と思われる記事を選び、題字の

ついたB4版（またはA3）の用紙に切り貼りし、傍線を引き、コメントを書き込む。それを、毎日、担任を通して朝のショートホームルーム時に配付する。生徒は朝の諸連絡を受けつつ、配付された「教科通信」を毎日手にし、眼を通す。その日に「公共」など社会科の授業があれば、教師が必要なコメントを簡潔に加える。

この取り組みの利点は、まず、新聞記事が毎朝生徒に届けられ、何かしらのニュースに接し、いやでも見出しぐらいは眼に入る。複数の教員によってランダムに提示される新聞記事なので、毎日続けると自然にその時期の社会変動の特徴が浮き彫りになる。これを一人で毎日発行し続けるのは困難だが、数日に一回の担当だと余裕があり、負担感はほとんどない。しかもそれぞれの教員の関心の持ち方が異なっているので、情報の幅を広げ、バランスが良くなる。しかも、教員の作業としては実に容易で短時間でできることである。1～2日分のいろいろな新聞から「生徒でも読みやすくて、面白いものはないかなあ」と探すのも楽しい。全生徒分印刷をして、各クラスのレターケースに入れておけば、毎朝担任を通して学年全員の手に渡る。

この教科通信は、何が出てくるかわからない偶然性が面白く、1年間毎朝発行というルーティーンが生徒の生活習慣となり、バックナンバーをそろえるという蒐集癖もさそい、ひょっとすると大学入試にも役立つかもしれないという実利も期待できる。定着すれば、年間150号を重ね、分厚いファイルを生徒たちは手にし、世界と向き合う勇気を得ることができる。

副次的な産物として、複数の教員で協働するので教員間の関係が良くなり、「教科通信」が他の教科の教員でも講読されるようになり、職員室で政治や社会の話題が自然に増えてくる。とても良いことである。

5 大学の教職の授業で応用

大学生もほとんど「新聞」を読まない。社会科の教員をめざしている学生たちが、ほとんど紙の新聞など全く手にしない生活を送っている。社会科のセンスを育成する観点からも実にゆゆしき事態である。

教職課程の授業の一部を使って、一人か二人、当番で、新聞の「切り抜き通信」を作成し、全員の前で発表させると良い。発表にあたる授業の前数日ぐらいは、お金を出して新聞を購入し、端からめくってどんな記事がみんなに受けるか、読みながら探し、選択し、切り抜き一枚の台紙に配列し、コメントを書き込む。知らない言葉は何かで調べないと説明できない。授業の冒頭にでも5分～10分程度の短時間でその記事のポイントや補足を肉声で語る。参加している学生にも刺激的である。どんな記事が選択されてくるか、友人たちの意外な記事の選択や面白いコメントに毎時間驚くであろう。そして自分の当番の時はもっとおもしろく発表しよう、変わった記事で驚かせてやろうと、図らずも次第に質が向上するものである。

大学の教職課程の授業で、学生が作成・発表した通信『公共の窓』の例

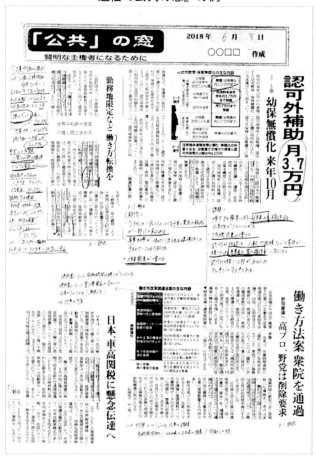

（田中祐児）

■文献・資料紹介
- 齋藤孝『新聞で学力を伸ばす』朝日新書（2010年）、『新聞力』ちくまプリマー新書（2012年）
- 市川正孝『「新聞教育」を創る』学文社（2013年）
- 畑尾一和『新聞社崩壊』新潮新書（2018年）
- 柳澤伸司『新聞教育の原点』世界思想社（2009年）
- 『日本新聞販売協会HP』〈http://www.nippankyo.or.jp/〉

第2章　中等社会科の授業づくり

9　ディベート・討論学習をどうすすめるか

ディベートの進行ルール例

肯定と否定各4名ほどのチームで、現状の問題を解決する政策を論題として争う。
①肯定側立論2分⇒否定側立論2分
②肯定側第一反駁1分⇒否定側第一反駁1分
③肯定側第二反駁1分⇒否定側第二反駁1分
④否定側要約2分⇒肯定側要約2分
⑤審判による審査(3－5分)

①～④で12分なので、適宜準備タイムを間にとることができる。その他、立論後の尋問や、③と④の間に自由な議論の時間も入れられる。

1　基礎基本には質疑や議論の学びが適切

学習指導要領（2008・9年版）で、言語活動の充実が掲げられた。指導要領（2017・8年版）では、「主体的・対話的で深い学び」に向けた学習活動全体の改善が強調され、議論や討論の意義や重要性が明確に示された。教師主体の講義や質疑応答と生徒主体の議論や討論を、授業内容や状況に応じて組み合わせることが重要になった。対話的学習は時間がかかるが、教科書を読めばわかる部分まで講義する無駄や生徒の理解しやすさを考えると、組合せの工夫で解決できるはずである。

基礎基本の内容は、教科書や易しく説明したプリントを生徒主体で学ばせたい。この手法は、学びの共同体研究会の書籍で知ることができる。教室をコの字にして4人グループとするだけでなく、ポイントは「ジャンプの課題」、考えないとわからない問題で理解を深めることである。授業内でいつも議論するのが当たり前になると、生徒がより主体的に動くようになる。

また、ジグソー法もある。内容を3-4に分けて、その特定部分だけをグループで検討し、その後全内容がわかるようにグループを再編する。各部分を説明できる生徒が議論することで全体の理解を深める。こうした手法を活用して、生徒の力で基本内容を理解する時間を増やしたい。

2　討論・論争によって理解をさらに深める

指導要領（2008・9年版）から強調された多面的多角的な考察は、主として教員との質疑応答や生徒の議論で行うことができる。教師の発問や資料によって新たな事実や視点を提示し、生徒の気づいていない見方や考え方を重ねることができる。しかし、公民科において重要なものが論争である。ある政策を実施するのかしないのか、その是非をめぐる論争が現実社会で常に行われている。論争が常に1か0かという二値的結論となるわけでもないが、相容れない対立の要素が大きい。この論争を取り組むことが公民科授業で重要となる。しかし問題は、論争を授業内で行うことと、定まった答が存在しないことに関する難しさである。

論争は、本音の討論を自由な形で行ったり、生徒の意見を教員がまとめてプリントを介して行ったりする方法もあるが、ルールある論争としてのディベートを活用すると効果的に行える。ディベート(debate)は「討論」とも訳されるが、「ルールある大論争」「知的スポーツの論争」であり、相反する立場からスピーチで争うある種の知的ゲームである。これを福沢諭吉が「討論」と訳した時は論争を意味したが、その後話合い・議論(discussion)の意味でも使われるようになった。しかし、議論と論争は明確に分けられるべきなのである。

白熱する自由な論争には、テーマについて詳しい優秀な生徒と巧みに論点を整理する優れた司会が必要であり、一般の学校では成立が難しい。そこでディベートでは、意見が対立するテーマを設定し、事前に討論する生徒を決めて準備させ、司会の代わりに討論の進行ルールを決めるのである。ルールは実状に応じて決めればよいが、冒頭図のように12分程度でも十分に争点を明確にすることができる。深夜テレビ番組で行われた「参議院はいらない」を見ればわかる[1]。この動画を導入に使って生徒の興味を引きながら、論題や立論、反駁などの用語とルールを覚えればよい。

3 対立意見の審査で政策判断力を育てる

　論争を行う難しさはディベートで解決する。もう一つが、オープンエンドの高度な問題に挑戦する難しさである。指導要領（2018年版）では、「公共」にこうした論争問題を期待せず、「政治・経済」などの探究学習として考えている。しかし、「公共」でも分野別学習を深めるには論争が役立つ。また、生徒が意欲的になるテーマ（論題）は現実の公的論争ばかりではない。「男が得か女が得か」や制服の自由化やアルバイトの自由化など、楽しみながら理解が深まるテーマがある。こうした練習を重ねて現実の論争を取り上げたい。その場合でも、実際の争点を全て取り上げなくてもよい。生徒学力と教師支援の実状にあわせ、論題を設定し限られた提示事実の中で論争ができればいいのである。

　ディベートは勝ち負けを審査する。これは、討論者のやる気を引き出すだけでなく、聴衆生徒を審判として論争を評価する練習となる。自分の知っていることを棚上げにして、ディベート試合のスピーチだけから、その説得力を判断するのである。生徒の政策への最終意見ではない。このために、対立する意見がどのような争点をつくっているか、論点整理をしてその上で個々の論点が論理的か重要かなどの総合的判断が必要となる。審査でどちらかを勝ちとするが、生徒は二つの対立する立場を評価して、良い方を勝ちとするだけである。これは、様々な社会問題を広い視点から分析して解決を考える思考訓練となるのである。

　ディベートにはいくつかの重要な特徴がある。その一つは生徒の思想の自由の確保。現実の論争を取り上げれば自然に意見が対立する。それを授業に取り込んで、自由に論争して最後に自分の立場を決めていく。教師の言葉でなくて生徒自身の言葉で語り合う。ここに大きな意義がある。本からの引用でなく、生徒が理解した考えで発言させたい。教師の介入の余地がほぼなく、政治的中立性も確保されるのである。

　自由討論が難しいのは、生徒に考える時間が十分でなく、思考の速い生徒しか対応できないからである。だから、難しいテーマでは、ディベート前に教師による必要知識の講義を行って、聴衆の理解度を上げ討論者の討論で更に理解を深めさせたい。

4 ディベートと自由討論の組合せの工夫

　ディベートを効果的に組織するには、準備や試合時に使う様々なシートを用意し、その中で適切な立論（最初の立場主張）が書けるように仕向ける。試合当日にならないと生徒の準備状況が全く分からないのも困るので、事前に各グループから基本的論点や利用するデータをシートで提出させ、それを肯定側と否定側で並べてプリントにすれば聴衆生徒も論点整理が容易となる。聴衆生徒は、討論のメモを書いて審査するシートを用意する。そこで、論題に対する立場の変化や認識の深まりなどを確認させ、最終的意見をまとめさせたい。

　生徒の意見は様々な動き方をする。討論者は、自分の立場に確信を深めることも、反対側の意見を知って自分の立場を弱めることもある。聴衆生徒も同様である。そこで、試合後に時間をとって自由な意見交換をして、さらに理解を深めた上でその場の最終意見をまとめられれば最も有効だと言える。その方法は、冒頭図のような短時間で試合が終わるようにして、残りの時間を自由討論と振り返りに使うことである。

　基礎基本の内容を生徒主体の議論によって終えて、そこで検討すべき論争テーマを確認する。ディベートの準備時間を適宜とった後、現実に問題となるテーマで論争と振り返りをし、単元全体の学習をまとめるサイクルが可能である。これによる分野別学習が、深い学びを保証する主権者教育となる。こうしたディベートは、政治的中立と思想の自由を確保する「生徒主体の高度な集団学習」の仕組みであり、生徒間の生の討論は生徒の思考レベルにあって、楽しく活気あふれた議論となるだろう。

（杉浦正和）

■文献・資料紹介
- 杉浦正和・和井田清司編著『授業が変わるディベート術！』国土社（1998年）（理論編）
- 学びの共同体研究会HP〈http://japan.school-lc.com〉
- 東京大学CoREF/知識構成型ジグソー法〈http://coref.u-tokyo.ac.jp/archives/5515〉参照2019年3月31日

■注
1) 『ディベート入門「参議院はいらない！」』〈https://www.youtube.com/watch?v=yPL9zctYeRs&t=217s〉2019年参照3月31日。出演した茂木英昭『ザ・ディベート』ちくま新書（2001年）に解説がある。

10　課題・探究学習をどうすすめるか

1 調べて考える主題・課題・探究学習

　戦後初期の社会科では、問題解決学習が重要なテーマであった。「問題」が教材上の問題か、現実社会の問題を意味するのかで考え方が分かれていた。やがて、これは生徒が学習上の疑問を調べ考察する追究的な学習という意味に落ち着いた。しかし、学問の流れに沿って教える系統学習が主流となり、こうした追究的な学習が復活し始めるのは 90 年代以降であった。

　文科省は、社会的問題を「課題」、学習上の問題を「主題」とし、1994 年施行指導要領の世界史 B と日本史 B に、生徒の歴史的思考力を深める目的で、総合的な学習としての追究的学習への配慮を入れ、現行要領では資料を活用しての考察とその発表や討論などの活動を求めた。そして、学習指導要領（2018 年版）は全教科で「主体的対話的で深い学び」を展開するとして、地歴と公民では「〜の課題について〜に着目して主題を設定し、多面的・多角的に考察・表現」することが標準的に求められ、地歴科に探究を付した 3 科目が置かれて、「総合的な探究の時間」への変更が行われた。なお、「政治・経済」には探究が付されないが、「正解が一つに定まらない現実社会の複雑な諸課題を『問い』とし，探究する学習の重視」と探究の科目として位置付けられている。

　文科省は、地歴・公民科ではこの学習を「主題設定学習」と呼び、習得した知識や技能を使って多面的多角的に考察し、暗記するのではなくて活動を通して深く理解することをめざし、「生徒自身が主題を設定し、主体的に考察すること」を探究のポイントとしている。「探究の時間」では「探究のサイクル」として「①課題の設定、②情報の収集、③整理・分析、④まとめ・表現」の過程が位置づけられ、一般的に課題学習と呼ばれることが多い。こうした学習のあり方は、20 世紀初めにデューイの教育哲学の中で唱えられて、キルパトリックによって「問題解決学習」として定式化され、戦後教育に大きな影響を与えたものである。原点としてこの思想を確認しながら、探求のあり方を考え

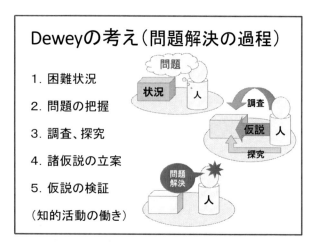

る必要があるだろう。

2 Deweyが重視した経験と思考＝知的活動

　デューイは、教育において生徒の経験を重視した。人は、自分の置かれた状況と相互作用する経験の中で、知的活動＝思考が行われて状況を変えると共に発展すると考えた。そして、『思考論 How we think』で論理的訓練のためにこの過程を詳しく分析した（冒頭図参照）。『民主主義と教育』でも、「11 章経験と思考」と「12 章教育における思考」で分析し、教育は経験から生まれる思考を中心にすべきだと述べた。実生活で困難（困惑・混乱・疑問や経験的場面の問題）に直面すれば思考を働かせるので、そうした問題を生徒に経験させることを主張した。思考過程でデューイが重視したのが、情報収集と仮説＝問題を解決する策を考え出すことであった。しかし、デューイが構想した経験重視を徹底する学校教育が現実には難しく、一時期その思想が忘れられていた。1980-90 年代に再評価されて次期指導要領において探究として復活し、知的活動を重視し様々な協働的活動を導入して、深い理解を実現する学校教育をめざし始めたと言えるだろう。

3 現実の問題を解決することをベースに

　知的活動をベースにした学習を、地歴・公民科の授業でどう増やしていくかを、デューイの思想を参考に

して考えてみよう。

　まず、知的な活動を生じさせる条件は何か。生徒の活動への意欲を支えるのは、状況を変える必然性・切実感だろう。それが興味・関心となっていく。また、授業で現実に近い状況を提示すること。そして、生徒が問題解決に向けてアイディア・仮説を考え出すこと。それに必要な様々なデータや資料。さらに、その仮説が問題解決となるのかを検証するデータが必要である。しかし、最大の困難は、データの読み取りや仮説立案にあたって、最低限必要な知識や概念理解を生徒が持っているかどうかなのである。

　年間計画が決まっている中で、個々の課題が生徒にとって様々な疑問を感じる切実性があるか。疑問を持って調べだしても、手元にある教科書やプリントから十分な情報を得られるか。これらの障害を越えて取り組みが始まっても、基礎基本の事実や概念が習得されてなければ探究的に考えられない、というわけである。

　興味・関心を引き出すヒントは、クイズ的な疑問を手がかりにしたり、仲間の意外な見方や考え方に気付かせたりすることによって、元々実生活である程度持っている社会への興味・関心を引き出すことができる。そうしたものを授業中の教師の「発問」としたい。クイズと異なるのは、答を考える中で関連する事象に多く気がついて、事象の全体像が見えてくるメカニズムや構造が垣間見えることである。そのような発問セットを用意して課題を設定したい。

　課題としては、事象を深く理解する以外に、現状を変える方法や政策についての議論が重要で、歴史的な政策も当時の状況から必要な方策を構想することが視野を広げ、歴史的事象を深く理解することになる。この場合は正解がないので、政策の賛否に関する論点をまとめることで検証の代りとする。

　現実性のあるデータや資料の提供には、過大な情報量で生徒が困らないように精選する必要がある。しかし、問題の構造や重要側面を反映するものは必ず入れて、全体像を見据えてバランスよく選ばなければならない。これができれば、疑問を感じ、仮説を考え、それを検証する全ての場面で活用することができる。ここに、教師の教材研究の深さが現れてくる。

　データや資料の提示や確認は、生徒が誤解しそうな側面を予想し、わざと提示を遅らせたり、一見してポイントが見えなくしたりする。生徒なりの論理や驚きのある見せ方や提示の順序を丁寧に考える。教師の発問や指示だけでなく、質疑応答で引き出した生徒の鋭い疑問を提示できるとベストである。

　仮説の立案では、クイズ番組でやるように、様々な答を生徒なりの根拠をつけて説明させることが重要である。こうすることで、データによる確認が仮説検証となり、生徒が事象の意味を見出すこととなる。

　なお、考察に必要な概念や知識は事前に講義で教えなければならないが、「学びの共同体」やジグソー法、易しくまとめたプリントによって短時間で確認させることができる。知的活動をベースにすれば、習った知識を活用する中で理解度が深まるからである。

4 「小さな発見」のある探究学習

　「探究の時間」は、教科横断として位置づけられ、探究の科目より生徒の活動時間を多く確保できる点で優れている。しかし、「自己の在り方生き方」を考えるという道徳教育的位置づけで、課題設定などに制約のかかることが問題であろう。生徒の興味や発想で考えれば自然に個性が育つと考えればよい。また、公民の探究学習は教科横断的となるので、「探究の時間」との連携の機会を増やすことが重要である。

　自然科学の探究学習は、テーマを決めて実験や観察の方向さえ決まれば、熱心なデータ収集と結果の適切なまとめによって「発見」の成果が得られる。しかし、人文科学や社会科学では、テーマが理科より複雑なので、大半が専門家の研究を生徒なりにまとめたものとなる。その打開に次の方法で生データを活用したい。

　新聞や国会議事録などネットのデータベースによって長期間の推移をまとめることや、関係者に会ってインタビューを行うこと、周りの人々にアンケート調査を行うことである。普通の「考えるための技法」[1]では足りない。まとめ論文の最終形を目標として提示し、活動過程を研究ノートに残す方法と上記の生データ収集のノウハウを教えることで、文系の探究成果を「小さな発見」が含まれるものに発展させたい。

（杉浦正和）

■注
1) 高等学校学習指導要領（平成30年告示）解説　総合的な探究の時間編 pp.49-54,95-98

第2章　中等社会科の授業づくり

11　ICT活用の可能性と課題

1 押し寄せるICTの波

近年のICT技術の進展の早さと普及の様子には目を見張るものがある。今や普通教室に電子黒板が置かれている風景は珍しいものではなくなっている。文部科学省が毎年行っている「学校における教育の情報化の実態等に関する調査」によると、2018年3月時点で、全国の児童・生徒5.6人に1台の割合で教育用コンピュータが配備されており、電子黒板は普通教室の26.8%に整備されている。2022年度までに教育用コンピュータは3人に1台程度、電子黒板は100%の普及がめざされている。コンピュータや電子黒板等のICT機器は教室にある教具の一つとしてすっかり定着したようである。また、目の前の生徒たちは日常のなかにICT環境が普及したなかで生まれ育った「デジタルネイティブ世代」である。高校生ともなればスマートフォンを自在に操る。もはや、教育活動にICT機器を活用しないということは考えられない時代となっていると言ってもよいだろう。

2 ICTの可能性

実は社会科は、ICTの活用に適した側面を多くもつ教科ともいえる。「簡単には行くことが難しい遠い外国の様子などを写真パネルで提示する」、「絵画資料の細部を読み解くために拡大したカラーコピーを配付する」、「データブックを持ち歩き統計資料を探す」。今述べたようなことはこれまでの社会科の授業では当たり前に行われてきたことである。そして、いずれもICTを有効に活用することができる場面ともいえる。グーグルアースを使えば世界中のどのような場所、例えばヒマラヤ山脈のような高い山やサハラの様子などを教室に居ながらにして見ることができる。e国宝を使えば、国立博物館所蔵の国宝・重要文化財の絵画の画像を手元におかれたタブレット端末に読み込むこともできる。絵画資料の拡大は思いのままである。しかも、拡大コピーとは比べものにならない解像度で絵画の細部まで見ることもできる。また、総務省統計局をはじめ、農林水産省や外務省などのサイトから容易に各種の最新データにアクセスすることも可能である。国土地理院の電子地図である地理院地図を使うと地形図の加工や断面図などを作成することも簡単にできる。新聞記事の検索サービスを利用すれば過去の新聞紙面も見ることができる。その他にも、音教材の活用や紙上討論的な生徒同士の意見交換、生徒の意見分布を瞬時に捉えることなど、活用場面は様々考えることができる。

このようにICTは授業の様々な場面で有効な教具として活躍してくれることがわかる。しかし、ICTはあくまでも、生徒の思考の深まりや学習活動を手助けしてくれる「教具」の一つにすぎない。昔ながらの黒板や掛地図などと同じ教具である。けしてICTは万能ではない。強みもあれば弱点もある。また、ICTを活用しさえすれば生徒が主体的対話的に深く学ぶことができるというものでもない。ICTありきではなく、またICTを過信することなく、その強みと弱点を十分に理解し活用することが求められてくる。

3 ICTにできることとできないこと

先に触れたのは、社会科授業におけるICT活用場面の一部である。まだまだ多くの活用場面が見出されてくることだろう。それでは、ICTができないこと、あるいは苦手なことはどのようなことであろうか。

教室の授業場面で、電子黒板やプロジェクターを通して教員が様々なものを提示するときにパワーポイントを利用している光景をよく目にすることがある。パ

ワーポイントは、あらかじめ用意したスライドのなかに図・文字・画像などを入れ込み瞬時に提示することができる。動画を入れ込んで映し出すことも可能である。手軽に使うことができる大変便利なソフトである。

ただし、このパワーポイントがプレゼンテーションソフトであることを忘れてはならない。そもそも、プレゼンテーションをわかりやすく円滑に行うために開発されたビジネスソフトである。ここに一つ大きな注意点がある。プレゼンテーションは、限られた時間のなかで、効率よく自身の考えを相手に伝えるものである。いわば一方向の伝達である。

しかし、授業はどうであろうか。授業はけして教員のプレゼンテーションではない。一つの教材に対して、生徒同士が、あるいは生徒と教員が向き合うなかで成立するものである。いわば双方向性ということが重要となってくる。

パワーポイントはあらかじめスライドを用意しておき、そのスライドを順番に提示していくことになる。そのため、生徒の反応、発言等を受けつつ急な授業構成の修正というように、臨機応変な対応をすることには不向きである。ときには、スライドの順番にこだわるあまりに、重要な生徒の反応を見逃して授業が進んでいくといったことも見られる。

また、スライドが次々と転換するために、生徒が前のスライドを参照しながら考えることも難しくなる。教員のほうで事前に比較参照しやすいように複数のスライドを併せたものを用意しておく場合には、前のスライドとの比較ということも可能であるが、それでは生徒の自由な思考を狭めることになる。さらに、常に空間認識を意識しながら進めるような授業であれば、掛地図を掛けておく必要がある。電子黒板に地図を提示したままにはできない。次のスライドを提示すれば地図は消えてしまう。空間認識を意識しつつ、スライドの映像と併せて思考することが難しくなる。

ICTを前提とするのではなく、必然性のある形での活用を促進していきたい。黒板や掛地図・写真パネルなど、さらには生徒の手元に配付される印刷資料などの特性や長所と欠点も考え合わせた上でICTの活用を考えることが必要なのである。先にも述べたが、ICTは様々な可能性を持つが、多様に存在する教具の一つであることを忘れてはならない。どのような教具にも長所もあれば弱点もある。それぞれの長所を生かし、弱点を補い合うようにして活用していけばよい。電子黒板か黒板か、言い換えるとICTかアナログかといった二者択一ではない。教員の授業の進めやすさではなく、生徒の思考をうながすにはどのような教具を活用すべきなのか、ICTとアナログの融合も視野に活用法を考えることが大切であろう。

4 メディアリテラシー、情報モラル

ICTの活用にあたってのいわばソフト面での注意すべき点について少し触れておきたい。

一つ目は、メディアリテラシーの問題である。ICTの普及により、ネットを活用して情報を収集し、議論を進めるといった授業も今後ますます増えてくるだろう。その際に、収集した情報は誰が発信したものであるのか、その情報はどのような意図で発信されたものなのか、そもそもその情報に信憑性はあるのかといったことについて気をつけることをしっかりと指導していく必要がある。

情報の氾濫という今日的状況下ではメディアリテラシーは重要な問題である。

二つ目は、情報モラルの問題である。ICTを活用することで瞬時に意見交換するとか、同時に複数の意見を見るということも可能になる。従来の紙上討論が、タブレット上などで簡単に行えるのである。今までの紙上討論というと、生徒が紙に書いた意見等を集め、一度教員の側で整理し配付する。その途中で、生徒の記述内容をチェックし、他者を傷つけるような発言があれば配慮することも可能であった。しかし、ICTの場合、他者の書いた意見をすぐに見ることができるという特性上、配慮に欠けたものがあっても排除しにくいという状況が生まれてしまう。従って、情報モラルをどうするかを考える必要性がある。

ICTの弱点や注意点を十分に意識しながら、大きな可能性のある教具としてICTの活用を進めていって欲しいものである。

（篠塚明彦）

■文献・資料紹介
- 原田恵理子、森山賢一編著『ICTを活用した新しい学校教育』北樹出版（2015年）
- 『社会科教育』No.693（2017年1月号）明治図書

第2章　中等社会科の授業づくり

12　評価活動をどうすすめるか

1 評価とは？

「評価をする」とはどのようなことなのだろうか。学習の終わりにテストを行い、成績をつけるという行為はどこの学校でも一般的に行われていることである。しかし、これは評価活動を形成する中の一部分に過ぎない。評価とは決して生徒の成績をつけることを意味してはいない。中内敏夫は、教育評価について次のように述べている。「教育評価は、子どもや親のねぶみをすることではなく、「教育」のありようについて第一に責任のある、学校や教師の教育力や行政の政策能力をねぶみすることなのである」。本来的に教育評価というものは、ねらい通りに教育活動が進んでいるか、その実態を把握し、教育活動の改善につなげていくものでなくてはならないのである。すなわち、まずめざすべき目標があり、その目標に対して生徒がどれくらい近づいたか、達成したのか、あるいは目標を大きく超えていったのかということを見とって、授業の内容、方法、計画などをそのままでよいのか、改善すべきなのかを検討していくべきものである。もちろんそのためには、生徒にどのように知識が定着しているか、認識が深まっているのか等を確認する上でテストを行うことも必要となってくるだろう。だがその結果は、生徒自身が自分の学習を振り返るためにも役立てるだろうが、それ以上に教師が自身の教育活動を振り返り改善するために用いられるべきものである。

2 目標と評価の一体化

教育評価が教育活動を通して、どれだけ目標を達成しているのかを検討し、授業改善につなげるものである以上、まずは明確な目標とその目標を達成するための手立て、授業計画が重要となってくる。また、生徒の認識の変化を見てとるためには、事前に生徒の実態を把握しておく必要もある。生徒のもっている知識はどれくらいのものであるのか、これから学ぶ内容についてはどのような認識をもっているのか、興味・関心はどれほどのものであるのか、こうしたことを把握した上で、目標を設定し、指導計画・授業計画が立案されてくるのである。その上で評価を行い、場合によっては授業計画を変更していくことになる。

近年、「PDCAサイクル」ということばが盛んに使われている。PDCAとは、Plan（計画）－ Do（実施）－ Check（評価）－ Action（改善）であり、この中のCheckの部分がまさに教育評価である。目標設定・計画立案から評価・改善を一体化させて取り組んでいこうというものである。こうしたことは実は社会科の授業づくりにおいてはこれまでにもあまり強く意識することなく経験的に行われてきたことでもあろう。授業の中でワークシートやノートの記述内容、生徒の発言、ときにはつぶやきや表情から生徒の理解が深まっていないとわかれば、何らかの改善を図ろうとする。それを経験則に基づくのではなく意識的かつ体系的に行っていくことが求められるのである。

3 社会科における評価

社会科の授業では事実がまず前提となる。その上で事実と事実の関係性を捉えることが必要となる。そしてそれらを踏まえた上でのそのことのもつ意味を解釈し、社会認識や歴史認識が深められることがめざされる。例えば、まず、「刀狩り」や「兵農分離」といった歴史用語（事実）がある。そして、それらの事実は個別に存在するのではなく関係性があることが理解できる。そしてその上でそれによって社会はどのように変化したのか、その意味や影響を多様な視点から考えていく。そうしてこの時代の歴史像を獲得していくのである。この場合には、①事実を知っている、②事実と事実の関係性を理解している、③影響や変化などその意味を考える、というように三つの段階を踏まえて歴史認識を深めていくわけである。評価という視点からこの三層を考えてみると、①については一問一答式のテストで捉えることができる。②についても部分的には同様のテストで確認することもできよう。しかし、③については単純な一問一答式のテストで推し量ることは非常に困難である。ところが、社会科の授業で生

徒に最終的に身につけて欲しい力は③に関わる部分である。事実や関係性を踏まえて、そのことの意味を考え解釈する、それも支配層や民衆といった複数の視点から考えるなどといったことが求められる。社会科では最終的に評価の対象とするのは、生徒の社会認識や歴史認識の深まりである。一問一答式のような単純なテストでははかることのできない認識の変化を見る上で有効となるのが、パフォーマンス課題とそれに基づくルーブリック評価の活用である。

4 パフォーマンス課題とルーブリック評価

　パフォーマンス課題とは、複数の知識や技能を総合的に使いこなすことを求めるような複雑な課題である。単元の終わりなど一定の学習の後に、課題を課し、それに対してレポートを書く、プレゼンテーションを行うなどの形で生徒が自身の思考を言語化して外化するものである。例えば、「私たちの街のゴミを減らすにはどうすればよいか」といった地域課題の解決に向けての政策提言を行う、「縄文から弥生への変化は人々を幸せにしたといえるだろうか」といったある時代についての評価を行うといった課題を設定し、レポートを書くというようなものを考えればよいだろう。レポートを書くためには、単元で学んだ知識や技能などを総合的に活用し、自身の考えを相対化して様々な角度から検討することが求められる。このパフォーマンス課題は単純に○や×という判断をすることができない。そこで用いるのがルーブリック評価である。これは評価基準表（＝ルーブリック）をもとに、生徒のレポートやプレゼンテーションなどをいくつかのレベルに分類し、評価を行う方法である。通常3～5段階程度のレベルを設定し、生徒の思考の深まりや到達度を見ていくことになる。ルーブリック評価を行うことで教師の考えていた目標に到達していない生徒、例えば次に示す表のcやdのレベルの生徒に対しては、どのような手立てで生徒の学習をフォローしていくのかを検討することになるし、ほとんどの生徒がc・dのレベルであった場合には、その単元の指導計画そのものを再検討するなどの授業改善を行っていくわけである。

　なお、ルーブリックを設定するためには、生徒たちにどのような力をつけてほしいのか事前に明確な到達目標をもっておく必要がある。また、目標の達成、すなわち複数の視点をもつなどのパフォーマンス課題に対応できる力をつけるためには、授業を進める中で自分なりに意見をもつことや生徒同士が互いの意見を検討し合い、自分自身の意見を相対化するような場面を設定することも必要となってくる。このように、目標と指導、そして評価へというつながりを明確にしておくことが求められるのである。

レベル	評価基準の例
a	複数の視点をもち、事実にもとづいて総合的に判断し主張している。
b	根拠となる事実をもとに主張がなされている。
c	主張はあるが、根拠がしっかりと示されていない。
d	事実が列挙されているだけになっている。

5 生徒の自己評価

　近年では、生徒たち自身に自分の学習の深まりをつかませたり、教師の授業改善のために評価活動への生徒の参加ということもいわれている。生徒による自己評価である。この生徒の自己評価という点で、一枚ポートフォリオ、OPPA（One Page Portfolio Assessment）シートを活用した評価も着目されている。例えば、単元ごとに1枚のOPPAシートを用いて、まず単元の学習に入る前の認識を記入しておき、毎時間の学習の最後に生徒自身が新たな気づきなどの簡単な振り返りを記入し、さらに単元の最後にそれまでの学習を踏まえて自分自身の意見や認識を記入していくものである。OPPAシートとしてはA3版の用紙を9分割したものをよく目にする。従って、1時間の授業の振り返りに記入する分量はそれほど多くはない。これにより、生徒は自身の思考の深まりや変化、学習の軌跡などをメタ認知的に捉えることができる。また、教師にとっては毎時間の生徒の記述をもとに、はじめに設定した目標に向かって順調に進んでいるのかを中間評価として確認していくことも可能になるものと考えられる。

（篠塚明彦）

■文献・資料紹介
- 木村元他編『中内敏夫著作集Ⅰ』藤原書店（1998年）
- 西岡加名恵他編『新しい教育評価入門』有斐閣（2015年）
- 西岡加名恵編著『教科と総合学習のカリキュラム設計』図書文化社（2016年）
- 田尻信壹『探究的世界史学習論研究』風間書房（2017年）

第 3 章

「地理総合」実践の手引き

総論　地理総合を教えるにあたって
A　地図と地理情報システムで捉える現代世界—GIS
　1　地理総合で学ぶこと
　2　地理情報システムをどう活用するか
　3　地球儀を使って地球を理解する
　4　楽しい地図学習
　5　地震が起きるのはどうしてか
　6　世界の気候の特色と人びとの暮らし

B　国際理解と国際協力—世界とSDGs
　7　世界がもし100人の村だったら
　8　世界はもう満員？
　9　世界と日本の食料事情
　10　世界の民族と国家について
　11　イスラーム世界を知る
　12　パレスチナで起きていること
　13　資源・エネルギー問題と現代社会
　14　経済発展の陰で何が起きているか
　15　つくる責任とつかう責任
　16　気候変動がもたらすもの
　17　環境破壊

C　持続可能な地域づくりと私たち—日本とSDGs
　18　グローバル化と情報化社会
　19　頻発する自然災害にどう向き合うのか
　20　福島県がめざす100%自然エネルギー
　21　安全・安心な暮らしを実現する
　22　大都市一極集中と地域の再生
　23　沖縄から見た平和と日本社会
　24　北海道のアイヌと日本のマイノリティ
　25　国際社会における日本の役割
コラム　国旗から世界をみる

第3章 「地理総合」実践の手引き

総論　地理総合を教えるにあたって

左図は中教審答申の別添資料にある「地理総合」改訂の方向性についての概念図である。注目して欲しいのは、中央に矢印で「持続可能な社会づくりに求められる地理科目」と示されている点である。

今回の学習指導要領は2014年11月に文部科学大臣の諮問を受け、2016年12月21日に「幼稚園、小学校、中学校、高等学校及び特別支援学校の学習指導要領等の改善及び必要な方策等について」が答申された。教育課程企画特別部会は、2015年8月26日に「論点整理」を報告し、学習指導要領の全体像を方向づけている。

（出典：文部科学省HP〈http://www.mext.go.jp/b_menu/shingi/chukyo/chukyo3/053/siryo/__icsFiles/afieldfile/2016/12/12/1380468_3_4_1.pdf〉参照 2019年6月20日）

1 「地理総合」はいつから学ぶのか

次頁の図は文科省が示している学習指導要領（2018年版）の実施スケジュールである。小学校では2020年度、中学校では2021年度から全面実施となる。なお、「特別の教科道徳」や小学校3、4年生での「英語活動」などは、先行実施されている。

高校の場合は、2022年度から学年進行で実施するので、「地理総合」は2022年度入学者からとなる。なお、「総合的な学習の時間」を「総合的な探究の時間」と改めての実施や、地歴・公民科での領土に関する規定は学習指導要領によるとされている。新教科書は2020年度に検定が行われ、翌年度に合否が決まり、見本本作成・採択をへて、2022年度から使用される。

大学入試関係でいえば、2020年度から大学入試センター試験に替わって「大学入学共通テスト（新テスト）」が開始され、学習指導要領にもとづく内容・科目がテストに導入されるのは2024年度からである。

2 社会科の歩みのなかでの「地理総合」は

今回の学習指導要領は戦後9回目のものであり、告示化されたから6回目、社会科「解体」から3度目である。（巻末「中等社会科の変遷一覧」参照）

そのなかで、高1に必履修科目が置かれたのは、初期社会科時代の「一般社会」（5単位）と1978年告示の「現代社会」（4単位）、そして、今回である。今回は学年指定ではないが、学習順序を指定して低学年で学ぶ必履修科目として「地理総合」「歴史総合」「公共」（各2単位、計6単位）が置かれている。学校では「地理総合」を1年で履修することが多いであろう。

地理は、1960年代から70年代にかけては実質的に全員の高校生が履修していたが、「必履修科目」として置かれたのは初めてである。「現代社会」が置かれた1978年告示以降は、地理の履修者が減少し、大雑把に言えば高校生の半数近くは地理を学ぶことなく卒業するのが現実であった。地理を選択科目としても置かない学校は増加傾向にあり、地理を専門とする教員の採用も手控えられてきた。

従来の地理のイメージにとらわれずに、「持続可能な社会づくりに求められる地理科目」が「地理総合」であると考えて、新しい感覚と積極的な教材研究によって、18歳選挙権が実現した時代の高校生に意味のある

科目、学びがいの科目として欲しい。

3 地理総合を学ぶ意味は

「足もとを掘れ、そこに泉がわく」（ニーチェ）は地理学習の基本である。大人も子どもも身近な地域の現実を知っているようで知らない。地域への興味・関心を持ち、改めて地域を具体的に知ると新しい発見があるはずである。この地域とは、何も自分たちの住むところだけでなく、世界各地の人びとが住む地域であり、そこに住む人びとの「目線」で、地域の現実を具体的に知ることが地域再発見の鍵である。

地域での出来事は、日本や世界とつながっている。福島での原発事故が、地元の人々の生活を破壊するだけでなく、東京での生活に関わっているし、地球規模での影響が世界各地での原子力発電のあり方に関係してくる。「地域から日本へ、そして世界をつらぬく地域の見方、世界への関心と理解」が重要である。また、「Think Globally, Act Locally」という言葉は、環境問題を考える際によく語られてきたが、地球規模の問題や世界各地での諸問題に対して関心を持ち、自分たちができることをやってみようとすることは、単なる知識理解で終わらない、"本当の学び"につながる。最初は小さな一歩でも、生徒にとっては大切な一歩となって、将来の生き方に関わることもある。

しばしば、地理や歴史は暗記科目と言われる。実際に「穴埋めプリント」を使って、教科書の重要語句や年号を覚えることが行われている。また、大学受験の受験科目だから勉強するとの回答も返ってくる。

しかし、「地理総合」は教科書を覚えることが目的ではないし、大学受験で"用済み"になるものではない。"なぜ地理総合を学ぶのか"、それは、世界が様々な課題をかかえており、平和で安全・安心が確保されていない現実があり、どうしたら幸せな暮らしが送れるようになるか、持続可能な地球環境を維持するにはどうしたら良いだろうか、こうしたことを「地理総合」で学ぶことが求められている。「答えは一つではない」「正解がないかもしれない」と考えつつ、自分たちの問題として、地域の現実を「主体的・対話的で深い学び」で謎解きすることが求められている。

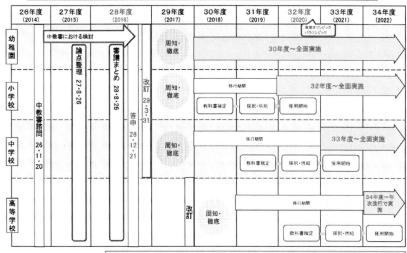

出典：『文部科学省HP』〈http://www.mext.go.jp/a_menu/shotou/new-cs/__icsFiles/afieldfile/2017/05/12/1384662_1_1.pdf〉参照2019年6月20日

4 学習指導要領を発展させて

「教科書を教える」ではなく「教科書で教える」ことが大切なように、「学習指導要領で（＝活用して）教える」ことが肝要である。そのポイントを以下に列記すると、

① 「持続可能な社会づくり」を我が国の防災と関係づけるだけでなく、国際社会、国連での「SDGs」などの取り組みと結びつけて考える。
② 「地図や情報システム」を教えることを自己目的化せずに、手段として活用して地域を具体的に理解する。
③ 「経済活動との調和」が現実とは乖離していることがしばしばあるので、地域の実態（地域住民の暮らしや願い）を具体的に明らかにして教える。
④ 「相互依存関係」が強調されているが、人間と自然や地域間の関係は単に相互依存の関係にあるわけではない。事例ごとに事実に即して吟味して教える。
⑤ 防災学習が対処療法的な学習とならないためには、災害のメカニズムを科学的に明らかにし、具体的地域と結びついた学習が不可欠である。「想定外」で済ませてはいけない。
⑥ 領土問題については、最近の政府の見解（『2019年版外交青書』）ともずれた内容が記載されている。時々の政治動向に左右されない、国際的視野で考えることが重要である。などである。

（小林汎）

第3章　「地理総合」実践の手引き　　A　地図と地理情報システムで捉える現代世界—GIS

1　地理総合で学ぶこと —持続可能な社会をめざして

左の17個のロゴは、国連の全加盟国が、2030年までに達成すべき世界共通の目標として掲げているSDGs（持続可能な開発目標＝Sustainable Development Goals）を表している。

SDGsの17の目標は、それぞれの課題の解決策を考える過程で、他の課題と深くつながっていることに気づかされる。これまで接点のなかった人たちがつながり、共に解決策を探ることになる。SDGsには、私たち一人ひとりの生活や意識の変革を必要とする具体的目標が設定されている。

1　地理総合で何を学ぶのか
〔授業テーマ—課題と視点〕

　2018年3月、文部科学省告示として新たな高等学校学習指導要領が公表された。2022年4月から、新設必履修科目の「地理総合」が全国の高等学校で実施される。

　今回の学習指導要領改訂では、「主体的・対話的で深い学び」に重点が置かれ、子どもたちに育む「生きる力」を資質・能力として具体化し、何ができるようになるかが明確化されている。

　第3章「地理総合」実践の手引きは、国際社会において重要な課題となっている「持続可能な社会づくり」を重要なキーワードとして、学習指導要領（2018年版）の地理総合の目標と内容に沿って構成している。

　まず、「地図と地理情報システム—GIS」では、位置や分布に着目して、地図や地理情報システム（GIS）に関わる幅広い地理的技能を身につけるための実践例を示した。次の「国際理解と国際協力—世界とSDGs」は、世界の多様性ある生活・文化の理解と、地球規模の課題とその解決に向けた国際協力のあり方について考察する実践例を紹介している。そして、「持続可能な地域づくり—日本とSDGs」では、日本国内や地域の自然環境と自然災害の関わりと、持続可能な社会づくりのための解決策を探求する実践例を取り上げた。

2　地理総合で学ぶSDGsの目標
〔教材研究のポイント〕

　地理総合の中で取り上げられる内容には、SDGs（エスディージーズ）の目標が数多く含まれている。地理総合を学習することで、国際社会がめざす「持続可能な社会」のあり方やその課題について学ぶことが可能となる。

　SDGsは、2015年9月、国連持続可能な開発サミットにおいて国連加盟国の193カ国すべてが合意して採択された。SDGsは、2000年に採択された「MDGs（ミレニアム開発目標）」が2015年に達成期限を迎えたことを受けて、新たな世界の目標として定められた。

　ミレニアム開発目標は開発途上国の経済・社会面の向上をめざしたもので、1日1.25ドル未満で生活する絶対的貧困の半減や、初等教育の普及など8つの目標が設定されていた。しかし、目標年となっても置き去りにされた地域があり、世界の紛争の数が増え、難民・避難民の数が第2次世界大戦以降、最高の水準となっている。さらに、先進国においても所得格差が拡大し、貧困に陥る人が増えている。世界で多発するテロ行為も、その背景には貧困や格差の問題があるといわれている。

　そこで、SDGsでは先進諸国も含めて、誰も置き去りにしない国際社会の目標を新たに定めることになった。

その目標は大きく分けて3つある。1つ目は「経済」に関することで、どうすればすべての国が成長することができるのか。そのためには、どのような技術革新をしていけばよいのか。さらに仕事の仕方についても目標が設定されている。2つ目は「社会」のあり方に関することで、世界から飢餓をなくし、すべての人が健康に過ごすこと、教育が行き渡り、生活しやすい町をつくること、さらに男女格差をなくし、平和な社会にしていくことなどが目標になっている。3つ目は「環境」に関することで、海や陸の環境保全、気候変動に関する地球環境問題、エネルギー資源の使い方などの目標が設定されている。

これらの課題を集めて、17の目標にまとめたのがSDGsである。17の目標には「ターゲット」と呼ばれる各目標をより具体化したものが設定され、その数は全部で169におよぶ。

SDGsが採択された2015年12月には、今世紀末までの気温上昇を産業革命前と比べて2度未満に抑えることをめざす「パリ協定」も締結されている。

2016年の世界の飢餓人口は、前年より3800万人以上増えて8億人を超えた。それは、長期化する地域紛争や気候変動などが複雑に絡み合って引き起こされているとみられている。SDGsは、そうしたいくつもの要因が重なる課題に対して、互いに関連する複数の目標に同時に取り組むことで、その解決をめざすものである。

3 国も企業も動き出した 〔授業づくりのヒント〕

「食品ロス」は世界的課題であり、SDGsの目標12「つくる責任、つかう責任」のターゲット3では、世界全体の一人あたりの食料の廃棄を2030年までに半減させることを盛り込んでいる。日本国内の食品ロスの6割近くはコンビニやスーパー、外食産業、食品メーカーなどの企業から出ている。

そうした中、2019年の通常国会に議員立法で「食品ロス削減推進法案」が提出された。この成立により、国や地方自治体、事業者の食品廃棄の責務が明確にされ、国全体で食品ロス削減に取り組むことになる。

こうした動きの中で、国内のコンビニチェーンも食品ロスに対する取り組みを始めた。それは、消費期限がせまった弁当やおにぎりを購入すると定価の5%程度のポイント還元することで、売り上げに対する廃棄費用の割合を、2030年までに半減することをめざすというものである。コンビニの食品ロスが注目されるようになったのは、2月の節分シーズンに販売される恵方巻きが大量に廃棄され、大きな社会問題となったことがきっかけである。

コンビニチェーンの事業所本部が店主と結ぶフランチャイズ契約では、廃棄にともなう費用の大半は店主が負担することになる。人手不足にともなう人件費上昇の中で、コンビニの24時間営業や就労形態のあり方に対しても見直しの動きがでている。

4 SDGsの取り組みを調べる 〔発展学習〕

SDGsに関するプロジェクトやウェブサイトは充実しており、誰でも簡単にアクセスできる。例えば、「SDGs高校生 自分ごと化プロジェクト」では大学や企業の研究者・開発者が目標に関する研究テーマを掲げて、生徒に考えさせる教材を提示している。

「子供たちと未来をつくるSDGs for School」は、持続可能な社会創生のための教育を実践する現場の教員と生徒を応援するプロジェクトである。SDGsをわかりやすく学べる教材や研修・交流の場やフィールドに子どもたちを連れて行くツアー型授業、出張授業などのプログラムなどを提供している。

「SDGs.TV」は17の目標に関する短編映画が視聴できる。世界中から集められた映像は持続可能な社会をつくる上で、共通する課題認識を得るための有効なツールとなっている。

中学校や高等学校の学習指導要領（2018年版）では、「持続可能な社会」は重要なキーワードとして位置づけられている。授業では具体的な国内外の取り組みを紹介し、生徒に興味をもたせ、考えさせる教材をつくってほしい。

（吉本健一）

■文献・資料紹介
- 碓井照子『「地理総合」ではじまる地理教育 持続可能な社会づくりをめざして』古今書院（2018年）
- 蟹江憲史『持続可能な開発目標とは何か 2030年へ向けた変革のアジェンダ』ミネルヴァ書房（2017年）
- Think the Earth『未来を変える目標 SDGsアイデアブック』紀伊國屋書店（2018年）
- 『SDGs.TV』〈https://sdgs.tv〉
- 『SDGs for School』〈http://www.thinktheearth.net/sdgs/〉

第3章 「地理総合」実践の手引き　　A　地図と地理情報システムで捉える現代世界—GIS

2　地理情報システムをどう活用するか

「地理院地図」
　画面の左側の「情報」欄に地図上に表示できる情報が集約されている。「情報」をクリックすると「情報リスト」が開き、表示項目が示される。おもな項目は「ベースマップ」、「空中写真・衛星画像」、「起伏を示した地図」、「土地の特徴を示した地図」、「基準点・測地観測」、「地震、台風・豪雨等、火山」などである。それぞれがまた区分されている(階層構造)。
　これらのデータを地図に重ねた際に、わかりやすく表示するために「透過率」を調整できるのが特徴である。

（出典：『地理院地図』〈https://maps.gsi.go.jp〉参照 2019年6月24日　※実際の画面を調整している）

1　GISの位置づけ　〈授業テーマ—課題と視点〉

　2018年告示の高校学習指導要領で必修となった「地理総合」には3つの大項目がある。その中の1項目に地図・GIS（地理情報システム）がある。
　GISについて確認しておこう。国土地理院の「地理情報システム（GIS）とは何でしょうか？」というサイトでは、カーナビを例に次のような解説をしている。
　「地理情報を情報システムと組み合わせることで、今までは考えられなかった便利な機能が実現できます。これが地理情報システムです。地理情報システムは、地図に相当する地理情報のデータベースと、表示、案内、検索等の機能を一体とするコンピュータシステムのことです」。地理情報（地図）をコンピュータに取り込み活用するシステムということである。お店探しや道案内にウェブ地図を使わない人はほとんどいないだろう。日常生活にGISはすっかり入り込んでいるのである。
　地理の教科書には、従来も、言葉としてはGISがあったが、インターネットやコンピュータをめぐる環境の変化（改善）により、踏み込んだ展開が期待できるようになったのである。学習指導要領の解説にも、具体的なサイト名の記載がある（「地域経済分析システム（RESAS）」、「政府統計の総合窓口（e-Stat）」、「地理院地図」）。

　地理の授業ではコンピュータシステム自体を学ぶわけではなく、あくまでも使いこなし方の基本（入門）を学ぶのが狙いである。また、インターネットやコンピュータをめぐる環境の変化（改善）と書いたが、生徒一人ひとりに端末を持たせてストレスなくインターネット接続が可能な学校はごくわずかだろう。
　地理総合の目玉の一つがGISということで、先進的に対応したい（すべき）という見方がある一方で、それに背を向ける傾向もあるようだ。さしあたっては、視聴覚教材を見せるような形で、こういうことができるということのデモを行い、見せるのが無理のない方法だろう。その上で、学校の状況に応じて生徒自ら動ける方法を考えていきたい。

2　地理院地図を中心に　〈教材研究のポイント〉

　GISは特別なソフトを用意しなくても可能だ。次で述べる地理院地図以外に、地図総合ソフト「カシミール3D」やエクセルデータから統計地図を作成するフリーソフトの「MANDARA」だけでもかなりのことができる。
　地理院地図は、「国土地理院が整備する地形図、多時期の空中写真、災害情報などの情報を、パソコンやスマートフォンのウェブブラウザから無償で利用できるウェブ地図です」（国土地理院）。2013年に提供が始まり、何回かバージョンアップしている。その都度、

機能が追加されている。単に地図を閲覧するだけでなく、計測や作図ができる。またPCだけでなくスマホでも使うことができる。ベースマップとして各種主題図や空中写真などを重ねることができる。

空中写真は地域によっては第2次世界大戦前までさかのぼって閲覧可能だ。「起伏を示した地図」の中の「色別標高図」「自分で作る色別標高図」は生徒の興味を引くだろう。ブラタモリ等で有名になった「赤色立体地図」を全国シームレスに見ることもできる。ベースマップ」は通常は「標準地図」を見る（使う）が、「淡色地図」をカシミール3Dで表示させ、フィールドワーク用の大縮尺の地図を簡単に作成することができる（文献・資料紹介参照）。画面右上の「機能」欄に表示設定や各種ツールが集約されている。作図や測定、立体地図表現などができる。断面図は、日本だけでなく世界全体に対応しているのは大変有り難い。

2019年3月のバージョンアップ時は、CSV形式にした住所リストを読み込むだけで、瞬時に地図表示できる機能が加わった。エクセルの住所録をCSV形式にしておくだけでよいのである。「地理院マップシート」という住所データを地図上に表現するエクセルファイルがあるが、その簡易版と言ってよいだろう。

「災害時に開設された避難所の住所リストがあれば簡単に地図に表示でき、他地域から応援に駆け付けた人も避難所の位置がすぐに分かり、迅速な災害対応に役立ちます」という防災上の観点から追加された機能だが、色々な使い道が可能である（地理院地図の説明は、2019年4月現在）。

カシミール3Dは極めて多機能な地図総合ソフトである。インターネットと繋いだ場合は地理院地図などを閲覧できる。具体的な使い方は次項で説明する。解説書が何冊も発行されている。

MANDARAも著者による解説書が発行されており、研修会などで作成した説明書もインターネットに登録されているので、高校生であれば自学自習できるだろう。完全に無料であり、ダウンロードすればすぐに使える。

3 地形図との併用や休業中の課題に 〈授業づくりのヒント〉

地理院地図やカシミール3Dは、それだけを単独で使ってもよいが、必要に応じて、紙地図（2万5千分1地形図など）と併用するとより効果的である。学習指導要領の解説にも次のような記述がある。

「GISでの作業では、生徒の発達段階や学校の施設環境等を踏まえると、国土地理院刊行の地形図などの紙地図を用いた手作業でその基礎を学ぶことも効果的である」。大学教職課程の学生が対象であるが、卜部勝彦氏による具体的な指導例（スマホで地理院地図を見ながら地形図と対比）が報告されている（文献・資料紹介参照）。

4 色々なサイト、ソフト（アプリ）を使おう 〈発展学習〉

「国土交通省ハザードマップポータルサイト」は「重ねるハザードマップ」と「わがまちハザードマップ」の2本立てである。前者は地理院地図の上に、「洪水・土砂災害・津波のリスク情報、道路防災情報、土地の特徴・成り立ちなど」を重ねて表示できる。操作は難しくなく、直感的に使うことができる。防災も地理総合の柱の一つであり、地理院地図を常日頃から使えるようにしておくことが必要だろう。

生徒に興味を持たせるサイト、ソフト（アプリ）も用意しておこう。「フライトレーダー24」は、飛行中の民間航空機の位置（動き）がリアルタイムでわかる。分布の違いから色々なことを考えさせることができる。「マリントラフィック」は船の動きを示すもの。2018年9月、台風のため関西空港の連絡橋にタンカーがぶつかった時にテレビニュースでこれが使われ話題になった。

こういう分野は生徒の方が詳しい。課題としてお気に入りのサイト、ソフト（アプリ）を紹介させると良い。

（田代博）

■ 文献・資料紹介
- 長谷川直子編『今こそ学ぼう 地理の基本』山川出版社（2018年）
- 『地図中心』日本地図センター（2018年7月号）「特集 地理院地図にアクセス！」
- 谷謙二『フリーGISソフトMANDARA10入門』古今書院（2018年）
- 田代博「大縮尺の白地図の作り方」〈http://yamao.lolipop.jp/map/2018/09/hakuchizu.pdf〉
- 卜部勝彦「地形図の新たなる読図指導」『地理』古今書院（2016年11月号）

第3章 「地理総合」実践の手引き　　A 地図と地理情報システムで捉える現代世界―GIS

3 地球儀を使って地球を理解する

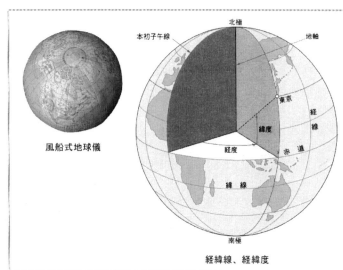

風船式地球儀

経緯線、経緯度

「風船式地球儀と経緯線、経緯度」

　緯線は、北極と南極を結ぶ地軸に直交する平面が地球表面と交わる線ですべて平行である。そのなかで、北極と南極の中央に当たり、地球を南北に二等分する緯線が赤道で、緯度0度になる。南北に行くにつれて緯度は増し、北極と南極では最大の90度になる。従って、赤道付近を低緯度、極付近を高緯度と表現する（日本付近は中緯度になる）。

　経線は、両極を結ぶ地球表面上の線、子午線とも言う。緯線と違って経線はみな同じ長さだから、どこを基準にしても構わない（基準になる経線を本初子午線と言う）。

1 風船式地球儀の活用　〔授業テーマ―課題と視点〕

　グーグルアースに代表されるバーチャルな地球儀を簡単に見ることができる時代になったが、「実物」の地球儀に対する生徒の関心は高い。実際に触れて確かめることができるからだろう。その際、地軸が固定されたものではなく、空気を入れてふくらませる風船式のものがよい。地球儀は概して高価であるが、風船式なら千円台で買えるものもある。乏しい教育予算の中でも、何とかやりくりできるのではないだろうか。複数用意して、数名で一つは使えるようにしたい。

　まずはくるくる回してみる。北極海が「地中海」であることが理解できる（ユーラシア大陸、北米大陸などに囲まれた、普通名詞としての「地中海」）。グリーンランドがアフリカ大陸と同じ大きさではないこともわかる。作業としては、トレーシングペーパーをあてて海岸線をなぞり、両者の面積を比較させるのもよい。紙に正確に写し取ることはできないが、概略を知る作業としてなら問題はない。

　平面の地図の上でしばしば誤解を招く方位については定番の学習ができる。十字にした紙片を東京にあて、縦は経線にあわせる。横の紙片をたどっていくと（右側の方向が東）、緯線に沿うのではなく、南米の方向に向かっていく。東京から見た東が、北米ではないこ

とがわかる。北極点や南極点を中心にもってきて眺めさせると、北極点ではどの方向も南、南極点ではどの方向も北、つまり方位は一つしかないことが納得できるだろう。

　パソコンのソフトで確認することができるが、実物を使ったアナログでの作業の教育的効果は大きい。

2 地球上の位置関係の把握　〔教材研究のポイント〕

　地球上の位置関係や面積、距離、方位、形などは地球儀の上で考えるのが一番良い。球体の地球をそのまま縮小したものが地球儀だからだ。

　地球儀に必ず引かれているのが緯線と経線（経緯線）だ。経緯線は、地球の表面上で位置を決めるときの基準であり、座標になるものだ。

　緯度も経度も角度（中心角）で大きさを決めることに注意しよう（度分秒の単位にも躓かないように指導することが必要。1度＝60分、1分＝60秒）。

　本初子午線は、以前は各国が独自に決めていたが、世界の交流が進む時代になり、それでは具合が悪いため、1884年にワシントンで万国子午線会議が開かれた（日本も参加）。そこで、当時世界一の大国だったイギリスのグリニッジを通る経線が本初子午線（経度0度）となった。経度はそこを基準に東西それぞれ180度まで表す。国際化時代に空間の尺度が統一され

ていなければ極めて不便、不合理である。その観点で時間の尺度(元号の問題)を考えさせることもできよう。

経度の違いから生じる時差についても、地球儀を見せれば、グリニッジ標準時との違い（進んでいる、遅れている）を理解しやすいだろう。

3 地図投影法（図法）への展開　〔授業づくりのヒント〕

地球儀を通して、世界地図に興味を持たせたところで、地図投影法（図法）の基本について学ばせよう。地図は球面を平面にするためにどうしても歪みが生じる。地球儀は地球の相似形なので、大きさ（縮尺）を除けば歪みはない。形も面積も角度も距離も方位も正確である。

正〜図法という時の「正」、「正しい」という意味は、地球儀の状態と一致している、ということである。「正積図法」は、地球の表面積と地図の面積が一致しているのではない。地球儀の表面積と地図の面積の一致である。地球と一致してれば1分の1、原寸大になってしまう。地球儀は、地図の理念を考える上でも重要であり、意味のある存在なのだ。なお、角度や方位は広がりに関わらないので、地球上で測定した角度、方位が地図上で同じになると言っても間違いではない。

地図の基本的特徴の一つである縮尺について考えておこう。

地図には縮尺と方位を記すのが鉄則だが（方位は、記載が無ければ北が上）、世界地図に記されている縮尺に疑問を持つ生徒もいるのではないだろうか。よく見かけるメルカトル図法やミラー図法では緯線の長さはすべて赤道と同じになっている。しかし、縮尺は1億分の1、というように表示されているからだ。実際の長さは、地図上の長さ×縮尺の逆数（分母の値）で求めるので、どの緯線を使うかによって地球の大きさは全く異なったものになってしまう。

実は世界地図における縮尺は、「暗黙の前提」となる考え方があるのだ。それが地球儀の存在だ。地図を作るもとになったと考える地球儀と地球の比率が縮尺だ。平面の地図に展開する過程で歪みが生じ、距離が正しく表されなくなったと考えれば矛盾はない。

世界地図を考える時は、常に地球儀を念頭においておこう。理念としての地球儀、「イデアとしてのグローブ」である。

なお、縮尺の大小の比較を間違えないようにしよう。数学（算数）で考えればよい。1/5万と1/2.5万では後者が大縮尺だ（＝縮尺が大きい）。

学習指導要領の解説（地理総合）では「個々の投影法の性質とその名称を結び付けるような学習にならないように」としているが、同時に「使用目的に応じて異なる図法の世界地図を選択することが大切になる」と述べているので、基本的な図法についてはきちんと説明する必要がある。具体的には、メルカトル、ミラー、正距方位、サンソン、モルワイデ、グード図法などである。

地球儀に円筒や円錐、平面をあてて、地球の中心から光をあてて経緯線を円筒などに写し（投影）それを切り開いて各種図法ができると説明することがあるが、そのようにしてできる図法はごく僅かであることに注意しよう。

4 地球儀の作成　〔発展学習〕

色々材料を用意する必要があり、授業で直ちに行うことは難しいが、何らかの機会に地球儀の自作を行わせたい。用意するものは、A4判サイズの用紙(シール)、直径6〜10cmのボール（プラスチックまたはウレタン）、ひも、はさみ、ペン、のり。世界地図は舟形円錐図法で、それを切り抜いて貼り付ける。具体的な方法は、埼玉大学谷謙二研究室の「安くて簡単、地球儀の作製」http://ktgis.net/service/globe/index.html に詳しい。必須となる舟形円錐図法が登録されている。対象は大学生だが90分の授業で、どのように行うか、パワーポイントも用意されている。

田代博『世界地図と地球儀』にも「やってみよう！地球儀づくり」のページがあり、具体的な手順が示してある。

（田代博）

■文献・資料紹介
- 田代博『知って楽しい地図の話』新日本出版社（2005年）
- 田代博「地図投影法をめぐる問題」『地図中心』日本地図センター（2011年1月号）
- 「図法入門」『地図情報』144号（特集）地図情報センター（2017年）
- 田代博『世界地図と地球儀』岩崎書店（2018年）
- 渡辺一夫『地球儀で探検！』PHP研究所（2017年）
- 政春尋志『地図投影法』朝倉書店（2011年）

第3章 「地理総合」実践の手引き　　A　地図と地理情報システムで捉える現代世界―GIS

4　楽しい地図学習

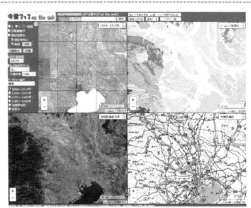

「今昔マップ on the web」

インターネットにアクセスするだけで、明治以降の新旧の地形図を切り替えながら表示できる。収録地域は都市部を中心に全国を対象とし、年々拡大している。画面を分割して表示できるので同じ範囲の様々な時代の地図や空中写真を連動させて見ることができる。画像精度の関係で、読図用の試験問題を作成するのは難しいが、地名の読み取りは可能であり、教材としての使用は十分と言えよう。

(出典:『今昔マップ on the web[左上:旧版地形図 1894 ～ 1915 年、左下:地理院地図最新写真、右上:シームレス地質図、右下:地理院地図標準地図]』〈http://ktgis.net/kjmapw/〉参照 2019 年 4 月 1 日　※実際の画面を調整している)

1　地図学習の基本的内容
授業テーマ―課題と視点

　高校における地図学習の基本的内容は次の4点である。小縮尺の地図（投影法）、大縮尺の地図（地形図）、各種主題図、地図の歴史。前項で述べたGISはそれぞれの内容に関わっている。また、単に読図（地図から各種情報を読み取る）だけでなく、主題図などを作成する力の育成も課題になる。

　従来は紙地図（かつては地図は紙に表現されるとのは自明のことであり、このような表現はなかった）が対象だったが、現在はディスプレイ（PC、スマホなど）を見、操作することを視野にいれて考えることになる。アナログとデジタルの併用で、「楽しい地図学習」の可能性が広がったのである。

　地図の分野で敬遠される地図投影法も、以下のサイトを見せれば、少なくとも動機付けにはなるだろう。
・○「どこでも方位図法」http://maps.ontarget.cc/azmap/
　マウスを動かして中心を決めると、それに応じて世界地図が動き、その場所中心の正距方位図法、正積方位図法ができあがる。方位図法は中心をどこにするかによって形が大きく変わることをゲーム感覚で理解できる。
○「The True Size Of」https://thetruesize.com
　メルカトル図法による世界地図の上で、マウスで選んだ国を移動させることができ、緯度により面積が変わることを実感できる。

　ユーチューブやEテレの教育番組（アーカイブされている）から授業で使えるものを色々探してみよう。

2　地形図はデジタルとのコラボで
教材研究のポイント

　地形図の読図と作業は、依然として地図学習の基本である。等高線の読み取りや作業（断面図作成や段彩表現）を通して地形の特徴、土地利用の違いなどを理解させよう。2万5千分1地形図は、2013年から多色刷の刊行が開始された。山岳地帯には薄いぼかしが入っており、尾根や谷の識別は等高線だけで行うより容易になった。

　地形図は、可能な限り、実物を1枚は生徒に持たせるようにしよう。特に公立学校の場合、費用の捻出に悩むところだが、学校行事と関連させるなど各学校の実情に応じた工夫をしたい（ダウンロードして使う電子地形図25000もある。範囲やサイズ、色調などを自分で選択できる特徴がある）。

　地形図の読図や作業は、その確認や応用的な利用のために、地図ソフト「カシミール3D」や地理院地図を併用すると便利だ。地理院地図については前項で述べたので、ここではカシミール3Dの説明をする。

① 地図閲覧機能

　カシミール3D専用の地図以外に、地理院地図な

ど多くのWeb地図を閲覧できる。「範囲」を設定すれば、ディスプレイに表示されている以上の範囲の画像を保存できる。地名データの加筆も可能で、元の地図をより便利に使用できる。

② 距離の測定や地形断面図の作成

距離の測定は特別なものではないが、便利なのは地形断面図の作成である（前述のように地理院地図でも可能になった）。2点間の直線断面図だけでなくルートにそった断面図も描ける。垂直方向の倍率は自由に変えられる。

河川の流路にそった断面図を作ると、扇状地の形成が、河川勾配の変更によるものでないことがわかる。山の中では勾配が急だが、平地に出て緩やかになるので、運搬能力が減退し堆積するという説明が誤りであることがわかる（水が横に広がり水深が浅くなることが原因）。紙地図でも行えるが、マウスを動かすだけでこの作業ができるのは、デジタルならではである。

③ 鳥瞰図の作成

任意の場所（空間）からの鳥瞰図を描けることも大きな特徴だ（地理院地図Globeでも鳥瞰図表現ができる）。地名（山名）を表示できる。描いた画像にマウスポインタをあてると、その場所の標高や視点からの距離がわかる機能もある

④ スーパー地形セット

カシミール3Dは何種類かある。スーパー地形セットは国土地理院の基盤地図情報5mメッシュをベースとした高精度の地形データが使えるシステムで、インターネット接続が前提になる（年会費制）。スマホ等にも対応している。各自の状況に応じて選びたい。

3 旧版地図、地図帳の活用 〔授業づくりのヒント〕

地域の変遷をたどる上で旧版地図は不可欠の存在である。これを簡単に閲覧できるのが「今昔マップ on the web」であり、カシミール3Dで閲覧できる。旧版地図を鳥瞰図にして見ることが可能になる。地理院地図には多くの情報が掲載されているが、旧版地図は提供されていないので、大変便利なサイトである。

国土地理院の「地図・空中写真閲覧サービス」のサイトの「地形図・地勢図図歴」は、旧版地図のインデックスと言ってよい。国土地理院が所有している地形図類が図葉毎に刊行順に一覧になっており、縮小画像も閲覧できる。地名の読み取りは無理だが、地図の概要を知る上では便利であり、活用したいサイトである。

学校で使う地図帳は「検定済教科書」である。最初の授業で、教科書を2冊用意しているか確認しよう。どの地図帳も表見返しは「世界の国々」の行政図になっている。サハリンの南半分は白抜き、千島列島に国境線が2本描いてある。実態とは異なるが、地図にも国家の意思が反映されていることを示す教材である。

地図帳の基本的役割は地名の確認である。なじみのない地名が出てきたら、その都度地図帳で場所の確認をさせよう。誰が最初に見つけるか競争させるのもよい。膨大な情報を持つ地図帳を眠ったままにしないために、あの手この手で活用させる方法を考えよう。

4 スマホで地球の大きさをはかる 〔発展学習〕

エラトステネスが地球の大きさを測定した方法に従って、スマホのGNSS（衛星測位システム）機能を利用して地球の大きさを測定させよう。南北方向に100m程度離れた2点の緯度をスマホ画面で確認し、2点の距離は実測させる。あとは、緯度差と、距離の比例関係から計算をすれば、地球一周の大きさが求まる（具体的には、文献・資料紹介のサイト参照）。

地球一周が約4万kmということは知識として知っており、新しい発見があるわけではない。しかし、GNSSの技術の進歩により、わずか100m程度の移動でも、地球の大きさを求めることができる位置情報が得られること、しかもそれをスマホで体験できることに生徒は間違いなく興味を示すだろう。こうした地図測量技術の進化の一方で、それが持つ問題点についても考察させたい（軍事利用、プライバシーに関わる問題など）。

紙地図をベースにした学習とWeb地図、デジタルマップとは相反するものではない。前項のGISとも関わるが、デジタルネイティブの生徒を引きつけるためにも教員自らが関心を持つことが必要である。

（田代博）

■文献・資料紹介
- 平岡昭利編集『読みたくなる「地図」国土編 — 日本の国土は どう変わったか』海青社（2019年）
- 山岡光治『地形図を読む技術〈新装版〉』SBクリエイティブ（2018年）
- 田代博「スマホを使ってエラトステネスになろう！」〈http://yamao.lolipop.jp/map/2018/10/keishoku.htm〉

5 地震が起きるのはどうしてか —大地のメカニズム

A 地図と地理情報システムで捉える現代世界—GIS

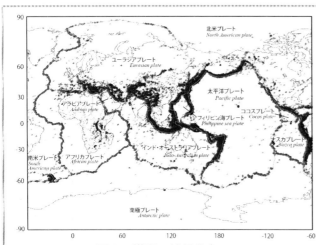

図1 世界の地震分布

(出典：『気象庁 地震の起こる場所—プレート境界とプレート内—』〈http://www.data.jma.go.jp/svd/eqev/data/jishin/about_eq.html#4_c〉参照2019年4月)

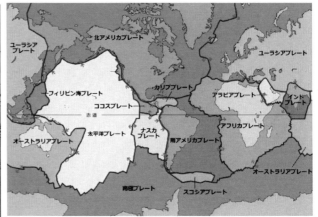

図2 世界のプレート分布

(出典：『wikimedia プレート』〈https://commons.wikimedia.org/wiki/File:Plates_tect2_ja.svg〉参照2019年6月20日)

1 日本は地震の多い国？　〔授業テーマ—課題と視点〕

　日本列島で生活していて、地震の揺れを体験したことのない人は希であろう。他国から日本に訪れ、初めて地震の揺れを体験する人も多いようである。世界の他の地域と比べて、日本列島周辺は地震の多い地域なのだろうか。地球上で発生する地震の分布の地域性をみると、太平洋を取り巻く地域とユーラシア大陸南部地域に多いことが示されている（図1）。地震は小さな揺れですむ場合もあるが、その規模の大きさだけではなく、様々な条件が複合して災害を大きくすることがある。マグニチュード（M）は地震エネルギーの大きさ（地震の規模）の指標であり、震度は地震の揺れの大きさの指標である。

　地震は、その発生場所やメカニズムによって主に2つのタイプに大別される。1つはプレート境界周辺付近で発生するプレート境界型地震（海溝型地震）であり、もう1つは内陸の活断層によって引き起こされるものが多いことから、活断層型地震（直下型地震）とよばれる。地震の規模だけをみると、プレート境界型地震の方が大きい傾向があるが、地震動による直接の被害という点では、活断層型地震の方が大きくなる場合がある。また、プレート境界型地震の特徴は、津波の被害が多いことである。

2 プレート境界型地震の原因〜安定陸塊と変動帯　〔教材研究のポイント〕

　地球の表層部は図2に示すように、プレートとよばれる10数枚の硬い層に分かれている。それぞれのプレートは、下部のマントルの動きによりゆっくりと移動していると考えられている（プレートテクトニクス）。プレートの境界にあたる地域は、それぞれのプレートが異なった方向に移動するために常に不安定であり変動帯という。一方、変動帯に囲まれたプレートの内側（大陸内部や広い海洋底）は安定陸塊とよばれる。変動帯の地形はプレートどうしの動きにより、広がる境界、狭まる境界、ずれる境界の3つに分けられる。

　広がる境界では、マントルから物質が湧き上がり、プレートどうしが両側に分かれ、広げていく。大部分が海底にあり、海嶺を形成する。アイスランドはこの海嶺（大西洋中央海嶺の延長上）を陸地でみられる貴重な地域である。狭まる境界では、日本列島のように海洋プレート（太平洋プレート・フィリピン海プレート）が大陸プレート（北アメリカプレート・ユーラシアプレート）の下へ沈み込むところでは、海溝（日本

海溝）やトラフ（相模トラフ・駿河トラフ・南海トラフ）が形成され、地震発生の可能性が高くなっている。1923年の関東地震（関東大震災：M7.9，震度6）や近年では2011年の東北地方太平洋沖地震（東日本大震災：M9.0，震度7）が記憶に新しい地震災害である。また、日本海中部地震（1983）、北海道南西沖地震（1993）の発生から、日本海の海底にもプレート境界の存在が推定され、その境界はフォッサマグナに連続して北アメリカプレート（東北日本）とユーラシアプレート（西南日本）の境界を形成していると考えられている。狭まる境界に沿った大陸プレートの内側では火山フロントが形成されて、火山が帯状に並んでいる（東日本火山帯、西日本火山帯）。

大陸プレートどうしがぶつかり合うところでは、一方が他方へのし上がる逆断層が生じ、ユーラシアプレートにぶつかったインド亜大陸によって形成されたヒマラヤ山脈（褶曲山脈）の例がある。

ずれる境界では、プレートどうしが互いに水平にずれて横ずれ断層が生じた例として、北アメリカプレートと太平洋プレートの境界にできたサンアンドレアス断層がある。この付近でもしばしば地震が発生し、周辺都市に被害をもたらしてきたサンフランシスコ地震（1989）やロサンゼルス地震（1994）の例がある。

3 活断層型地震　〔授業づくりのヒント〕

活断層とは、最近100万年くらいに変位したことが認められる断層で、日本列島には活断層の分布が多い。多数の活断層が存在する理由は、日本列島がプレートの境界部に位置していることに関連している。プレートどうしが動くことで常に力を受けているためである。活断層型地震は地下の断層が直接活動することによって発生する（直下型）ので、プレート境界型地震に比べると狭い範囲となるが、地震発生から地上までへの影響速度が早く、被害が大きくなる。濃尾地震（1891）における根尾谷断層、兵庫県南部地震（1995，「阪神・淡路大震災」）における野島断層がその代表例である。

濃尾地震の場合、震源は根尾谷断層のほぼ中央部の岐阜県水鳥（みどり）付近で、ここに高さ6m、長さ400mの崖が出現した。1927年に「水鳥の断層崖」として国の天然記念物に指定され、見学が可能である。

野島断層は淡路島北部に位置する既知の活断層であったが、余震の分布域が北東の神戸市にまで及んだ。これまで記録になかった潜在的な活断層と野島断層が共に活動して地震発生につながったためである。人口稠密地域の直下型地震だったので多くの被害をもたらすことになった（死者・行方不明者6,437人）。淡路島北西部・旧北淡町の北淡震災記念公園（野島断層保存館）には、野島断層の一部をありのままの状態で保存している。筆者が地震の1か月半後に現地を訪ねた際には、周辺の水田に地震断層の亀裂が畔を切るようにはっきりと残っていた。水田の一角に建つ民家にもその亀裂が続いていたことを記憶している。このあたりは農村地域で、住宅が点在しているため、震源に近いが人的被害は少なかったようである。

4 地震災害は防げるか　〔発展学習〕

以上のように、プレートテクトニクス理論の進歩や活断層の分布の探査などから、地震発生のメカニズムはかなり解明されてきた。しかし、地震そのものを防ぐことは難しい。南海トラフから駿河トラフにかけては、歴史記録などに基づき、地震発生の確立が高いと予測される。とくに、2011年3月11日の東北地方太平洋沖地震で、地震災害だけでなく、想定以上の津波被害を体験したことから、地震後の津波災害をいかに少なくするか（減災）が課題となり、対策が準備され始めている。三陸沿岸地域は過去の地震・津波襲来被害の経験から、各所に津波到達の碑がある。また「津波てんでんこ」（津波が来たら家族ら他人のことに構わずすぐに避難する）という言い伝えがある。実際、この言葉に助けられた体験も多くあった。先人の体験を見直し、いかしていくことも必要である。

（松永和子）

■文献・資料紹介
- 松田時彦『活断層』岩波新書（1995年）
- 中田高・今泉俊文監修『日本の活断層地図』人文社（2005年）
- 岩田修二「高校地理教科書の「造山帯」を改訂するための提案」『E-journal GEO』Vol.8（1）.（2013年）
- 国土地理院『活断層とは何か？』〈https://www.gsi.go.jp/bousaichiri/explanation.html〉
- 内閣府『防災情報のページ　みんなで減災』〈http://www.bousai.go.jp/kohou/kouhoubousai/h21/05/special_02.html〉

第3章 「地理総合」実践の手引き　　A　地図と地理情報システムで捉える現代世界—GIS

6　世界の気候の特色と人びとの暮らし

写真1　ボルネオの高床式住居
熱帯雨林気候の地域で、家屋を高床式にしている理由を考えてみよう。　　　　　　　　（筆者撮影〔2010年8月〕）

写真2　ヤクーツクの高床式の家
ツンドラ気候の地域で、家屋を高床式にしている理由を考えてみよう。　（出典：「高等学校 新地理A」帝国書院〔2015年〕）

1　生活舞台としての気候　〔授業テーマ―課題と視点〕

　ある地域における大気現象の長期にわたる総合的な状態が気候である。気候は、植生や土壌などの自然環境を制約し、暑さや寒さ、乾燥や湿潤によって、人々の活動にも大きな影響を与えてきた。気候の違いは何によって生じるのだろう。考えてみよう。

　大気圏の底辺つまり地表面に暮らす私たちにとって、大気現象はきわめて身近で重要な自然環境の構成要素である。とはいえ、気候分野はしばしば敬遠される。気候要素や気候区分の記号を「覚える」ことにつまずいてしまうからだろうか。太陽高度の違い、大陸と海洋の分布など、地球上の地域は異なった環境である。気候は衣食住など生活文化と深くと結びついて、人々の生活の多様性を理解するための基礎となる分野である。私たちは「日本は温帯に属し、四季がある」と認識し、1年の暮らしの中で、気候の変化におおよその予測を立てることができる。では世界の他の地域の人々はどのような気候環境で生活しているのだろう、と思いを馳せてみることからはじめてみよう。

2　暖かい地域のくらし、寒い地域のくらし、乾燥地域のくらし　〔教材研究のポイント〕

　「暖かい」あるいは「暑い」の原因は何だろう。ここでは熱帯の環境を考えてみる。熱帯は1年中暑く、夏の気候と考えられる。なぜそのような気候になるのだろう。低緯度では春分、秋分の頃、太陽は真東から昇り、真西に沈む。冬至、夏至でも太陽は少し傾くだけで、日々の天気、気温の変動は少ない。日中の強い日射によって熱せられた地表が大気を暖め上昇気流を起こし、午後には対流性降雨であるスコールをもたらす。高温とスコールは、多種の常緑広葉樹の熱帯雨林を繁茂させ、熱帯雨林気候となる。

　写真1ボルネオのジャングルでは高温多湿のため、風通しがよく、浸水しにくく、動物の侵入も防げる高床式の家屋がみられる。低緯度地方でも標高が高い地域ではどのような気候だろう。赤道直下のエクアドルの首都キト（2794m）の月平均気温は年間を通じて10℃台で夜間は低温となる。降水量の年間変化も小さく、高山地域特有の「常春の気候」といわれる。この気候は、温帯性の植物栽培に適していて、切り花の「バラ」はエクアドルの重要な輸出品の一つである。アフリカの赤道直下のケニアのナイロビ周辺の高原の花卉栽培も同様である。

　「寒い」といえば、極に近い高緯度地方があげられる。アメリカ・アラスカ州のバロー（71°17′N）では、夏季に沈まぬ太陽（ミッドナイトサン）が見られる。太陽は東→南→西→北へと地平線や北極海の水平線のすぐ上を一日かけて回ってゆく。8月でも終日気温は低

い。どの家の窓にも射光カーテンや黒い模造紙が貼ってある。自然の営みで夜はやって来ないので、寝るには強い意志が必要である。

　筆者がかつて訪れたバローの街はひっそりとしていた。しかしホテルで寝ようと努力していると、外から子どもの歓声がしていた。午前1時を回っているというのに、薄暮の中、近くのグランドで野球の試合が続いていたのだ。やがて、長く、暗い季節がやってくれば、外で遊ぶこともできなくなるため、親たちも大目にみているのだろう。さらに、バローの年間降水量は100mmを超える程度で、極めて少ない。高緯度では気温が低下し、降水量も減少する。写真2寒冷なヤクーツクでは、家屋の暖房期間が長く、地下の永久凍土に暖気が伝わり凍土を溶かしてしまう。建物が次第に傾いてしまったり、凍土層の融解を防ぐために高床式にする。

　生徒の多くは日本では、寒い地域（＝北）は雪が多いというイメージをもち、都道府県別では、北海道の積雪が一番多いと答えることがある。実際には本州の日本海沿岸地域が多雪（豪雪）地帯である。日本列島は大陸性の気候ではないので、ユーラシア、北米大陸と同様ではない。日本海沿岸地域に降雪が多いのは、大陸～日本海～脊梁山脈という地形的な要因もある。この地域は、世界的にも有数の多雪地帯なのである。

　日本列島のような湿潤地域に暮らしていると「乾燥地域」をイメージするのは難しい。降雨の恵みはすばらしいが、最近の日本のように台風、集中豪雨、ゲリラ豪雨に見舞われていると、降雨による被害が目立ってしまう。しかし、世界に目を向けると、小雨、乾燥で苦しむ人々は多い。飲料水はもとより、農業用水など命がけで乾燥と闘う人々がいることに目を向けたい。

　いくつかの気候要素の中でとくに重要なものとして、一般的には気温、降水、風があげられる。砂漠（サウジアラビア）に住む高校生に、重要な気候要素を質問すると「気温、風、蒸発量」と答えるという。元々少ない降水を蒸発によって奪われることは、生死にかかわることである。緯度別の降水量と蒸発量のグラフをみると、降水量は赤道周辺が最も多く、南北回帰線（23°26'）付近で少なくなり、再び緯度50度付近で多く、極付近で0mmに近づく。一方、蒸発量は南北回帰線付近で最大となる。乾燥が厳しい地域というわけである。規模の大きい砂漠（サハラ砂漠、ルブアルハリ砂漠、グレートサンディー砂漠など）の形成地域とも一致する。

3 グローバルスケールとミクロスケール　〔授業づくりのヒント〕

　気候要素を気温、降水、風、と並列化させたが、グローバルスケールの現象としては大気の大循環があげられる。世界の風のシステムは、日射の強い赤道付近で気温が上昇して低圧となり、極地方では冷却された大気は気圧が高くなる。実際にはもう少し複雑であるが、大気の大循環の模式図は、地球を取り巻く風の流れをつかむ上で大切である。このスケールに偏西風、貿易風、ジェット気流などが含まれる。

　次のスケールとして季節風（モンスーン）がある。モンスーンは西アジア（アラビア）で生まれた用語であるが、西アジアから東アジア地域の気候を理解するとき、欠くことができないキーワードといえる。日本は四季の区分をもつが、夏の南東季節風（小笠原気団）、冬の北西季節風（シベリア気団）を基本として、揚子江気団、オホーツク気団の通過や梅雨前線、秋雨前線などの形成が季節の移り変わりをつくりだす。

　ミクロスケール（小気候）は、身近な気象現象をとりあげるので、生徒は興味をもちやすいだろう。風に関するテーマではフェーン・ブリザード・やませなど地域特有の地方風（局地風）、台風・サイクロン・ハリケーンなどの熱帯低気圧がある。近年話題となっているヒートアイランド、ゲリラ豪雨などの現象をもたらす都市気候も気候に興味をもつきっかけになるだろう。

4 地生態学の視点で世界をながめる　〔発展学習〕

　経済、産業活動の視点だけでなく、人々の違いを認め合うためにも、自然環境の成り立ちを景観（地生態学）という視点でながめることも必要であろう。

（松永和子）

■文献・資料紹介
- 高橋日出男・小泉武栄編著『自然地理学概論』朝倉書店（2008年）
- 地理教育教育研究会編『授業のための世界地理第4版』（2006年）
- 日本気象協会編『天気でわかる四季のくらし』新日本出版社（2010年）
- 『データブック　オブ・ザ・ワールド　2019年版』二宮書店（2019年）

第3章 「地理総合」実践の手引き　　B　国際理解と国際協力―世界とSDGs

7　世界がもし100人の村だったら ―ネット・ロアの世界から

In the world there are 7 billion 300 million people.
If we shrink this world to the size of a village of 100 people, what will it look like?
Of the 100 people
26 will be children, 74 will be adults, and among those 8 will be elderly.
60 will be Asians, 16 African, 13 from the Americas, 10 Europeans, and one from the South Pacific.
54 will be living in cities, and 46 on farmlands, deserts and prairies.
Of the 54 living in cities, 12 will be living in slums.
Of the 100 people
33 will be Christians, 23 will follow Islam, 13 will be Hindus, 7 will be followers of Buddhist teaching,
And 6 will believe in the spirits living in trees and rocks and all of nature.
18 will believe in other religions, or in no religion.‥‥

（出典：『世界がもし100人の村だったら　お金編』）

1　『世界がもし100人の村だったら』とは　〔授業テーマ―課題と視点〕

　2001年にマガジンハウスより『世界がもし100人の村だったら』が発売されてから、色々なバージョンが出版されて、累計160万部と言われる。最新版は『世界がもし100人の村だったら　お金編』（2017）である。著者の池田香代子は"ネット・ロア"（インターネット・フォクロア）、グローバル時代の民話と名付けている。

　世界の全体像をどのように概観するかは、世界地理学習の導入として重要な課題である。世界を「100人の村」に縮小することにより、「割合（％）」に置き換えて考えられるので、基本的な知識・理解がし易く、現代世界の課題をイメージしやすい特徴がある。さらに、"ネット・ロア"の手法は、世界を身近に、楽しく考えることができるし、そこから世界地理の様々なテーマに広げたり、あるテーマを掘り下げて地域認識を深めることができるからである。『世界がもし100人の村だったら』は格好の導入教材である。

　上記は、『お金編』の最初の部分であるが、英文と日本語文が併記されているので、高校段階ならば英文から入るという方法もある。

2　現代世界をどのように見るか　〔教材研究のポイント〕

　『世界がもし100人の村だったら』（2001）では、100人の村の人口の男女比、年齢別（子ども、大人、年寄り）、異性・同性、有色人種・白人、大陸別人口、宗教別人口、言語別人口がまず語られる。人口を"鍵"にして色々な角度から世界を概観して全体像をつかんでいる。次に、栄養状態、富の配分、エネルギー消費、住宅・安全な水などの生活状態、貯金の有無、自動車の保有、教育・識字率など、人々の生活の質の差（生活格差）が分かりやすく語られて、さらに、信仰や信条・良心の自由、生命やレイプの危険など、基本的人権にかかわる問題、紛争地域での生命の問題（「人権」「生存」「紛争と平和」）などが語られる。

　「たべもの編」（『総集編』）では、世界の食料の生産から消費までのようすを、"格差"（地域格差、社会格差）をキーワードに具体的に説明する。

　『完結編』（2008）では、都市と農村、自然災害、電気・安全な水・生活費、子どもの教育、若者の現状、温室効果ガス、エネルギー消費、二酸化炭素排出量などで地球環境の問題に焦点を当てて語られる。「世界がもし100人の村だったら2人は日本人です。この2人が出す二酸化炭素は、100人が出す二酸化炭素の平

均の5人分です」と述べて、われわれが考えるべき環境問題が提起される。

『お金編』（2017）では、「世界の富のうち49%は1人のいちばんの大金持ちのもとに‥‥50人の貧しい人のもとにあるのはたったの1%です」「100人村では1人の大金持ちの富と99人の富がだいたい同じです」という。また、「日本の大金持ちは40年前、収入の75%の税金を払っていました。いまは45%です。会社が納める税金の率も世界中でどんどん下がっています。‥‥税金をのがれて、どこかに隠れてしまうお金は年に7兆ドルかもしれません、25兆ドルかもしれません。秘密なのでよくわかりません。」と語っている。当然、本当だろうかと疑問に思う点があろう。インターネットなども利用しながら生徒と一緒に調べることが大切である。

世界の現実を生徒の心に響くような言葉で語りかけることができるならば、生徒自身が興味関心を持って調べるようになる。また、地球が抱える現代的課題に対して解決の糸口はないのかと考えを巡らすことであろう。上記に示したように切り口は色々とあるので、生徒の興味関心と教える側の教材研究を考えて創意工夫して実践に取り組んでもらいたい。

3 「100人の村」を広げ、深めるには　　授業づくりのヒント

一例をあげると「33人がキリスト教、23人がイスラム教、13人がヒンドゥー教、7人が仏教を‥‥」は、世界の33%がキリスト教徒であり、23%がイスラム教徒、13%がヒンドゥー教徒、7%が仏教徒であることを示している。人数は24.1億人、17億人、9.8億人、5.1億人となり、その他が14.2億人である（2015）。

これをベースに、イスラム教（最近は「イスラーム」と呼ぶことが多い）に焦点を当てて展開すると、①仏教徒の3倍以上である。②世界最大のイスラームの国家は、東南アジアのインドネシア〈人口2.7億人(2018)の87%がムスリム〉である。③現在、ムスリム（イスラム教徒）は、4人に1人だが、2050年には3人に1人となると予想される。④近い将来、インドが世界最大の人口大国となり、国別のムスリムでもインドが最大になる。⑤「右手にクルアーン（コーラン）左手に剣」はヨーロッパ世界が作り上げた「神話」である。⑥日本にも80か所以上のモスクがあり、10〜20万人のイスラム教徒が存在する（渋谷区代々木上原にある「東京ジャーミイ」は有名）などに展開できる。

また、ラテンアメリカはカトリックの世界であり、現在のローマ教皇（法王）は、アルゼンチン出身である。貧しい人々を救うための実践的な神学「解放の神学」はラテンアメリカ社会に根付いていると、中南米の学習にも発展させられる。どこに焦点を当てるかは授業者側の教材研究、その後の展開と関係しよう。

貧富の格差の例として、国際NGO「オックスファム」は世界で最も裕福な8人が保有する資産は、世界の人口のうち経済的に恵まれない下から半分にあたる約36億人が保有する資産とほぼ同じだったとする報告書を発表している。また、トップ10の大企業の収益の合計は、下位180の貧しい国々の収益以上だという。

また、「よくわかりません」を考えることから、タックス・ヘイブン（租税回避地）の問題も結び付けられる。

4 豊かな学びを実現するには　　発展学習

発展的学習として、生徒自身が自分なりのオリジナルバージョン「世界が100人の村だったら」を作成するのは有効である。「温暖化」「海洋汚染」「生物多様性」「地域紛争・難民」「教育」「貧困」等々、生徒自身が興味関心を持ったテーマ（世界、日本、地域のいずれも可）を自由に作成するのが鍵である。その際にSDGsの17目標169ターゲットは参考となるので利用されたい。生徒の感性を活かした取り組みを期待したい。

（小林汎）

■文献・資料紹介
- 池田香代子／C.ダグラス・スミス『世界がもし100人の村だったら』マガジンハウス（2001年）、『同 総集編』・『同 完結編』（2008年）、『同 お金編』（2017年）
- 『ワークショップ版 世界がもし100人の村だったら（第5版）』開発教育協会（2016年）
- 池上彰『日本がもし100人の村だったら』マガジンハウス（2009年）
- 統計関係：『世界の統計』総務省統計局、『世界国勢図会』『日本国勢図会』矢野恒太記念会、『データブック オブ・ザ・ワールド』二宮書店　の各年版

第3章 「地理総合」実践の手引き

B 国際理解と国際協力—世界とSDGs

8 世界はもう満員？ —人口急増する国・人口減少の国

地域別世界人口の推移　単位：百万人

	アジア	アフリカ	ヨーロッパ	北アメリカ	ラテンアメリカ	オセアニア	世界計	日本（万人）
1950	1404	229	549	173	169	13	2536	8320
1960	1700	285	606	205	221	16	3033	9242
1970	2138	366	657	231	288	20	3701	10372
1980	2642	480	694	254	364	23	4458	11706
1990	3221	635	722	280	446	27	5331	12361
2000	3730	818	727	313	526	31	6145	12693
2010	4194	1049	737	343	598	37	6958	12806
2017	4504	1256	742	361	646	41	7550	12671
2018	4545	1288	743	364	652	41	7633	12644

主要国の出生・死亡・乳児死亡率、合計特殊出生率、平均寿命、識字率など

	インド	ナイジェリア	フランス	アメリカ	メキシコ	オーストラリア	世界	日本
出生率（‰）	19.7	39.1	12	12.4	18.5	12.7	19.1	7.9
死亡率（‰）	7.3	12.7	9	8.2	4.8	6.6	7.7	10.2
乳児死亡率（‰）	38	69	3.5	5.6	11	3	31.7	2
合計特殊出生率	2.4	5.59	2.01	1.84	2.21	1.83	2.45	1.46
平均寿命	68.3	53	79.5	78.7	76.9	82.5	71.7	83.8
識字率（男）	80.9	69.2	-	-	95.6	-	89.9	-
識字率（女）	63	49.7	-	-	93.5	-	82.2	-
一人あたりGDP（ドル）	1600	2820	40540	55980	9710	60070	10548	38840

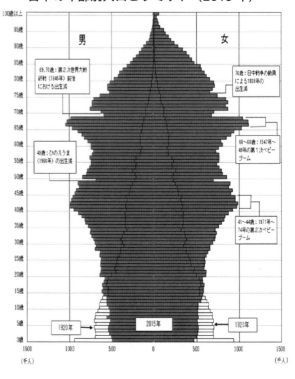

日本の年齢別人口ピラミッド（2015年）

（出典　左：『世界国勢図会』（2018年版）、『データブック2018』（二宮書店）／上：総務省統計局資料より）

1 国家の視点と個人の視点は違う！ ［授業テーマ―課題と視点］

　人口問題は、国の人口政策と密接に関わっている。
　戦争中の日本では、「人口政策要綱」を閣議決定し、「一家庭に平均5児を 一億目指し大和民族の進軍」（朝日1941・2・23の見出し）をめざしていた。人は"人的資源"（兵士、労働者など）として、人口増が国家的要請であった。
　「一人っ子政策」といえば、中国で実施されていた人口抑制政策である。2014年に方針転換したが、35年間強権的に実施されてきた。結果として「黒孩子（ヘイハイズ）」と呼ばれる戸籍なき子（特に女子が多い）が1千万人以上存在すると言われる。戸籍がないことによる生活上の様々な困難が予想される。
　労働力不足を補うために外国人労働者（移民）の受入れはヨーロッパなどで行われてきたが、日本でも「外国人労働者受け入れ5年間で34万5千人へ拡大」が2019年4月より実施される（「出入国管理法改正」）。
　こうした国家や企業などの要請などではなく、子どもを産む・産まないの問題は、個人の人権にかかわる問題として考えてみることが重要である。

2 データに惑わされずに ［教材研究のポイント］

　「日本の将来人口は、1969年に厚生省人口問題研究所が出した推計（高推計）が1972年1億618万人だったが、実人口はそれ以上の1億733万人であった。今後の人口予測を高推計で見た場合に、1985年には1億2881万人、2000年には1億3545万人、2025年には1億5221万人となり、今の人口の5割増しになる。「日本の人口が、将来は減ってしまう、などという議論は、いったい

どこを押したらでてくるのでしょう」と協議会のメンバーは首を傾げていた。」(『地球は満員』朝日新聞社編、1973 要約)。丁度、"人口爆発" などの言葉がマスコミを賑わし、世界が人口増加に危機感を持っていた時代に「専門家」は日本の人口増加を警戒し、減少などありえないと考えていたが、みごと予測がはずれた。

　現在の日本は、2005 年以降 "人口減少時代" に入り、同時に急速な高齢化社会が進行している。1997 年に子ども（0〜14 歳）の数が高齢者（65 歳以上）の数を下回り、現在（2017）では高齢者の割合が 27.7％に対して、子どもは 12.3％と半分以下である。合計特殊出生率（15〜49 歳までの女性の年齢別出生率を合計したもので、一人の女性が一生の間に生む子どもの数）は、1.5 以下が続き、少子化の進行は急速である。この間「少子化対策」はスローガンとして掲げられているが一向に改善していない。その理由を他の先進国と比較し、日本社会の特有の問題を具体的に分析することが重要である。数年前話題となった「保育園落ちた日本死ね」という匿名のブログは、その象徴的な現状を表しているのではないだろうか。

3 身近な事例と結びつけて　（授業づくりのヒント）

　先進国の多くは、「少子化」に直面している。その中でフランスは例外的に合計特殊出生率が 2.0 程度を維持している。フランスでは、1994 年に 1.66 と底を打った出生率が、2010 年には 2.0 超まで回復した。なぜフランスは「子供が産める国・育てられる国」になれたのか。2 週間の「男の産休」、子どもを生むまで医療費が無料、保育園の利便性、働き方や出産・保育の価値観の違い、行政のバックアップと民間のサポートなどがその背景にある。「このままでは、女性たちは育児と仕事を両立できない」という現状を認めたうえで、改革を進めてきた背景がある。ジェンダーギャップが大きく、「良妻賢母」的発想が強い国ほど、少子化が進むことにも注目したい。(2018 年のジェンダーギャップ指数:仏12位、独14位、英15位、加16位、米51位、日本は110位であった、)

　国連は「世界人口予測 2017 年改訂版」で、2050 年に 98 億人、2100 年には 112 億人になると予測しているが、推計値は色々と変化する。

　「およそ 30 年で世界の人口は減り始める」と主張する学者もいる。人口増加率が高い開発途上国は、女性の地位が低く女子教育が遅れているが、女子教育が進みつつある。都市化の進行は農村的な大家族を持つことを強制する外的要因が減ってきている。何よりもスマートホンなどの普及により、世界から情報を得られるようになって価値観も変化し人権意識が向上している。国連でもリプロダクティブヘルス・ライツ（性と生殖に関する健康・権利）や格差、貧困や紛争など平和を脅かす社会的要因を取り除くことの重要性を認識して活動を強めている。

4 ポスターの意味するものは　（発展学習）

　上のポスターは、国際 NGO プラン・インターナショナルが「Because I am a Girl」キャンペーンの一環として作成したものである。「13 歳で結婚。14 歳で出産。恋は、まだ知らない」は、どのようなことを訴えているのであろうか？「女の子だから…」ということと関わって、21 世紀の世界が解決すべき課題を出し合い、未来の方向を、自分たちの提案としてまとめてみよう。

（小林汎）

■文献・資料紹介
- 西川潤『データブック 人口』岩波ブックレット（2008 年）、同『データブック 食料』、『データブック 貧困』岩波ブックレット（2008 年）も併せて参考にされたい
- 高崎順子『フランスはどう少子化を克服したか』新潮新書（2016 年）
- 友寄隆『人口減少社会とは何か - 人口問題を考える12章』学習の友社（2017 年）
- 国立社会保障・人口問題研究所編『人口の動向 日本と世界—人口統計資料集 2019』厚生労働統計協会（2019 年）

第3章 「地理総合」実践の手引き　　B　国際理解と国際協力―世界とSDGs

9　世界と日本の食料事情 ―飽食と飢餓

Two days ago here in Brazil, we were shocked when we spent some time with some children living on the streets. And this is what one child told us: "I wish I was rich and if I were, I would give all the street children food, clothes, medicine, shelter and love and affection." If a child on the street who has nothing, is willing to share, why are we who have everything still so greedy?

（出典：『あなたが世界を変える日』学陽書房）

アマゾンの先住民の村を訪れたことがあるセヴァン。森林破壊が進むが、そこには豊かな自然と生活があった。彼女が見たものはブラジルのもう一つの厳しい都市の現状（貧困）である。大きなショックを受けたに違いない。彼女の立場に立って英文を読みたい。

1 食料の南北問題 〔授業テーマ―課題と視点〕

ウルグアイのホセ・ムヒカ大統領を一躍有名にしたのは、2012年のブラジルのリオデジャネイロで開催された「国連持続可能な開発会議」において、「幸福とは何か」について語った演説である。

この演説の20年前の1992年、同じリオデジャネイロで開催された「地球サミット」で、ECO（子ども環境運動）代表のセヴァン・カリス・スズキ（12歳）の演説も参加者の心を打ち、彼女は「世界を5分間沈黙させた少女」として世界の注目を集めた。

彼女は演説の中で「私の国ではむだ遣いは大変なものです。買っては捨て、また買っては捨てています。それでも物を浪費しつづける北の国々では、南の国々と富を分かち合おうとしません。物がありあまっているのに」と語っている。

上記資料の英文は、ストリートチルドレンについて触れたものである。リオデジャネイロのファベーラは世界的に知られたスラムであり、彼女は、リオデジャネイロの町の路上で生活する多くのストリートチルドレンを目の当たりにしたのである。この英文を訳し、これらの内容から演説のキーワードについて考えたい。

持続可能な開発目標（SDGs）の2番目に「飢餓をゼロに」という目標がある。飢餓を終わらせ、平和な社会の実現は緊急課題となっている。リオデジャネイロでの演説を導入教材として活用し、食料生産のあり方について、食料生産の現状を踏まえて考えていきたい。

2 農業生産国が穀物の輸入国 〔教材研究のポイント〕

人口増加が原因で食料不足が起きているのだろうか。2016/17年度（4月～翌3月）の世界の食料生産量（米、麦、トウモロコシなどの穀物総生産量）は年間25.7億トンで、消費量は25.5億トンである。生産量と消費量の差は僅差ではあり、自然災害や民族紛争などが起きれば食料不足になる危険性を秘めているが、数字上からは絶対的な食料不足になっている訳ではない。

しかし、国連世界食糧計画（WFP）によると、食料不足のために栄養失調や栄養不足になっている人口が、およそ8億1,500万人である。世界の9人に1人が、飢えの状態にあり、世界の飢餓状況を示した世界地図「ハンガーマップ（2018年）」では、飢餓人口の割合が高い地域はサブサハラ（サハラ以南のアフリカ）であることがわかる。

その一方で、WHO（世界保健機関）などの国連の調査では肥満人口は20億人とも言われ、先進国のみならず、アフリカとアジアでも肥満人口は上昇傾向にある。飢餓と栄養不足は今も世界で最も健康に害を及ぼす要因であり、特にアジアやアフリカの子どもたちは深刻な状況にある。食料の偏在、食料の南北問題の

背景を理解することが授業のポイントである。

サブサハラを例に挙げると、農産物の多くが熱帯気候地域であれば、カカオ、アブラヤシ、天然ゴムなどの商品作物である。このことは、農産物を扱う多国籍企業やアグリビジネス（農業関連産業）が介在していることを意味する。カカオの最大の生産国コートジボアールでは、カカオ豆の国際価格の低迷により児童労働の問題も発生している。また、国内輸出業者が減少したことにより、ネスレ、カーギルなどの多国籍企業の影響力が拡大し、農民のカカオ生産は減少している。

3 食料主権の確立　　（授業づくりのヒント）

食料生産のあり方について考えるためにフェアトレードやスローフードなどの活動を参考にすると良い。これらの活動は国際機関のみならず市民レベルでも取り組まれているからである。フェアトレードは公正な取引のことで、社会的に弱い立場に置かれた小規模の生産者が不安定な収入や貧困から脱し、経済的な自立を促し、南北問題を解消することを目的としている。また、スローフードはイタリアでの外食産業の立地を巡る問題を契機に、地元の食材、伝統的な食文化を守ろうとするもので、生産者と消費者を結びつける活動や食生活改善の取り組みなども行われている。

これらの活動から食料生産のあり方を考えるポイントを整理すると次のようになる。第一は、食料主権に基づき、食料自給、食料自立を図ること。食料安保の観点からも自給率を高めること。第二に、有機栽培など環境への負荷を少なくすること。2001年イギリスは持続可能な農業をめざし、「農業・漁業・食料省」から農業という文字を消し、「環境・食料・農村地域省」を発足させて、農業に環境保護の役割を課している。第三は、南北問題などの解消に向けた国際的なルールづくりと食糧主権に基づく農業政策の樹立である。ホセ・ムヒカ大統領のリオデジャネイロ会議（2012年）で行った演説の中で、「今挑戦しようとする目の前の巨大な困難は、決して環境問題ではなく、政治の問題」と述べている点が印象深い。

食料生産との関わりでは食生活の改善が課題となっており、農林水産省は、日本の食料消費動向では生鮮食品から加工食品への移行が一層進むと予想している。

こうした状況下で、地元の生鮮食料品を使った手作りの良さを再認識することや食品のロスを少なくすることも課題となっている。農産物の輸入なしでは食生活が成り立たない日本。食料自給率（カロリーベース）が38％（2017年）の日本。TPP（2018年）、EU（2019年）とのEPAが発効するなど市場開放が進む日本。こうした中で、経営規模の拡大をめざすのか、それとも小規模農家を支えるのか、食料の安定供給のために何が必要か、国際貢献のあり方なども含めて上記の視点から考えたい。

4 地域内循環を高めるために　　（発展学習）

食料問題は世界的な大きな課題だが、身近な地域の動きを見ることも大事である。地域再生が課題となっている中で、地域の消費を地域の産業でまかない、地産地消を進め地域内経済循環を高めることが基本的な課題となっている。そのためにも生産者と消費者の連携や交流が必要であり、農家レストランや農業体験のためのグリーン・ツーリズムなどはその役割を担っている。

他の地域での地域づくりの取り組みに学ぶ学習やそれぞれの地域の宝物を探し、それを生かした地域づくりを考えさせる学習も効果的な学習と考える。また、こうした学習と併せて、賢い消費者とは何かについて考えさせたい。

（上野廣幸）

■文献・資料紹介
- セヴァン・スズキ『あなたが世界を変える日』学陽書房（2018年）
- 池上彰『ほんとうの豊かさって何ですか』角川書店（2016年）
- 八木宏典『世界の農業と食料問題』ナツメ社（2013年）
- 西川潤『食糧　21世紀の地球』岩波ブックレット（1997年）
- 生源寺眞一他『農学が世界を救う！』岩波ジュニア新書（2018年）

■注
TPP（環太平洋パートナーシップ）　※EPA（経済連携協定）：環太平洋地域の国々11か国により貿易の自由化、投資、人の移動など幅広い経済関係の強化を目的とする経済連携協定。協定では米の関税は維持されたが、新たな輸入枠が設けられた。アメリカはTPPを離脱しているため、日本との貿易交渉は2国間協議となっている。

第3章 「地理総合」実践の手引き　　B　国際理解と国際協力—世界とSDGs

10　世界の民族と国家について

「民族」という社会集団は、さしあたり、現在の生活や歴史的遺産などのなかにある、客観的な要素の共通性を基盤とするものである。この要素は、生活様式・身体的特徴・（①）・（②）・地縁・（③）縁など、多方面におよんでいる。このうち、（①）は、人間のもっとも重要なコミュニケーション手段であり、（①）が共通している人々は、互いのコミュニケーションが容易なので、そうでない人々とくらべ、より強く集団として結びつくことができる。（②）の共通性からは、おなじ価値観や行動規範、さらには独自の社会組織が人々の間に共有されるようになる。また、地縁の基盤となっている領域の（④）などの自然地理的な基礎との結びつきの上に、独自の経済生活のありかたとして一定の人々に共通の生活様式がつくりだされる。歴史的遺産の共通性や身体的特徴の類似は、同一の祖先に由来する（③）縁の共有という信念をうみだしうる。こうしたいろいろな属性が重なりあったところに（⑤）という共通の心理状態がつくりだされ、自分も他の人々もともに同一の民族という社会集団に属している、という自覚が人々の間に生じ、実際の「民族」が形成される。この共通の心理状態をもつ人々がある空間の領域にまとまって分布すると、（⑥）を構成し強化する重要な原因のひとつとなりうる。

国際連合への地域別加盟国数の推移

	アジア	アフリカ	ヨーロッパ	南北アメリカ	オセアニア	合計
1945	9	4	14	22	2	51
1950	16	4	16	22	2	60
1955	21	5	26	22	2	76
1960	23	26	26	22	2	99
1965	27	37	27	24	2	117
1970	29	42	27	26	3	127
1975	35	47	29	29	4	144
1980	36	51	29	32	6	154
1990	36	52	29	35	7	159
1995	46	53	41	35	9	184
2000	46	53	41	35	14	189
2005	47	53	42	35	14	191
2010	47	53	43	35	14	192
2015	47	54	43	35	14	193
2018	47	54	43	35	14	193

A：バチカン、コソボ、クック諸島、ニウエ
B：台湾、パレスチナ、西サハラ、ソマリランド
C：アブハジア、南オセチア、沿ドニエストル、ナゴルノ・カラバフ、北キプロス
D：ソ連邦（USSR）、チェコスロバキア、ユーゴスラビア
E：ドイツ（東・西）ベトナム（北・南）、イエメン（北・南）
F：195か国（2019・4現在）

1　民族とは、国家とは？　　〔授業テーマ―課題と視点〕

近代国家は、しばしば国民国家（nation state）と呼ばれる。「国家への帰属意識を共通のアイデンティティとしている民（民族 nation）を国民として持つ領域国家」とされる。また、民族主義(nationalism)は「自らが属する nation（国民、民族）を尊重する行為と意識の全般」と言われる。しばしば、植民地からの独立、民族自決と結びついて使われてきた。

1934年に発効した「国家の権利及び義務に関する条約（モンテビデオ条約）」では、第1条「国家の要件」として「a：永久的住民、b：明確な領域、c：政府、d：他国との関係を取り結ぶ能力」と定めている。公民の教科書などでの国家の3要素「国民（人民）、領域、主権」のうち、主権に相当するのが、cとdである。

では、民族とは何か？国家とどのような関係にあるのか？難しい問題であるが、現代世界を理解する上で鍵となることを生徒と共に考えて欲しい。

2　民族を正しく理解するには？　　〔教材研究のポイント〕

左上は一橋大入試（1996）の一部である。民族を考えるうえで参考になるので、試して欲しい。

「民族」として括ることのできる社会集団は、客観的な要素（生活様式、身体的特徴、言語、宗教、地縁・血縁など）の共通性がある。いわば「必要条件」であるが、それだけで民族が形成されるとは限らない。その集団に、自分たちは仲間（味方）と感じさせる意識、"われわれ意識"と呼ばれる主観的な要素が存在することが必要である（いわば「十分条件」）。民族意識は、自分たちが差別されている、不利益を被っている、存在を脅かされているなどを自覚すると強くなる。そして、現状を変革すべきだと主張する指導者などに共鳴

する人びとが増えると、一層"われわれ意識"が高揚し、アクションを起こすようになる。特に、武器を取っての民族紛争では、肉親が殺害されるなどから事態は深刻化し、大国や武器商人が絡んで解決の糸口を見つけることが難しくなる。

> 解答：① 言語（言葉）、② 宗教、③ 血、④ 風土（自然環境）、⑤ われわれ意識（仲間意識）、⑥ 国家

国家は、しばしば領域内の住民にたいして、国家への帰属意識や国民としての統合を要求するので、少数民族は差別されるか、あるいは同化政策によって均質化しようとする。北海道でのアイヌの同化政策はその典型である。

3 加盟国の推移から現代世界を！ 〔授業づくりのヒント〕

右表は、国連加盟国数の推移である。「United Nations（略称：UN）」を日本では「国際連合」と訳しているが、もとは第二次世界大戦における「連合国」の名称である。国連は1945年10月に発足、発足時の現加盟国51カ国は、連合国と関係のある国家が中心である。安全保障理事会常任理事国5カ国〈アメリカ合衆国、イギリス、フランス、ロシア連邦（ソ連邦：1991まで）、中華人民共和国（中華民国：1971まで）〉は、戦勝国の主要メンバーで構成されている。なお、日本の国連加盟は1956年12月である（同年10月、日ソ共同宣言でソ連との国交回復をしている）。

現在では193カ国が加盟する組織であり、国連のさまざまな機関が果たす役割は大変大きい。地域別ではアフリカが54か国で3割弱、アジアが4分の1を占めている。

また、加盟国の推移から戦後世界が概観できるので、現代史の学習と結びつけることが大切である。1960年にはアフリカで17カ国が独立し、同年に16カ国が加盟した「アフリカの年」である。「ベルリンの壁の崩壊」（1989）、東西ドイツ統一（1990）、ソ連邦解体（1991）－冷戦体制の崩壊が東欧を中心に新たに独立した国家が加盟している。等を表から考えさせたい。

2016年のリオデジャネイロオリンピックには、206の国・地域から参加があったが、どんな「地域」から参加があったかを調べてみると、別の世界が見えてくる。

表の下のA～Fは、以下の通りである。

> A：国連未加盟国（非加盟ないし加盟に至らない国）
> B：事実上独立国だが、各国の思惑が違い、共通理解が得られない（「中国は一つ」の考え方がある。パレスチナは約130カ国が承認しているが、国連総会には「国連非加盟国」として出席している）
> C：独立宣言して、国家の体裁は整えているが、国際社会から承認が得られていない国（ごく限られた関係国が承認）
> D：かつて存在したが、分裂・解体した国家の例
> E：分裂国家が統一した国家の例
> F：日本政府が承認している国家数

Fに関連して計算問題をやってみよう。国連加盟国193か国＋4カ国（A：国連未加盟国）＝197か国であるが、日本が承認している国は195カ国である。日本を加えても196か国であり、1カ国足りない、どうしてであろうか？その理由は国連加盟国である北朝鮮（朝鮮民主主義人民共和国）を日本政府は承認していないからである。この事実に気が付くと日本政府の外交のあり方が見えてくる。

4 民族問題を調べ、考えて見よう！ 〔発展学習〕

① 少数民族がどのように扱われてきたか、アイヌ、アメリカインディアン、マオリ、サーミ、イヌイットなどの少数民族問題について、現状がどうなっているのか、彼らの願いは何かをグループで調べて、発表する。

② 世界各地の民族紛争（パレスチナ、北アイルランド、ボスニア・ヘルツェゴビナ、コソボ、チェチェン、ルワンダ、アフガニスタン、スリランカ等々）について、紛争の原因を多面的に掘り下げて分析し、現在どのような解決策が模索されているか調べて、発表する。

(小林汎)

■**文献・資料紹介**
- 梅棹忠夫監修『新訂増補 世界民族問題事典』平凡社（2002年）
- 国立民族学博物館編『世界民族百科事典』丸善出版（2014年）
- エリス・キャッシュモア編著『世界の民族・人種関係事典』明石書店（2000年）
- 月村太郎『民族紛争』岩波新書（2013年）
- 佐藤優『佐藤優の集中講義 民族問題』文春新書（2017年）

11　イスラーム世界を知る

第3章　「地理総合」実践の手引き　　B　国際理解と国際協力—世界とSDGs

（筆者撮影）

これは日本に100近くあるほとんどのマスジド（モスク）の入口に掲げてある表示である。このアラビア語の文字は、1) ラー・イラーフ・イラッーラーと、2) ムハンマド・ラスールッラーという2つの文章である。イスラームにとって最も大切な2つの言葉であり、その下には英語と日本語の訳が付けられている。1) アッラーの他に神はいないこと、2) ムハンマドが神の使徒であることの2つの意味を述べているが、アッラーとは彼らだけに特定の神ではなく、ただ1つの神のことである。

表示板はアッラーの後ろに「（神）」と入れて、われわれの誤解を解く配慮は、彼らとの相互理解に役立つものであろう。（本文参照）

1　イスラーム世界はどこなのか　［授業テーマ—課題と視点］

イスラーム世界の総人口は2000年で約13億人、2015年で約17億人（世界総人口の約4分の1）であり、15年間に約4億人増え、拡大している。

イスラーム世界は中東[1]であるというイメージが一般には強い。イスラームの中心とされるカーバ神殿は中東の一国であるサウジアラビアのマッカ（メッカ）にあり、世界中のムスリム（イスラーム教徒）はマッカの方向を向いて礼拝をする。しかし、ムスリムが最も多い地域は東南アジアや南アジアである。上位5か国を見ると、最も多い国はインドネシアであり、次いでパキスタン、インド、バングラディシュと続き5番目に初めて中東の国エジプトがでてくる。

世界地図でイスラーム世界の範囲を確かめると、東はフィリピン南部、西はアフリカ西岸、北は中央アジア、南はアフリカ中南部に広がっている。

ところでイスラーム世界に共通する言語はあるだろうか。この答えは「ない」である。イスラームの聖典であるクルアーン（コーラン）の言葉はアラビア語であり、アラビア語が共通語であると考える人もいるかもしれない。しかし、例えば最大のムスリム国インドネシアで話されている言葉はインドネシア語であり、アラビア語ではない。アラビア語を話すのはアラブ世界（東はイラクから西はモロッコまで）であり、その数は約3.5億人である。

2　イスラームとは何だろうか　［教材研究のポイント］

一般にはイスラームは宗教（三大宗教の1つなど）であるとされている。確かに宗教の側面はあるがイスラームは宗教の概念を超えたもっと広いものと考えるべきである。イスラームとは「社会運営の技術体系として機能している」（小杉泰）という考え方もあり、狭い意味の宗教の枠を大きく超えている。イランではイスラームの考えを基本に取り入れた国家づくりが進められており、この場合のイスラームは法律や社会制度一般に近いだろう。

ところで宗教とはそもそも何だろうか。これも一般的には「（神を）信じること」とされているが、イスラーム世界において、正しい理解の仕方ではない。

結論から先に言うと、ムスリム自身には「信じる」という気持ちはほとんどないと言っていい。彼らにとって、この世の中に神が存在するということは、この世の中に空気があることが当たり前であるように当たり前のことなのである。つまり、「信じる」ことを意識しないで彼らは日々の生活を送っているのであり、この意味では生活習慣的であると言える。

では、「神がいることが当たり前」という世界は、私たちとは全く異なる世界なのだろうか。

これも結論から言うと、彼らと私たちの世界とはそ

れほど変わらないと言える。私たちにもわからないことがたくさんあることを思い出すと良い。「宇宙のはて」はあるのか誰もわからない。無限に続いているのではないか。そもそも人間ってなぜこんな形をして地球上にいるのだろうか。これも誰にもわからない。こうしたわからないことを神という全能の創造主を考えて、神が宇宙や人間を作ったとすることも、それほど不合理だとも言えないのではないか。とすると彼らと私たちの間にはそれほど違いはないということになる。

3 ムハンマドはどういう人か 〔授業づくりのヒント〕

イスラームはいつ、誰が始めたかといえば、教科書に書いてある通り、7世紀にアラビア半島でムハンマドが始めたものである。ムハンマドという人物はどういう人だったのだろうか。今日のムスリムが7世紀に活躍したムハンマドを大変身近な人として尊敬しているといわれており、私たちがイスラームを理解するためにはムハンマドの理解が極めて重要である。

ムハンマドは隊商貿易が盛んであったマッカ（メッカ）で生まれ、孤児として育ち、金持ち商人の娘ハディージャと結婚し、商人として各地を旅行した経験豊かな普通の人であったが、40歳のころに預言者と名乗ってイスラームを始めたとされる。この背景には当時の社会のさまざまな問題があったと考えられる。人間の平等や奴隷の解放など社会改革に関する彼の考えや行動が人々の心をつかんだことは十分に予想される。

ところで、「ムスリムはアッラーという神を信じていて、私たちとは全く違う人たち」と思っている人もいるがこれも誤解である。アッラーという単語は唯一の神という意味のアラビア語である。分解するとアルという定冠詞とイラーフという神を意味する単語とが結合したもので、アル、イラーフがアッラーとなった。すなわちアッラーとは定冠詞のついた神という単語であり、ただ一つの神を意味するもので、ムスリムだけの特定の神を意味するものではない。これはキリスト教やユダヤ教の神と同一であり、日本語の神にもこの意味があると考えて良いだろう。彼らは私たちとそれほど違ってはいないのである。

4 文明としてのイスラーム 〔発展学習〕

もう一つイスラームには世界的な文明という側面があることも再認識すべきであろう。

一般に、近代西欧文明は古代ギリシャ文明を直接引き継いでいると考える人が多い。しかし近代西欧文明は中世イスラーム文明から多くのことを引き継いでいる。例えばバスコダガマのインド航路の発見などもアラブ人の航海術に導かれたものであり、大航海時代をもたらした背景にはイスラーム文明の諸知識があった。

つまり、古代ギリシャ文明は中世イスラーム文明に引き継がれ、その中世イスラーム文明を近代ヨーロッパ文明は引き継いだと考えるべきなのである。

イスラーム文明では、化学や天文学、代数学などの発達が顕著で、アルコール（アルクフール）、アルカリ（アルカーリー）、ケミストリー（キーミヤーウ）（化学）（単語の後ろのカッコ内はアラビア語の発音、以下も同様）などはアラビア語起源の言葉であり、星座や星の名前もアルタイル、アルデバランなどアラビア語のものが少なくない。私たちが日常使っている数字はアラビア数字であり、これもイスラーム文明からきている。

アラビア語起源でさらに身近なものにはコーヒー（カフワ）や砂糖（英語のシュガー）（スッカル）があり、モンスーン（マウシム）、コットン（クトン）、レモン（リームーン）、バナナ（バナーナー）などもアラビア語から来た言葉である。

（田島康弘）

■文献・資料紹介
- 小杉泰「イスラームを読み解く」NHK放映（2002年）
- 田島康弘「われわれ日本人のイスラーム認識について―イスラーム世界との友好のために」『日本の科学者』53-12（2018年）p.34
- 日本ムスリム協会『イスラームとは』〈www.muslim.or.jp/イスラームとは/〉
- 内藤正典『となりのイスラーム』ミシマ社（2016年）
- 中田考『イスラーム入門 文明の共存を考えるための99の扉』集英社新書（2017年）
- 池内恵『シーア派とスンニ派』新潮選書（2018年）
- 『岩波 イスラーム辞典』岩波書店（2002年）
- 塩尻和子・池田美佐子『イスラームの生活を知る事典』（2004年）

■注
1) 中東の範囲は西アジアとアフリカ北東部を指す。より詳しくは「12 パレスチナで起きていること」の中の基礎的な知識の部分を参照して下さい。

第3章 「地理総合」実践の手引き　　B　国際理解と国際協力—世界とSDGs

12　パレスチナで起きていること

1993年9月、暫定自治宣言の調印式で、握手するイスラエルのラビン首相（左）とPLOのアラファト議長（右）。中央はクリントン米大統領＝ワシントン（写真提供：ロイター＝共同）

【パレスチナ暫定自治協定】
　1993年のオスロ合意に基づきイスラエルとPLOの間で、パレスチナが自治政権を樹立することで合意した。基本的には両者が「二国共存」を認める画期的なものであった。
　その内容は、
　5年間のパレスチナ暫定自治を行い、その3年目までに最終的地位に関する交渉を開始し、暫定自治の終わる5年後に、最終的地位協定を発効させる。
　最終的地位協定には、イェルサレムの帰属、パレスチナ難民の処遇、安全保障、国境確定などを含む。となっていたが、実現しなかった。
　しかし、イスラエルとパレスチナという当事者同士がテーブルに着き、和平の道筋について大筋で合意したことの歴史的意義は大きい。

1　パレスチナで何が起きているか　〔授業テーマ—課題と視点〕

　パレスチナ[1)]で起きていることはパレスチナの土地の所有・領有権をめぐって主に20世紀に外から入ってきたユダヤ人と、もとからここに住んでいたアラブ人とが対立し、争っていることである。

　土地の領有権はもとから住んでいる人にあるということが基本である。とすると、1）あとから来たユダヤ人にパレスチナの土地を所有できる正当な理由があったのか、もしなかったとすると、2）どんな力が働いて現在のようになったのかが問題になる。

　1）については、ユダヤ人がもともとパレスチナに住んでいたということが『聖書』に書かれていることが理由として主張されたが、2000年も前のことをいきなり主張されても説得力があるとは言えない。したがって問題は2）の方だということになる。

　2）は、いわゆるパレスチナ問題といわれるものである。以下これについて述べるが、その前に、中東に関する基礎的な知識について触れておきたい。

　皆さんは中東の範囲や中東の3大民族をご存じだろうか。中東で最大の民族はアラビア語を話すアラブ人であり、東はイラクから西はモロッコまで、その数は約3.5億人である。2番目がペルシャ人で約1.1億人、イランとアフガニスタンがこれに属する。3番目はトルコ人で約8千万人であり、トルコ、キプロスなどである。以上の3大民族の範囲が中東であり、アラブ世界は中東の一部ということになる。

　宗教については中東全体でイスラームが支配的であるが、レバノン、エジプトなどキリスト教徒が一定程度いる地域もある。

2　イギリスの矛盾した外交　〔教材研究のポイント〕

　パレスチナ問題を考える際に、第1次世界大戦前後のイギリスが果たした役割と、第2次世界大戦後にアメリカが果たした役割に焦点を当てて教材研究をするとよい。前者は、第1次世界大戦当時にイギリスが行ったいわゆる2枚舌（3枚舌）外交についてである。後者は第2次世界大戦後に、アメリカが国連を舞台としてパレスチナの自治を軽視して、戦後処理をしてきた問題である。

　前者については教科書などに図式的によく書かれている。すなわち、第1次世界大戦でイギリス側（英仏など）がドイツ側（ドイツ、オーストリア、トルコなど）との中東における戦闘を有利にすすめるために、一方ではアラブ人をトルコと戦わせるため、戦いに加われば戦争終了後には独立させるという約束をした（フセ

イン・マクマホン協定)。このとき、フセイン(アラブ)側の顧問として戦った人が、映画「アラビアのロレンス」で有名なイギリス陸軍情報将校のロレンスである。

他方、ユダヤ人からの協力を得るために、パレスチナにユダヤ人の国を作ろうという当時台頭していた運動(シオニズム)を支援する約束もした(バルフォア宣言)。この両者は同じパレスチナの地に、2つの国を作るという矛盾する内容であるが、バルフォア宣言の問題性を、より深く考える必要がある。

結果的には、第1次大戦終了後、パレスチナ及びその周辺の土地は英仏によって分割統治されることになり、アラブ人の独立の約束は無視され(サイクス・ピコ協定/密約)、アラブ人側のイギリスに対する不信感は深まった。他方、ユダヤ人のパレスチナへの移住はその後も引き続き行われ1930年代には現地のアラブ人との間で何度も衝突を繰り返していた。(アラブの蜂起、1936〜39)。

3 アメリカ(国連[2])がつくったユダヤ人の国 〔授業づくりのヒント〕

第2次世界大戦が終わるとユダヤ人のパレスチナへの移住者の数はさらに急増する。この背景にはバルフォア宣言のほかに、ナチスによるユダヤ人の迫害やホローコーストがあったことも一要因である。

戦後、当事者としての解決能力を失ったイギリスはこの問題を、戦後世界の最強国となったアメリカを中心とする国連にゆだねた。国連は1947年、パレスチナをユダヤ人の国とアラブ人の国に分割する決議を行い、その結果1948年にユダヤ人の国イスラエルがアラブ人世界の中に誕生する。

しかし、ここにはいくつかの問題があった。第一に、この決議案は「ユダヤ人の国を作ろうというアメリカの強い意志が働いた」(浅井信雄)と言われるものであったことである。第二に分割案の内容が、ユダヤ人側にとって極めて有利な内容になっていた(全人口の31%、所有地1割程度のユダヤ人側が、土地の57%を与えられるなど)。そして第三に、この会議に当事者であるパレスチナ人側の代表が参加していないという点である。この第三の点こそがその後の紛争を拡大した最大の要因かも知れない。

言い換えると、ナチスによる迫害を受けたユダヤ人に同情的な当時の欧米社会の雰囲気の中で、ユダヤ人側に有利に事がすすみ、他方のアラブ人側の要求や権利はほとんど無視されたということになる。

また、パレスチナ問題の契機となる大きな出来事の2つともイギリスとアメリカという当時の最強国がリードし、引き起こした問題であり、それゆえに問題が長引いているとも言える。

自分たちの土地に勝手に新たな国を作るという国連決議の内容はアラブ人側から見れば到底受け入れられないものであり、その後5次にわたる中東戦争を含む両者の対立を引き起こし、現在に至っている。

4 問題解決の展望 〔発展学習〕

パレスチナ問題は遠い世界の問題としてではなく、私たち自身の問題として捉えることが必要である。武力による争いが繰り返され、現在も続いているが、これでは問題は解決しない。とすれば話し合いによって双方の利害を調整し、妥協も含めて合意に達するほかはないであろう。どのような方法があるのか？当事者意識をもって考えることが大切である。

1993年に双方の代表によって一時「パレスチナ暫定自治協定」が結ばれたが、なぜ実現しないのだろうかを考えてみよう。

(田島康弘)

■文献・資料紹介
- 「パレスチナ暫定自治協定 - 世界史の窓」2019年3月16日
- 幸野堯『パレスチナへの道』大月書店(1983年)
- 浅井信雄「パレスチナの人々」NHK教育セミナー「世界暮らしの旅」(1996年)
- 広河隆一『パレスチナ新版』岩波書店(2002年)
- 田島康弘「パレスチナ問題と現代世界認識」『地理教育』35号(2006年)
- 酒井啓子『〈中東〉の考え方』講談社現代新書(2010年)
- 清田明宏『天井のない監獄 ガザの声を聴け！』集英社新書(2019年)
- 特定NPO法人パレスチナ子どものキャンペーン『パレスチナ問題とは』〈https://ccp-ngo.jp/palestine/〉

■注
1) パレスチナとは「ペリシテ人の土地」の意味。イスラエル、パレスチナ自治区、東部の砂漠地域を除くヨルダン、レバノンとシリアの南部あたりを指している。
2) 国際連合(国連)の英語名は「United Nations (UN)」である。第2次世界大戦の連合国側は初めAlliesと言われていたが、1941年アメリカ参戦後はUnited Nationsが使われるようになった。

第3章 「地理総合」実践の手引き

第3章 「地理総合」実践の手引き　B　国際理解と国際協力―世界とSDGs

13　資源・エネルギー問題と現代社会

30年エネルギーミックスの進捗　～着実に進展。他方で道半ば～					
	震災前 (2010年度)	震災後 (2013年度)	足下 (2016年度(推計))	ミックス (2030年度)	進捗状況
取組指標 ①ゼロエミ電源比率	36% 再エネ10% 原子力26%	12% 再エネ11% 原子力1%	17% 再エネ15% 原子力1%	44% 再エネ22～24% 原子力22～20%	
②省エネ (原油換算の最終エネルギー消費)	3.8億kl 産業・業務：2.4 家　庭：0.6 運　輸：0.8	3.6億kl 産業・業務：2.3 家　庭：0.5 運　輸：0.8	3.5億kl 産業・業務：2.2 家　庭：0.5 運　輸：0.8	3.3億kl 産業・業務：2.3 家　庭：0.4 運　輸：0.6	
成果指標 ③CO2排出量 (エネルギー起源)	11.3億トン	12.4億トン	11.4億トン	9.3億トン	
④電力コスト (燃料費＋FIT買取費)	5.0兆円 燃料費　5.0兆円 FIT買取：0兆円	9.8兆円 燃料費：9.2兆円 FIT買取：0.6兆円	6.2兆円 燃料費：4.2兆円 FIT買取：2.0兆円	9.2～9.5兆円 燃料費：5.3兆円 FIT買取：3.7～4.0兆円	
⑤エネルギー自給率 (1次エネルギー全体)	20%	6%	8%	24%	

左の表は、資源エネルギー庁の資料である。これからのエネルギーについての政府の基本方針であり、2030年のエネルギー配分の計画である。原子力の割合を20～22%にする、と言っている。安全に配慮しながら、という。火力も維持し、再生可能エネルギーについては、消極的なものとなっている。

こうした政府の計画と国際社会の動向などを、自分たちの身近な問題として捉え、これからのエネルギー構成の在り方について、生徒と考えてほしい。

(出典：資源エネルギー庁「2030年エネルギーミックス実現へ向けた対応について～全体整理～」〈https://www.enecho.meti.go.jp/committee/council/basic_policy_subcommittee/025/pdf/025_008.pdf〉参照2019年6月25日)

1　石油資源の争奪

【教材研究のポイント】

20世紀後半から石油資源をめぐって各地の紛争がおこった。80年代のイラン・イラク戦争、90年代の湾岸戦争、2003年のイラク戦争は、それぞれ多様な原因がかさなっているが、石油の権益をめぐるものだったと言ってもよい。アフリカ・ナイジェリアの過激派集団ボコ・ハラムが多数の少女を誘拐した事件も石油の利権がからんでいた。

石油は工業国がそのエネルギー資源として買ってくれる。石油の権益があれば、資金を確保できる。だから多くの石油資源を確保しようとする。イラク北部のモスルからキルクークにかけての油田地帯は、少数民族のクルド族の住む地域である。この地域を支配しようとしたのがイラクのフセイン政権であった。また隣国のクウェートに侵攻した湾岸戦争もクウェートの石油をねらったものである。2019年にベネズエラのマドゥロ政権が国民から不信を受けているのも石油の国際価格が暴落したことに起因している。

ところが、石油資源は、地球温暖化の張本人として、消費の増加量は頭打ちになっている。エネルギー消費は再生可能エネルギーに移っていっている。

2　原子力発電は地球にやさしいか

【教材研究のポイント】

石油資源の有限性が問題とされて以降、エネルギー資源として注目されたのが原子力であった。二酸化炭素を発生しないクリーンなエネルギーとして注目された。しかし、1976年にアメリカのスリーマイル島の原発事故がおこり、1986年には当時ソ連のチェルノブイリ原発の事故がおこった。2011年の東日本大震災の際には、福島第一原子力発電所の事故が発生し、一端大事故がおこると取り返しがつかないことが明らかになった。

原子力発電所は使用済み核燃料の廃棄物処理が決まっていない。トイレのないマンションといわれる所以である。半減期数万年という放射線をどうやって管理するのか。確かに二酸化炭素は出さないが、放射線を出す。これは人類に安全ではない。

日本の原発は海岸に立地している。海水で原子炉を冷却するためである。原子炉を冷やした海水は温度があがり海に戻る。温排水と呼ばれ海水温を上昇させる。魚の分布も変わり、水産業にも大きな影響がある。

福島県富岡町の海岸は還流の千島海流が流れていて、海水浴ができなかったのですが、原発運転後に温排水で水温が上昇し、夏の海水浴ができるようになりました。しかし、もちろん今は海水浴どころではありません。

原発は原子炉の中を清掃するため定期点検をしなければならない。原子炉内部を清掃する労働者は長時間働けない。放射線量が高いからである。この労働者の

衣服は放射線量が高く、再利用はできない。低濃度放射性廃棄物として保管される。この保管も限界に近づいている。もう原子力発電所を建設するのは、安全が確保されたとしても地球にやさしいとはいえない。

3 それでも石油資源をめぐる争いがある 〈授業づくりのヒント〉

石油価格の変動は大きい。世界中で供給過剰になると、国際価格は大きく暴落する。このことが2019年のベネズエラ危機の引き金になった。また、産油国同士のかけひきもある。自国の利益を優先する産油国が生産調整をして、価格をつりあげることもある。ロシアの石油をめぐってウクライナ情勢も動いていく。

日本の石油輸入をみても、国際価格をみて、増減している。発電だけでなく、冬季の暖房、自動車の燃料、化学工業などで考えなければならない。

生徒は節電の方法などで、さまざまな体験をしていると思う。これらを出し合いながら、エネルギーをどのように調達していくのかを考えることができるはずである。

4 再生可能エネルギーの功罪 〈発展学習〉

再生可能エネルギー[1]は自然に由来し、使っても繰り返し使えるものをいう。ヨーロッパなどでは、再生可能エネルギーの比重が増えている。電力に限っていえば、デンマークでは43.3％が風力発電、アイスランドはすべて再生可能エネルギーによっている。中米のコスタリカも98％になっている。

原子力や化石燃料に頼らない再生可能エネルギーの開発は今後の人類が長く生き続けていくためにどうしても必要なことである。その問題点も少し考えてみる。

太陽光発電はどうだろうか。太陽光は宇宙がある限り絶えることはない。しかし、夜間はどうするのか、曇天の日はどうするのか、そして、太陽光パネルの鉄骨は耐用年数が30年といわれている。耐用年数が来た時に鉄くずとなる。この処理過程の問題はないのだろうか。

風力発電はどうだろうか。これも風が弱い地域ではできない。さらに風車を回す時に周辺に低周波の電磁波がおこる。人家に近いところでは問題がある。だから現在も海上や山間部の人家から遠いところにしかできない。送電線が長くなるという問題もある。

古くからある水力発電は、水利用ということで再生可能エネルギーである。しかし、水路式発電は渇水期の発電は難しい。ダム式発電は建設場所が山間部になり、工事が難航する。長い送電線の問題もある。これは1950年代に日本が経験してきたことである。

地熱発電はどうだろうか。地下の熱は地球の恩恵であるが、現在は温泉地の近くでは、温泉が出なくなる、と言って反対運動がおこっている。現在あるのは温泉地から遠いところがほとんどである。

潮力発電も考えられている。潮の干満の差を利用して、その力を利用しようというのであり、実験的な段階にある。これも干潮と満潮の水位の差が大きいところでないとできない。月の満ち欠けに関係して、大潮の時には大きな力になるが、小潮の時は発電が難しい。

石炭資源、石油資源などの化石燃料資源は限りがある。1970年代は残り30年といわれてきた。その期限はすぎたが、その後の石油の発見などがあり、現在もまだ使用可能である。しかし、これも限界がある。そしてこれらは温室効果ガスを発生し、地球温暖化に拍車をかけている。世界の環境を守るため、2014年にパリ協定が結ばれ、温室効果ガスの削減目標が国際的に決められた。アメリカのトランプ政権はこれから脱退し、世界の合意に背を向けている。原子力発電は三つの大きな事故を受けて、多くの国は撤退を表明している。

そこで、再生可能エネルギーの開発がすすめられることとなった。日本各地でもさまざまなとりくみのくふうが始まっている。狭い地域での揚水発電がエネルギーの自給をめざすとりくみとして、消費量の少ない夜間の発電を昼間に回すなどの実践をすすめているところもある。

(大谷猛夫)

■文献・資料紹介
- 橘川武郎『日本のエネルギー問題』NTT出版(2013年)
- 『2030年エネルギーミックス実施へ』〈www.enecho.meti.go.jp/commi.ttee/…/025_008.pdf〉参照2019年3月29日

■注
1) 再生可能エネルギーとほぼ同義語で使われているものに「自然エネルギー」がある。その違いについては91頁の注を参照。

第3章　「地理総合」実践の手引き　　B　国際理解と国際協力―世界とSDGs

14　経済発展の陰で何が起きているか

児童労働の実態

地域	人数（万人）	割合
アジア太平洋	6,200	7.4%
アフリカ	7,200	19.6%
南北アメリカ	1000	5.3%
アラブ諸国	116	2.9%
ヨーロッパ・中アジア	553	4.1%

男女別

性別	人数（万人）
男	8,800
女	6,400

国際連合の機関であるILO（国際労働機構）が世界の子どもの労働を調査し、5歳から17歳までの子どもが労働している状況を調査している。

子どもの権利条約でも、子どもは働かなくてよい権利が書かれており、日本でも義務教育期間の15歳までは教育を受ける権利がうたわれている。

ところが、世界の各地で多くの子どもが働かされている実態がみられる。2016年現在、世界中で約1億6千万人の子どもが働いている。これは、日本の人口より多い数の子どもが働かされていることになる。

（出典：ILO　Global Estimates of Child Labour：Resulte and Trends 2012-2016）

1　児童労働の実態　〈教材研究のポイント〉

17世紀のイギリスでの産業革命以来、人類は科学技術の発展とともに豊かな生活を手に入れてきた。大きな歴史の進歩である。便利なものが次々発明され、私たちの生活は豊かになってきた。しかし、経済発展の陰でさまざまなひずみが起きてきた。19世紀にエンゲルスが「イギリスにおける労働者階級の状態」で、子どもの労働の問題を指摘して以来、この問題は改善されるどころか、今も大きな問題を提起している。エンゲルスは資本家が安い労賃ですむ子どもを使い、大人の労働を奪い、資本家がもうけていく様子を的確に描写していた。

21世紀の今日、子どもの労働は世界中でおこっている。チョコレートの原料であるカカオを生産するアフリカ諸国の小農園では、子どもが奴隷のように働いている。ガーナのカカオ農園で働く子どもの半分以上は、家族ではない子どもが従事している。カカオ農園で働く子どもは、自分が生産しているカカオからつくられたチョコレートを食べることができない。カカオは先進国の工場で加工され、ガーナに戻ってくることはほとんどない。

インドの綿花畑で働くのも子どもが多い。綿花栽培には、有害な農薬が多量に使われている。これらの農薬で健康被害になる子どもも多い。

世界の子どもが劣悪な状況の中で、働かざるをえない現実を直視して考えていく必要がある。

エンゲルスの時代、初期資本主義の頃の資本家は労賃の安い子どもを雇って生産をしていた。この構造は今も変わっていない。明治時代の日本の繊維産業は小学校を卒業したばかりの女子の労働に依存していた。女工哀史のことは歴史に登場する。

企業は金儲けのために、できるだけコストを下げようとする。労賃は安い方が良いので、子どもの方が賃金は安くてすむ。そのため、大人の仕事を子どもにさせてコストを下げようとする。それは、環境に対する態度も同様である。生産にともなう廃棄物で周囲の住民に被害がでても知らない顔をする。

経済発展の陰で公害が広がった経験はよく知られている。水俣病、イタイイタイ病、四日市ぜんそく、自動車の廃棄ガスによる大気汚染、さらに福島第一原発の事故もこの例に属する。

2　子どもは働かなくて良い権利がある　〈教材研究のポイント〉

国によって年齢は異なるが、子どもは「働かなくてよい権利」がある。これは「人間として学び、健全に成長することが保障されなければならない」という考えに基づいている。「発達が未熟な子どもは保護され

なければならない。適切な教育が授けられ、かしこくなる存在として保障されなければならない」ということである。

義務教育が基礎的な教育の保障を示している。しかし、現実には教育を受ける権利が保障されていない。学校に行きたくても行けない状況におかれている子どものことを想像ができるだろうか。国によって年齢は異なるが、義務教育年齢を規定していて、その年齢までは働かなくて良い権利を保障している。しかし、経済的な理由から子どもを学校にやれない家もある。そんな子どもたちが働いている。家族を養う大事な一員となっている。

1989年、国連総会は子どもの権利条約を採択し、翌年発効しました。子どもの権利として、生きる権利、育つ権利、守られる権利、参加する権利の4つを定めています。また、18歳未満を子どもとしています。

2018年のノーベル平和賞はパキスタン出身のマララ・ユスフザイさんが受賞した。彼女は世界中に向かって女子教育の充実を訴えた。これは子どもの労働の問題だけではないが、大きな反響を呼んだ。

しかし、実際は子どもの労働は男の子のほうが多い。

近年「イスラム国」が子どもを兵士として、武器を持たせ、戦闘に参加させていることが明るみに出た。これは労働ではなく、戦闘に参加させるという窮極の事態である。

それでは何歳までが子どもとされているのだろうか。国際連合の機関であるILO（国際労働機関）は5歳から17歳までを子どもとして、子どもの労働実態を世界中で調査するよう求めている。日本では、15歳で中学を卒業した段階で労働が可能になるが、こんなところも生徒に考えさせたい。

3 自分たちが日常使う品物を使って 〔授業づくりのヒント〕

生徒にとって身近な製品がどうやって生産されたかを考えることから始めてみたい。食料であれば、フードマイレージという考え方もある。どれだけ遠いところで、どんな人たちが生産にたずさわり、どうやって運ばれてきたかを考える。生産のコスト、輸送のコストがかかり、遠くから運ばれてくるものほどコストがかかっている。地産地消がすすめられる所以である。遠い外国から運ばれてくるとき、その生産コストは見えにくい。フィリピンのバナナ農園ではどんな人が働いているのだろうか。ブラジルのコーヒー農園ではどんな人が働いているのだろうか。

工業製品についても同様である。繊維製品をみると、シャツなどもベトナム製、インドネシア製などのものが日本に多く入ってきている。化学繊維製品も多いが、綿製品の場合、原料の綿花畑の労働を想像してみるのも良い。

今、私たちの生活は世界と結びついている。自分たちが使っている品物がどこでどのように生産されたか、考える必要がある。

4 子どもの労働をなくす工夫 〔発展学習〕

今、企業が自社製品の原料の供給連鎖（サプライチェーン）の中で、子どもの労働によって生産されたものがないことを認証する国際的なしくみがつくられている。日本の製菓会社でもチョコレート生産で原料のカカオに子どもの労働がないことを確認している企業もある。企業が人権にどれだけ配慮しているかが問われている。

世界の子どもを児童労働から守るNGOのACE（Action against Child Exploitation/ 子どもの搾取に反対する行動）は、世界各地で児童労働の子どもを救う活動をしている。

消費者も児童労働でつくられた製品を買わないようにしよう、という運動もおこっている。SDGsの目標8では、2025年までに子どもの労働を根絶しようと、世界中で取り組みがすすめられている。どんな製品がこの取り組みにかかわっているか調べて発表してみよう。

（大谷猛夫）

■文献・資料紹介
- エンゲルス『イギリスにおける労働者階級の状態』岩波書店（1990年）
- 世界の子どもを児童労働から守るNGO ACE〔エース〕『児童労働とは』〈http://acejapan.org/〉
- 中村まり・山形辰史『児童労働撤廃に向けて－今、私たちにできること－』アジ研選書（2013年）
- 日下部尚徳『わたし8歳、職業、家事使用人。世界の児童労働者1億5200万人の1人』合同出版（2018年）
- 安田菜津紀『チェンジの扉〜児童労働に向き合って気づいたこと〜』認定NPO法人ACE（2018年）

第3章 「地理総合」実践の手引き　　B　国際理解と国際協力―世界とSDGs

15　つくる責任とつかう責任 ―持続可能な生産と消費

国際認証「サスティナブルラベル」は、製品がどのようにつくられ、私たちの手元に届けられているのかを証明するもので、国際的基準を満たしている製品であることを示している。

RAIN FOREST ALLIANCEのカエルの認証マークは、農林業、観光業の事業者が監査を受け、環境・社会・経済面の持続性（サステナビリティ）を義務づけた基準に準拠していると判断されたことを意味している。コーヒー豆やバナナ、酪農製品、シダ植物や生花、パーム油、茶などが、このマークの認証の対象となる。

あなたの身の回りにあるものや、お店の商品でサスティナブルラベルを見つけてみよう。

1　安い服が買えるようになった陰で
〔授業テーマ―課題と視点〕

私たちが新しいデザインの服を安い値段で買えるようになった陰で、新品の服が大量に捨てられている。

2000年代以降、「ファストファッション[1]」が生活に定着し、消費者はお金をかけずにおしゃれを楽しめるようになった。しかし、販売競争が激しくなると、アパレルメーカーは生産コストを下げるため、人件費の安いバングラデシュなどの途上国に発注するようになった。

そのバングラデシュの首都ダッカの郊外で、2013年4月、5つの縫製工場の入った8階建てビル「ラナ・プラザ」が崩落した。盗難防止のために外から施錠されていたことで被害は拡大し、1138人もの犠牲者がでた。倒壊の予兆はあった。ビルには大きな亀裂がはいり、警察からも操業中止が勧告されていたが、工場経営者は事故当日も仕事を強要した。崩落したビルのがれきの中から、29もの海外有名ブランドラベルが見つかると、海外企業の責任を指摘する声がいっきに高まった。海外のアパレル企業は、「低価格」の衣料品を「大量」に、「早く」つくるため、安価な労働力が豊富な開発途上国で生産をおこなってきたが、この事故後、労働環境改善などが厳しく問われるようになった。

一方、日本国内の衣料メーカーでは、生産の海外現地化のあおりで縫製業者が激減している。安価な衣服は低賃金と長時間労働につながり、国内に残る縫製工場での働き手は中国や東南アジア出身の外国人技能実習生[2]に依存するようになっている。

私たちの生活にファストファッションが浸透する中、在庫処分業者には、売れ残った新品の衣服が大量に持ち込まれている。その中には、売れ残ったり、少しほつれていたなどの理由で、一度も売り場に出なかった服もある。新品衣料の売れ残りや廃棄の量は年間10億点になるともいわれており、再販売される一部を除いて、焼却されたり、粉砕されてプラスチックなどと固めて燃料化されたりして、実質的に捨てられていく[3]。

私たちは生活の利便性と引き換えに、大量に食品や工業製品を生産・消費し、大量に廃棄している。このことが、どんな問題を引き起こしているのか考えてみよう。

2　食品ロスと廃棄物
〔教材研究のポイント〕

国連食糧農業機関（FAO）の「世界の食品ロスと食料廃棄」（2011年）によると、世界中で毎年約13億トンもの食料が失われるか廃棄されている。それは本来、人々が消費するために生産された食料全体の約3分の1になり、膨大な量の食料損失は、土地、水、エネルギー資源の無駄づかいでもある。

さらに、世界の食品ロスと廃棄物は、穀物で約30％、根菜類・果物・野菜では40〜50％、油の種子・肉・

乳製品では約20％、魚の場合は約35％の量になるという。毎年、富裕国の消費者は、サハラ以南のアフリカの食料全体量とほぼ同じ量の食料を廃棄しているといわれる。

毎年、失われるか廃棄される食料は、世界の年間穀物生産の半分以上に相当し、消費者1人の食料廃棄物は、ヨーロッパ・北アメリカで年間95〜115 kg、サハラ以南のアフリカや南・東南アジアで6〜11 kgになる[4]。

国連WFP（World Food Programme）の「世界食料キャンペーン2018」によると、世界では、全人口76億人のうち9人に1人、約8億2100万人が飢えに苦しんでいる。2050年の世界人口予測は95億人に達するといわれ、このまま食品廃棄が続くと、飢餓は途上国から先進国へと広がりかねないと警告する。

2015年度の農林水産省の調査では、日本における食品ロスは推定646万トンで、国連WFPが2017年に支援した食料の総量380万トンの約1.7倍にあたる[5]。

3 持続可能なライフスタイル〜エシカル消費〜　〔授業づくりのヒント〕

SDGsの目標12では、持続可能な生活消費のための取り組みや人びとの意識改革を求めている。その中で、「倫理的・道徳的」の意味をもつ「エシカル（ethical）消費」という価値観が重要になっている。これは、人と社会や地球環境のことに配慮した製品やサービスを選んで消費することである。

エシカル消費の1つに「フェアトレード」がある。これは開発途上国でつくられた作物や製品を適正価格で継続的に取り引きすることで、生産者の持続的な生活を向上させ、支えていく仕組みである。また、ハンディキャップをもつ人たちがつくる工芸品などを購入することも、エシカル消費といえる。

エコマークのついたものやオーガニック製品、そして、サスティナブルラベルがついた認証製品を購入することや、エネルギーの使い方において、再生可能エネルギーを選択して使用すること、地域のものを地域で消費する地産地消もエシカル消費ということになる。

最近では、買うことを通して社会や環境に貢献するエシカルな消費をする人たちも増えている。買い物の際、その製品がどのようにつくられ、どのような経路でやってきたのかを示すものがサスティナブルラベルである。

4 持続可能な生産と消費を実現するために　〔発展学習〕

SDGsの目標12では、2030年までに「一人当たりの食品廃棄物を半減させる」という。その一方で、SDGsの目標2では、「飢餓をゼロにする」という。ここから、この2つの目標を同時に達成させるには、まだ食べられるにもかかわらず廃棄されている食品（賞味期限切れのものや大量の在庫品など）を、食べ物に困っている人に渡すということが考えられる。

フランスでは、2016年2月に食料の廃棄を禁止する法律を制定し、売り場面積400 m²以上のスーパーは、1つ以上の慈善団体と契約を結び、売れ残った食品を寄付することを義務づけた。また、食べられる食品を廃棄した場合には罰金を課すことも決めている。その結果、売れ残り食品を受け取る慈善団体の数は5000を超え、この年に寄付された食品は約1000万食に達した[6]。

では、大量の食品や工業製品を生産・消費し、大量に廃棄することで、引き起こされる問題には何があるのだろうか。国や自治体、消費者が「持続可能な生産と消費」にしていくために、できることは何だろうか。

授業では、ファストファッションや食べ物など、身近なことをテーマにし、SDGsのいくつもの目標に関連させて解決策を考えることが重要である。SDGsの目標には複合的な要因をもつ課題が多く、視野を広く持ち総合的に考えて、学習を深めてほしい。

（吉本健一）

■文献・資料紹介
- 日能研教務部『SDGs（国連 世界の未来を変えるための17の目標）2030年までのゴール』みくに出版（2017年）

■注
1) ファストファッション：流行を取り入れ、低価格に抑えた衣料品を大量生産し、短いサイクルで販売するブランドや業態のこと。ユニクロ、GU、H&Mがある。
2) 外国人技能実習生：外国人在留資格のひとつで、研修生として技術や技能を実践的に学ぶために、研修を受けた企業などと雇用契約を結んで就労する。
3) 朝日新聞　2018年7月3日（朝刊）
4) Food and Agriculture Organization of the United Nations 2015年
5) 国連WFP『WFP日本レポート』2018年9月19日
6) The Asahi Shimbun GLOBE　2017年11月 No.199

16　気候変動がもたらすもの —地球温暖化

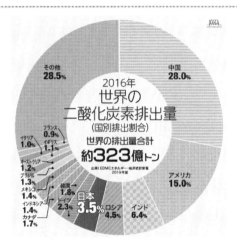

地球温暖化の原因物質である二酸化炭素の排出量は1990年には約212億トンであったが、2016年は約323億トンに増加している。国別でみると、1990年にはアメリカ合衆国が23.4%で第1位、EUが19.6%、日本が5.1%などと先進国の排出量が多かったが、近年では、中国やインドなどの発展途上国の排出量も多くなり、2016年では、中国が28.0%で第1位である。ただ、一人当たりの二酸化炭素の排出量は、アメリカ合衆国などの先進国の排出量が非常に多い。

（出典：EDMC／エネルギー・経済統計要覧2019年版 全国地球温暖化防止活動推進センターウェブサイト〈https://www.jccca.org/〉）

1 地球温暖化の進行

地球温暖化を進める主要な温室効果ガスである二酸化炭素の濃度は、産業革命以前は280ppmであったが、資本主義が発展し、工業化や自動車交通などが進展するなかで、2017年には405.5ppmとなり、近年地球温暖化が急速に進んできている。2018年の地球の平均表面温度は、産業革命前の基準値（1850～1900年）を約1.0℃上回っているのである。

二酸化炭素等の温室効果ガスのエネルギーの90%以上を海洋が吸収している。そのため、世界気象機関（WMO）が2019年3月に出した世界の気候に関する年次報告によると、2018年の水深700mまでの海水温は、1955年以降で最高を記録している。また、北極や南極での氷の融解により、氷床面積は2018年末の観測では史上最小を記録するペースで推移している。海面は加速的に上昇しており、2017年からの一年で世界平均3.7mm上昇している。さらに海洋の酸性化も進行している。

2 地球温暖化の影響

地球温暖化の進行により、近年、世界各地で異常気象が頻発するなど、重大な影響が生じている。

先のWMOの年次報告によると、2018年に世界で約6200万人に被害を与えた自然災害の大部分が異常気象と関連している。強い熱波や荒野火災に関連する死者は、ヨーロッパやアメリカ合衆国、日本などで約1600人以上にのぼっている。

温暖化による海面水温の上昇に伴う水蒸気量の増加などにより、日本では近年各地で豪雨災害が多発しており、2018年には、広島県や岡山県などで西日本豪雨災害が発生している。猛暑日（日最高気温が35℃以上の日）や熱帯夜（夜間の最低気温が25℃以上の日）も非常に増加しており、2018年7月23日には、埼玉県熊谷市で41.1℃の日本の最高気温を記録している。

地球温暖化の進行は、農林漁業などにも多大な影響を与えている。

漁業では、熱帯や亜熱帯海域に生息するナルトビエイが瀬戸内海でもみられるようになり、アサリなどへの食害が発生している。また、海水温の上昇により、水温が下がってくる冬期に営むノリ養殖業の漁期が一か月も短縮してきている。さらに、暖海性のサワラやブリなどの漁場が北上し、北海道沿岸の定置網漁業でブリの漁獲が急増してきており、ブリを北海道の特産物にしようとする動きも出てきているのである。

農業などでは、夏から秋にかけての高温により、低温で促進される葉緑素の消失と赤色の色素であるアントシアニンの合成が遅れ、紅葉前線の南下が遅れてきており、リンゴやブドウなどの着色不良や着色遅延が発生している。また、桜の開花が早まってきているこ

となどにより、花見などの季節の風物詩も変化してきている。

海面の上昇は、近年、サンゴ礁で形成された太平洋の島嶼国で重大な問題になっているが、日本でも大都市の大部分が海に面しており、低地に多くの人が居住しているだけに重大な問題である。

3 地球温暖化の原因と対策　　授業づくりのヒント

国連の気候変動に関する政府間パネル（IPCC）は、世界気象機関（WMO）と国連環境計画（UNEP）によって1988年に設立されており、2013～2014年の第5次報告書では、人為的な温室効果ガスが温暖化の最も有力な要因であるという可能性が95％の確率で極めて高いとしている。またこの報告書では、温室効果ガスの排出削減対策を行わない場合、世界の平均気温が21世紀末には20世紀末に比べ最大4.8℃上昇するとしている。

地球温暖化に対しては、1992年に「気候変動枠組み条約」が採択され、1997年には、排出量の多い先進国に国別に削減目標を課す「京都議定書」が採択された。しかし、アメリカ合衆国が途中で離脱し、日本が削減目標を達成しないなど、多くの課題が残った。

近年、中国やインドなどの発展途上国の二酸化炭素の排出量が増加するなかで、先進国以外の国も含めた温暖化対策が求められるようになってきた。そこで、2015年の国連気候変動枠組み条約締約国会議（COP21）では196の国・地域が参加して、世界の平均気温上昇を産業革命前に比べて2℃を下回る水準に抑えること、さらに1.5℃未満に抑えることをめざした「パリ協定」が採択され、2016年に発行している。

2018年12月のCOP24では、「パリ協定」の運用ルールが採択され、すべての国が2020年までに温室効果ガスの削減目標を提出し、5年ごとに見直すことを義務付けている。

2018年10月の「1.5℃ IPCC報告書」では、地球温暖化を1.5℃に抑えるためには、社会のあらゆる側面で急速かつ広範な、これまでに例を見ない変化が必要であり、2030年までに全世界で、人為的な二酸化炭素排出量を対2010年で約45％削減し、さらに2050年頃には「実質0」とする必要があるとしている。この特別報告書では、2100年までに地球温暖化を1.5℃に抑えた場合、世界の海水面上昇は、2℃の温度上昇の場合に比べ10cm低くなるなど、多くの気候変動の影響が回避できることを強調している。

人為的な温室効果ガスの排出といっても、日本では、2016年度の二酸化炭素の排出量は、直接排出量では、家庭部門は5％である。発電所などのエネルギー転換部門が42％、工業などの産業部門が25％、自動車などの運輸部門が17％を占めているため、これらの部門での排出削減が非常に重要である。そのためには、太陽光や風力などの再生可能エネルギーの普及が必要である。しかし、2016年度でも日本の一次エネルギーに占める再生可能エネルギーの割合は7％にすぎず、二酸化炭素を多く輩出する石炭が25％も占めているにもかかわらず、現在でも石炭火力発電所の建設が続いている。2019年4月の政府の温暖化対策の長期戦略案においても、石炭火力発電所の全廃などを明記していないなど問題がある。

4 SDGsを発展させて考える　　発展学習

持続可能な開発目標（SDGs）の地球温暖化に関するものは、目標13「気候変動に具体的な対策を」である。そこでは「気候変動とその影響に立ち向かうため、緊急対策を取る」として5つのターゲットをあげている。その最初で、「すべての国々において、気候変動に起因する危険や自然災害に対するレジリエンス及び適応力を強化する」としている。レジリエンス（resilience）とは、「復元力、回復力、弾力性」などと訳される言葉で、近年色々な分野で使われている。

地球環境を改善していくにはどんな取り組みが求められるか、生徒とじっくり考えることが大切である。その際に「レジリエンス及適応力」だけでなく、温暖化効果ガスの排出の大幅な削減、さらに「実質0」を実現していくことで地球温暖化を防止していく可能性について具体的に吟味して欲しい。

（磯部作）

■文献・資料紹介
- 独立行政法人国立環境研究所地球環境研究センター編著『地球温暖化の事典』丸善出版（2016年）
- 山川修治・常盤勝美・渡米靖『気候変動の事典』朝倉書店（2017年）

第3章　「地理総合」実践の手引き　　　　B　国際理解と国際協力―世界とSDGs

17　環境破壊 ―陸の豊かさ・海の豊かさを守る

瀬戸内海の香川県高松市沖に浮かぶ女木島、島の北西側の女木浦海岸には大量のゴミが漂着している。その中では、プラスチック類が非常に多い（2014年7月筆者撮影）。

以前は堤防の内側で農業が行われていたが、現在では耕作放棄されており、陸側からのアプローチはほとんどされていない。漂着ゴミの回収は行われずに、手付かずの状態で残されている。

夏は北西の季節風ではなく、南東の風が卓越するため、瀬戸内海の島では南東側にゴミが漂着することが多いが、女木島は備讃瀬戸海域にあり、潮流により、岡山県の高梁川や香川県の河川、沿岸都市などから流出したゴミが海岸に大量に漂着している。

1　環境破壊の状況　　〔授業テーマ―課題と視点〕

地球規模の環境破壊には、地球温暖化やオゾン層の破壊、熱帯林の破壊、砂漠化、海洋汚染などがある。

環境破壊は、産業革命期以後、先進国の工業都市などで石炭の燃焼による黒いスモッグや工場排水による水質汚濁などが重大な問題となってきたが、第二次世界大戦以後、石油化学工業が発達してくるなかで、いわゆる「白いスモッグ」による大気汚染などの公害が深刻な問題になってきた。また、自動車交通の発達にともない、自動車の排気ガスによる大気汚染も主要道路の沿線や大都市などで、重大な問題となってきた。

近年では、深刻な大気汚染などの公害問題は先進国ではかなり減少してきたものの、中国やインドなどの工業都市などでは、まだ重大な問題である。また、大気汚染対策が進められる中で、従来の二酸化硫黄から二酸化窒素、さらに現在ではPM2.5（微小粒子状物質）などへと、その原因物質が変化してきている。とりわけ、中国が急速に経済発展をして大量の大気汚染物質を排出するようになったため、中国で排出されたPM2.5が偏西風により日本に到達するなど、大気汚染の広域化が問題になっている。ただ、PM2.5については、日本の工業地帯や主要道路周辺で高い値が出ており、中国からの「もらい公害」だけが問題ではない。

また、日本などの先進国が大量の木材などを輸入することにともなう熱帯地域における熱帯林の破壊や、過放牧や気候変動などによる砂漠周辺地域での砂漠化などが問題になっている。

2　環境破壊の原因と対策　　〔教材研究のポイント〕

公害問題を発生させるような重大な環境破壊は、重化学工業地帯に立地する工場や、通行台数の多い主要道路周辺、過度に産業や人口が集積した大都市などで発生しているが、その原因は、利潤追求などのために公害対策を怠った企業や行政などの責任である。これに対して、1970年代以後、四日市などで被害住民による公害裁判が行われ、原告側が勝訴するなかで、公害対策が進められていった。二酸化硫黄を取り除く脱硫装置により石油から取り出された硫黄の資源化が行われ、先進的な排ガス規制を行った自動車メーカーが発展したのである。公害裁判の勝利後、大阪市西淀川や尼崎、倉敷市水島などの公害が重大な問題となった地域では、地域の環境再生の取り組みが進められている。

オゾン層の破壊に対しては、1987年に採択された「オゾン層を破壊する物質に関するモントリオール議定書」で原因物質であるフロン等の規制が行われていった。ただ、近年では代替フロンによる地球温暖化が問題になっている。

3 海ゴミ問題

〔授業づくりのヒント〕

現在、海にはプラスチック製品や空き缶などの大量のゴミが存在している。海ゴミは、存在する場所によって、海面を漂流している漂流ゴミ、海岸に漂着している漂着ゴミ、海底に沈積している海底ゴミに大別される。

海ゴミとなったプラスチック製のレジ袋などを鳥や亀、鯨などが餌と間違えて捕食することや、底曳網漁業などの操業中の漁網に海底や海中のゴミが掛かかり、操業を邪魔すること、漂着したゴミが海岸景観を破壊することなど、海ゴミは環境を大きく破棄し、海の生態系や漁業などに多大の悪影響を与えている。

海ゴミが重大な問題となってきたのは、プラスチックなどの石油化学工業製品が大量に生産され、大量に流通、消費、廃棄されるようになった1970年頃からのことである。プラスチックは自然界では非常に分解されにくいため、自然界に長く留まるとともに、紫外線や波などにより劣化して微小なマイクロプラスチックになっていき、PCBなどの有害物質を付着する。マイクロプラスチックは世界中の海に広がってきており、プランクトンと間違えて魚が捕食するため、カタクチイワシなどの体内からマイクロプラスチックが見つかり、ヨーロッパや日本など、各国一人ずつではあるが、調査した8か国の全員の体内からマイクロプラスチックが見つかっている。

世界のプラスチックの生産が右肩上がりに増加している中で、現在、海ゴミは毎年約900万トン増加しており、今後増加し続けると、2050年には、海ゴミの量が魚の量と同じになるとも言われている。

海ゴミ問題を解決するには、現在海に存在しているゴミを回収することが重要である。漂流ゴミは行政のゴミ回収船で、底曳網漁業が行われている海域の海底ゴミは底曳網によって回収し、海岸漂着ゴミは、行政や住民、ボランティアなどによって回収されている海域はある。ただ、ゴミ回収船がある海域や底曳網漁業が行われている海域は内海などに限られているうえ、海岸に近づけないところも多く、ゴミの量も多いため、一度海に流出したごみを回収することは非常に困難である。

そこで何よりも海ゴミを発生させないようにすることが重要である。海ゴミの大部分は陸上起源のもので、主に河川を通じて海に流入したものであるため、海ゴミ問題を解決には、陸上におけるゴミの発生源対策が重要である。

レジ袋やペットボトル、トレイ、ストローなどのプラスチック製品の使用を削減、禁止することなどにより、石油化学製品のプラスチックを削減していくこと、自然分解性のある製品を製造すること、地産地消などの地域内循環を推進することなどを行い、消費、廃棄段階だけでなく、製造、流通段階も含めて、大企業中心の大量生産、大量流通、大量消費、大量廃棄の社会システムを変えていくことが求められるのである。

海ゴミは、石油化学製品であるプラスチック類が多いだけに、それを減少させることは、化石燃料である石油の使用削減になり、地球温暖化を防止していくことにも繋がる。

4 山川里海—陸と海を繋ぐ

〔発展学習〕

宮城県気仙沼市でカキ養殖業を営む漁業者が、1980年代に「森は海の恋人」と言い、気仙沼湾に流入する川の上流の山に植林をして豊かな森を育て、そこから流出する栄養分豊かな水による豊かな海でカキ養殖業を発展させている。陸の豊かさを守ることが海の豊かさを守ることに繋がっているのである。漁業者などによる植林活動は、現在各地で行われるようになってきている。

山川里海を繋ぐ取り組みは伊勢・三河湾などでも行われている。また、河川の流域全体をみていく「流域圏」や、沿岸の陸域と海域を総合的に把握する「沿岸域」なども提唱されてきている。

山の森林と林業、里の景観と農業、海の環境と漁業、それを繋ぐ河川の環境などを守っていく取り組みを、具体的に調べて学習を深めることが重要である。

（磯部作）

■文献・資料紹介
- 畠山重篤・鵜飼哲夫『牡蠣の森と生きる「森は海の恋人」の30年』中央公論新社（2019年）
- 塩入同・藤井麻衣「なぜプラスチックが海の問題なのか」『海洋白書2019』（2019年）
- 磯部作「漁業者による海底ゴミの回収の状況と課題—瀬戸内海を中心として—」『地域漁業研究』第49巻第3号（2009年）

第3章 「地理総合」実践の手引き　　C　持続可能な地域づくりと私たち―日本とSDGs

18　グローバル化と情報化社会 ―インターネットは世界をどう変えたのか

わたしたちの社会は日々変化している。なかでも大きく変化したのが、情報化社会への変貌である。インターネットが普及して、だれもが情報の発信者となることができるようになった。そのことで、これまでのメディアのあり方も大きく変化した。新聞や雑誌、ＴＶといったメディアはインターネットをいかに使うかを考えるようになった。学校の現場も同様である。生徒がスマートフォンを用いて情報を検索し、発信できる状況となった。しかし、一方で情報化社会の怖さにも直面するようになった。メディアリテラシーが必要な状況となっている。
（写真は新聞記者を招いての授業の一コマ。筆者撮影）

1　情報化社会とは
〔授業テーマ―課題と視点〕

　グローバル化の進む現代において、インターネットは不可欠のものである。今やわれわれの生活はインターネットなしでは成り立たないし、おそらくこれからもそうであろう。もともとは1988年にアメリカで始まったインターネットは、今や世界中で使われるネットワークとなった。現在、いわゆるインターネット巨大企業（GAFA）[1]は、世界を市場とする企業となった。Googleは検索エンジンとしてスタートしたが、SNSから地図まで、あらゆる生活情報を支配しようとしている。Appleはスティーブ・ジョブズらが設立したコンピュータ企業であるが、アイフォンなどのツールとそのソフトによって時代の先端を行く製品を開発している。Facebookはアメリカで誕生したSNSであるが、世界中の人が利用してネットワークの形成に一役買っている。そしてAmazonは、通販の会社として日本でも着実に売上を伸ばしている。広大な国土を持たない日本ではアマゾンの必要性は薄いとされていたが、今やアマゾンの宅配が宅配業者の取扱量を左右するまでになっている。これらの企業のオリジンがアメリカであることは、重要なことである。また、ICT化が遅いと言われている教育業界にも次々とその波は押し寄せている。そして、これからはAI（人工知能）が大きな影響を及ぼすことになると考えられている。

2　社会科と情報化社会
〔教材研究のポイント〕

　情報化社会の成立を考える上で、コンピュータの発達を知ることは重要である。コンピュータ産業はハードとソフトの両面がある。ハードに関しては、半導体産業の発達が大きく関わっている。日本製の半導体がかつては大きなシェアを占めていたが、現在は韓国のサムスンとアメリカのインテルが多い。日本では東芝が10位以内にランクインしている。また、コンピュータの製造ではアメリカや中国、台湾の企業がシェアの上位を占めている。一方、ソフトはOSにおいてマイクロソフトのウインドウズが世界の80％以上を占めて圧倒している。続いてMacが10％程度である。このような、世界的動向と日本企業の状況をまずは知ることが重要である。次にコンピュータは単独ではなく、ネットワークを構成することによって意味を持つことを知る。現在では、コンピュータはさまざまな機械の中に入っており、自動車や家電製品までも制御している。IoT（モノ〈物〉のインターネット）[2]と言われ、さまざまな機械をインターネットで結んで制御する社会が実現化しつつある。しかし、このようなネットワーク化は一方で危険性もはらんでいる。ハッキングなどにより情報が知らない間に漏れていたり、勝手に制御される可能性もある。

　情報化社会が進むと、すべてのデータをネットワー

ク上で処理することが考えられる。例えば、画像データを集めれば認証をすべて行えるようになり、防犯カメラの画像とあわせれば、すべての人間の行動を把握することができるようになる。また、その情報と個人データを紐づければ、国民総監視社会も夢ではない。事実、中国では、すでに2億台近い監視カメラが稼働しており、画像データが蓄積されているという。このような情報化社会の未来像を知ることも重要である。

3 地理学習における情報化社会の扱い　〔授業づくりのヒント〕

　地理の学習では、まずグローバル化の観点からとらえる必要がある。おもにアメリカの多国籍企業の学習などで取り扱われるが、世界全体をマーケットとする巨大企業の戦略と現地法人での活動をテーマとする。教科書などでは、大手ハンバーガーチェーンが取り上げられているが、これを前述のGAFAにおきかえてもよい。ただ、情報産業は具体的な製品がとらえにくい産業である。人やモノ、カネの動きがとらえにくい。企業活動も秘密に包まれている部分があり、教材収集は難しい場合もある。新聞記事をさがすなど工夫が必要である。

　また、地理学習においては、情報化社会の例として地理情報システム（GIS）の学習が重要視されている。実際、GISはわれわれの生活に深く浸透している。カーナビに代表される位置情報は、GISの基本である。地図情報の中に施設などの情報を入れることによって、結び付きや分析ができるようになる。中高の現場でも、GISを取り入れて実際に生徒に経験させる授業を展開している事例もある。将来さまざまな分野で使用する可能性があるGISの意味について考えさせることも重要であろう[3]。

4 メディアリテラシーにつなげる　〔発展学習〕

　情報化社会を読み解き、その功罪を考えることはメディアリテラシーを育てることにもつながっている。近年はSNSについて学校で扱っているケースも多いが、ルールやマナーといった学習だけではなく、そもそものメディアの特性を知ることも重要である。

　筆者はかつて、中学3年生にメディアリテラシーの授業を総合的学習の時間を使って行った。新聞、テレビ、インターネットのメディアを取り上げ、その長所・短所を知り、信頼できる情報をどのように入手するかについて考えた。その際には、新聞記者やTV制作の現場で働く方から直接話を聞き、最前線の方々の考えを聞いた。新聞記者もTV制作者もインターネットとどのように共存していくかを考えているのが印象的であった。また、TV制作者から出された中立的報道の意味も中学生の関心をよんだ。不偏不党の情報はあるのかという大きなテーマを考える良い機会となった。最近は、新聞報道の信頼性を疑うネット上での言説も多いが、まだまだ新聞報道の意味は大きいと考えている。むしろ、最近ネット上では選別された情報しか接することができなくなっている。つまり、個人の好みに合わせた情報が送られてくるようになる。中高生の間は自分にとって心地よい情報だけでなく、さまざまな立場の意見や考えに身をさらすことが重要である。コミュニケーションの意義を知る上でも、メディアリテラシーを育てることは今後ますます重要になっていると思われる。

（大野新）

■文献・資料紹介

- 小林汎「新聞を利用した教材研究のすすめ」『地理教育』44号（2015年）
- 大野新「メディアリテラシーを育てる」『歴史地理教育』719号（2007年）
- ルネ・ホッブス著、森本洋介・和田正人監訳『デジタル時代のメディア・リテラシー教育　中高生の日常のメディアと授業の融合』東京学芸大学出版会（2015年）
- 原田順子・北川由紀彦『放送大学教材　グローバル化と私たちの社会』NHK出版（2015年）

■注

1) GAFA（ガーファ）は、アメリカ合衆国に本拠を置く、Google、Amazon.com、Facebook、Apple Inc.の4つの主要IT企業の頭文字を取って総称する呼称。
2) IoT（Internet of Things）とは、様々な「モノ（物）」がインターネットに接続され、モノがインターネットのように繋がり、情報交換することにより相互に制御する仕組みである。
3) GISを具体的に授業で取り入れる際に、参考になるのが、esriジャパンのホームページ（https://www.esrij.com/）である。ニュースの地図欄を開くと、GISを使った地図を見ることができる。これらは、ふだんの地理の授業でも使える地図がふくまれている。また、ソフトとしては、MANDARAが知られている。

第3章 「地理総合」実践の手引き　　C　持続可能な地域づくりと私たち―日本とSDGs

19　頻発する自然災害にどう向き合うのか

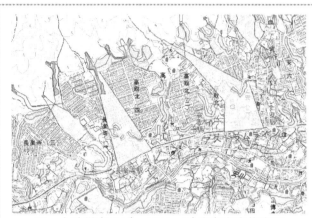

図　土砂災害ハザードマップ　広島市安佐南区

ハザードとは危険性・危険要因のことである。人の活動領域で人的・物的被害があって初めて「災害」とよばれる。ハザードの種類、影響の範囲、危険度、危険頻度などを予測し、防災上の施設や避難路・避難場所などを示した地図を総称してハザードマップという。

左図は土砂災害を予測したハザードマップで、警戒区域と特別警戒区域が黄色と赤色で表示される[1]。この場所は土砂災害が多発することで知られる広島市安佐南区の山麓である。このハザードマップの警戒区域はどのような危険性があり、過去にどのような土砂災害が発生したのか、広島市のホームページなどから調べてみよう。

（出典：土砂災害ポータルひろしま）

1　災害からの教訓　〔授業テーマ―課題と視点〕

これまで日本は数多くの災害に見舞われてきた。ここ30年余りでも、1991年には雲仙普賢岳噴火による火砕流で、行方不明を含め死者43人の犠牲者をだし、1995年の阪神・淡路大震災では、活断層による直下型地震で、ビルや家屋の倒壊などにより災害関連死を含め6434人（別に行方不明3人）の犠牲者をだした。死因の約8割は家屋倒壊による圧死であったため、その後の耐震改修促進法や被災者生活再建支援法の成立につながった。

また、1999年の広島土砂災害は、土砂災害防止法の制定の契機となり、2000年の鳥取西部地震では、被災者生活再建支援法で対象外であった自宅再建に、県や市町村が独自に財政支援する制度が始まった。

2011年の東日本大震災（死者・行方不明者1万8430人、復興庁、2019年3月8日現在）では、巨大地震による津波が沿岸部を襲い、犠牲者の9割が溺死で亡くなった。さらに、福島第1原発事故による放射能拡散によって、2012年5月のピーク時には16万人を超える人たちが福島県内外に避難した。避難場所を何度も移動する中、福島県の震災関連死は2270人（2019年3月6日現在）、死者・行方不明者を合わせた1810人より多くなった。

東日本大震災を機に、避難所生活の改善が模索されるようになり、その後の災害では、段ボールベッドや仕切り壁などを設置する避難所が増えた。また、仮設住宅は建設型のものよりも、自治体が住宅物件を借りて被災者に提供する「みなし仮設」が増えた。

東日本大震災から8年が経過した被災地の中で、陸前高田市の沿岸部は高さ10mにかさ上げされた造成地に、スーパーや専門店が入った商業施設がつくられた。しかし、その周辺では「分譲中」、「売地」の看板が立ち、空き地が目立つ。総費用約1600億円をかけて国費で造成した新たな町であるが、時間がかかりすぎたことで、造成地での生活再開を断念する人も多い。陸前高田市では、5年程度で復興ができるように、事業手続きを簡素化し、災害に特化した制度が必要だったといわれている。

2　災害後に被災者を出さない　〔教材研究のポイント〕

阪神・淡路大震災以降、東日本大震災でも、避難所生活はあまり改善されていない。一部で、段ボールベッドの導入がみられるものの、前例がないことや避難者間の不公平を理由に、設置を断る自治体が多いという。

災害後の関連死や孤独死、自殺などで、被災者の健康や生命が脅かされることは、最近の災害でも多くみられる。2016年の熊本地震でも震災関連死は直接死の4倍近い数になっている。

今後の避難所の環境改善を考えていく上で、「スフィア基準」が参考になる。この基準は、1990年代に

世界各地で内戦が多発し、難民キャンプの環境悪化で多くの人たちが亡くなったことを受けて、国際赤十字などが中心となって定められたものである。災害や紛争によるすべての被災者に対する人道支援活動において、守るべき最低基準となっている。その基準によると、避難所の1人あたりのスペースは、最低3.5平方メートル（約2畳分）で、トイレは20人に1つの割合で設置し、男と女の割合は1対3にして、女性用を増やすこととある。

日本の避難所・避難生活学会は、避難所の改善のためには、清潔で快適なトイレ、現場で作られた温かい食事の提供、簡易ベッドの導入が死活的に重要であるとして、この3点の改革を提唱している。

日本と同様に地震国であるイタリアでは、地震発生後1～2日で被災者用のテント、ベッド、シャワー付きのトイレユニットが完備された避難所が設置され、医師や看護師とともに医療設備が整えられる。食事も、高性能のキッチンカーが出動し、温かい食事とともにワインまで提供される。そのような避難所ができる背景には、イタリア中央政府に市民安全省があり、各州と市町村に下部組織が整備されていることがある。そして、さまざまな専門技能を持つボランティア組織があり、大きな災害があっても、通常の生活を保障する体制ができている。

3 巨大災害に対応できる制度づくり 〔授業づくりのヒント〕

日本列島の南海トラフや千島海溝付近では、近い将来巨大地震が発生するとみられており、内陸においても、直下型地震が全国のどこでも起きる可能性がある。その上、気候変動のもとで、これまでと比較にならない規模の豪雨や強風などの災害が多発するようになっている。

東日本大震災では、災害対応や被災者支援は主として内閣府の防災担当があたってきた。その定員は約90人で、幹部は国土交通省や総務省などからの出向職員である。復興庁は首相直属で担当大臣もいるが、震災8年間で大臣が7人替わった。異なる省から出向してきた職員は被災地と本省をつなぐ役割をこなすのが精一杯で、被災地の現場は各省庁の縦割りとなるため、災害の復旧・復興を総合的にみて判断できる体制になっていない。

阪神・淡路大震災や東日本大震災でも、被災者の住宅再建は「土地区画整理事業[2]」によって進められてきた。この事業は戦後復興にも使われたが、年数を要し、迅速な復興には適さないが、これに代わる新たな制度がない。そうした中、防災や危機管理を専門的に取り組む職員を配置する「防災庁」の新設を望む声が増えている。

4 自分の町のハザードマップ 〔発展学習〕

広島市内には、水害が発生した地域20カ所に「水害碑」が建立されている。水害碑には、「水害犠牲者の慰霊」、「水害を繰り返さないという願いや誓い」、「水害の被害、水害からの復興を後世に伝承する」という目的がある。碑文には、被災当時のようすや被害状況、復興の過程、被災者の願いなどが刻まれ、過去の災害を知り、学ぶことができる。広島市のホームページでは、「水害碑が伝えるひろしまの記憶―過去が教えてくれること―」の地図画面に20カ所の水害碑が示され、その名称をクリックすると、地域を襲った水害の詳細がわかるようになっている。

一方、南海トラフ地震では液状化による家屋全壊は膨大になると予測されているが、土地評価への影響もあり、自治体の盛土造成地の公表は進んでいない。

授業では、液状化被害の起きやすい場所を調べ、地名から過去の被害を知ることで、災害対策について学ぶことができる。自分が暮らす町のハザードマップを入手し、それが災害時にどのように役立つのか調べ、犠牲者を出さない災害対策は可能なのか、知恵を出し合ってみよう。

（吉本健一）

■文献・資料紹介
- みやぎ震災復興研究センター『東日本大震災100の教訓 地震・津波編』クリエイツかもがわ（2019年）
- 大阪自治体問題研究所・自治体問題研究所『豪雨災害と自治体』自治体研究社（2019年）

■注
1) 土砂災害警戒区域（イエローゾーン）は、急傾斜地の崩壊等が発生した場合に、住民等の生命又は身体に危害が生じるおそれがあると認められる区域のこと。土砂災害特別警戒区域（レッドゾーン）は、急傾斜地の崩壊等が発生した場合に、建築物に損壊が生じ住民等の生命又は身体に著しい危害が生ずるおそれがあると認められる区域。
2) 土地区画整理事業は、代表的なまちづくりの手法で、地権者から少しずつ土地を提供してもらい、道路を広げたり、防災公園を整備する事業。

第3章　「地理総合」実践の手引き　　C　持続可能な地域づくりと私たち—日本とSDGs

20　福島県がめざす100％自然エネルギー

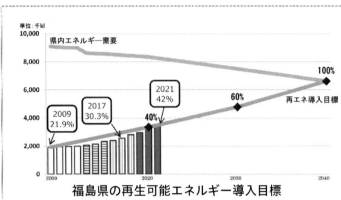

福島県の再生可能エネルギー導入目標
（出典：福島県『再生可能エネルギー先駆けの地 アクションプラン（第3期）』〔2019年3月〕）

「原発廃止・エネルギー転換を実現するための改革基本法案」（原発ゼロ基本法案）
- 基本理念として、すべての原子力発電所（原発）を速やかに停止、廃止する。
- 施行後5年以内にすべての原発の廃炉を決定する。
- 再生可能エネルギーの割合を2030年までに40％以上とする。
- 廃炉作業をおこなう電力会社や立地地域の雇用及び経済対策について、国が必要な支援をおこなう。

〔2018年3月9日に立憲・共産・自由・社民の野党4党が共同提出した法案の骨子〕

1　福島の電力は首都東京のために　【授業テーマ—課題と視点】

　これまでの福島県の電源開発は、首都東京への電力供給を目的におこなわれてきたと言っても過言ではない。

　1914年に、当時東洋一といわれた水力発電所、猪苗代第一発電所が猪苗代湖との高低差を利用して建設され、常時13000キロワットの電力を送電した。1957年には勿来（なこそ）発電所が火力発電の運転を始め、6万世帯分の電力を首都圏に送り続けてきた。

　その後、大熊町に東京電力福島第一原子力発電所が建設され、1971年に1号機が運転を開始する。原子炉が次々と増設され、1979年には双葉町の6号機が運転を始め、福島県「浜通り」は"原発銀座"へと変化した。

　それが、2011年3月11日、東日本大震災に起因して、1号機から4号機で炉心溶解（メルトダウン）や建屋爆発などが連続して発生し、膨大な量の放射性物質が放出されてから、地域の様相が一変することになった。事故から8年がたっても、1号機から4号機では大量の地下水が高濃度放射能汚染水となって貯まり続け、その保管場所の問題に悩まされ続けている。

　原発事故による避難者はピーク時の2012年5月には16万人を超えた。放射能による汚染地域の除染を進め、避難指示区域が順次解除されるにともない、国や福島県は帰還者の生活再建に向けた支援策を実施している。しかし、実際に帰還するのは高齢者ばかりで、その数は少なく、いまなお多くの人びとが避難生活を続けている現実がある。福島での原発事故を受けて、今後、日本がどのようなエネルギー政策をめざすのか、生徒とともに考えたい。

2　原子力から再生可能エネルギーへ　【教材研究のポイント】

　福島県は2011年8月、大震災と原子力災害からの復興をめざし、福島県復興ビジョンを策定した。それを具体化した福島県復興計画の基本理念では、「原子力に依存しない、安全・安心で持続的に発展可能な社会づくり」をかかげた。そして、2012年3月の「再生可能エネルギー推進ビジョン」では、福島県内の一次エネルギー供給に占める再生可能エネルギーの割合を、2020年度までに約40％、2030年度までに約60％、そして2040年頃をめどに100％以上にする目標を設定した。福島県の2017年度に達成した再生可能エネルギーの導入比率は30.3％である。

　授業では、「なぜ、福島県が100％自然エネルギー[1]をめざす挑戦をしているのか」、「原子力から再生可能エネルギーへと舵を切ったのはどうしてか」などを考えさせることが、教材づくりのポイントになる。

　日本政府は2030年度の国内電源構成のうち、再生可能エネルギーが占める割合を22〜24％としている。

その構成比は、太陽光7％、風力1.7％、地熱1.0〜1.1％、バイオマス3.7〜4.6％で、水力発電が占める割合は8.8〜9.2％と大きい。なお、2016年度の日本の再生可能エネルギーの発電比率は水力発電の7.5％を含めて15.3％（速報値）である。原子力については、重要なベースロード電源（季節、天候、昼夜を問わず、一定量の電力を安定的に低コストで供給できる電源）と位置づけており、全体の20〜22％をまかなう方針でいる。

一方、2018年3月に野党4党から「原発ゼロ基本法案」が提出されているが、今のところ未審議である。

3 市民によるエネルギー自立と地域づくり　〈授業づくりのヒント〉

会津地方での市民による電力会社設立を例に、住民視点で再生可能エネルギーと地域づくりを考えてみよう。

会津地方は放射能の被害が比較的少なかったものの、風評被害により「福島」と名のつく農産物の出荷は厳しい状況が続いていた。そうした中、会津地方において自然エネルギーのイベント活動などをしてきた人たちが、「原子力に依存しない安全で持続可能な社会づくり」と「会津地域のエネルギー自立」をかかげて、2013年に市民による新会社「会津電力」を創設する。

社長となった佐藤彌右衛門さんは、喜多方市で200年以上続く老舗造り酒屋の9代目当主である。これまで、酒づくりに必要なものは「よい水とお米」だと言ってきたが、会津の名水は汚染され、飯舘村が全村避難地域に指定されたことで、飯舘村の米を使った酒づくりはできなくなった。佐藤さんは、人間がコントロール出来ない原子力発電に依存する社会は変えなければならないと考え、自社の酒蔵の屋根にソーラーパネルを設置する。さらに、その思いは2013年の電力会社の設立へとつながっていった。

会津電力グループは2017年末現在、小規模分散型太陽光発電所を中心に、福島県の会津で58ヵ所、中通りで12ヵ所の全70ヵ所において合計5,068キロワット、一般家庭の約1,400世帯分の太陽光発電をおこなっている。

また、東日本大震災での建物損壊と原発事故によって観光客が減少した土湯温泉（福島市土湯温泉町）でも、住民による温泉熱を利用した地熱バイナリー発電を復興の中心にしたまちづくりが始まっている。今では、株式会社「元気アップつちゆ」が地熱発電等の売電により、年間1億円以上の収入を得るようになった。その収益で、地元小学校の給食費を全額負担し、高校・大学生や高齢者向けにバス定期券の無料化も実現している。

さらに、少しの落差と水の流量があれば発電ができる小水力発電も手掛けるようになった。阿武隈川支流の荒川流域には、治水・砂防事業で24ヵ所の堰堤がある。その一つ、東鴉（ひがしからす）川の砂防堰堤から取水して、落差45m程を利用し、土湯温泉東鴉川小水力発電所で発電して売電している。現在、最大140kW、常時40kWの発電をおこなっている。こうして、温泉熱や小水力活用で「エコ温泉地」として町の復興に取り組んでいる。

4 持続可能な社会をめざして　〈発展学習〉

再生可能エネルギーの主力電源化は国の政策である。しかし、ヨーロッパ諸国と比べると日本の再生可能エネルギー導入の目標比率は低い。再生可能エネルギーの比率を上げるためには、地元自治体が太陽光パネルや風力発電の設置場所の情報提供をおこなうなど、官民一体となって、再生可能エネルギー導入における課題を解決していくことが求められる。

授業では、再生可能エネルギーの太陽光・風力発電を普及にするために、どのような課題があるのか調べてみよう。日本は地熱資源量が世界第3位といわれる。多くの火山がある日本で地熱発電が増えないのはどうしてか、その理由を考えてみよう。新エネルギーとしてバイオマス発電や小水力発電を導入している地域を調べ、利点や課題は調べ、再生可能エネルギーとして拡大していくためのアイデアを出し合い、考えてみよう。

（吉本健一）

■文献・資料紹介
- みんなのデータサイトマップ集編集チーム『図説17都県 放射能測定マップ＋読み解き集』みんなのデータサイト出版（2018年）
- 白井信雄『再生可能エネルギーによる地域づくり』環境新聞社（2018年）

■注
1) 自然エネルギーは、太陽光、風力、水力、地熱などの自然現象から得られるエネルギーのことで、再生可能エネルギーは、自然エネルギーの他にバイオマスエネルギーや廃棄物エネルギーなど、自然現象ではない再利用できる資源を使って生み出されるものも含む。

第3章 「地理総合」実践の手引き　　C　持続可能な地域づくりと私たち—日本とSDGs

21　安全・安心な暮らしを実現する —環境マップづくり

(出典:『第25回 私たちの身のまわりの環境地図作品展』の受賞作品〔2015年〕)

わたしたちの社会で大きな課題となっているものの1つに、自然災害への対策がある。毎年のように、集中豪雨、台風が各地を襲い、甚大な被害をもたらしている。また、地震は活断層やプレートの境界で発生し、多くの被害をもたらしてきた。これらの災害からどのように生命・財産を守らなくてはならないのだろうか。地理教育の観点から考えられることとして、ふだんから自分たちが生活する地域の環境認識を高めることがある。今回はその一つの方法として、「環境マップづくり」をとりあげる。左は、中学生が作成した環境地図の例である。

1　地理学習と地図　〔授業テーマ―課題と視点〕

　地理学習において、地図は必要不可欠のものである。身近な地域を調べる学習では、調べたことがらを地図上にあらわして、発表するなどにより、地図の作成をとおして地域を理解する。小学校で行う校内探検や近所の商店街調べなどがそれにあたる。小学校では地図に表現する経験があるが、中高になると、その作業は極端に減る。その一方で、多くなるのが、地図の読み取りである。小学校から地形図のきまりの学習がはじまり、地形図の学習は中高では何回か繰り返される。その中では、地図記号の学習や等高線を用いた地形の読み取り、地域の変化の読み取りなどが行われる。

　しかし、自分たちが調べたことがらを描図することはほとんどない。総合的学習の時間等で地域を調べる学習の一環として、調べたことがらを地図にまとめて発表させることは推奨されているが、時間の制約もあり、なかなか広がっていない。だが、国際的にみると地理的能力の一つとして、地図を作成することは重要なものとされている。世界を舞台に実施される地理オリンピックでは、地図作成が課題として出されることはよくある。実は、地図を描くことは地理の学習において非常に重要な作業の一つなのである。

2　身のまわりの環境地図作品展とは　〔教材研究のポイント〕

　このような地図作成に取り組めるのが、「身のまわりの環境地図」作品展である。この催しは、北海道旭川市で開催されている地図コンクールで、2019年で29回を数える歴史あるコンクールとなっている。応募の条件は、「身のまわりの環境について自分で調査したこと、観察したこと、考えたことを地図にしたもの」と、非常にシンプルである。シンプルであるがゆえに、さまざまな創造性が発揮できるコンクールとなっている。小学生から高校生までが応募でき、作品は最大模造紙大までにまとめる[1]。例年、9月末あたりが締め切りで、10月下旬に表彰および、作品展が旭川市で開催される。この作品展の最大のポイントは、応募地域に制約がないことである。全国どこからでも応募ができ、海外からの応募も可能である。そのため、非常に個性豊かな作品が集まってくる。

3　地図づくりに取り組む　〔授業づくりのヒント〕

　それでは、どのような手順で地図づくりを進めるのだろうか。筆者の経験をもとにその流れを示してみる。
(1) テーマを決める

　最も重要なのは、テーマ決めである。何を地図にあらわすのかを決めないと調査・データ収集にも取り組めない。テーマを決めるために、まず自分が生活する

地域の観察をする必要がある。すなわち、身近な地域をじっくりと観察することによって、地図に表現するものを見つけ出すのである。以前、中学生を指導していた時は、まず分布に注目させた。例えば、自動販売機、コンビニ、公園、ポスト、ごみの収集所などなど。可視化できるものは、表しやすい。あるいは、放置自転車、たばこの吸殻ポイ捨てなどは、地域の課題に結びつけることができる。バリアフリーなどの福祉的なテーマもある。

防災の観点から取り組む場合には、地域にある地震の時の避難所、備蓄食料、避難ルートの安全性、地震時の火災発生場所、地域の災害対策などがあげられる。

(2) 調査・データ収集をする

テーマが決まれば、屋外に出かけて、資料を集める。身近な地域の範囲も気になるところだが、まずは、テーマで決めたモノの分布を直接地図に入れてみる。次に変化があるものはそれも記録していく。放置自転車などの場合は、曜日や時間帯によって台数が異なるだろう。それを継続的に観察してデータを集めていく。観測をする場合は気象条件などにも注意してデータを集める。データを集めてみると、自ずと表す範囲が決まってくる。そして、何を地図に記入するかを決めて、データを加工する。

防災の観点から取り組む場合は、行政が策定しているハザードマップを実際に検証する、行政の担当者に聴き取りをする、地域の町内会などの災害対策を調べるなどの方法があるだろう。

(3) 地図に表現する

最後は、地図表現である。せっかく集めたデータも地図への描き方がうまくいかないと、アピールしない。ベースマップをまず手に入れて、そこに記号の大きさや色使いに気をつけながら、データを記入していく。最後に縮尺や方位を入れれば地図は完成である。

指導していた中学生には、分布の理由がわかる地図を作ることを心がけるように言っていた。たとえば、自動販売機の分布を地図に入れたならば、なぜ、そこに自動販売機が多いのか、理由が地図から読みとれるようにするということである。したがって、交通量や商店の分布、鉄道や駅などほかの条件も記入しなくてはならない。そのような地図からは地域のいろいろな情報が読み取れる。

こうした教育活動は、「持続可能な社会づくりの担い手を育む教育」の観点を含んでおり、ESD教育の面からも評価されている[2]。

4 作成した地図を活かす   〔発展学習〕

地図の作成は、個人でもグループでもよい。部活動で取り組んでいるところもある。また、地図ができたところで発表会などを開いてもよい。勤務していた学校ではクラス発表会を開いて、校内選抜をしていた。各自が取り組んだ結果なので、すぐれた作品はすぐにわかる。

さらに発展できる可能性があるのは、地域社会への貢献である。作成した地図を地域に還元して、地域社会のまちづくりや行政の施策に貢献することもできる。

地図を作成して発表するのは地理教育だけの専売特許ではない。家庭科や理科などでも応用がきく。

とかく、デジタル化が進み、地形図もデジタル画面で読み取る時代であるが、アナログ的に作成した地図の価値はまだまだ重い。なぜならば、生徒自身がテーマを考え、直接自分の足を使って調査した結果の反映であるからである。また、地域をじっくりと観察することによって、地域認識を深め、地域づくりへの関心を高めることにもつながるであろう。

(大野新)

■文献・資料紹介
- 大野新他「環境地図から広がる世界」『地理』684号 古今書院 (2012年)
- 大野新「中学生とともに環境地図づくりに取り組んで」『地図中心』517号 日本地図センター (2015年)
- 環境地図教育研究会のHPには過去の優秀作品が掲載されている。〈http://www.environmentalmap.org/〉
- 国土地理院『私たちの身のまわりの環境地図作品展』〈https://www.gsi.go.jp/MUSEUM/SAKUHIN/12sakuhin-1.html〉
- 永田佳之・曽我幸代『新たな時代のESD サスティナブルな学校を創ろう－世界のホールスクールから学ぶ』明石書店 (2017年)

■注
1) この作品展は平面の地図が条件であり、立体模型、立体地図は除いている。
2) 井田仁康編『教科教育におけるESDの実践と課題』古今書院 (2017年) pp.60-78
   なお、ESDはEducation for Sustainable Developmentの略で「持続可能な開発のための教育」である。

第3章　「地理総合」実践の手引き　　C　持続可能な地域づくりと私たち―日本とSDGs

22　大都市一極集中と地域の再生

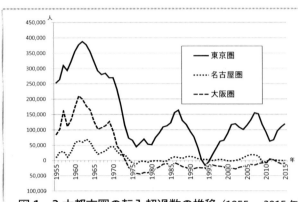

図1　3大都市圏の転入超過数の推移（1955～2015年）
（出典：総務省『住民基本台帳人口移動調査報告書平成27年（2015年）結果』2016年より作成）

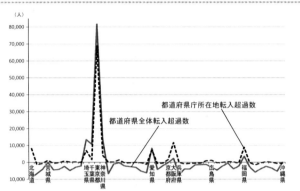

図2　都道府県及び都道府県庁所在地の転入超過数（2015年）
（出典：図1に同じ）

1　人の移動と地域間格差

　人は生まれる場所を選べない。しかし、どこで生まれるかは、職業選択の幅や経済的な豊かさなど、その人のライフコースに多くの制約をもたらす。中央と地方、都市と農村という生まれた場所の差異が、個人の生活の場を制限し、自己実現の機会を規定するのである。われわれは、こうした場所による制約を克服するために移動する。

　グローバル化の進展と新自由主義的な競争原理の導入により地方経済は疲弊し、人口減少に歯止めがかからない。本単元では、人口の大都市一極集中の過程とその実態を明らかにし、地方における地域再生の取り組みを具体的な事例を通して学ばせたい。

2　東京圏一極集中の過程と実態

　1950年代半ば以降の高度経済成長期、急速な工業化のために安価で大量の労働力が必要とされ、地方圏から3大都市圏への人口流出がみられた（図1）。同時に、この時期は地方も工業化・都市化の時代であり、太平洋ベルト地帯や地方中心都市に人口が集中した。しかし、二度にわたるオイルショックを経て低成長期へと突入した日本経済は、1970年代後半から80年代にかけて、重厚長大型から軽薄短小型へと産業構造の転換を迫られた。企業は大都市及びその周辺地域において研究開発と試作をおこない、製品の量産は地方圏でおこなうという地域間分業体制を構築していった。こうした工場の地方分散は、高騰した大都市圏の賃金と地価の回避という側面を併せ持ちながら、結果として地方圏において大量の雇用を創出することになり、この時期の大都市圏への人口流入は減少していった。

　その後、1985年のプラザ合意以降の円高基調を背景に、日本経済は一気にグローバル化の波に晒されていく。首都である東京には情報と資本が集中・集積し、バブル経済の最盛期には再び人口が集中するようになる。1990年代半ば以降、世界都市東京の担う役割がますます重要になると、他の大都市圏への人口流入が停滞する中、東京圏だけが膨張するという様相を呈するようになった。まさに東京一極集中の常態化である。

　地方圏における人口移動をみると、東京圏以外のほとんどの道府県の転入超過数がマイナスであるのに対して、道府県庁所在地のそれはプラスか現状維持を示していることがわかる（図2）。さらに、北海道の札幌市や東北地方の仙台市、九州地方の福岡市などの地方中核都市は、各ブロックの中で図抜けて高い転入超過数を示している。つまり、地方圏の各市町村が送り出した人口は、東京圏だけでなく、県内の最大都市である県庁所在地や地方ブロックの中核都市へも流出しているのである。他方、平成の大合併で市町村域が拡大したことにより、移動に対する心理的負荷が軽減さ

れ、より生活に便利な新市町村内の中心部へと域内移動する若年世帯が増えた。住民票を移さない統計数値に表れない移動が行われているのである。

結果として、地方圏の市町村内の周辺から中心地域へ→県内地方都市へ→県庁所在地などの県内中核都市へ→地方ブロック中核都市へ→3大都市圏へ→東京圏へという人口の玉突き的地域間移動がみられた。

3 身近な地域活性化事例の教材化 〔授業づくりのヒント〕

「地方消滅」「限界集落」といったショッキングな言説が流布し、地方創生や地方再生が声高に叫ばれている現在、農村地域では疲弊した地域を活性化するために様々な取り組みが試みられている。こうした取り組みは、地域によって抱えている問題に多少の差があるものの、全国各地で展開されている。授業づくりにあたっては、身近な地域で見いだすことができる取り組みを、是非教材化したい。

近年、地域の食を使った地域活性化事業が多く見られる。千葉県南部太平洋に面した勝浦市は、漁業・農業と観光業を主要産業とする地方都市である。東京都心から約75km、JR特急で約1時間半という比較的交通の便のよい地域であるが、就業機会は限られている。勝浦は県内でもっとも人口が少ない市として名を馳せており（2018年17,781人）、東京80km圏内に位置しながらも過疎化が進む地域である。

勝浦には、地元の海女や漁師が寒い海の仕事を終えた後、冷え切った身体を温めるための食事としてタンタンメンがある。この勝浦タンタンメン（勝タン）は、醤油ベースのラー油系スープにみじん切りのタマネギと挽肉を具材としたタンタンメンで、50年ほど前から市内の食堂がメニューとして提供していた。市民にとってはなじみの勝タンも、他地域の人から見れば珍しいタンタンメンとして以前から根強い人気があった。これに着目したのが勝浦市商工会青年部であった。衰退する地域を活性化させるために、県商工会議所に「食を通じた町おこし事業」として提案し、みごと採用された。この事業はマスコミに取り上げられ、企業と共同開発したカップラーメンの商品化にまで発展し、一定の成功を収めた。しかし、こうした成果も年間を通じて人を呼ぶという地域活性化にはつながらなかった。

その時出会ったのが地域の食によるまちおこしを志向する「B-1グランプリ」であった。2011年、青年部メンバーを中心にB-1グランプリへの出展をめざして自主的な地域おこし団体「熱血!!勝浦タンタンメン船団」が結成された。同年の全国大会（姫路市）では初出場ながら63団体中7位に入賞した。この入賞をきっかけに勝タンを提供する飲食店が船団のもとに組織され、県内外から勝タン目当てに観光客が訪れるようになった。2013年には関東甲信越大会が勝浦市で開催され、二日間で約12.7万人の来場者を集めた。そして、2015年の第10回全国大会（十和田市）では、見事グランプリを受賞した。

4 地域活性化事業をどう評価するか 〔発展学習〕

船団の取り組みは勝タンを一躍全国区に押し上げた。しかし、地域の人口流出は止まったわけではない。船団を立ち上げた2011年と2018年を比較すれば、7年間で2,607人も減少している。それでは、船団の取り組みは無駄だったのか。否、そうではないだろう。船団の活動は主に市内在住の有志が中心となっているが、他地域で生活する人々も多く参加している。様々な都合で勝浦を離れざるを得なかった人、勝浦生まれではないが勝浦が大好きな人…。出自も職業も異なる人々が船団の活動に携わっている。こうした勝浦に心を寄せる「関係人口」の存在こそが、多様なつながりによる地域再生を可能にする糸口となるのではないだろうか。

地域再生は地道な取り組みである。しかも、常に他地域の取り組みと競合関係にあり、必ずしも成功するとは限らない。地域活性化事例を具体的な事実に基づいて多面的多角的に検討する学習過程が必要であろう。

（竹内裕一）

■文献・資料紹介
- 俵慎一『B級ご当地グルメでまちおこし』学芸出版社（2011年）
- 石黒格・他『「東京」に出る若者たち』ミネルヴァ書房（2012年）
- 小田切徳美『農村は消滅しない』岩波新書（2014年）
- 山下祐介『地域消滅の罠』ちくま新書（2014年）
- 中藤康俊『日本経済と過疎地域の再生』大学教育出版（2015年）
- 小田切徳美・尾原浩子『農山村からの地方創生』筑波書房（2018年）

23　沖縄から見た平和と日本社会

第3章 「地理総合」実践の手引き　　C　持続可能な地域づくりと私たち―日本とSDGs

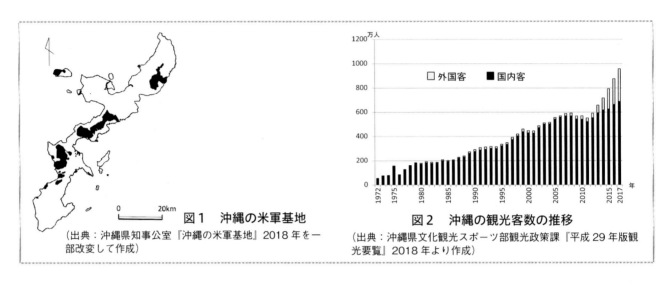

図1　沖縄の米軍基地
（出典：沖縄県知事公室『沖縄の米軍基地』2018年を一部改変して作成）

図2　沖縄の観光客数の推移
（出典：沖縄県文化観光スポーツ部観光政策課『平成29年版観光要覧』2018年より作成）

1　沖縄の基地問題に対する誤解

〔授業テーマ―課題と視点〕

　沖縄県には32の米軍専用施設があり、その総面積は18,822haにも及ぶ（2017年）。これは国土面積のわずか約0.6%しかない沖縄に、日本全体の米軍専用施設の約70%が集中していることになり、県土の約8%、沖縄本島に限れば約15%を占めている（図1）。

　こうした沖縄への米軍基地の偏在については、多くの生徒が知識としては知っているであろう。しかし、沖縄が抱える基地問題に対する苦悩と問題の本質について、どのくらい理解しているだろうか。それ以上に、広く流布している「沖縄は基地経済で成り立っている」や「軍用地主は大金持ちだ」といった事実に基づかない誤解や偏見に影響を受けていないだろうか。一向に解決されない沖縄への基地負担について、「…仕方がない」と現状から目を背けていないだろうか。

　本単元では、沖縄の米軍基地問題について、生徒たちの無知・無関心を乗り越えるための授業としたい。

　そのために、① なぜ沖縄に米軍基地が多数存在するのかを歴史的に振り返る（歴史的視点）、② 基地問題やそれに伴って生起する様々な社会問題を事実に基づいて丁寧に検証する、③ 沖縄の基地問題は日本国民、延いては自分自身の問題であることを認識する（当事者性の獲得）を、授業づくりの視点としたい。

2　基地問題の真実は何か

〔教材研究のポイント〕

　第二次世界大戦後、連合国軍の占領下にあった日本には米軍基地が全国に広く存在していた。1950年代、その割合は沖縄：本土＝1：9であった。その後、1952年に日本の主権が回復すると基地返還が進み、さらに内灘闘争（石川）や砂川闘争（東京）などに象徴される激しい基地反対運動が展開されたことにより、徐々に本土の米軍基地は縮小されていった。こうした動向は、在日米軍自体の再編・縮小によるものであったが、沖縄には本土から海兵隊が大挙して移転してきたために、基地は逆に約2倍に拡張された。その結果、1960年頃には沖縄と本土との割合は、ほぼ半々にまでなった。1972年の沖縄返還（「本土復帰」）後もこの傾向は続いた。1974年頃には70%台に上昇、以後この数値は固定化されて現在に至る。

　沖縄での基地建設の特徴は、その39.5%が民有地であることである。それに対して、本土の米軍基地は大半が旧日本軍の基地を継続利用したため87.4%が国有地である。基地用地確保にあたっては、「銃剣とブルドーザー」で民有地の強制接収が強行された。とりわけ人口の80%以上が居住する嘉手納基地以南の軍用地では、実に88.4%が民有地からの接収であった。接収された軍用地には借地料が支払われる。そのため、「軍用地主は大金持ちだ」というような誤解が生まれる。

しかし実際は、年に100万円未満が57.4％、100〜200万円が19.9％と全体の4分の3以上が弱小地主であり、500万円以上はわずか7％に過ぎない（2016年）。

他方、「沖縄は基地経済で成り立っている」という言説はどうだろう。沖縄経済を表す言葉として、これまで「3K依存経済」という言葉が使われてきた。すなわち、基地・公共事業・観光の3つのKがそれである。確かに、沖縄返還前の1960年の県民総所得に占める基地関係収入の割合は30.4％であった。しかし、1990年代に入ると、それ以降はほぼ5％台で安定的に推移している。米軍基地の存続が沖縄経済に与える影響は限定的になってきていると言える。

3 沖縄の発展可能性を教材化する　〔授業づくりのヒント〕

沖縄の基地依存体質の改善に貢献しているのが、観光産業である。もともと観光立県として観光産業の占める割合は高かったが、現在では県内総生産の13.8％を占め、雇用効果は約14.3万人、県内経済への波及効果は約1兆1700億円と言われている（2017年）。とりわけ、2012年以降の伸びが顕著である（図2）。2018年度の観光客数は999.9万人と過去最高を記録し、宿泊施設の新設も進み、収容人数はここ5年のうちに約2.5万人分増加した。こうした沖縄観光の活況は、景気回復基調が継続していることに加え、LCCの新規参入など国内外の航空路線の新設・拡充が行われたことやクルーズ船の寄港回数が増加したことによる。

沖縄経済は長らくその停滞性が指摘されてきたが、観光産業に代表されるように、新たな展開をみせている。沖縄県はもともとアジア展開に有利な地理的位置にあり、人口減少が続く日本にあって0〜14歳年少人口率17.4％（全国1位）、人口増減率0.28％（同3位）と産業を下支えする大きなポテンシャルを有している。沖縄県はこうした優位性を武器に、税制等の優遇策を講じ、積極的な企業誘致を行っている。中でもIT産業を戦略産業と位置づけ、2018年までに454社が立地し、29,379人の雇用を創出した。その意味で、先行して返還された那覇新都心地区等の開発事例に見られるように、返還後の米軍基地跡地利用は産業立地政策上重要な位置にある。

その他、農業では温暖な自然条件を活かして、冬春期の県外端境期におけるゴーヤー、サヤインゲン、トマト、キュウリ、カボチャ等の野菜生産が盛んである。花き栽培では電照による小菊生産が全国一となっている。果樹ではマンゴーが宮崎県に次いで全国2位の生産量を誇り、その優れた品質は県外市場で高い評価を得ている。このように沖縄経済のもつ様々な発展可能性を教材化することは、基地問題の解決策を考察する上で極めて重要である。

4 総合的な視点から捉える沖縄の基地問題　〔発展学習〕

沖縄の基地問題の本質は、あまりにも多くの米軍基地が沖縄に集中していることにある。そして、それは沖縄県民だけの問題ではなく、国民全体の問題なのである。そうした問題を政治学習ではなく、地理学習で扱う意義は何か。それは、基地問題を自然環境や生活・文化等も含めて、総合的な視点から読み解くことにより、解決の糸口を模索することではないか。

その際、多面的多角的な視点を忘れてはならない。例えば、前述 3 のような沖縄県の積極面のみを強調することには慎重になる必要がある。宜野座村35.2％、恩納村30.1％など、基地関係収入が市町村財政に占める割合が相変わらず高い自治体が存在するし、基地従業員約9,000人を雇用する米軍基地は、依然として県庁に次ぐ「優良」就業先であることも事実である。また、一人当たり県民所得ワースト1（全国平均の約70％）という県民の生活実態は、経済発展のポテンシャルという面だけで捉えることは出来ないだろう。

（竹内裕一）

■文献・資料紹介
- 沖縄タイムス社編集局『これってホント！？誤解だらけの沖縄基地』高文研（2017年）
- 琉球新報社編集局『沖縄フェイク（偽）の見破り方』高文研（2017年）
- 佐藤学・屋良朝博編『沖縄の基地の間違ったうわさ 検証34個の疑問』岩波ブックレットNo.962（2017年）
- 木村司『知る沖縄』朝日新聞出版（2015年）
- 前田哲男・林博史・我部政明編『「沖縄」基地問題を知る事典』吉川弘文館（2013年）
- 沖縄県知事公室『沖縄の米軍基地』2018年〈https://www.pref.okinawa.jp/site/chijiko/kichitai/2018okinawanobeigunkichi.html〉参照2019年5月1日
- 沖縄県観光政策課『平成29年版観光要覧』2018年〈https://www.pref.okinawa.jp/site/bunka-sports/kankoseisaku/kikaku/report/youran/documents/h29_kankoyoran-all7.pdf〉参照2019年5月1日

第3章 「地理総合」実践の手引き　　C 持続可能な地域づくりと私たち―日本とSDGs

24　北海道のアイヌと日本のマイノリティ

『菅江真澄 民族図絵（上巻）』岩崎美術社
現代文「えぞのてぶり」／絵　虻田コタンでムックリ！

「‥弦をひくような音が近くで聞こえたのは、何の音だろうかと耳をかたむけて聞いたが、いっこうに正体がわからない。‥外に出てこのさまを見ると、女子たちは磯に立ち群れて、月にうかれながら、ここかしこで吹きならす声のおもしろさはいいようもない。この声のなかに自分のいいたいことをいうと、べつの人はその答えを吹きこむ。また人しれず秘めかくす気持などを、このムクンリで互いに吹いて通じあうのだろうという。‥」

1　アイヌ民族は先住民　〔授業テーマ―課題と視点〕

　アイヌ神謡集は「その昔この広い北海道は、私たちの先祖の自由な天地でありました。天真爛漫な稚児のように、美しい大自然に抱擁されてのんびりと楽しく生活していた彼等は、真に自然の寵児、なんという幸福な人たちだったでしょう。」との記述で始まる。

　その昔とあるように、アイヌ民族は、江戸時代、松前藩支配下での場所請負制度による不等交易や経済的収奪や暴力、さらに明治政府の同化政策により苦難な道を余儀なくされる。2007年9月国連において「先住民族の権利に関する国際連合宣言」が日本政府も賛成して採択され、これを受けて2008年に衆参両院でアイヌ民族を初めて先住民と認めた。新たな文化振興策、法制化が求められる中で、アイヌ文化の継承と発信の拠点として2020年の完成をめざし、白老町に民族の共生象徴空間(ウポポイ)の整備が進められている。

　また、2019年4月にはアイヌ民族を「先住民族」と明記し、アイヌ民族の誇りを尊重し共生社会をめざすための「アイヌ民族支援法」が成立した。アイヌ民族に関する法律は1997年施行の「アイヌ文化振興法」以来である。

　江戸時代には伊能忠敬、菅江真澄、松浦武四郎など、そして明治時代にはイサベラ＝バードも津軽海峡を越えて来道し、蝦夷地を旅し紀行を残している。道南を旅した菅江真澄の「えぞのてぶり」、「えみしのへさき」などの紀行から北海道の先住民としての道南のアイヌ民族の文化について学び、さらに民族共生に向けた課題について考えたい。

2　歴史的背景、地域性を踏まえる　〔教材研究のポイント〕

　菅江真澄の蝦夷地での旅の目的の一つは噴火湾の奥に位置する有珠山登山であった。噴火湾はその名の通り、活火山が多く、菅江真澄が訪れる前の17世紀には駒ケ岳と有珠山が大噴火し、有珠山噴火では火砕流により麓のアイヌの集落は壊滅したと言われている。道南を旅し、アイヌの人々の家に宿泊しながら直にその生活文化に触れているのが、「えぞのてぶり」である。

　コンブ狩り、イルカ漁やそれにキナンボ（マンボウ）漁などの記述があり、キナンボの油は魚の胃袋に入れて保存し、魚の調味料として利用されていたとの記述もある。亀田半島や噴火湾での漁業の様子やキテ（銛）やマレク（突き鉤）などの漁具などが鮮やかな挿絵と共に記録されている。今の道南の漁業と比較すると興味深いものがある。

　アイヌ民族の楽器といえばムックリだが、「えぞのてぶり」ではムクンリと書かれ、挿絵にはアブタコタン（虻田町）でムクンリを吹く少女達が描かれ、「このムクンリの声に秘めた思いを込め、心を通じあうのだろうと」の記述がある。このように菅江真澄の紀行

からはアイヌの人々ののどかな暮らしとアイヌの人々が独自の生活・文化を持った人々である事がわかる。

菅江真澄が来道した頃には国後島と対岸の根室地方でアイヌ最後の武装蜂起と言われるクナシリ・メナシの戦いがあった。菅江真澄の1回目の旅の紀行である「えみしのへさき」には、「1789年（寛政元）6月6日、上ノ国の天の川でアイヌの武装蜂起を知らせる早馬に出会う」という記述がある。この戦いの背景には松前藩による場所請負制[1]があり、直接的な原因はサケ・マスから肥料としての〆粕生産のために、場所請負をする飛騨屋がアイヌの人々へ過酷な労働を強いたことである。確かに厳しい時代ではあるが、菅江真澄の紀行からはこの頃はまだアイヌ社会は独自の文化を維持していたのではないかと思われる。

教材研究のポイントは歴史的な背景を捉えること、さらに文化には地域性があるので、地域を通じて捉えるが大事なことである。

3 アイヌ語地名からのアプローチ 〔授業づくりのヒント〕

アイヌ文化を知るために旅の紀行からというアプローチもあるが、アイヌ語地名を手がかりとしたアプローチもある。アイヌ語地名の研究者に山田秀三がいる。

彼の著書『アイヌ語地名を歩く』で最初に触れているのは、アイヌ語の持つ美しさやエキゾチックな響きについてである。「音の感じからいえば日本語とアイヌ語は最も近い言葉である。だが、単語が違うのだから、音の配列が違うし、また、PやR音が多い。それが独特な美しい言葉の風韻をかもし出しているのだった。サッポロ（札幌）という名の何かエキゾチックな響きはそこから出ているのであった」とある。

山田修三の地名研究で驚かされるのは、丁寧な現地調査、現地の人達からの聞き取り調査、スケッチの緻密さ、それにアイヌ語と地形との関係の考察などである。函館は松前藩の歴史書「福山秘府」には宇須岸と記載されている。宇須岸とはアイヌ語でウスケシ、入り江の末端を意味する。これは函館山の山麓から函館港を眺めた景観であり、函館の市街地は陸繋島として知られる函館山の麓から形成されたのである。

函館においては、江戸時代の中で語られることが多いアイヌだが、函館市史に明治25年に開校したアイヌ学校に関する記述がある。この学校はアイヌへの伝道活動に力を入れていた聖公会が建てたアイヌのための学校で、ローマ字、聖書の講義がなされ、20名前後の生徒が在籍した。ユーカラ伝承者の金成マツさんや知里幸恵の母ナミさんもこの学校の卒業生である。幸恵はアイヌ神謡集の著者として知られている。それぞれの地域にはそれぞれの歴史がある。その歴史をアイヌ民族とのつながりの中でも学びたい。

4 新たな共生時代へ 〔発展学習〕

アイヌ民族支援法は成立したものの、アイヌ民族の権利問題においては大きな課題が残されている。それは、2007年の先住民族の権利に関する国連宣言第3条にある自己決定権である。自己決定権とは、先住民族は政治的地位を自分たちで決め、経済的、社会的、文化的な発展のあり方や、その方法なども自分たちで決めることができるという権利である。サケの漁業権など先住民であるアイヌ民族の権利をどう実現していくか問われている。

オーストラリアやカナダなど他の国々の先住民の現状について学習しながら、こうした課題についても授業の中で取りあげたい。2019年4月から改正出入国管理法が施行されたことにより、多くの外国人が労働力として日本に入ってくる。アイヌ民族や在留外国人とともに新たに外国人が入国することで、共生時代に向けての新たな日本の課題について考えさせたい。

（上野廣幸）

■文献・資料紹介

- 内田ハチ『菅江真澄 民族図絵(上巻)』岩崎美術社(1989年)
- 山田修三『アイヌ語地名を歩く』北海道新聞社(1992年)
- 知里幸恵『アイヌ神謡集』郷土研究社(2002年)
- 小川正人『函館と近代アイヌ教育史』函館学ブックレットNo11(2010年)
- 北海道開拓記念館『アイヌ文化の成立』(1999年)
- 松浦武四郎『アイヌ人物誌』青土社(2018年)
- 更科源藏『北海道と名づけた男 松浦武四郎の生涯』淡交社(2018年)
- 小野有五「アイヌ語地名の併記を求めて20年」『地名と風土』12号 日本地名研究所(2018年)

■注

1) 場所請負制：近世の北海道では米を栽培できず、松前藩はアイヌとの交易による利益で藩の財政を支えていた。その後、交易の場の経営が家臣から商人に移行し、商人は交易だけでなく漁業経営にも乗り出すことになる。

第3章 「地理総合」実践の手引き　　C　持続可能な地域づくりと私たち—日本とSDGs

25　国際社会における日本の役割

日本と欧米の難民受け入れ　認定数と認定率

2017年	認定数	認定率
ドイツ	147,671	25.7%
米国	26,764	40.8%
フランス	25,281	17.3%
カナダ	13,121	59.7%
英国	12,496	31.7%
日本	20	0.2%

（出典：UNHCR Global Trends 2017）

左表は日本と欧米先進国の難民認定数と認定率を比較している。データは国連難民高等弁務官事務所（UNHCR）のものである。2017年の日本への難民申請者1万9629人のうち、認定されたのはわずか20人で、認定率は0.2%である。2016年では1万901人の難民申請者に対して、28人の認定（認定率0.3%）であった。

一方、欧米先進国は多くの難民を受け入れ、認定率も高い。欧米と日本の難民受け入れの違いはどこにあるのだろうか。グローバルに難民や外国人労働者が移動する中で、国際社会における日本の役割を考えてみよう。

1　外国人観光客の増加　［授業テーマ―課題と視点］

日本政府観光局（独立行政法人国際観光振興機構）は、推計値で2018年の訪日外国人旅行者数は前年比8.7%増の3119万1900人で、統計開始以来の最高記録を更新したことを発表した。日本政府は、2020年の東京オリンピック開催に向けて年間4000万人の訪日外国人を呼び込むことを目標にしている。

訪日外国人が増加を続ける要因には、「円安」「ビザ発行の緩和」「LCC（ローコストキャリア）航空会社」の増加がある。最近の訪日外国人の行動パターンをみると、家族や友人、個人で手配する旅行者が多くなり、リピーターも増加している。この背景には、SNSの普及で日本文化やその魅力が大量に情報発信されるようになったことがあげられる。それは、これまでの「爆買い」現象にかわって、「コト消費」[1)]と呼ばれ、旅行先での体験に対する消費が増えるという変化をもたらしている。

最近では、「日本食」を食べるだけでなく、「着物体験」、「旅館宿泊」や「農村での宿泊体験」など、日本文化の体験を目的にしたものが増えるようになった。来日する外国人旅行者の国籍もさまざまで、ムスリム（イスラム教徒）の増加とともに、レストランの食事メニューや施設設備（礼拝所）の整備などにも改善がみられるようになっている。

2　外国人労働者に依存する日本　［教材研究のポイント］

コンビニなどで日々経験しているが、片言の日本語の店員に接することが普通になっている。日本では小売、飲食、建設業をはじめ人手不足が深刻である。そうした経済界からの要望を受け、2019年4月に改正出入国管理法が施行された。これにより、これまでの「専門的・技術的分野」を持つ人材のみの受け入れが、単純労働者に対しても門戸が開かれることになった。

新たな在留資格では単純労働でも通算5年滞在できる。その対象者は農業、介護、建設など14業種で、2019年から5年間で最大34万5000人を受け入れる見込みである。そこには技能実習生の多くが移行するとみられる。

日本では、「3Y業務」と呼ばれる、「やる人がいない、やりたくない、やらせたくない」といった業務を、外国人に担ってもらおうという声がある。しかし、技能実習生制度は、もともと途上国への技術移転を目的に創設されたものである。現状をみると、企業の人手不足解消の労働力として利用され、家族を呼び寄せることや転職の自由もないため、悪質な仲介業者があとを絶たず、人権侵害や低賃金労働が大きな問題となっている。将来、大勢の外国人労働者に頼らざるをえない日本にとって、外国人にとって働きやすく、暮らしやすい環境をつくることが責務である。

3 世界の難民と国際社会　　　授業づくりのヒント

　世界には、日本の人口の半分を超える6850万人が、故郷を追われて避難を余儀なくされている。シリアや南スーダンなどの新たな危機や人道上の問題が長期化する中で、世界の難民は増加を続けている。シリアでは2011年の紛争勃発から6年間で、国民の約25％にあたる約550万人が国外に逃れている[2]。

　難民とは、人種、宗教、国籍や政治的意見を理由に迫害を受けるおそれがあり、紛争や人権侵害などで、自らの生命を守るためにやむを得ず母国から逃れた人たちである。第二次世界大戦後の1950年に国連難民高等弁務官事務所（UNHCR）が設立され、1951年には「難民の地位に関する条約（通称、難民条約）」が生まれた。

　難民条約を批准した国は、保護を求めて逃げてきた人びとが「難民」にあたるかどうかを審査する制度をもつ。日本の場合、法務省の入国管理局が申請に基づいて審査をおこなっているため、難民を保護することよりも入国を管理することに重点が置かれる。そのため、独立した別の政府機関が難民の審査をおこない、法的手続きだけでなく難民の自立までを管轄する機関の設置が必要だと指摘する声も多い。

　かつて、日本でも難民に対して大きく門戸を開いた時期がある。1970年代後半のベトナム戦争終結前後は、社会主義国となったインドシナ三国（ベトナム・ラオス・カンボジア）から「ボートピープル」と呼ばれる難民が日本にやってきた。その時、日本政府は約1万1500人を受け入れ、彼らの定住を支援した。それをきっかけに、1981年、日本は難民条約に加盟することになった。

　難民認定率が高いカナダでは、移民や難民を積極的に受け入れることで国づくりを進めてきた歴史があり、外国の人びとを受け入れることが社会全体にとって力になるという共通した理解がある。

　また、ドイツではユダヤ人迫害への反省から、難民が助けを求める権利（庇護権）が憲法で認められており、首相の強いリーダーシップのもとで、多くの難民を積極的に受け入れている。その一方、国内の失業者や貧困層が増加する中で、難民に対する排斥運動がしだいに高まり、難民に対してどこまで門戸を開くのか、難しい政治的判断が求められるようになっている。

4 国際社会における日本の役割　　　発展学習

　持続可能な開発目標であるSDGsは、世界中の国、国連、自治体、企業、市民、研究者など、さまざまな立場の人たちが協議して成立した。その目標は全世界すべての人たちのためのものであり、世界中の人びとが支えていくものである。

　SDGsがめざすのは「誰も置き去りにしない」世界をつくることにある。しかし、開発途上国だけでなく、先進国の中でも格差社会の中で貧困に陥る人が増えている。一部の富裕層と、いくら働いても生活が向上しない人たちとの格差が広がる中で、国家間の協調や社会のまとまりも次第に弱まっているように感じる人も多くなっている。世界の脅威となっているテロ事件の多発にも、その背景には貧困や格差社会があると指摘されている。

　「誰も置き去りにしない」社会を実現するためには、まず、自分たちの社会で誰が取り残されようとしているのかを明確にすることから始めてみればよい。そして、地球的課題の解決するために、その根本原因を多面的・科学的に分析しながら、人びとの生活の安心と安全が確保され、豊かな生活が実現されるためにはどうすればよいのか、みんなで知恵を出し合ってみよう。

　そうすれば、解決のためには社会の中で対話を重ねていくことが必要であることに気づかされる。異なる考えをもつ人たちが、根気強く対話を続けることで、解決の糸口を見つけ出し、次の世代に引き継いでいく「持続可能な世界」の実現に一歩近づけることができる。

　多様な価値観をもつ国際社会の中で、日本の役割とは何なのか、自分ができることは何なのかを考えてみよう。

（吉本健一）

■文献・資料紹介
- 根本かおる『日本と出会った難民たち』英治出版（2013年）
- 西日本新聞社『新移民時代 外国人労働者と共に生きる社会へ』明石書店（2017年）
- 『難民支援協会 難民を知る』〈https://www.refugee.or.jp/RL〉

■注
1)「コト消費」：モノの消費に対して、商品やサービスを購入することで得られる使用価値を重視した消費行動のこと。
2) UNHCR Global Trends 2017 より

第3章 「地理総合」実践の手引き

国旗から世界をみる —「ユニオン・ジャック」のついた国旗

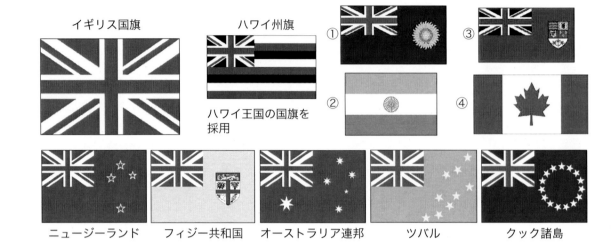

1 ユニオン・ジャックのついた国旗

イギリスの正式名称は「グレートブリテン及び北アイルランド連合王国」である。国旗はイングランドの「聖ジョージ・クロス」、スコットランドの「聖アンドリュースのX形十字」、アイルランドの古い旗「聖パトリックのX形十字」が組み合わされ、「ユニオン・ジャック」と呼ばれている。ただし、ウェールズの旗「赤い竜」は取り入れられていない。

イギリスが世界の約4分の1を植民地としていた大英帝国時代、植民地ではユニオン・ジャックがついた旗が使われていた。独立と同時に独自の新しい国旗を制定したが、オセアニアの5カ国（オーストラリア連邦、ニュージーランド、フィジー共和国、ツバル、クック諸島）はイギリスとの政治的、歴史的関係を残し、ユニオン・ジャックがついた国旗を使い続けている。他にも旗にユニオン・ジャックのついた国、州、地域はいくつもある。アメリカのハワイ州の旗にもついている。これは、ハワイ水域で英米の海戦があったことから、カメハメハ大王の時代に英米旗の性格をあわせもつ旗が考案されたことに始まる。

一方、イギリスの植民地から独立後にユニオン・ジャックを取り除き、新たな国旗を制定した国も多い。①は1836年から1947年までの植民地時代のインド海軍の旗であるが、独立後はマハトマ・ガンジーが織物を売って自立する国になる願いを込め、中央に糸車が描かれた国旗（②）となった。イギリスとフランスの植民地だったカナダは、2つの国の旗を使っていた。③はイギリス側の国旗であるが、フランス系住民には評判が良くなかった。そこで、イギリス系・フランス系住民が共に納得する国旗として、1964年に現在の中央にカエデの葉を描いた国旗（④）が誕生した。

2 国旗は変わる

国旗は、革命や政権交代などによって頻繁にデザインを変える。もっとも多く変わったのはアメリカの国旗で、1960年制定の現在の星条旗になるまでに、27回も変更されている。1686年の英国ニューイングランド植民地連合の旗に始まり、最初のアメリカ国旗となる1776年には、ユニオン・ジャックと赤白の横13縞旗になった。その後、ユニオン・ジャックに代わって星条旗が使われ、州の成立に合わせて星の数が順に増加していった。

国旗からその国の歴史や現在の姿が見えてくる。世界地理の調べ学習などで活用して欲しい。

（吉本健一）

■文献・資料紹介
- ロバート・G・フレッソン『世界一おもしろい国旗の本』
- 河出書房新社（2018年）
- 苅安望『最新版 国旗と国章図鑑』世界文化社（2018年）

第 4 章

「歴史総合」実践の手引き

総論 「歴史総合」の魅力的な
　　　　授業づくりをめざして

A　歴史の扉
- 1　地域から見た日本史・世界史
- 2　文化遺産で学ぶ

B　近代化と私たち
- 3　近代化がもたらしたもの
- 4　市民革命と立憲政治の広がり
- 5　欧米列強とアジア
- 6　琉球とアイヌ
- 7　日本の近代化
- 8　自由民権と帝国憲法
- 9　日清・日露戦争とアジア
- 10　帝国主義
- 11　近代化と現代的な諸課題

C　国際秩序の変化や大衆化と私たち
- 12　第一次世界大戦
- 13　ロシア革命と世界・日本
- 14　民族自決とアジアの独立運動
- 15　大正デモクラシーと世界
- 16　今に生きる不戦条約
- 17　ファシズム
- 18　日本のアジア侵略をどう認識するか
- 19　第二次世界大戦
- 20　アジア太平洋戦争と民衆
- 21　大戦後の国際連合と国際経済体制
- 22　日本国憲法の成立と民主化
- 23　二つの大戦と戦後の冷戦
- 24　大衆化と現代的な諸課題

D　グローバル化と私たち
- 25　脱植民地化とグローバル化
- 26　核実験と平和運動
- 27　高度経済成長の時代
- 28　パレスチナ問題と中東戦争
- 29　ベトナム戦争と日本
- 30　石油危機と世界経済
- 31　冷戦の終結と地域紛争の拡散
- 32　アジアの経済成長と貿易の自由化
- 33　9・11テロとアフガン・イラク戦争
- 34　現代的な諸課題と持続可能な社会
- 35　アジアの平和と友好に向けて

コラム　家族の歴史年表をつくる

第4章　「歴史総合」実践の手引き

総論　「歴史総合」の魅力的な授業づくりをめざして

1 「歴史総合」の内容と特徴

　学習指導要領は「歴史総合」の大目標（「地理歴史」の大目標の冒頭の「社会的な見方・考え方を働かせ…」が「歴史総合」では「社会的事象の歴史的な見方・考え方を働かせ…」と変化している以外は同文）を置いたあと、三つの小目標を設けている。そこには「(1)近現代の歴史の変化…について、世界とその中の日本を広く相互的な視野から捉え…諸資料から…情報を調べまとめる技能を身に付ける…」、「(2) 近現代の歴史の…意味や意義、特色などを、時期や年代、推移、比較、相互の関連や現在とのつながりなどに着目し…多面的・多角的に考察し…課題を把握し解決を視野に入れて構想したりする力や、考察・構想したことを…説明したり…議論したりする力を養う」、「(3) …日本国民としての自覚、我が国の歴史に対する愛情、他国や他国の文化を尊重することの…自覚などを深める」等々が記載されている。小目標の (1)(2) では学習・授業の方法論が強調され、(3) では学習を通じて得させたい態度が重視されていることが分かる。

　次に「内容」は、A「歴史の扉」((1) 歴史と私たち、(2) 歴史の特質と資料)、B「近代化と私たち」((1) 近代化への問い、(2) 結び付く世界と日本の開国、(3) 国民国家と明治維新、(4) 近代化と現代的な諸課題)、C「国際秩序の変化や大衆化と私たち」((1) 国際秩序の変化や大衆化への問い、(2) 第一次世界大戦と大衆社会、(3) 経済危機と第二次世界大戦、(4) 国際秩序の変化や大衆化と現代的な諸課題)、D「グローバル化と私たち」((1) グローバル化への問い、(2) 冷戦と世界秩序、(3) 世界秩序の変容と日本、(4) 現代的な諸課題の形成と展望）という4部構成で、14のテーマで成立している。

　以上の「内容」のうち、A「歴史の扉」は科目全体の導入であり、B～Dの3分野のうち、(1) の～への問いは各分野の導入、BとCの (4) は各分野のまとめとして、Dの (4) は当該科目全体のまとめとして、資料を活用した課題の追究・解決の学習活動として位置づけられている。なお、BとCの (4) では、「自由・制限、平等・格差、開発・保全、統合・分化、対立・協調などの観点から」、また、Dの (4) では「持続可能な社会の実現を視野に入れ」、それぞれ主題を設定するよう求めている。

　前述の小目標が示すように、学習・授業の方法論が強調され、A．歴史の扉とB～Dの (2)(3) では、「次のような知識を身に付けること」「次のような思考力、判断力、表現力を身に付けること」が、B～Dの (1) では「～する技能を身に付けること」「次のような思考力、判断力、表現力を身に付けること」が繰り返し、記されている。

　「歴史総合」に関しては、学習内容と学習方法の両面で様々な疑問と批判が寄せられている。前者に関しては、近代化・大衆化・グローバル化の3つの概念で近現代史を把握することの困難、通史学習の放棄と前近代史の不在、世界史と日本史の相互的な把握の困難、民衆・文化・生活などが希薄な国家中心の歴史、日本の近代化・大国化の強調、系統的な世界史学習の激減と、日本史の必修化への傾斜傾向などがあげられる。

　後者については、歴史的事実の理解や知識よりも技能や思考力・判断力・表現力の習得の重視の傾向、2単位という限られた授業時間で、歴史的事実の内容的理解と探究的な学習方法を両立させることの困難などが危惧されている。では、こうした課題を見据えつつ、「歴史総合」の授業をどうつくるか、その指針を提示するのが本章のねらいである。

2 本章のねらいと内容

　本章では誰でも自由に「歴史総合」の授業づくりに取り組むことができることを意図して、A「歴史の扉」からD「グローバル化と私たち」まで、実践の手引きとなる35のテーマを掲載している。各テーマは、①授業テーマ―課題と視点、②教材研究のポイント、③授業づくりのヒント、④発展学習、⑤文献・資料紹介という5つの柱で構成され、授業者が授業準備・研究をおこなうのと同じプロセスで、授業づくりを構想で

きるように設定している。そして、各テーマの冒頭には様々な種類の史・資料を載せ、当該史・資料を読み解きながら生徒が歴史的事実を理解したり、歴史的思考を深めたりすることができるよう考慮した。

A「歴史の扉」では、生徒が「歴史総合」の学習を始める導入として、生徒が歴史と出会い、歴史の扉や窓から歴史の風景を眺める見方を想定して、「1. 地域から見た日本史・世界史」と「2. 文化遺産で学ぶ」を掲載した。前者は「地域」に存在したドイツ人捕虜収容所を手がかりに第一次世界大戦および日本と世界のつながりを学んだ実践事例であり、身近な地域とその地域教材が授業づくりに有効であることを示している。後者はユネスコ世界文化遺産に登録された軍艦島（端島）の炭鉱労働から日本近現代史の石炭産業や朝鮮人徴用工問題を理解するという授業プランである。

B「近代化と私たち」では、9テーマを扱い、市民社会と資本主義社会の形成、立憲政治の成立など近代化の成果と併せて、負の側面としての内国植民地化と沖縄・アイヌへの同化政策、日本の近代化とジェンダー、マイノリティー問題、貧困と戦争の関係の縮図である軍夫と軍夫の眼から見た戦場、イギリス帝国主義の資源争奪のためのアフリカ分割などを取り上げ、近代化を多角的に理解できるよう資料と授業づくりの方法を提示している。

C「国際秩序の変化や大衆化と私たち」は、13のテーマを扱っている。第一次世界大戦から第二次世界大戦後の日本の民主化と冷戦の開始までを射程にして、20世紀前半における大衆社会の成立、二度の世界戦争の推移と国際的影響、戦間期の世界恐慌とファシズムの伸張、大戦後の国際協調体制などを多面的に把握できるよう多くの視点と方法を紹介している。とくに、戦争と革命の関係、戦争と平和の問題およびアジアや民衆の視点を重視するとともに、生徒が学びの主体として歴史を判断したり（テーマ14、16、18）、歴史を記述する学習（18）を設けたりしている。

D「グローバル化と私たち」では、1950年代の脱植民地化（アジア・アフリカ諸国の独立）から21世紀初めの9.11テロとイラク戦争までを視野に入れ、複雑化する世界情勢および世界と日本との関係について、その題材と授業方法を10のテーマで構成している。ここでは、多様な資料としてのアピール文（テーマ26）、グラフと統計資料（27）、絵画（28）、風刺画（31）、新聞記事（33）などを活用し、生徒の学びを深めるための学習方法としての賛否の意見表明（26、33）、ジグソー法による発表と投票（30）、紙上討論（33）などの様々な方法を提示している。

3 創造的な授業づくりに向けて

「歴史総合」の授業づくりにあたり、現場の教員が最も戸惑うと思われるのがAの（4）近代化と現代的な諸課題、Bの（4）国際秩序の変化や大衆化と現代的な諸課題、Cの（4）現代的な諸課題の形成と展望、の学習であろう。本章ではこの箇所に関しても以下の提案をおこなっている。

Aでは近代化の過程で発生し、現在まで解決が果たされていない課題を学ぶという観点から、日本の朝鮮半島の植民地支配に由来する朝鮮人元徴用工に関する韓国大法院の判決を取り上げ、「植民地責任論」という概念に注目し、授業で生徒が強制労働の実態を知り、日韓請求権協定を読み、日本と韓国の計6つの立場を設け、各立場から同判決に関する意見表明をおこない、さらに、意見の差違を乗り越えて折り合える論点を探るという授業を提案している。

Bでは大衆化の課題を考えるために、「戦争・平和」という観点を設け、大衆化の歴史を理解するために女性・子ども・障がい者など社会的弱者の視点を指摘し、その上で、ベルリンで障がい者を移送した「灰色のバス」の事例からナチ・ドイツの障害者絶滅政策と、戦時下の日本の障がい児学校・光明国民学校の疎開生活についての教材論を論じている。

Cでは持続可能な社会を再定義し、原発問題を、持続可能な社会を阻害する問題として捉え、①資源・エネルギー問題、地球環境問題、②生存権の問題、③平和の問題という3つの視点から教材化し、生徒に複数の問いを提示して意見表明をおこなわせる。さらに生徒が表明した多様な意見を「社会科通信」に掲載して授業で読み合わせと共有化する。紙上討論で自分と異なる意見に対する批判を通じて、自己の意見を論理的で精緻化するという学習方法を提示している。

本章は授業の内容と方法の両面で「歴史総合」の教材研究の視点と授業づくりのための問題提起である。

（米山宏史）

第4章 「歴史総合」実践の手引き　　　　　　　　　　A　歴史の扉

1　地域から見た日本史・世界史

「ドイツ捕虜オーケストラの碑」（筆者撮影）

習志野俘虜収容所の跡地の一角にある小さな公園に、習志野市教育委員会により「ドイツ捕虜オーケストラの碑」と名付けられた記念碑が2008年に建てられた。碑によると、収容所長の西郷寅太郎（隆盛の子）がドイツ兵捕虜のオーケストラ活動を許し、ベートヴェンのヴァイオリン協奏曲やモーツァルトの「魔笛」、グリーク「ペール・ギュント」、ヨハン・シュトラウス「美しく青きドナウ」などが演奏されたという。西郷寅太郎は「武士の情けを知る」と評され、跡を継いだ山崎友造所長も「温情ある管理」をしていたことが記載されている。碑の周辺は学校や公民館があり、宅地化も進んでいる。

1　第1次世界大戦中のドイツ人捕虜収容所

〔授業テーマ―課題と視点〕

　捕虜の収容所と聞いて高校生がイメージするのは、いわゆる絶滅収容所の姿であることがほとんどだ。捕虜には人権がなく、殺されても当然だと考えていることが多い。第一次世界大戦中にドイツ人捕虜を収容するために設置された習志野俘虜収容所（現・千葉県習志野市）のことを学んだ生徒たちが一様に語っていたことは、捕虜のイメージが変わったということだった。この近くに住んでいる生徒は「収容所があったあたりは処刑場があって、何人もの人が殺されたので、心霊スポットとして噂になっていたのを聞いたことがある。この授業の前は、捕虜が残忍なことをされていたのだというイメージをもっていた。しかし人間として対等な扱いを受けていたので意外だった」と、授業後の感想に書いた。事実と離れたイメージを抱いているのは、この高校生だけだろうか。

2　ドイツ人捕虜の暮らしはどうだったのか

〔教材研究のポイント〕

　日本軍がドイツ領山東半島を攻撃し、ドイツやオーストリア・ハンガリー軍のうち4689名を捕虜とした。習志野俘虜収容所はその捕虜の一部を収容するために設けられ、多い時で1000人弱が収容された。捕虜への待遇については、1899年のハーグ平和会議における「陸戦ノ法規慣例ニ関スル条約」（いわゆるハーグ陸戦条約）があり、捕虜は一定の場所に留置できるが、人道的に扱い衣食を与えるべきことが定められている。兵士の賃金は立て替えておき、あとで捕虜の本国に請求することになっている。日本も批准しているので、捕虜が快適に暮らせるよう国際社会のルールに則ることが期待された。なお、当時の法律用語として俘虜を用いているが捕虜と同義である。

　では、実際に捕虜は人道的に扱われたのだろうか。資料から具体的に収容所での暮らしを確認してみよう。

　8000㎡の敷地に5棟の宿舎用バラックが新築され、その敷地が2m幅の堀と2mの高さの鉄条網の垣で囲まれており、およそ100mおきに見張り小屋が立っていた。所内には屠蓄小屋・養鶏場・製パン場・酒保・大きなサッカー場・テニスコートがあった。また、ドイツ兵捕虜によって建てられたあずま屋が20棟以上あった。収容所の広い敷地の中で運動会や演奏会を開いたり、収容所の外に出て近所の人にクリーニングを依頼したり、パン焼き釜を家の庭に作らせてもらったりして、不自由さはあるものの、日々が楽しくなるような工夫をしながら生活していた。食事担当の兵士は隣町まで行き、肉などを購入していた。

　現在、習志野市商工会議所がご当地グルメとしている習志野ソーセージは、この時のドイツ人兵士が作っていたものを、当時の農商務省がドイツ兵から教わり、全国に広めたという出来事が基になっている。

3 生徒の問いから追求
<授業づくりのヒント>

　前述のような事実を生徒に提示すると、疑問を様々に発する。例えばなぜドイツ人兵士は逃げ出さなかったのだろうといった疑問が出る。外出していたことや塀の高さなどから考えても、収容所の在り方はドイツ人捕虜が逃げることを想定していないのではないかと生徒は資料から捉える。もちろん逃げ出そうとしたドイツ兵はいたし、そうすれば当然捕まってしまい収容所に戻される。しかし、大半の兵士はそのような行動を起こしていない。日記には日本人への悪口も散見され、不満はあった。暴行事件もあった。それでも帰国を信じて、それまでは楽しく過ごそうとしていた。

　生徒は、収容所の周りに住む人はどう思っていたのだろうかと疑問に思う。当時、小学生が収容所を見に来るが、ドイツ兵は概して大柄だ。そのドイツ兵の中には小学生を見ると小遣いを与える者もいた。小学生はそれを目当てにドイツ兵のあとを追いかけるという姿も見られた。前述のようにパン焼きなどの交流もあった。

　捕虜は帰ってからどうなったのだろうか。第一次大戦が終了して捕虜が帰国できる直前の1919年1月に、スペイン風邪が収容所にも蔓延し、約30名が落命した。すべての捕虜が帰国を完了したのは1920年だった。ドイツに帰ると、戦後処理を原因としたハイパーインフレが起こっていた。その一方で、日本の円は国際金融の中で戦勝国の通貨となる。日本円を持つドイツ兵元捕虜たちは、日本のことをどう周りに言っていたのだろうか。

4 その他の収容所、その後の収容所
<発展学習>

　第一次大戦に伴うドイツ兵捕虜の収容所は全国に12ヵ所が開設され、のち6ヵ所に統合された。習志野のほか福岡県久留米、愛知県名古屋、兵庫県青野原、徳島県板東、広島県似島がそれであり、そのうち久留米と名古屋が当初の12ヵ所からの継続であった。いずれも歴史の掘り起こしが進められているものの、その復元は容易ではない。習志野の事例も、市民が丹念に資料を博捜してようやくわかってきた。

　第一次世界大戦を地域から見ると、自然と、戦時中の人々に何が起こったのかという視点になる。国家と国家とによる戦争という側面だけでなく、人々がその状況下でどのように生きていたのかを考えるためには、民衆から歴史を捉える視点の獲得が欠かせない。それには具体的に人々の生きているありようを知り、そこから考える経験が必要だ。

　習志野俘虜収容所はドイツ人捕虜の収容という役目を終えたのち、関東大震災の時に起こった朝鮮人虐殺に伴い、戒厳司令部が朝鮮人を「保護」するとして、この収容所跡に朝鮮人を拘束した。さらに、拘束した朝鮮人の一部を地元の自警団に引き渡し、殺害をさせている。冒頭の生徒はこの歴史と混同して記憶していたのだと思われる。

　このことを合わせて考えると、ドイツ人だったから大切に扱われたのかという論点も出てくるだろう。これがアジア人だったらどうだったのか。アジア太平洋戦争中に顕著となる、アジアの人たちへの人権を無視した行動を思い浮かべれば、このドイツ兵捕虜との違いは明白である。民族差別を考える材料ともなりうる。「歴史総合」で意識したい点である。

　ところで前述の、帰国直前で亡くなったドイツ兵は、船橋市習志野霊園（現・千葉県船橋市）の奥の方に1971年に作られた碑に、その名前を残している。30名のドイツ人の人名が刻まれた、約1平方メートルほどの碑の前で、1995年以来毎年11月に慰霊祭が開催されている。駐日ドイツ大使やドイツ人武官も参加する。毎年の慰霊祭により、いつまでも記憶に残そうということだろう。

　現在、習志野俘虜収容所があったという事実を隠しておきたい人もいれば、どんな事実があったのかをわかるように保存しようとする人もいる。過去と現在とをつなぐテーマとしても、授業で扱うことができるだろう。

（渡辺哲郎）

■文献・資料紹介
- 習志野市教育委員会編『ドイツ兵士の見たニッポン　習志野俘虜収容所1915～1920』丸善ブックス（2001年）
- 大津留厚『青野原俘虜収容所の世界』山川出版社（2007年）
- 加藤直樹『九月、東京の路上で』ころから（2014年）

2 文化遺産で学ぶ

軍艦島（提供：小林兼人）

軍艦島は正式名称を端島という。1916年に大阪朝日新聞が端島を「軍艦とみまがふ」と表現し、1921年に長崎日日新聞が戦艦土佐（ワシントン海軍軍縮条約により建造が中止）に似ていると紹介したことから、軍艦島という通称で知られるようになった。端島はもともと海から突き出た岩石だらけの小さな島だった。島で石炭が発見されたのは江戸時代後期で、明治に入り1890年に三菱が、近世以来支配していた鍋島氏から買収し、埋め立てをして東西160メートル、南北480メートルの人工島となった。艦の上部と見間違えるものは、30棟近い数の鉄筋コンクリート造のアパート群である。

1 近現代日本の石炭産業
〔授業テーマ—課題と視点〕

　産業革命以後の社会で、はじめに利用された化石燃料は石炭である。ポメランツの大分岐論は、化石燃料をエネルギー源として利用したことを重視する。18世紀半ごろまで、ユーラシア東西の社会の生活水準は同程度ないしは東アジアの方が高かったが、ヨーロッパが石炭という化石燃料を利用することで、従前の森林資源などの生態環境面での成長の制約から「逸脱」し、新たな発展経路を生み出したという（水島司・島田竜登『グローバル経済史』放送大学教育振興会、2018年）。

　日本の石炭産業を見てみると、近世には製塩のために細々と供されていた程度だったが、明治期になると生産が激増したことを特徴として挙げられる。1884～86年の年平均生産量は150万トンであり、これが1907～09年には1300万トンになった。当初は輸出が生産量の5割弱を占めており、主に中国に輸出し船舶に用いられた。1907～09年になると輸出比率が3割程度となり、国内の工場で使われる比率が輸出の比率に追いついた。これは国内の繊維産業や軍工廠の成長によるものだった。

　日中戦争中は坑夫不足の中で大増産がめざされた。1日8時間労働の3交代制だったものが12時間労働2交代制となった。1939年には25歳以上の女子に坑内就業を許可し、1940年に制限付きだが16歳未満の年少者にも坑内就業を認めた。

　敗戦後、日本政府は復興に向けて石炭・鉄鋼に優先的に資金を投入する傾斜生産方式を採用した。朝鮮戦争による特需が復興を急加速させ、1956年の『経済白書』では「もはや戦後ではない」と表現した。

　その一方で、鉱業の就業者数は1950年に約60万人だったものが、1970年には約20万人となった。1950年代に中東で大規模な油田が開発され、石油の国際価格が低下した。この時期には国内炭が比較的高コストとみなされ、合理化が進められていたこともあり、エネルギー革命が1960～65年に急速に進展した。就業者数の激減はそれを直接的に表している。

　このように石炭産業から日本の近現代史が通時的に見えてくる。日本国内の状況が世界の動きと連動していることもわかるだろう。

2 なぜ端島に人は住み、そして離れたのか
〔教材研究のポイント〕

　石炭産業における栄枯盛衰の縮図が、上で紹介した軍艦島＝端島と言える。端島の周囲は潮の流れが速く渦巻いており、海が時化ると三菱の給水船が欠航して、風呂も炊事も海水でおこなわなければならなかった。船から島に渡るためのコンクリート製桟橋を破壊するほどの台風が襲ってくることもあった。1974年1月に閉山すると、石炭以外の産業は無いため、4月には全住民が離島した。

そのような島にも拘らず、戦前戦中期には3000人余りが住んでおり、戦後の1950年に5033人、1960年にはピークの5267人となった。1970年には落ち込んだものの2910人が居住していた。なぜ、このように端島に多くの人が住み、そして離れたのだろうか。

端島の石炭は品質が良く、鋳物用コークスの原料炭として出荷されていた。1916年にはすでに鉄筋コンクリート造りの7階建てアパートが建てられ、2年後には9階建てアパートが4棟建てられた。幼稚園・小学校・中学校もあった。高校は5キロ離れた高島に船で通った。生活用品は、品揃えが豊富で安価で販売した購買会や個人商店があり、行商人も多く来ていたため、必要なものは何でも買うことができた。映画館は1927年にできていた。炭鉱場と居住地でひしめきあっていたために公園は無かったが、屋上庭園があり、緑が少ないという印象はなかったようだ。1957年に海底水道が完成した。鉄筋コンクリート建築も海底水道も日本では端島が先駆けだった。他所では七輪で煮炊きをしていたころに、電気コタツやガスコンロの生活だった。テレビ・洗濯機・冷蔵庫・ステレオ・炊飯器などの電化製品は1960年代には普及していた。電気代や家賃が極めて安く、水は無料だった。

炭鉱を拡大するには多額の設備投資が必要となることから、端島でも1960年代後半には拡大が見送られた。1974年の端島炭鉱の閉山時には従業員数が下請けも含めて816人だった。そのほとんどの再就職先は鉱山ではなく、鉄鋼・機械・自動車などの製造業だった。給与は下がり、これまでほとんど出費しなくてよかった住居費などの支出も必要となった。

アンガス・マディソンによれば、近代を通じて日本の実質GDPは世界で9位であったが、1973年には3位（1位が米国、2位が旧ソ連）となった。この数字は端島の人口動態と即応している。ただしエネルギー革命後は石炭産業が衰退したことで対応しなくなった。

3 世界遺産と観光業 授業づくりのヒント

授業の導入としては、軍艦島が世界文化遺産の一部となったことを取り上げるとよいだろう。世界遺産は、もともとUNESCOによるナイル川流域のヌビア遺跡を水没から救うためのキャンペーンから始まった。その後、遺すべきものを定義づけて、現在は1000以上の世界遺産が認められている。日本にも20以上の世界遺産がある。その中の一つに「明治日本の産業革命遺産 製鉄・鉄鋼、造船、石炭産業」があり、2015年に世界文化遺産と認定された。

長崎市は上記の世界遺産に組みこまれたものが8つあり、軍艦島も含まれている。長崎市はもともと観光資源を豊富にもつ。観光客は、ほぼ500万人台で推移していたが、2010年に大河ドラマで『龍馬伝』が放送され611万人に、2015年には世界遺産効果で669万人に、2017年には700万人を超えた。外国人の宿泊者は2015年に前年比60％増の33万人となった（『平成29年 長崎市観光統計』長崎市文化観光部政策課、2018年）。特に近年は、近代の負の側面をめぐるダークツーリズムが注目されており、軍艦島もその一つとして取り上げられ、人気の観光スポットとなった。

4 端島で働いていた朝鮮人 発展学習

長崎市に宿泊する外国人のうち韓国からが約3割を占めており、最も多い国である。2017年に増加した観光客の一つは韓国人によるもので、韓国で映画『軍艦島』が上映されたことも大きい。1945年に端島炭鉱で働く朝鮮人徴用工を扱った作品だ。

端島炭鉱では大正時代に朝鮮人の労働者が増加し、中には強制連行の者もいた。日本人坑夫からの嫌がらせもあった。炭鉱に水を持っていったら日本人坑夫が勝手に飲み、「朝鮮人は坑内水でも飲んでおれ」と言われることもあった。坑内水は硫黄分と鉄分を多く含み不衛生であるため、胃腸が壊れる。風邪で高熱を出しても木刀で殴られて休むことはできなかった。そのような状況で働けば事故が起こる。病死よりも事故死が多かった。朝鮮人の死亡者は年平均4.8人だったが、1944年には15人と急増した。

前述の世界文化遺産の登録には、韓国で反対する動きが見られた。韓国の人たちからみた端島を考えることも必要だろう。

（渡辺哲郎）

■文献・資料紹介
- 後藤惠之輔・坂本道徳『軍艦島の遺産 風化する近代日本の象徴』長崎新聞社（2005年）
- 林えいだい『筑豊・軍艦島——朝鮮人強制連行、その後』弦書房（2010年）
- 『DARK tourism JAPAN』東邦出版（2016年）
- 武田晴人『日本経済史』有斐閣（2019年）

第4章　「歴史総合」実践の手引き　　　　　　　　　　　　　　　B　近代化と私たち

3　近代化がもたらしたもの

> **資料：ドニ・プロ『崇高なる者』**
>
> 　労働者たちが日曜日ではなく月曜日に酒盛りをする主な原因のひとつは、日曜日が競馬、買いもの、家事をするためにあてられているからである。（中略）月曜日にはみな働きにやってくることがわかっている。（中略）本能的に彼らは胸のうちを察し合う。「おめえはおごらねえのかい。早く行こうぜ。そっちのおめえはどうなんだい。おい、何とかさん。〈ちびすけピエール〉だって。よお、行こう。みんな、〈でかぐち大臣〉さまのおごりだ。」酒盛りの開始である。（中略）〈ちびすけピエール〉は一杯の酒を飲み干すと、次のように言う。「始業の鐘だ。さあ行こう。」「鐘なんか鳴らして俺たちをうんざりさせようたって、かまうもんか。あの野郎。たとえきょう俺が手足を折っちまうとしたって、仕事場でなんかじゃねえんだ。冗談じゃねえや。畜生。あんな所なんざくそくらえだ。」仲間の一人が彼の肩をつかんで、次のように言う。「行こうぜ。ソーセージを賭けて、ピケの221点勝負をやろう。」彼らは奥の部屋にはいり、ゲームが始まる。（中略）ゲームになれば、妻も雇用主もたちまち頭から消えてしまう。
>
> （出典：歴史学研究会編『世界史史料6』岩波書店〔2007年〕）

1　産業革命は何を変えたか　〔授業テーマ―課題と視点〕

　近年の科学技術の発展はめざましい。生徒の身近にも、その成果が活かされているものが数多く存在している。現代につながる科学技術の発展の端緒は、18世紀に始まる産業革命に求められる。

　この「発展」という言葉について、「現在の生活がよりよくなること」として捉える生徒は多いであろう。しかし、産業革命以来の科学技術の発展は、果たして人々の生活をよりよくしてきたのであろうか。単純な進歩史観を揺さぶることが、このテーマで学ぶ視点の一つである。

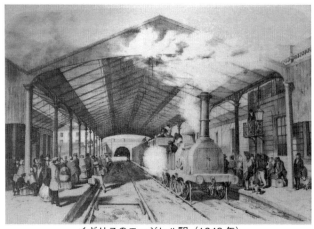

イギリスのエッジヒル駅（1848年）
マンチェスター科学産業博物館で撮影（提供：大野一夫）

　イギリスで始まった産業革命の結果、工業化だけではなく、鉄道の開設や蒸気船による航行など人々の生活を豊かにした。一方で、公害の発生や女性・子どもの労働などの労働問題・社会問題を引き起こした。また、産業革命は資本主義社会を形成したが、果たして資本主義社会のなかで生活するということはどういうことなのだろうか。

　発明の過程を学ぶだけではなく、産業革命が人々の生活をどのように変えたかを考えることが、この授業のテーマである。

2　産業革命が変えたもの　〔教材研究のポイント〕

（1）発明家のその後

　18世紀のイギリスでは、インド産の綿織物の需要が高まった結果、織布工程と紡績工程で機械化が進み、生産の効率が高まったが、それはイギリスの伝統的産業であった毛織物業の職人から仕事を奪うものであった。ジェニー紡績機の発明による生産の向上と織布工の反応を示した記録が残っている。

　仕事を失った職人は、裁判に訴えたり工場を襲ったりすることで抵抗した。その結果、例えば飛び杼を発明したジョン・ケイは訴訟費用で破産しフランスで貧困死し、ハーグリーヴズやカートライトは工場が破壊

されるなど、発明家は苦しい生活を余儀なくされた。

（2）女性・子どもの労働

　産業革命の結果、産業資本家と賃金労働者という二つの社会階級が形成されたが、資本家の最大の目的は利潤の最大化である。そのため、資本家は労働者に対して低賃金・長時間労働を強いて、足りない労働力を女性や子どもに求めた。子どもの労働の実態について、例えば1832年に実施された特別委員会での報告から、19時間労働や怪我をした際の対応を読み取ることができる。

　このような社会問題・労働問題を解決するために、工場法が制定され、社会主義思想が誕生した。

（3）資本主義の成立がもたらしたもの

　産業革命の結果、産業資本家と賃金労働者という二つの社会階級が成立し、資本主義が成立した。資本主義社会のなかで生きるということはどのようなものなのか。

　19世紀のフランスで機械工、職工長、雇用主と社会的地位を上昇していったドニ・プロは、労働と労働者の現状を社会問題として強く意識するようになり、労働者の日常生活の実態を暴露してそれに対する社会改革の方策を示す目的で『崇高なる者』（資料）を著した。

　この資料からは、労働者たちの日常生活が雇用主の立場から描かれており、労働者たちが月曜日に仕事に赴かず、仲間と酒盛りをする日にしていることが読み取れる。この日は労働者の間で「聖月曜日」と呼ばれ、よい腕でよい仕事をすれば労働者として十分であり、労働のリズムは自分たちで決定するという労働者の自律的な世界の存在を物語っている。

　しかし、産業革命の進展とともに厳しい規律が求められるようになり、労働は機械のように規則的に統制されるべきものとなった。労働者が「聖月曜日」の習慣を続けることは、こうした資本主義の論理によって彼らの自律的な世界が崩されることへの抵抗の表れであった。

3　機械化と労働の実態　　〔授業づくりのヒント〕

　授業の導入で、「革命」の意味を問い、産業革命によって人々の生活がどのように変化したのかという視点で考えることに意識を向けさせる。

　授業の中心は三点の資料の読み解きである。

　一つは発明による変化として、ジェームズ・オグデンの記録から、「ジェニー紡績機を導入したことによるプラスとマイナスの影響は何か」を読み取らせることで、機械化による効率化と織布工の失業の危機について理解させる。

　二つ目は、1832年6月4日に実施された工場法制定をめぐる特別委員会でのサミュエル・クールソンの証言から、彼の娘の労働時間、工場で怪我をした際の雇用主の対応について読み解き、児童労働の実態について理解させる。

　最後に1870年に初版が出版されたドニ・プロの『崇高なる者』を提示し、「このシュブリムと呼ばれる労働者たちをどう思うか」と問い、生徒同士で話し合いをおこなわせる。

　多くの生徒は、シュブリムと呼ばれる労働者の生活に否定的な立場をとることが予想されるが、そのことが資本主義的論理に自らも与していることを理解させる。今後、労働のあり方としてどのようなものが望ましいか考えさせたい。

4　絵画を読み解く　　〔発展学習〕

　このテーマでは、主に文書資料を用いたが、絵画資料として、ウィリアム・ホガースが1751年に描いた「ジン横丁」がある。これは産業革命と同時代のホガースがまた新聞で報じられた事件も盛り込みつつ、自分の目で見た貧民街の様子を版画にしたものである。

　この絵画からは、乳を飲ませていた赤ん坊が転がり落ちても気づいていない、飲んだくれた母親や酒瓶を握る痩せ細った元兵士、骨を犬と奪い合う男などが描かれ、当時の様子を読み解くことができる。

（鈴木裕明）

■文献・資料紹介

- 歴史学研究会編『世界史史料6』岩波書店（2007年）
- 角山栄・村岡健次・川北稔『生活の世界歴史10 産業革命と民衆』河出書房新社（1992年）
- 川北稔『イギリス近代史講義』講談社現代新書（2010年）
- 玉木俊明『ヨーロッパ繁栄の19世紀史－消費社会・植民地・グローバリゼーション』ちくま新書（2018年）

第4章 「歴史総合」実践の手引き　　B　近代化と私たち

4　市民革命と立憲政治の広がり

資料：トマス・ジェファソンの「独立宣言第一次草案」

A　かれ（ジョージ3世）は、われらの間に国内の動乱を誘発し、我が辺境の住民に対し年齢、性別、貴賤の区別なく全面的破滅を戦争の法則とする過酷なインディアン蛮族の来寇を誘致した。

B　国王（ジョージ3世）は、人間性そのものに反する残忍なたたかいをおこない、いまだかつて、かれに逆らったことのない僻遠の地の人々（アフリカ黒人）の、生命と自由という最も神聖な権利を侵し、かれらを捕らえては西半球の奴隷制度のなかに連れ込んでしまうか、あるいは運搬の途上にて悲惨な死にいたらしめた。（中略）人間が売り買いされなければならないような市場を、あくまでも開放しておこうと決意して、この憂うべき取引の禁止ないしは制限を企図したあらゆる法律の成立を妨げるために、かれは拒否権を行使してきたのである。

（出典：猿谷要監修　綿引弘著『世界史の散歩路』聖文社〔1989年〕）

1　アメリカ独立戦争と黒人　〔授業テーマ—課題と視点〕

　独立宣言は、1775年に始まるアメリカ独立戦争の過程で発表された。この宣言は、自然法思想に基づく基本的人権やそれを侵害する政府に対する革命権の主張、統治は被治者の同意に基づくとする近代民主政治の基本理念を表明したものであった。

　しかし、独立宣言やアメリカ合衆国憲法では、女性や先住民、アフリカからの奴隷は、国民としての権利を有する者とは認められなかった。アメリカ独立戦争では、イギリス軍の将兵が見下していた植民地人の民兵が活躍したことで勝利に導いたが、アフリカからアメリカ大陸に運ばれてきた黒人奴隷の参加も見過ごすことはできない。

　独立宣言を起草した一人のトマス・ジェファソンは、第一次草案の中でイギリス国王ジョージ3世の暴政を列挙し、黒人奴隷制を批判する文言を含んでいた。これは黒人奴隷をプランテーションの労働力とする南部の代表の意向で削除された。

　授業ではその是非を問い、当時の民主政治がどうあるべきだったかを考えさせることが、このテーマの重要な課題である。

2　独立宣言をめぐって　〔教材研究のポイント〕

（1）ヴァージニア植民地における奴隷制の形成

　アメリカ大陸には早くからアフリカから黒人が奴隷として運び込まれ、サトウキビやタバコなどを栽培するプランテーションの労働力として用いられていた。北アメリカのイギリス植民地の一つであるヴァージニア植民地では、1619年に奴隷売買の記録がはじめて見られ、その後ヴァージニア議会において黒人奴隷の身分規定や武器の携帯の禁止などが定められ、黒人奴隷制が定着していったことがわかる。

（2）黒人奴隷の独立戦争への関わり

　独立戦争が始まると、アフリカから連れてこられた黒人は、解放奴隷も奴隷のままの者も植民地・イギリス両軍ともに従軍した。多くが奴隷身分だった黒人は、参戦のかわりに自由身分が保障された。

　イギリスは積極的に主人に仕える奴隷を徴募し、2万人以上の黒人が従軍したと見られている。一方、植民地軍側は当初は奴隷徴募を禁止していたが、植民地軍総司令官のワシントンは、人員不足のため1776年1月に奴隷徴募の禁令を撤廃し、少なくとも5000人の黒人が従軍した。

（3）独立宣言と黒人奴隷制批判

　1776年、大陸会議はジョン・アダムズ、フランクリン、トマス・ジェファソンら5人をメンバーとして、

独立宣言起草委員会が結成された。その一人ジェファソンは、公的には奴隷制を批判していたが、187人の奴隷を所有していた。「自由の国」を標榜するアメリカ合衆国は、奴隷制度をもっているという矛盾をかかえたまま発足することになった。

ジェファソンは独立宣言を起草するなかで、第一次草案を提出した（資料のB）。そこには、王の悪行の一つとしてアフリカ黒人の生命と自由を侵し、奴隷として連行し、運搬の途中で死に至らしめたことを指摘した。こうした文言は、黒人を奴隷としてプランテーションの労働力としていた南部の代表の意向により削除され、独立宣言では「大ブリテンの現国王がしてきたことは、うちつづく違法行為と権利侵害の歴史」と、対植民地に関わることに限定された。

3 黒人奴隷の権利と民主政治 〔授業づくりのヒント〕

授業のポイントは大きく四つある。

一つ目は、アメリカ13植民地で、どのように黒人奴隷制が形成されてきたかを理解させることである。ここでは『世界史史料7』に掲載されている5つの文字資料を用いる。年代順に並べて読み解くことで、徐々に黒人の奴隷としての身分が規定・固定化されたことを理解させたい。

二つ目は、独立戦争に黒人がどのように関わっていたかである。黒人は解放奴隷も奴隷のままの者も植民地・イギリス両軍ともに従軍した。多くが奴隷身分だった黒人は、参戦のかわりに自由身分が保障された。黒人が従軍したのは、自由身分を獲得することであったことに注目させたい。イギリスも植民地側も多くの黒人を徴募し、イギリス側には2万人、植民地側には少なくても5000人の黒人が従軍したことを取り上げる。

三つ目は、独立宣言に黒人奴隷制批判の文言を含めるかどうか考えることである。前述のように、ジェファソンは第一次草案の中で黒人奴隷制を批判する文言を含めていたが、南部の代表の意向で削除された。このことを説明した上で、「もしあなたが独立宣言の起草委員の一人だったとしたら、ジェファソンが起草した草案に書かれた黒人奴隷制批判の部分を残すべきか（賛成の立場）、それとも削除すべきか（反対の立場）、どちらにした方がいいと思うか」と問いかけ、その是非を生徒に考えさせる。このような問いを出し、話し合わせることで、黒人奴隷の是非という人道的な課題と、奴隷制を基盤とする南部社会の要求という、相対する考えのなかに身を置かせ、民主主義における意思決定についての理解を深めたい。

最後に、1787年に制定された合衆国憲法である。前文では「一般の福祉を増進し、われわれ自身および子孫にとって自由の恩恵享受を確実にする目的を持って」憲法が制定されたこと、第一条第二節で代議院議員の定数や直接税の配分が規定され、先住民が除外されていること、第九節で制定当時適法と認めている人間の移住や輸入が1808年まで禁止できないことを確認したい。また、1791年に批准追加された合衆国憲法修正10カ条（権利章典）は、言論、出版、武装、信教の自由などを規定したものであり、憲法制定当時の合衆国では、奴隷制度廃止について正面からは扱われることがなく、南北戦争期を待たなければならなかったことを理解させたい。

4 先住民の視点から 〔発展学習〕

ジェファソンの第一次草案は、ジョージ3世が国内の動乱を誘発し、先住民の反抗をもたらしたと述べている（資料のA）。独立戦争の過程で、ミシシッピ川以東に居住していた先住民の大半が戦争に巻き込まれ、多くの部族は戦争へのかかわり方から分裂することになった。しかし、それまで開拓者からの侵略にさらされていたために、先住民の多くは植民地と敵対する道を選択した。およそ13,000名の戦士がイギリス側で戦ったと推定されている。

こうした先住民側の視点からアメリカ独立戦争を考えてみることも、アメリカ合衆国の歴史を考える上で重要である。

（鈴木裕明）

■ 文献・資料紹介
- 歴史学研究会編『世界史史料7』岩波書店（2008年）
- 猿谷要監修・綿引弘著『世界史の散歩路』聖文社（1989年）
- 五十嵐武士・福井憲彦『世界の歴史21 アメリカとフランスの革命』中央公論社（1998年）
- 有賀貞『ヒストリカル・ガイド アメリカ』山川出版社（2004年）

第4章 「歴史総合」実践の手引き　　　　　　　　　　　　　　　　B　近代化と私たち

5　欧米列強とアジア

資料1：薩摩藩の琉仏貿易案（1846年）

　薩摩藩家老・調所広郷「海外貿易は国禁ではあるが、フランスの要求をこばみ、戦乱にでもなったら薩摩が危機におちいるだけでなく、日本にとっても大変なわざわいとなる。この際、琉球にかぎり通商をゆるすのが得策であろう。琉球を異国として考えれば開国も矛盾しない。」

　幕府老中・阿部正弘「もとより琉球は異国であり、その政策についても、いちいち幕府の指示を受けることなく薩摩の判断にまかせる。やむをえない場合は、フランスにかぎって交易をゆるしてもよい」

（出典：原本は『大日本維新史料』、現代語訳は『琉球・沖縄の歴史と文化』）

資料2：薩摩藩の通商要求（部分、1857年）

（1）琉球・奄美大島でオランダ・フランスとのあいだに通商を開き、蒸気船を購入すること。
（2）欧米諸国に留学生を派遣すること。
（3）福州琉球館の商法を拡大し、台湾に渡唐船の停泊場を設けること。

（出典：『県史47　沖縄県の歴史』）

1　東アジア国際秩序の再編と琉球・日本　[授業テーマ─課題と視点]

　このテーマは、19世紀における欧米列強のアジア進出を取り上げる。ここでの課題は、東アジア国際秩序の再編のなかで、日本および日本の周辺領域をどのように俯瞰するかということである。日本史学習においては、幕政改革の流れのなかで対外関係を扱い、特にロシアやイギリスなどのアジア進出や日本接近を取りあげ、それに幕府がどう対応していったかを考察する。もちろん、外交と内政は繋がりを有しており、幕藩制国家の動揺を押さえる上でそれらは必要な知識である。しかし、いきおい出来事を網羅的に教え込みがちで、世界史的な視点から十分関連付けられない場合が多い。

　そこで、琉球の動向を中心に深めてみたい。永原慶二は、「国家史のもう一つの重要な側面は、歴史のなかにおける周辺領域の問題である。国家が周辺領域をどのように位置づけ、その地域の住民の生活・文化にどのような姿勢をもって臨むかは、その国家の本質的な性格とかかわる」[1]と述べる。19世紀は国民国家の成立、国境画定が進行する時代であり、日本もそのような体制をめざしていく。その有り様を、前近代の日本の周辺領域から見通していくことで、国家の支配のあり方を深めることができるのではないかと考えた。

2　冊封・朝貢体制と薩摩藩の通商要求　[教材研究のポイント]

（1）欧米列強の来琉に薩摩や幕府はどう対応したか

　1844年、フランス・インドシナ艦隊のアルクメーヌ号が那覇に来航し、通商・布教を強く要求した。王府がこれを拒否すると、宣教師フォルカードと清国人通訳を残して去った。アヘン戦争でイギリスに敗れ、開国を余儀なくされた清国と通商条約を結ぶためであった。

　清国との通商条約締結後、フランスは1846年に再び琉球に艦船を派遣した。フランスの「保護国」になれば、薩摩藩からの経済的自立やイギリスの圧力を回避できるなどと王府を説得してきた。王府はこれを拒否したが、薩摩藩は琉球を利用して対仏通商をもくろみ、幕府の一部もこの考えを黙認した（資料1）。幕藩制国家は、外圧が日本に波及することを恐れ、琉球を「外地」として切り離した。結局、フランスの国内事情（二月革命）もあって通商条約の締結には至らなかったが、続いてイギリスが来琉し、宣教師をおいて布教活動をおこなわせるなど、欧米列強の接近は続いていった。

（2）琉球王府の対応と薩摩藩の通商要求

　こうした状況に琉球王府は、薩摩藩への従属が公表されることで、清国との冊封・朝貢関係に支障をきた

すのではないかと恐れ、一貫して通商を拒否して王国体制の維持につとめようとした。

だが、日本が1854年の日米和親条約、さらに1858年、日米修好通商条約を結んで通商にふみきっていく過程で、薩摩藩主島津斉彬は独自に琉球を拠点とした欧米列強との貿易構想を推進した。それが1857年の琉球に対する7ヵ条の要求である（資料2）。

この要求を拒み、抵抗する琉球王府に、薩摩側は「琉球一国ノ故障ヲ以テ日本ノ動静安危ヲ顧ズト云フニ似タリ」と恫喝し、受け入れさせた。この要求は斉彬の急死によって中止させられるが、「日本の国家利益のために琉球を抑圧する先駆的動き」[2]といえよう。

（3）アジアの大反乱と琉球貿易

1850年代半ば〜60年代は、第二次アヘン戦争に続く太平天国の乱、インドの大反乱、ベトナムの大抵抗など、アジアの抵抗が顕著になった時期である。日本では「『アジアの大反乱』に側面支援を受けて、外国の武力介入なしに『積極的開国』と『維新』を準備することができた」[3]が、他方で琉球王府内では保守派のまき返しがおこり、政治に対する積極的な発言は嫌厭されていった。

この時期の琉球貿易を見ることで、生活苦に置かれた人々をイメージできる。琉球の朝貢船の貨物は、福州開港後も従来通り中国人商人を介して取引された。しかし、薩摩藩から注文を命じられた薬種の購入費がかさむ一方、アヘン戦争に続く太平天国の乱の影響で、中国人商人の買い手も少なく昆布や干藻などの価格が下落した。琉球貿易はマイナスの影響を被り、船員たちの暮らしにもダメージを与えたのである。

3 琉球王府と薩摩藩のどちらを支持するか　〈授業づくりのヒント〉

授業の導入では、「幕府のキリスト教禁令が適用された地に、出島のオランダ人を除いてヨーロッパ人が最初に居留したのはどこか」と質問してみよう。生徒の多くは浦賀や横浜と予想するため、答えが琉球王国の那覇であったことに意外性を持つ。そこでフランス艦の琉球来航と、宣教師フォルカード滞在の背景を調べさせたい。

産業革命を機に世界市場をめぐる獲得競争が激しくなった19世紀、欧米諸国は先を争ってアジアへ乗り出してきた。イギリスがインドからマレー半島にかけて広大な海峡植民地を形成し、1842年にはアヘン戦争で敗れた清との間に南京条約を結んだこと、フランスがインドシナ半島を拠点に勢力を拡大したことなどを地図や年表などを手がかりに掴ませる。こうした欧米列強の動きが日本へも向けられ、その足がかりとして琉球が注目されたことを取り上げる。

ここで資料1を提示し、事実上琉球を支配していた薩摩藩が琉球を切り離し、防波堤にすることで日本の平穏を守ろうという方針をとり、幕府も黙認したことを読み取らせ、疑問点を上げさせよう。

琉球の反応については、資料2の経緯を述べて明らかにし、その上で琉球王府と薩摩藩のどちらの言い分を支持するかを話し合わせてみたい。従来通りの冊封・朝貢体制の維持か、欧米との通商を模索するかである。ただし、後者の場合でも薩摩藩による支配・収奪が予想される。この議論を通じて、東アジア国際秩序の再編のなかで、琉球の主権がどうあるべきかが追究されるだろう。

4 「アジアの大反乱」と琉球貿易　〈発展学習〉

ここまでの議論では、国家の視点からであり、当該期の民衆の様子が見えてこない。

そこで、「アジアの大反乱」が琉球貿易に与えた影響について「教材研究のポイント」の（3）で述べたような事例から確認し、その上で琉球の民衆にとって望ましい貿易のあり方を議論させてみよう。その後、1870年代の日清交渉において、琉球の帰属問題が最大の争点となったことを説明する。近代国境画定を視野に含めた議論が、果たして琉球の民衆の願いに叶うものだったのか、考察を深めさせたい。

（四十栄貞憲）

■文献・資料紹介
- 真栄平房昭「異国船の琉球来航と薩摩藩　——九世紀の東アジア国際関係と地域—」『講座明治維新　第1巻』有志舎（2010年）
- 沖縄歴史教育研究会編『琉球・沖縄の歴史と文化』東洋企画（2010年）
- 『県史47　沖縄県の歴史』山川出版社（2004年）

■注
1) 永原慶二『20世紀日本の歴史学』吉川弘文館（2003年）
2) 岩崎奈緒子「蝦夷地・琉球の『近代』」『日本史講座　第7巻』東京大学出版会（2005年）
3) 南塚信吾『連動する世界史』岩波書店（2018年）

6　琉球とアイヌ

第4章　「歴史総合」実践の手引き　　　　B　近代化と私たち

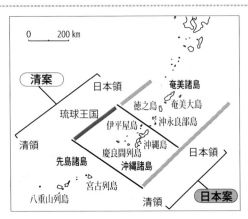

（出典：実教出版『新訂版　高校日本史A』より作成）

〔分島増約案〕＝日本案
①沖縄島以北を日本領、先島諸島（宮古・八重山列島）を清国領とする。
②1871年締結された日清修好条規のなかに、日本人が欧米の商人と同じように、清国内で通商ができるような条文を追加する。

〔琉球三分割案〕＝清国案
①奄美諸島以北を日本領とする。
②沖縄諸島は独立させ琉球王国を復活させる。
③先島諸島は清国領とする。

1　国内植民地としての沖縄と北海道　〔授業テーマ―課題と視点〕

　近代国民国家の成立は国境の画定から始まるが、日本の場合、北は1875年の樺太千島交換条約、南は1879年のいわゆる「琉球処分」で確定する[1]。

　大日本帝国憲法発布後に日本領土となり、憲法が適用されなかった地域を植民地（外地）と呼んだ。沖縄と北海道では、憲法施行後も衆議院議員の選挙権・被選挙権や徴兵令など、国民の基本的な権利や義務が長い間認められなかった[2]。このような観点からみれば、北海道と沖縄は日本の国内植民地であったということができる。蝦夷地が北海道として、また琉球王国が沖縄として日本の領土に統合されていくと同時に、先住民族であるアイヌや、「うちなんちゅ」としての自意識を持っていた沖縄の人々もまた日本国民として同化されていくようになる。

　日本政府による琉球王国の廃絶と沖縄県の設置を日本への「併合」と捉える教科書も見られるようになってきた。また、北海道開拓の進展を、北海道の発展と同一視するのではなく、開拓の進展とともに生じた問題点を強調するようにもなってきた。

　このような観点をふまえて、沖縄とアイヌの人々にとって「日本国民」となったことがどのような意味を持っていたのかを考えさせたい。

2　沖縄と北海道の同化政策　〔教材研究のポイント〕

（1）方言札はどのように使われたのか

　沖縄県設置後、琉球王国時代から伝わる風俗や習慣が禁止され、日本の生活様式に改めさせる風俗改良運動が展開された。さらに、沖縄独特の名前を本土風に変えさせたり、方言札を使って琉球方言を使うことを禁じ、本土方言を使うことを強制した。学校で用いられた方言札は、沖縄方言を使った生徒が罰として首に下げた木の札で、次に方言を使う生徒が出てくるまで身に付けていなければならなかった。この方法は子どもたちに、琉球方言を使うことに対する劣等感を植えつけ、子どもどうしの信頼関係を傷つけることにもなった。ここでは、後に植民地となる朝鮮に対して、創氏改名や日本語使用を強制した日本の政策との共通性を生徒に意識させたい。

（2）伊波普猷がストライキを指導したのはなぜか

　沖縄県立図書館の初代館長となった伊波普猷（1876～1947年）は、沖縄の言語や歴史、民俗などをまとめた沖縄研究の書『古琉球』を出版した人物である。その伊波が沖縄県尋常中学校（現沖縄県立首里高校）在学中にストライキを指導したとして退学処分になった。当時の校長が、「日本語さへ十分に話せないのに英語まで学ばせるのは気の毒だ」として、英語の授業の廃止を主張したことに反発したのである。これは「日

本」と「沖縄」の差別的な関係性を象徴的に示す事例であり、後の沖縄戦における日本軍兵士による沖縄住民殺害の問題とも通底する出来事である。

（3）「北海道旧土人保護法」の旧土人とはだれか

近代における「日本」と「北海道」の関係を象徴しているのが、1899年に制定された北海道旧土人保護法である。この法律によってアイヌは、「遅れた」「野蛮な」民族として旧土人とよばれるようになり、アイヌ児童のための小学校（旧土人学校）も設立された。一般の小学校とは違って、地理・歴史・理科の教育はおこなわれず、逆に修身は「忠君」「愛国」を身に付ける教科として重視された。沖縄同様、アイヌ語やアイヌ風俗が禁止され、アイヌ民族の文化を否定する教育がおこなわれていった。

（4）違星北斗が求めた社会とは何か

「ネクタイを　結ぶと覗く　その顔を　鏡はやはり　アイヌと云へり」　アイヌの歌人、違星北斗（1901～1929）は同人誌『コタン』を発行し、北海道内各地の仲間に送った。その中で北斗は、「朝鮮人は朝鮮人で尊い。アイヌはアイヌで自覚する。日本人は日本人で覚醒するように」と、それぞれの民族が個性を尊重し合った社会こそが理想であると主張した。そしてアイヌに向けて、民族としての自覚と奮起を訴えた。北斗の「共生」の主張は、在日韓国・朝鮮人を始め多数の外国人が存在している多民族社会を生きる現在の高校生にとって、自らの生き方を考えさせる教材となるに違いない。

3 日本固有の領土とは何か　授業づくりのヒント

琉球王国が日本に併合されて沖縄県となり、アイヌが日本国民として包摂されることで、日本の近代国民国家が成立する。授業の導入では、このことがどのような意味を持っていたのかを、教材研究のポイント(1)～(4)で取り上げたエピソードを生徒に紹介しながら考えさせたい。

授業の中心テーマは「国境」の意味を生徒に考えさせることである。沖縄県設置後、沖縄では清との冊封体制の維持を求めて清に救援を求めたり、亡命する人々がいたりした。このような動きに呼応して、清は沖縄県設置を認めなかったため、日清間の対立は深まった。そこで日本は1880年、清に「分島増約案」を提示した。清に先島諸島を譲る代わりに（分島）、日清修好条規のなかに、日本人が欧米の商人と同じように、清国内で通商ができるような条文を追加する（増約）という案である。日本の経済的利益のために、領土の一部を清に与えるという案である。一方清は、「琉球三分割案」を提案した。日本案で話がまとまりかけたが、結局清が調印しなかったため実現はしなかった。ここから、①沖縄の人々の中に、沖縄県設置に反対した人がいたのはなぜか　②日本政府はなぜ先島諸島を清に譲ろうとしたのかを考えさせたい。「分島増約案」の持つ差別性に気づかせると同時に、国境は政治的な思惑で変更されるものであり、日本固有の領土という表現が政治的な概念として使われているということを確認させたい。

4 沖縄とアイヌの現在　発展学習

近代における「日本」と「沖縄」「アイヌ」の差別的な関係が、現在、どのように変化したのかを生徒に問いかけたい。

日本の面積の0.6％しかない沖縄に、在日米軍専用基地の7割近くが集中しているという現実がある。これは1950年代以降、日本本土における米軍基地反対運動の結果、米軍基地がアメリカ占領下にあった沖縄へ移されたからである。一方、北海道旧土人保護法が、戦後50年以上経った1997年まで存続していた事実がある。旧土人保護法に代わってアイヌ文化振興法[3]が施行されたが、この法律では、アイヌの伝統文化に関わる知識の普及や啓発を図り、アイヌ民族の誇りを尊重する社会の実現が謳われている。では実際にどう具体化されているか生徒に追求させたい課題である。

（楳澤和夫）

■文献・資料紹介
- 新城俊昭『教養講座　琉球・沖縄史』東洋企画（2014年）
- 榎森進『アイヌ民族の歴史』草風館（2007年）

■注
1) 南西諸島で国境が最終的に画定するのは下関条約以降である。
2) 北海道で衆議院議員選挙法が施行されたのは1903年であり、沖縄本島は1912年、先島諸島は1919年である。同様に徴兵令は、北海道が1887年、沖縄本島が1898年、先島諸島は1902年である。
3) アイヌ文化振興にかわって、2019年、アイヌ民族支援法が制定された。この法律で、初めてアイヌが先住民と明記された。

第4章 「歴史総合」実践の手引き　　B　近代化と私たち

7　日本の近代化

（国立歴史民俗博物館所蔵）

資料：違式詿違(いしきかいい)条例

第十二条　男女入込の湯を渡世する者

第二十一条　男女相撲ならびに蛇遣その他醜体を見世物に出す者

第二十二条　裸体又ハ袒褐し、或ひハ股脛をあらはし醜体をなす者

第三十七条　湯屋渡世のもの戸口を明放ち、或ひハ二階へ目隠し簾を垂れざる者

第四十八条　婦人にて謂れなく断髪する者

第六十二条　男にして女粧し、女にして男粧し、或は奇怪の粉飾をなして醜体をなす者

1　四民平等と風俗統制
授業テーマ―課題と視点

　新政府は、旧態依然とした身分制度を打ち破って四民平等を実現し、西洋の進んだ制度や技術を取り入れるなかで近代化を成し遂げていった。このように、日本の近代化を単線的な"進歩"と肯定する生徒は少なくない。しかし、「封建束縛の弊を解き、人に与うるに自由の権を以てす。而して、民の束縛に苦しみ自由を失う、かえって封建の時よりも甚だし」（蠟崎多浪）といった非難に示されるように、政府は近代国家の「国民」としてのあるべき姿にそぐわない生活や風習を恥とみなして、厳しく取り締まった。この視点には、近代化の意味について、上述のような生徒の"常識"を揺さぶる可能性を秘めている。

　政府は不平等条約の改正を掲げ、欧米諸国と対等な近代国家を形成するため、人々に西洋の規範を基準とした「国民」になることを奨励・強制した。そのため、四民平等と風俗統制が同時に必要だったのである。だが、そのことが、ジェンダーやマイノリティーに対する抑圧につながったことを無視してはならないだろう。西洋の「文明」を取り入れるなかで編成されたジェンダー規範や、その狭間で揺れるマイノリティーへの視座をもった授業を構想したい。

2　違式詿違条例のなかのジェンダー
教材研究のポイント

（1）文明のまなざし

　幕末維新期の日本には、アメリカやヨーロッパ諸国の外交官、男女の旅行家、宣教師、お雇い外国人など、実に様々な人々が訪れ、日本を観察の対象として「文明のまなざし」を向けた。

　彼らを特に驚かせたのは、混浴や往来での裸、そして赤ん坊を抱く男親である。西洋にとって、文明的な国民とは「洗練された生活スタイル」が不可欠の要素であり、子育てとは女の役割であった。だからこそ日本の生活風俗は好奇・批判の対象とされ、あるいは文明の発達度の問題として捉えられた。

（2）違式詿違条例

　こうした「文明のまなざし」に対して、文明国への仲間入りをめざす政府は「違式詿違条例」を制定した。現在で言うところの軽犯罪法にあたるこの条例は、1872年の東京府において出され、やがて各府県でも地方の実情に合わせて罪目を規定して出されていった。ただ違式詿違条例の条文は、当時の人々にとって難解な表現が多かったため、日本各地で違式詿違条例の挿絵入りの解説書が出されている（資料）。

　違式詿違条例は日常生活への細部にわたる事項を規制し、「民衆の日常的な生活スタイルを西洋文明の基準に適合するように改変して、『近代国家の国民』と

しての自覚をもたせる」[1]ための手段としてつくられた法律といえる。特に混浴や裸体や袒裼（肩脱ぎ）、股脛をむき出すことの禁止、男女相撲、女性の断髪、異装の禁止など、セクシャルな事象を規制の対象とした。こうして、文明の基準に逸脱する人々は社会的な忌避・抑圧の対象となり、日本の近代化は世界的な資本主義やナショナリズムの動きと関わりをもちながら、人びとの「こころ」と「からだ」にあらたなジェンダー規範を編成しつつ進められていったのである。

3 なぜ、女性の断髪を禁止したのか　授業づくりのヒント

授業の導入は、「違式詿違条例」の資料を見せ、「変だなぁ」と思うことを探させてみる。この資料のように部分的にピックアップしたものでもいいが、図解の全体を見せて、現在の社会でも容認されているものと、そうとはいえないものを発見させてみたら関心が高まるだろう。

例えば、裸体で出歩くことについてはどうだろうか。欧米のファッションを資料で見せて、彼らが「文明的」として考えるスタイルとは何かをつかませたい。次いでスイス領事リンダウの意見を紹介し、当時の外国人が日本の社会に対してどのようなまなざしを向けたのかを考えさせたい。

「風俗の退廃と羞恥心の欠如との間には、大きな違いがある。子供は恥を知らない。だからといって恥知らずではない。羞恥心とは、ルソーが正当にも言っているように、『社会制度』なのである。それは文明と共に発展するものである。…この上なく繊細で厳格な日本人でも、人の通る玄関先で娘さんが行水をしているのを見ても、不快には思わない。風呂に入るために銭湯に集まるどんな年齢の男も女も、恥ずかしい行為をしているとはいまだ思ったことがないのである。」[2]

次に、女性の断髪禁止に注目させてみよう。男性の断髪が社会的に普及するなか、女性でも断髪する者が現れたが、それに規制をかけているのである。性差による「断髪」の推奨と規制の意味についての問いを立て、生徒に仮説をつくらせてみよう。

①女性が男性のような髪型をすることは、野蛮だと考えられていた。
②強い国をめざすため、男女の厳格化が求められた。
③女性を蔑視する風潮が社会に広がっていた。

例えば上記3つの仮説が出てきた場合、どの説が問いに対して最も根本的な回答といえるか、その理由を含めて考え、話し合わせてみよう。生徒たちは議論を通して、政府が、欧米列強に並ぶ文明国となるために、性の自由を見せてはいけない姿として制限したことや、女性が近代的な家族規範のなかに押し込められていく背景を学んでいくことになる。

4 異性装の禁止は何をもたらしたか　発展学習

「違式詿違条例」から、さらに男女に関係しそうなものを探させ、異性装（女装・男装）の禁止に気づかせる。その上で、新聞錦絵を用いて次のエピソードを紹介したい[3]。

> 香川県三木郡保元村の塗師早蔵は、お乙が男子であることを承知の上で婚礼をあげ暮らしていたが、壬申戸籍がつくられた際、お乙が男性であることが露見し、区長によってお乙は断髪を強制された。その後、この夫婦のことが新聞錦絵に描かれ広められた。二人がその後離別したか、夫婦として続いたかは定かではない。

このエピソードを紹介した後、「お乙はその後も夫婦で暮らし続けるべきか」と問うてはどうだろう。

このようなやりとりを通して、日本の近代化によってつくり出されたあらたなジェンダー規範、それが形を変えて現在の社会にも通じた問題として残り続けていることを、生徒に読み取らせたい。

（四十栄貞憲）

■文献・資料紹介
- 長島淳子『江戸の異性装者たち』勉誠出版 (2017年)
- 坂詰智美「『違式詿意条例』のなかのジェンダー」専修法学論集、第128号 (2016年)
- 久留島典子ほか『歴史を読み替える　ジェンダーから見た日本史』大月書店 (2015年)
- 三成美保ほか『歴史を読み替える　ジェンダーから見た世界史』大月書店 (2014年)
- 百瀬響『文明開化　失われた風俗』吉川弘文館 (2008年)

■注
1) 牧原憲夫『文明国をめざして』小学館 (2008年) p.14
2) ルドルフ・リンダウ『スイス領事の見た幕末日本』
3) 三橋順子『女装と日本人』講談社現代新書 (2008年) p.12

第4章　「歴史総合」実践の手引き　　　　　　　　　　　　　　B　近代化と私たち

8　自由民権と帝国憲法

民権家の集会（懇親会席上演説絵馬）（仁井田神社所蔵）

資料1：日本帝国憲法（五日市憲法）

45条　日本国民ハ各自ノ権利自由ヲ達ス可シ他ヨリ妨害ス可ラス且国法之ヲ保護ス可シ

47条　凡ソ日本国民ハ族籍位階ノ別ヲ問ハス法律上ノ前ニ対シテハ平等ノ権利タル可シ

資料2：ベルツの日記

二月九日（東京）東京全市は十一日の憲法発布をひかえてその準備のため、言語に絶した騒ぎを演じている。至るところ、奉祝門、照明、行列の計画、だが、滑稽なことには、誰も憲法の内容をご存じないのだ。

1　国会開設を求めて　〔授業テーマ―課題と視点〕

明治6（1873）年の政変の後、下野した板垣退助らは翌年に「民撰議院設立建白書」を提出した。建白書は却下されたものの大量に印刷されて全国に流布し、国会開設を求める運動は全国に広がった。当時20代前半だった千葉県小池村の桜井静も「国会開設懇請協議案」（1879年）を作成した。この「案」は新聞に発表されたことで、各地で反響を呼んだ。人々はなぜ国会開設を求めたのだろうか。

1880年に結成された国会期成同盟は、翌年の大会までに、各民権結社が憲法草案を起草して持ち寄ることを決めた。全国各地で議論され（写真）、作成された憲法私案（私擬憲法）は、現在90ほどが確認されている。西欧の近代思想を学んだ人々はどのような国家を構想しようとしたのだろうか。

国会開設運動や政党の活動に対し、政府は集会条例などで取り締まった。民権結社の憲法私案を参考にすることなく枢密院で極秘に憲法の検討をすすめ、1889年に欽定憲法として大日本帝国憲法を発布した。アジアではオスマン帝国憲法に次いで制定された憲法だが、人権については、「法律の範囲内」とする内容であった。天皇主権の憲法に対して、人々はどのような反応を示したのだろうか。資料2や宮武外骨の風刺画などをもとに、人々の政治意識を考える学習の視点をもちたい。

2　民権運動をどう捉えるか　〔教材研究のポイント〕

（1）「客分」と「国民」のあいだ

民権運動が高揚した1880年代末でも、多くの民衆にとって、「政治」は他人事でしかなかった。「鯰の子が地震になろうが、赤髭が威張ろうが琉球人が将軍になろうが、米さえ安くなって元の様に一日三度づヽ米の飯が食はれヽば、己達は外に望みも願ひもなし」との嘆きはその一例だろう（『東京日日新聞』1880年12月6日付）。

これに対して福沢諭吉は『学問のすすめ』において、この国で自由に生活する以上、国家のために一命をなげうつ覚悟が必要であり、「政府のみに国を預け置き、傍らよりこれを見物する」「客分」になってはならないと力説した。民衆の「客分」意識を払拭し、「国民」としての自覚を求めたのである。客分として仁政を求める民衆と、国家を主体的に担おうとする民権運動とのせめぎ合いや重層性の面に着目したい。

（2）国家のあり方を議論する

自由民権運動については、近年、民権派と明治政府の対抗という二極対立ではなく、そこに民衆を加えた「三極の対立」として捉えられている。民権派と政府は対立しつつ「近代国家の建設」「民衆の国民化」という大枠を共有し、民衆と民権派はめざす方向を異にしながらも「反政府」の一点で共振していたとの見方である。そして、「被治者が歴史上はじめて本格的かつ集団的に『国家のあり方』を議論し、その実現をめざして行動し

た画期的な出来事」であった。

　また、秩父事件の評価も変化している。19世紀イギリスなどで見られた民衆運動との共通性が指摘され、貧者を苦しめる富者に対する「徳義」を基調とするモラル・エコノミー（道徳経済）に基づく運動としての把握である。近年は、教科書でも「民権運動とは異なるもの」との記述も見られるようになった。

　なお、民権運動で主張された不平等条約の改正に関わって、旧自由党の大井憲太郎らによる大阪事件が起きた。大井らは「文明」（日本）と「野蛮」（朝鮮）という考えから朝鮮の変革を図ろうとした。国民国家をつくり上げる過程での民権運動の対外的な強硬論の側面も押さえておきたい。

3 「開かずの蔵」からの発見　〔授業づくりのヒント〕

（1）「五日市憲法」誕生の背景を探る

　国家構想として作成された私擬憲法の一つに「五日市憲法」（日本帝国憲法）がある。武蔵国西多摩郡五日市町（現・あきる野市）の深沢家土蔵から、なぜ草案が見つかったのか。「発見」した新井勝紘氏のエピソードを通して、生徒に歴史の現場に立つイメージを持たせ、歴史に学ぶことの魅力を伝えたい。

　土蔵に着目したのは、小田急電鉄の創業者の自伝『利光鶴松翁手記』に、五日市の豪農・深沢権八が「篤学の人」であり、ルソーやスペンサー、ミルなどの訳書や法律書など、東京で出版される書籍を「悉く之を購求して書庫に蔵し居たり」との記述にある。

　また、「万般ノ学芸上ニ就テ講談演説或ハ討論シ、以テ各自ノ知識ヲ交換シ気力ヲ興奮センコトヲ要ス」（五日市学芸懇談会規則）とあるように、豪農宅を中心に学習会が催され、地方政治や自治について活発な議論がなされる地域的土壌があった。五日市学芸懇談会や五日市学術討論会のほか、多摩地域全体では61社にのぼる学習結社や民権結社があった。「村は小なりといえども精神は大きく」と言われる地域の特徴をふまえて考えさせたい。

　さらに、五日市憲法を起草した元仙台藩士の千葉宅三郎（維新後に脱藩して「卓三郎」と称す）の人生を通して、この時代を考えたい。17歳で戊辰戦争に参加し、敗北を経験した千葉は、その後、儒学や医学などを学びハリストス正教会の司祭ニコライのもとでキリスト教に入信するなどの来歴を経て、五日市の小学校教員として雇われた。西洋の哲学や思想を学び、憲法草案をつくった千葉のわずか31歳の生涯を通してこの時代を捉え直すような授業を展開したい。

（2）憲法条文を読み比べる

　五日市憲法の条文は、イタリアやポルトガル、スイス、オーストリア、オランダなど比較的中小国である8か国の憲法を参考にしているといわれる。特徴は、国民の権利、国会の規定を主とする立法権、司法権に表れている。なかでも、36項目に及ぶ国民の権利保障（資料1）が特徴的である。

　ただし、女性の権利についての言及はなく、国民の権利については法律上の留保を付けている。抵抗権や革命権を盛り込んだ植木枝盛の「東洋大日本国国憲按」と比較して考えさせたい。さらに、大日本帝国憲法との国家構想の相違点を考えるとともに、日本国憲法と比較して民権思想がアジア太平洋戦争後の「民主化」にどう繋がっているかも捉えさせたい。

4 男女同権論のゆくえ　〔発展学習〕

　女性にとっての自由民権とは何だったのか、その権利や課題について注目させたい。土佐を旅行中に民権思想にふれ、自由民権運動に参加するようになった「演説の名手」岸田俊子は、「男女の間は愛隣の二字をもて尊しとす」「悪しき風俗の最も大なるものは男を尊び女を賤む風俗これなり」「男子のみにて世の中を作るべからず。社会一日女子無くば人倫は滅び国は絶ゆるに至るべし」（「同胞姉妹に告ぐ」『自由之燈』1884年）など、男女同権論を主張した。

　だが、植木枝盛は「抑婦女をして権利を把握するを得ざらしむ。則ち無責任的の人となるべし。…婦女にして参政権を得ざるときは其国を愛する者は唯だ男子のみなるべし」（「男女の同権」『土陽新聞』1888年7月）と述べていた。政治の主体はあくまで男性であり、その点では民権家も政府も同じであった。権利を制限された女性の視点から、民権運動と帝国憲法の課題を考えたい。

（江連恭弘）

■文献・資料紹介
- 牧原憲夫『民権と憲法』岩波新書（2006年）
- 新井勝紘『五日市憲法』岩波新書（2018年）
- 成田龍一『近現代日本史との対話　幕末・維新－戦前編』集英社新書（2019年）

9　日清・日露戦争とアジア

第4章　「歴史総合」実践の手引き　　B　近代化と私たち

（出典：久保田米僊「平壌に入城する日本軍」
『日清戦闘画報』大倉書店〔1894年〕）

（出典：小国政「朝鮮京城戦闘之図」〔1894〕）

資料：「東学党征討策戦実施報告」
賊徒は、長興付近戦闘後、散乱して所在を知ることができない。それで、地方人民に捜索させた。…軍隊を西南各地に分屯させて、匪徒を捕えさせた。そうして、民兵が捕縛して、地方官が処刑した…。

1　アジアから見た日清・日露戦争
〔授業テーマ─課題と視点〕

　日本は日清・日露戦争を契機に、台湾と朝鮮を植民地化し、帝国主義国の一員となった。両戦争は日本の対外膨張を決定づけた出来事と位置づけられる。

　授業で扱う際、特に次の二点を意識したい。一つ目は、アジアにとっての日清・日露戦争という視点。日清戦争は、対清国軍だけでなく、対朝鮮、対漢族系台湾住民という三つの戦争から成る複合戦争と捉えたい。また、日露戦争も単にロシアとの戦争ではなく、朝鮮と満州の支配をめぐる戦争、朝鮮の植民地化のための戦争と捉えたい。宣戦布告から講和条約締結までの正規軍同士の戦闘のみが「戦争」といった一面的な理解に止まらないように留意したい。

　二つ目は、当時の人々の生活の視点。両戦争を当時の日本、朝鮮、中国の人々はどう受け止め、どう関わっていったのかを学びたい。日本は朝鮮の独立や韓国の保全、東洋の平和維持などを掲げて両戦争を遂行したが、戦場となった朝鮮半島や中国で、日本軍は何をしていたのか。戦場にはどのような人々がいて何をしていたのか。これらを具体的に学びながら戦争の実相に迫り、戦争が日常生活にどのような影響を及ぼすのかを考えたい。

2　朝鮮王宮占領、日韓議定書から始まった戦争
〔教材研究のポイント〕

（1）日清戦争はいつ始まり、いつ終わったのか

　甲午農民戦争を契機に日清両軍が朝鮮半島に派兵、朝鮮農民軍が反乱を収束させた後も、日本側は開戦理由を求め、1894年7月23日に朝鮮王宮の武力占領を強行した。豊島沖海戦と成歓の戦いを経て、日本は8月2日に宣戦詔書を閣議決定し、1日付で公布した。

　日本軍は、朝鮮半島を北上しながら清国軍と戦う一方、増派して半島を南下し、再蜂起した東学農民軍と戦った。「陣中日誌」には「悉く殺戮すべし」という大本営からの命令が記されており、「ジェノサイド」とも呼べるような徹底した包囲殲滅戦を展開した。

　1895年、下関条約締結の翌5月、台湾総督府が設置されたが、戦争はこれで終わらなかった。独立を求める台湾民主国が樹立され、以後、日本軍と漢族系台湾住民の抗日義勇軍との間の戦闘が続いた。同年11月に樺山資紀総督が台湾平定宣言をしたものの、その後も戦闘は続いた。広島大本営解散で戦時から平時に移行したのは1896年4月のことだった。動員された陸軍兵力は240,616名、死者は13,488名（病死11,894名）。清軍の死者は約3万、朝鮮農民の死者は3～5万とそれぞれ推計されている。

(2) 朝鮮の人々にとって日露戦争は何だったのか

　日清戦争後、日本は閔妃殺害事件を起こして国際的非難を受けるなど、朝鮮半島に対する政治的影響力はむしろ後退した。敗戦後の清では列強による分割が進み、中国民衆の反発が強まり、義和団戦争に発展した。これを契機に満州への駐屯を続けたロシアと、韓国（1897年に大韓帝国成立）の確保をねらう日本との緊張が高まっていった。日露両政府とも積極的な開戦論に傾いていなかったが、日露交渉は妥協に至らず、1904年2月4日の御前会議で日本は対露開戦を決定、韓国に派兵した。

　同年2月8日に日露戦争が勃発、日本軍制圧下で2月23日、日韓議定書を締結した。開戦前に韓国政府が発した中立声明を無視し、韓国の内政改革を可能にすると共に、軍事協力を約束させた。鉄道用地・軍用地の強制収容、人馬・食糧の徴発を円滑におこない、電信線切断などの妨害を防ぐため軍を増強し、10月には軍政を施行した。集会・言論・出版の取締りを明文化し、日本軍の行動を妨害する者へは死刑を含む厳罰をもって臨んだ。日露戦争後、第2次日韓協約（乙巳条約）により、日本は韓国を正式に保護国化したが、既に日露戦争下で日本の軍事制圧と武断的統治は始まったのである。朝鮮民衆にとって日露戦争は日本軍との戦いの拡大を意味した。

　確かに、日露戦争開戦当初、朝鮮の人々の中には、社会や生活の改善を期待し、日本を一定歓迎する向きもあった。また、その他のアジア諸国にも「解放」への希望を抱かせたという事実もあった。しかし、日露戦争中および戦後の日本の行動が知れ渡ると、期待は失望と反発に転じた。それは、「一握りの侵略的帝国主義国のグループに、もう一国を付け加えたというにすぎなかった」（『父が子に語る世界歴史』）というネルーの言葉に象徴される。

3 戦地の住民は日本軍に協力すべきか否か　［授業づくりのヒント］

　授業の導入は、錦絵「朝鮮京城戦闘之図」や、日清戦争下の日本軍の進路を示す地図を見せ、「日清戦争で日本はだれと戦ったのか」と問うことから始める。日清戦争では日清両軍以外に朝鮮農民に多くの犠牲が出たことを示し、その経緯を「陣中日誌」などの史料で確認していくと、日清戦争の別の一面に迫ることができる。

　授業のコアは、日清戦争が朝鮮民衆の日常に与えた影響を考える部分となろう。「日本軍に殺された人々はみんな東学農民だったのか」と問いかけ、日本軍による処刑を見物していた人々や、日本軍に荷物運搬や情報提供をさせられた朝鮮人軍夫がいたことに注目する。そして、「東学党征討策戦実施報告」[1]により、地の利を得ていない日本軍が朝鮮人民に捜索を強制し、捕縛のち処刑した事実にふれた上で、「日本軍と東学農民軍のどちらにつくべきか」と問いかける。生徒が意見を出し合いながら、当時の朝鮮民衆の視点から、戦争が日常にどのような影響を及ぼすかを考え、日本軍の行為によって朝鮮社会が分断されたことにつなげて深めていく。

4 貧困と戦争との関係を考える　［発展学習］

　戦場に送られた民間人の存在と、その背景に着目することで、日清・日露戦争は単なる過去ではなく、現代の問題を考える材料にもなりうる。

　「平壌に入城する日本軍」から、日清戦争では戦場での運搬等にあたった民間人の「軍夫」が動員されたことを確認する。しかし、最前線に軽装で立っていた軍夫は兵士と同様にみなされ襲撃の対象となり、時には戦闘にも参加していた。153,947名雇用されたうち、推計で約7,000名の死者が出た。「生命の危険があるのになぜ戦場に向かったのか」などと問い、ナショナリズムの高揚や1880年代以降の産業革命と資本主義の発達、都市雑業層など労働者階級の貧困といった背景とつなげて戦争を考えたい。日露戦争後の日比谷焼打事件で、主に職人や日雇い人足、人力車夫が処罰されている事実とつなげ、深めることもできる。

（山田耕太）

■文献・資料紹介
- 山田朗『戦争の日本史20　世界史の中の日露戦争』吉川弘文館（2009年）
- 和田春樹他『岩波講座 東アジア近現代通史第2巻　日露戦争と韓国併合』岩波書店（2010年）
- 趙景達 編『近代日朝関係史』有志舎（2012年）
- 大谷正『日清戦争』中公新書（2014年）
- 四十栄貞憲「戦場に送られた民間人」、小薗崇明他『子どもとつくる平和の教室』はるか書房（2019年）

■注
1) 井上勝生『明治日本の植民地支配』岩波現代全書（2013年）pp.145-146

第4章 「歴史総合」実践の手引き　　　　　　　　　　　　　　B　近代化と私たち

10　帝国主義 —アジア・アフリカの分割

南アフリカ「ザ・ビッグ・ホール」
（提供：Ameer Alerker、2018年12月18日撮影）

資料：「ダイアモンドは血の輝き」

　シエラレオネでは、ダイアモンドの採掘で児童がかりだされる。

　ダイアモンドは高値で取引され、それが紛争当事者たちの重要な資金にもなる。「ダイアモンドは永遠の輝き」というCMが、記憶に新しい方もいるだろう。

　ところが、実際のダイアモンドは日本などの先進国に運ばれるまで「血で染められ」ている。

　左の写真は南アフリカの「ザ・ビッグ・ホール」の写真である。人の欲望が巨大な穴を掘らせた。

1 イギリスのアフリカ侵出
授業テーマ―課題と視点

　最近になってようやく、カカオ、コーヒー、パーム油、レアメタル、ダイアモンドなどの資源に関わる少年兵・児童労働の問題が注目されてきた。さらに、それらの実態を、授業を通じて子どもたちに訴えている教員たちが増えてきたように思う。だが、私たち人類のモノに対する執念は今に始まったことではない。今も昔も人々は富を求めて他国に侵入し、奪ってきた。

　資本主義の基本原理は、①富の奪取と②領土の拡張である。自国の経済力・軍事力を拡大するために、欧米列強はアフリカ・アジアを支配した。欧米諸国の支配が原因となり、第二次世界大戦後も、アフリカでは紛争がたえない（例：ルワンダ内戦、アパルトヘイト）。

　「太陽の沈まない国」と謳われたイギリスは、世界を支配し、ほしいままにしてきた。このテーマではイギリスによるアフリカ支配を「モノ」の視点から捉えたい。

2 アフリカ争奪戦争
教材研究のポイント

（1）ダイアモンド

　19世紀、ダイアモンドの産出量の95パーセントは南アフリカによるものであった。現在の南アフリカ共和国の「ザ・ビッグ・ホール」は有名である。1866年、南アフリカを流れるオレンジ川でボーア人（オランダ系移民）が光る石を見つけたことから「ダイアモンドラッシュ」が起こったと言われている。

（2）デ・ビアス社のダイア独占

　17歳の時に、南アフリカに渡ったセシル・ローズはダイアモンド鉱区を購入し、現在のデ・ビアス社を築いた。セシル・ローズは、ライバル会社を買収し、ダイアモンドの独占に成功し、1890年にはケープ植民地の首相にまで上り詰めた。

（3）1880年以降のアフリカ

　1880年まではイギリスやフランス、ポルトガルがアフリカの沿岸部の一部を支配しただけであった。1880年以降、アフリカ大陸はヨーロッパ各国により切り分けられ、植民地化されていく。1870年代のアフリカの地図と1880年代以降の地図を比較すると、その影響がどんなものであったかは理解できる。ベルギー王は「このアフリカのケーキの断片を手に入れるチャンスを逃したくない」と述べた。

　ヨーロッパ各国は、古代からの部族分布を分断し、新しい境界線を設定した。アフリカの人々が抵抗して戦おうとしても、最新の技術をもつ武器の前に倒れてしまった。

3 視覚に訴えられる写真・モノ教材を活用する
授業づくりのヒント

（1）「ザ・ビッグ・ホール」から考える

　ビッグホールの写真は、有名であり、インターネッ

ト等にも多く写真が掲載されているので参照されたい。生徒へのアプローチの方法はいくつかあるが、「人間の手で200mも穴を掘り続けたのはなぜか？」という視点は外せない。写真からダイアモンドとボーア戦争につなげることにより、いかにイギリスが「資源」に執着していたことがわかるだろう。

(2) 映像教材で過去と現在のアフリカを考える

レオナルドディカプリオ主演の「ブラッドダイアモンド」はダイアモンドを巡る紛争をよく描いた映画である。ダイアを巡る社会構造が理解できるのはもちろんのこと、「アフリカとダイア」の歴史を考えるきっかけにもなる良質な映像教材ともいえる。

(3) チョコレートの歴史

ガーナ産のチョコレートを見たことがない人はいないだろう。日本ではおなじみのチョコレートである。このガーナもイギリスに支配されていた。この地方では金が獲得できたのもあるが、高温多湿なガーナはカカオ豆生産に適していたこともあり、1891年にカカオ豆の輸出が始まった。

のちにガーナは低価格で買い取りをすすめるイギリスに不満が高まり、1957年についに独立を果たすが、結果的にモノカルチャー経済をもたらし、貧困に苦しみ、現在も人身売買などがおこなわれている。

ダイアモンドもカカオ豆も、「先進国」により独占されている。当のカカオ豆を収穫している少年たちは、カカオ豆が何になるのかを知らない。この皮肉な状況は、帝国主義の時代から変わっていないことにも気づかせたい。

4 帝国主義が招いたルワンダの悲劇 〔発展学習〕

(1) ルワンダ大虐殺

1994年、フツ族過激派により、ツチ族が虐殺された。人数は50万人とも80万人とも言われている。この虐殺の経緯は多岐にわたる要因があるが、① 19世紀にベルギーによって植民地化され少数派のツチ族が優遇される政策がとられ、フツ族の不満が高まったこと。② 1962年に独立したあともフツ族とツチ族の対立が解決せず、紛争が絶えず、主導権を握ったフツ族がツチ族を排除する政策がとられてしまったこと。③ その後ツチ族が「ルワンダ愛国戦線」を組織し、1980年代もフツ族との紛争が続いたことなどがあげられる。

列強のアフリカ分割によって、ルワンダだけはなく、アフリカ全土に紛争の原因をつくってしまった。

フツ族過激派は、「マチューテ」と呼ばれるナタでツチ族を虐殺した。現在の首都キガリには「虐殺記念館」が設立され、当時の惨たらしい写真が掲示されている。

(2) 映画『ホテル・ルワンダ』

こうした混乱状況の中、オテル・デ・ミル・コリンの支配人であったポール・ルセサバギナは、虐殺の重大さに気づき、フツ穏健派とツチ族をホテルで匿うことを決意する。ポールは、ルワンダ軍に多額の賄賂を贈り、「ホテルから逃げなければ、殺さない」という約束をとりつける。さらにポールは、フランス政府、アメリカのクリントン大統領にFAXを送り続けた。自分たちの置かれている状況を発信し、世界に叫び続けた。

その後戦争が終結し、ホテルに隠れていた1268人の命が救われることになる。見応えがある映画であり、生徒もまた、固唾をのみ、物語を見守るだろう。

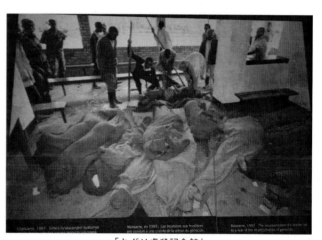

「キガリ虐殺記念館」
(提供：長井優希乃、2012年10月12日撮影)

(北條薫)

■文献・資料紹介
- 千葉県歴史教育者協議会世界史部会『世界史のなかの物』地歴社 (1999年)
- ミカエル=ライリー他『イギリスの歴史〔帝国の衝撃〕』明石書店 (2012年)

第4章 「歴史総合」実践の手引き　　　　　　　　　　　　　　B　近代化と私たち

11　近代化と現代的な諸課題

釜山に建てられた元徴用工の像

元徴用工裁判を支援する市民運動の集会（提供：朴 範義）

1　「近代化と現代的な諸課題」としての朝鮮人徴用工問題
〔授業テーマ―課題と視点〕

「近代化と現代的な諸課題」とは、近代の歴史的過程で発生し、未解決のまま現代の課題として残されている問題である。『学習指導要領解説（歴史総合）』は「近代化の歴史に存在した課題について、同時代の社会及び人々がそれをどのように受けとめ、対処の仕方を講じたのかを…考察し、現代的な諸課題に関わる近代化の歴史を理解すること…同時代における対処にもかかわらず、現在においても対応が求められる課題として残存していることに気付くように、指導を工夫すること」と記している（p.151）。

近代（化）は封建的な身分制度を廃止して市民社会をつくり、そして産業革命を通じて資本主義社会を形成し、国民国家を建設するとともに、個人主義、合理主義、自由主義、愛国主義などをもたらし、人々の生活を一変させた。

しかし、他方で、先住民・少数民族への抑圧と同化、人種や性差の差別、貧富の格差、人間疎外と公害、植民地支配と戦争などを引き起こし、多くの人々に苦難と犠牲を強いた。近代化のもつ正負両面に着眼し、とくに現代に残る負の側面を日本の近代化と絡めて学習したい。そうした視点から、2019年の現在進行中の朝鮮人徴用工問題を取り上げたい。

2　植民地責任論としての朝鮮人徴用工問題
〔教材研究のポイント〕

2001年8～9月に南アフリカのダーバンで開催された国連主催の「人道主義、人種差別、排外主義および関連する不寛容に反対する世界会議」（ダーバン会議）は、奴隷制度と奴隷貿易、植民地主義に関する評価を下した。同会議を機に、歴史学界では「植民地責任論」という概念が提起された。従来、日本の歴史研究では「戦争責任論」が主流をなし、満州事変からアジア・太平洋戦争という射程の中で、日本軍「慰安婦」や朝鮮人、中国人の強制労働などを論じてきた。しかし、21世紀以降、これらの問題が植民地支配・占領地支配に淵源する奴隷労働であることから、「植民地責任論」あるいは「植民地支配責任論」の視座からも研究されている。

韓国の大法院は、2018年11月、元徴用工の4人が訴えた裁判で新日鉄重金に対して1人あたり1億ウォン（約1千万円）の支払いを命じた。これに対して、日本政府は1965年の日韓請求権協定で解決済みであり、安倍首相は「国際法に照らしてあり得ない」と強く批判している。では一体、韓国大法院はなぜ、このような判決を下したのか、そしてその根拠は何か。これを考えることが授業のねらいである。

前提として、①日韓基本条約が1965年6月に締結されるまでに、1952年2月の日韓国交正常化交渉の開

始から14年間を要し、冷戦を背景に、東アジアにおける米日韓の安保体制の構築というアメリカの意向を受けて締結が実現されたこと、②交渉の過程で植民地支配をめぐる日韓両国政府の認識の差違（日本政府は植民地支配が国際法的に有効におこなわれ、その終了後に無効になったと、韓国政府は韓国併合自体が国際法的に無効であり、植民地支配も不法におこなわれたと、それぞれ説明）が埋まらず、その結果、見解に差がある問題に関しては双方の立場で解釈できる条文を案出したこと、③日韓請求権協定にもとづいて実施された無償3億ドル、有償2億ドルの日本の対韓経済協力は現金ではなく、「日本国の生産物及び日本人の役務」として韓国に供与されたことなどを確認する必要がある。

日韓請求権協定に照らして考えると、以下の要点がある。①前文で請求権問題の解決と経済協力が並記されているが、請求権問題の解決のために経済協力をおこなうとは記していない。②第二条第二項で「両締約国は、両締約国及びその国民の財産、権利及び利益並びに…請求権に関する問題が…完全かつ最終的に解決されたこととなることを確認する」と明文化された。③しかし、日本政府も個人の請求権が消滅したとは考えていない（1991年8月の柳井俊二外務省条約局長および2018年11月の外務省の国会答弁）。

なお、日本政府が個人請求権が消滅したと考えない根拠は、日本人の韓国政府に対する請求権も消滅し、日本政府に補償の請求が向けられることを避けるためと考えられる。

以上の要点と経緯をふまえ、大法院判決の意味を考えてみたい。同判決は、元徴用工の損害賠償請求が朝鮮半島に対する日本の不当な植民地支配に直結する日本企業の反人道的な不法行為を前提に請求する慰謝料であり、日韓請求権協定の適用対象には含まれないと述べている。この判決には、植民地支配の認識と切り離された請求権協定の「経済協力」には、植民地支配とそれに由来する強制労働の被害者に対する慰謝料が含まれていないという判断が示されている。

朝鮮人徴用工問題は、①当時の強制労働の実態、②日韓請求権協定の解釈、③現在の日韓両国政府の当該問題に対する立場と姿勢など、複雑な要素を含み、解決が困難な問題である。しかし、「歴史総合」が「近代化と現代的な諸課題」について「…同時代における対処にもかかわらず、現在においても対応が求められる課題として残存していることに気付くように、指導を工夫すること」と記してあり、ふさわしいテーマである。

3 朝鮮人徴用工問題の解決を考える授業 〔授業づくりのヒント〕

『学習指導要領解説』は「近代化と現代的な諸課題」の「内容の取扱い」で「一つ、あるいは複数の観点について取り上げ、適切な主題を設定すること。その際、自由・制限、平等・格差、開発・保全、統合・分化、対立・協調などの観点に示された二つの要素のどちらかのみに着目することのないよう留意すること」と記している。朝鮮人徴用工問題を扱うにあたり「対立・協調」の観点に注目したい。

授業では、①国民徴用令などの史料や朝鮮人強制労働に関する資料を読み、その実態について知る。②日韓請求権協定の主要な条文を理解する。③大法院判決と日本政府のコメントを知る。その上で、生徒を、①元徴用工とその家族、②韓国政府、③韓国の国民、④徴用工に強制労働をおこなわせた日本企業、⑤日本政府、⑥日本の国民という6グループに分け、各々の立場の意見・主張を考えさせ、意見表明をさせる。その際、1回目には各立場から出された意見の違いとその根拠を板書して共有する。2回目には討議を組織し、意見の差違を乗り越えて折り合える内容を考えさせる。簡単に結論は出せないが、当該問題が発生した背景、問題の本質に関する理解を深められるはずである。

4 「和解」から学ぶ戦後処理問題 〔発展学習〕

近年、中国人強制連行者の個別企業に対する補償請求裁判が地裁レベルで原告勝訴となっている。また、広島県安芸太田町安野で強制労働に従事した中国人受難者と遺族が16年間の交渉と裁判を経て西松建設と和解した事例が知られている。「中国人強制労働・西松和解」は受難の碑を建立し、追悼式を重ねている。「和解」の事例を授業で紹介し、戦後処理問題の解決方法を生徒に考えさせることが重要である。

（米山宏史）

■文献・資料紹介
- 歴史教育者協議会編『歴史地理教育』第835号「特集 日韓条約50年」（2015年）

第4章　「歴史総合」実践の手引き　　　　C　国際秩序の変化や大衆化と私たち

12　第一次世界大戦

出征を呼びかけるイギリスのポスター

資料：「ドイツ人女性が戦争捕虜である夫に書いた1916年11月23日付の手紙」[1]

> 愛する夫へ
> 　この戦争が長引けば、だれ一人生き延びられそうにありません。一日一人当たりパン0.5ポンド、肉60グラム、それからひと月にバター60グラム、石けん50グラムと粉石けん0.5ポンド、リンゴ1ポンドが支給されます。許可がなくては、商人も物を売ることができません。
> 　敵は何一つ不自由なく生活しています。特に、私たちを餓死させようとしているイギリス人は。大都市の状況はますます悪化しています。というのも、田舎ではどこかで野菜を見つけることができますが、野菜は都市部ではとても高いからです。

1　第一次世界大戦 〔授業テーマ―課題と視点〕

　第一次世界大戦は、1914年6月28日、ボスニアのサライェヴォで起きたオーストリア帝位継承者夫妻暗殺を一つの契機として勃発した。戦争は、ヨーロッパを主要な戦場としながらも、帝国主義列強各国の複雑な同盟関係と利害対立のなかで、植民地をはじめ世界の多くの国や地域の人々を巻き込む大戦へと発展し、政治や社会の在り方に大きな変化をもたらした。

　ゆえに、第一次世界大戦は20世紀前半における、その後の民族自決、国民国家、民主主義、国際体制、大衆化などの課題を考える出発点となる。

　ことに、第一次世界大戦では、前線の兵士のみならず銃後の国民、そして、その生活基盤となる経済や社会活動、科学技術などあらゆるものが戦争のために組織化され、動員される史上最初の総力戦に至った。総力戦は、それまでにない規模での大量殺戮や物資の破壊・消耗をもたらし、第二次世界大戦でも同様の事態が現れ、20世紀の戦争の特質を有している。

　授業では、総力戦がどのように始まり、展開したのかを確認しつつ、総力戦が大戦下の人々の生活や社会にどのような影響を与えたのか、資料を読み取りながら考えてみたい。

2　愛国的祖国防衛戦から総力戦へ 〔教材研究のポイント〕

（1）国際関係と愛国的ムード

　サライェヴォ事件後、同盟国ドイツの支援を期待したオーストリアはセルビアに宣戦、これに対してロシアも総動員令を発した。国際関係の行き詰まりを打開したいドイツは、短期決戦を意図してロシア次いでフランスに宣戦し、ベルギーに侵入した。ドイツがベルギーの中立を犯したことでイギリスがドイツに宣戦し、同盟・協商関係に基づき、参戦国は一気に拡大した。

　各国では、祖国を守るための正当な戦争と捉える世論が支配的で、愛国的ムードが高まった。

　全人口およそ4610万人のイギリスでは、開戦後、半年足らずで100万人の志願兵（イギリスでは徴兵制がないため）が集まった。また、ドイツやフランスでも兵役召集を拒む者は少なかった。

（2）戦争の長期化

　開戦当初は、戦争が短期間で終結すると思われていた。しかし、マルヌの戦い以降、西部戦線ではスイス国境から北海に至るまで同盟国・連合国両軍の塹壕が展開し、戦局は陣地戦による膠着状態に陥った。

　一方、東部戦線においてはドイツ軍によるロシア領ポーランドへの侵攻がおこなわれ、その後ロシア領内で長期戦にもつれ込んだ。

（3）総力戦

戦局打開のため、各国で航空機や毒ガス、戦車などの新兵器が開発され、次々に戦地へ投入された。これにより、物資・兵士とも一層の物量戦と消耗戦を余儀なくされ、戦争をおこなうために、膨大な武器・弾薬、兵士への食糧、兵士の増員が必要とされた。

そこで、労働力不足を補うため、それまで男性が中心であった職業に女性が就き、植民地や中国から安価な賃金で働く労働者が動員された。さらには、捕虜までも強制労働に従事させられた。

また、物資の生産と配分を軍事優先でおこなうために、ドイツやオーストリアでは食糧や生活物資の配給制が敷かれた。消費地の都市部では食糧事情が悪化し、農村部では生産の統制が強化され、国による経済の統制が強化された。

総力戦による殺戮と破壊は、前線だけでなく、兵士や物資を供給する銃後へも向けられ、国民すべてが戦争と無関係ではなくなった。戦争遂行のためのプロパガンダは、自国の優位性を強調し、敵国への憎悪と偏見を増長しながら生活に浸透していった。

3 総力戦下の人々　〔授業づくりのヒント〕

（1）WOMEN OF BRITAIN SAY – "GO!"

授業の導入では、出征を呼びかけるポスターの写真を提示し、生徒が文字と絵を見ながらポスターの目的を読み取る。その上で、ここに描かれた男性の兵士・女性・子どもがこれから経験する第一次世界大戦はどのような戦争であったのか、生徒が目を向けられるようにしたい。

（2）あなたは、兵士に志願しますか？

展開では、まず、帝国主義列強の同盟・協商、利害等の関係を略図にまとめ、開戦までの経緯を確認する。そして、先のポスターに示された義勇兵の募集に対し、当時のイギリス国民になりきり、志願するかの是非を問う。おそらく、「志願する」という意見の生徒は少数であろう。募集に応じた兵士の数、彼らの証言資料から国民の戦争への協力的姿勢を読み取り、ギャップを感じるようにしたい。

（3）塹壕と新兵器の前で

次に、戦地での兵士の実際を見ていく。ここでは、西部戦線における塹壕戦の実態や、新兵器による戦争の機械化について、映像を視聴し、気付いたことや感じたことをまとめる。証言資料に注目し、映像は短めに、凄惨な場面などには留意したい。

（4）愛する夫へ

一方、銃後の女性や子どもたちの実際はどうだったのか。資料の「ドイツ人女性が戦争捕虜である夫に書いた1916年11月23日付の手紙」からは、配給制などの統制経済、イギリスによる海上封鎖の影響を読み取り、「この戦争が長引けば、だれ一人生き延びられそうにありません」と述べた女性の立場から第一次世界大戦の総力戦を捉えたい。

また、軍需工場で働く女性労働者についてもふれる。さらに、戦争文化に関する玩具など、子どもの身近な遊びにも戦争が深く関わっていることにも気付き、総力戦の実態について理解を深める。

4 総力戦と社会・国民・国家　〔発展学習〕

総力戦体制によって、戦時下の女性の社会進出が進み、労働編成や賃金にも経済体制に大きな変化が見られた。この変化は国民内部の対立や格差を生じさせた。

また、経済統制などによって国家権力が国民の日常生活までを規制したことは、国家が国民の最低限度の生活を保障する必要性を創出し、国家が社会政策を拡充する福祉国家的性格を帯びさせた。一方で国民も国家の介入や保護を求め、これが権利として主張されるなど、国民の国家への帰属意識を強める結果となった。

以上のような、社会の変化、国民と国家の問題について考え、現在の私たちの社会についても意識を広げたい。

（小野恭一）

■文献・資料紹介

- 山室信一ほか編『現代の起点　第一次世界大戦　第2巻　総力戦』岩波書店（2014年）
- 『NHKスペシャル映像の世紀』NHKエンタープライズ、DVD（2005年）
- 木村靖二『二つの世界大戦』山川出版社（1996年）
- 三宅立「第一次世界大戦の構造と性格」（歴史学研究会編『講座世界史5　強者の論理』東京大学出版会）（1995年）

■注

1) 『ドイツ・フランス共通歴史教科書〔近現代史〕』明石書店（2016年）p.204 より一部抜粋

第4章 「歴史総合」実践の手引き　　　C　国際秩序の変化や大衆化と私たち

13　ロシア革命と世界・日本

> **資料1：ジョン・リード「世界を揺るがした10日間」**
> 「どこを見回しても、偉大なるロシアは新しい世界の産みの苦しみの中にいた。…新生ロシアではすべての男女に投票権があった。労働者階級の新聞も発行され、新しくて驚くようなことを書いていた。それにソヴィエトがあり、組合があった。…何ヶ月にもわたり、ペトログラードで、そしてロシア全土で、街角という街角が公共の論壇となった。列車や路面鉄道の車内でも、あらゆる場所で、いつだって即席の討論会が降って湧くのだった。」
>
> **資料2：「平和に関する布告」（1917年11月）**
> 「…公正な、または民主的な講和は、戦争で疲れはて苦しみぬいているすべての交戦諸国の労働者階級と勤労者階級の圧倒的多数が持ちのぞんでいるものであり、ツァーリ君主制の打倒後にロシアの労働者と農民がもっともきっぱりと根気よく要求してきたものであるが、政府がこのような講和と見なしているのは、無併合（すなわち、他国の土地を略奪することも他の諸国民を強制的に統合することもない）、無賠償の即時の講和である。…」

1　第一次世界大戦の最中に起こったロシア革命　〔授業テーマ─課題と視点〕

1917年のロシア革命の学習を通して、①この革命がなぜ第一次世界大戦の最中に起こったのか、②なぜ社会主義をめざしたのかを考えさせたい。

1914年に始まる第一次世界大戦は総力戦となり、長期化した。ヨーロッパの東部戦線では、ロシア軍はタンネンベルグの会戦で壊滅的な打撃を受けた。前線に動員される兵士は疲弊し、戦時経済が国民生活を圧迫した。工場労働者のストライキが相次ぎ、資本家層にも皇帝政治に対して政治改革を求めていた。ロシアの民衆の願いは「パンと平和」であった。

1917年2月、ロシア帝国の首都ペトログラード（現サンクトペテルブルク）で革命が始まった。繊維工場の女性労働者がストを決行し、工場労働者と兵士が合流した。ただちに、労働者と兵士の代表からなるソヴィエト（評議会）が結成された。一方で、資本家層が中心となって臨時政府が成立し、皇帝ニコライ2世は退位した（二月革命）。こうして第一次世界大戦の最中にロシアで革命が起こり、300年続いたロマノフ王朝は崩壊する。

しかし、臨時政府は戦争継続の方針をとった。このことが、さらに革命を推し進めることになる。亡命先から帰国したレーニンは「四月テーゼ」を発表し、戦争中止とソヴィエト政権の樹立を主張し、ソヴィエト政権は社会主義をめざすべきだとの論陣を張ったのである。

2　戦争の中止と社会主義をめざして　〔教材研究のポイント〕

なぜレーニンは、戦争を中止するためには社会主義をめざすべきだと主張したのだろうか。

アメリカのジャーナリストのジョン・リードが革命下のペトログラードに入り、市民・兵士から聞き取った『世界を揺るがした10日間』[1]は、現在も読み継がれている。ロシアは「新しい世界の産みの苦しみの中」にあり、「街角という街角が公共の論壇」となっていた。レーニンも演説し、多くの論文を書いた。レーニンは、こう訴える。「第一次世界大戦は帝国主義戦争である。帝国主義は資本主義が発達した段階であるから帝国主義戦争を中止させるためには、資本主義と異なる社会主義社会を実現することが必要だ」と。

1917年10月、レーニンが指導するボリシェヴキは臨時政府を倒してソヴィエト政権を樹立する（10月革命）。ソヴィエト政権の課題は、戦争の中止と社会主義の実現であった。

ソヴィエト政権は全ての交戦諸国に、無併合・無賠償・民族自決を原則とする即時講和を求める「平和に関する布告」[2]を発表した。しかし、イギリス・フラ

ンス両政府がこの布告を無視したため、ドイツとの単独講和を進め、1918年3月、ブレスト・リトフスク条約を結び、ロシアは第一次世界大戦から離脱した。

民族自決権を示した「平和に関する布告」はその後、世界各地の民族自決、独立を求める運動に大きな影響を与えた。しかし、連合国は戦争中止と社会主義をめざすソヴィエト政権を倒すために対ソ干渉戦争にのりだし、アメリカと日本などがシベリアに出兵した。

なお、「平和に関する布告」以外に、ソヴィエト政権が1917年11月の「土地に関する布告」で地主の土地を没収し土地の共同管理を求めたこと、1918年1月には「勤労し搾取されている人民の権利宣言」[3]を発表して、労働基本権や社会保障の実現をめざしたことについてもふれて、ロシア革命の世界史的な意味を考えたい。

3 シベリア出兵・米騒動 〈授業づくりのヒント〉

ロシア革命に対して、日本や世界はどのように対応したのだろうか。そこで、シベリア出兵を中心に考えてみよう。

1918年8月2日、日本はシベリア出兵を宣言し、7万2400人を動員するが、ちょうどその頃、日本の各地では米騒動が起こっていた。米騒動が広がる中でのシベリア出兵であった。そして、米騒動だけでなく労働者のストライキも激しくなり、寺内正毅内閣は退陣する。

シベリア出兵している最中の1918年11月、ドイツは連合国と休戦協定を結び、第一次世界大戦は終結した。しかし、イギリス・フランス・アメリカがシベリアから撤退するものの、日本は出兵し続けた。なぜ、日本は他の国が撤兵した後も兵をひかなかったのだろうか。

ロシア革命と第一次世界大戦の終結によって民族自決を求める運動が世界に広がった。

1919年には、朝鮮で三・一運動、中国で五・四運動が起き、インドではガンジーのイギリスに対する非暴力抵抗運動が始まった。ロシア革命の影響を怖れた日本は、シベリアから撤退できなかったのである。日本はその後、北サハリンを占領し、1925年に撤退するまでの7年間、極寒の地で戦争を続けることになった。

このように、ロシア革命、シベリア出兵について、日本やアジアの動きの中から捉える視点を大切にしたい。

4 ロシア革命を世界と日本からみる 〈発展学習〉

学習指導要領では、「第一次世界大戦と大衆社会」の中で「ソヴィエト連邦の成立」があり、「内容の取扱い」で「社会主義思想の広がりやロシア革命によるソヴィエト連邦の成立が、その後の世界に与えた影響にも触れること」とある。「その後の世界に与えた影響」については、ロシア革命と大戦の終結に動かされて、三・一運動、五・四運動が起こったこと、その一方で日本はシベリア出兵という7年間にわたる戦争をおこなったことをおさえる必要がある。

ロシア革命から100年がたち、新たな視点からロシア革命を捉え直す研究が多様になされている[4]。1991年に社会主義国ソヴィエト連邦は消滅したが、ロシア革命の果たした歴史的役割までもが消滅したわけではない。

（河合美喜夫）

■文献・資料紹介
- 和田春樹『ロシア革命―ペトログラード1917年2月』作品社（2018年）
- 池田嘉郎『ロシア革命　破局の8か月』岩波新書（2017年）
- 麻田雅文『シベリア出兵―近代日本の忘れられた七年戦争』中公新書（2016年）
- 趙景達「シベリア出兵と米騒動」『歴史地理教育』880号（2018年）

■注
1) ジョン・リード著、伊藤真訳『世界を揺るがした10日間』光文社古典新訳文庫（2017年）
2) 「平和に関する布告」は歴史学研究会編『世界史史料10』岩波書店（2006年）に所収。
3) 「勤労し搾取されている人民の権利の宣言」は高木八尺ほか編『人権宣言集』岩波文庫（1957年）に所収。
4) 『現代思想』2017年10月号、『歴史地理教育』2017年11月号が「ロシア革命100年」を特集。

第4章　「歴史総合」実践の手引き　　　C　国際秩序の変化や大衆化と私たち

14　民族自決とアジアの独立運動

資料1　小村寿太郎外相への抗議書簡

「同文同種の国の皇子を助けようとしないどころか、白人のフランスの鼻息をうかがって、国外に追放してしまった。外相のあなたにしても、アジアの黄色人種を軽蔑し、欧米人にへり下ってばかりいる。全く情けない話だ。」

（外務省外交史料館所蔵）

資料2　浅羽佐喜太郎公紀念碑

「私たちは、ベトナムが苦しい状況にあるため、日本を訪れた。佐喜太郎様は私たちの志に共感し、無償で援助してくれた。佐喜太郎様は、正義を重んじて、弱い者を助けるたいへん優れた人である。…」

（出典：袋井市ホームページ）

1　アジア独立運動の意義　〔授業テーマ―課題と視点〕

　第一次世界大戦で、ロシア、オスマン、ドイツ、オーストリア・ハンガリーの4つの帝国が解体する。ロシアではソヴィエト連邦が成立し、「平和についての布告」において民族自決権が打ち出され、ウィルソン米国大統領の14カ条演説でも民族自決が提唱される。このことはアジア各地の民族運動に大きな刺激を与えた。

　しかし、戦後構築されたヴェルサイユ・ワシントン体制のもとでは、民族独立の希望がかなうことはほとんどなかった。ただし、朝鮮における三・一運動は日本による武断政治からの転換を余儀なくさせ、中国の五・四運動では中国政府によるヴェルサイユ条約の調印拒否が実現される。一方、アジア各地では、戦場となったヨーロッパの代替生産を担うとともに、植民地兵として直接大戦に協力する。産業の発達に伴い形成された富裕層を中心とした人々は西欧の制度や日本の近代化を学び、独立運動の指導者となっていく。さらに、協力への見返りとして、独立が強く主張されるようになる。これらは第二次世界大戦後の独立運動の土台となった。

　この時期のアジアの独立運動は大国の思惑に左右された挫折の面を持ちながら、現代につながる意義を確認したい。加えて、日本との関わりを学ぶことで、アジアの視点から歴史を見る眼を育みたい。

2　ファン・ボイ・チャウとベトナム独立運動　〔教材研究のポイント〕

（1）ベトナムの独立運動

　アジアの独立運動では、朝鮮・中国・インドに多くの実践があるが、このテーマでは中学校であまり取り上げられないベトナムを事例とし、人物としてファン・ボイ・チャウを取り上げる。ベトナムはフランスによる植民地化のなか、民族資本家や知識層が形成される。彼らを独立運動の担い手として養成しようとしたのが日本への留学、東遊運動であり、東遊運動を推進したのがファン・ボイ・チャウであった。彼を中心としたベトナム独立運動の興隆と挫折を通して、この時期のアジアの独立運動の典型をみることができる。また、彼の日本での体験は日本がアジアの独立運動と、どのように関わったのかを教えてくれる。

（2）ファン・ボイ・チャウ

　まずおさえておきたいのは、もう一人の運動のリーダーであったファン・チュー・チンがフランスの支配のなかで王政廃止や諸改革を進めようとしたのに対し、ファン・ボイ・チャウは武装闘争による独立をめざしたことである。東遊運動は本来武器援助を日本政府に要請するためであったが果たせず、独立運動の人材の育成に方針を変更したものである。また、アジアの革命勢力、特に中国の孫文や章炳麟らとの接触・連

携を模索した。1911年辛亥革命勃発後、ベトナム光復会を結成、第一次世界大戦中、武装闘争をおこなうが、革命・独立へ発展することはなく、自身も1925年逮捕され、フエで軟禁状態となる。以後は旺盛な著作活動で影響を与えた。晩年はフランスとの連携論や社会主義など思想的には多様な展開を見せている。直接のつながりはないが、ベトナムの独立運動は社会主義に基づくホー・チ・ミンに受け継がれていく（ホー・チ・ミンもパリ講和会議への失望が社会主義転向へのきっかけとなっている）。

（3）ベトナムの独立運動と日本

他のアジアの人々もそうであったように、東遊運動の原動力はロシアに勝利した日本への期待であった。留学生は200名に達した。しかし、日本が帝国主義的政策をとると期待は裏切られる。1907年日仏協約でそれぞれ植民地権益を承認し合うと、日本政府は東遊運動の留学生の取締を強化、実質中止に追い込まれる。

資料1は皇族でもあったクオン・デが1909年日本から退去させられたことに対するチャウの抗議文である。同文同種とは漢字など同じ文化を共有し、同じ黄色人種であることを意味する。このような失望はインドのネルーや中国の孫文にも見られる。

一方で、資料2はチャウを財政面で支えた浅羽佐喜太郎を顕彰するためチャウが建てた碑文の辞。彼はフランス当局の圧力でベトナムからの資金調達が止まった時、多額の援助をおこなった。一部であってもアジアの連帯を意識した日本人がいたことはおさえておきたい。

3 独立運動にあなたならどう対応するのか　〔授業づくりのヒント〕

資料1・2は、同一人物が書いたものであることを導入に、誰に対する怒りと感謝であるのかを読み解く。ファン・ボイ・チャウの生涯をたどりながら、東遊運動、孫文や章炳麟などアジアの独立運動家らとの交流、武装蜂起の失敗、彼以後のベトナムの動きを概観する。

その上で、日本が東遊運動を取り締まった理由を年表やこれまでの学習から考える。

帝国主義的政策をとる国家としての日本の対応に対して、ファンに財政的な援助をおしまなかった浅羽佐喜太郎の思いを考える。浅羽は道端に倒れていたベトナム留学生を救ったことがきっかけで援助を始める。自身が医者であったこと、自身が病弱でドイツ留学を諦めた経験を持っていたことなど人道的側面が強い。加えて、三・一運動や五・四運動に対する吉野作造・石橋湛山、宮崎滔天[1]らの考えも援用しながら、アジア諸民族の連帯という発想にも触れたい。この後の日本は軍国主義への道を進むこととなり、ベトナムへも進駐することになる。

これらのことを踏まえ、この時代のアジアの独立運動に対して、「どのような対応をとるべきであったか」、あるいは「どのような可能性があったか」を話し合う。「少数意見に過ぎない」「国家と個人は分けるべき」といった意見も予想される。ただ、歴史的な事実を単に当時の国際状況による必然と捉えるのではなく、個人の判断も含めた多様な選択の総体として理解したい。

最後に、ファンの存命中にベトナムの独立はならなかったが、前述の通り民族解放はホー・チ・ミンに引き継がれ、運動のエネルギーが途切れることはなかったことをおさえておきたい。

4 地域で交流の歴史を探る　〔発展学習〕

東遊運動では200人近くの留学生、中国人も1万人近くが日本に学んでおり、日本は海外における独立運動の拠点であり、交流の場であった。近年静岡県袋井市の「浅羽佐喜太郎公紀念碑」のように地域の交流の歴史を再評価する動きが見られる。県単位であってもよいので、より身近なつながりから考えるきっかけをつくりたい。

（田城賢司）

■文献・資料紹介

- 今井昭夫『ファン・ボイ・チャウ』山川出版社（2019年）
- 白石昌也『日本をめざしたベトナムの英雄と皇子』彩流社（2012年）
- 和田春樹他編『東アジア近現代通史3』岩波書店（2010年）
- 米山宏史『未来を切り拓く世界史教育の探求』花伝社（2016年）

■注

1) 1905年、ファンは犬養毅の仲介で孫文と面会しており、協力者であった宮崎とも面識があった。宮崎は「世界を広く見渡し、共感し合える仲間を探しなさい」とアドバイスしたと言う。白石昌也『前掲書』

第4章　「歴史総合」実践の手引き　　　　　　　　　C　国際秩序の変化や大衆化と私たち

15　大正デモクラシーと世界

資料1：『韓国土地農産調査報告』
韓人もまた1日3食を習慣としている。重労働を行う際（農繁期など）はさらに2食増やす。…彼らの食膳で第一位を占めるのはまず米飯で極めて大きな丼に山のように盛り、1，2品の副菜をつける。…一般には単に米のみを食べる。

資料2：『朝鮮人ノ衣食住及其ノ他ノ衛生』
米飯を主食とする者は稀で、これに麦・粟・豆類その他の雑穀を混ぜることが多く、また、馬鈴薯や、夏は瓜類を主食代わりにするものが少なくない。…農民の多くは貧困で年間、主食を安定的にとることができない。…春に前年の穀類が殆ど尽きると…毒草でない野草を採取し、わずかに穀類を混ぜ粥汁として糊口を凌ぐ。

資料3：金允植『続陰晴史』下
今日鍾路学校廉売所で一人の貧しいハルモニが、長く待ちわびても米を買えなかったのに、内地人の女子は着くやいなやすぐに買うのを許され立ち去った。貧しいハルモニは大声で不公平をなじると、日本人巡査が怒って蹴ったので地に倒され気絶した。病院に担がれたが、すぐに亡くなった。群衆は憤激して大声で叫びながら投石したところ、巡査の多くも負傷した。巡査・憲兵隊が集まり、武器を持って威嚇したのでようやく解散した。廉売規則は改正されるという。[以下略]

（出典：趙景達「米騒動と植民地朝鮮」〔『米騒動・大戦後デモクラシー百周年論集I』所収〕）

1　世界・アジアの中の「大正デモクラシー」 〔授業テーマ─課題と視点〕

「大正デモクラシー」という用語は、研究者の間でもその定義や時期に統一的な見解がなく、時代状況を説明する概念としての有効性を疑問視する論者も少なくない。そのため従来の日本史教科書でも用いられ方がまちまちであった。このテーマでは、日露戦争後から満州事変前後までの、大正期を中心とした時期に、民衆運動や政党政治が活発となり、民主主義的な傾向が強まったことを指す語として用いたい。「歴史総合」で扱う場合には、まず挙げられるのは次の二つの視点であろう。

一つは、第一次世界大戦後の世界の潮流の中での「大正デモクラシー」という視点。第一次世界大戦終結後にアメリカが提唱した国際平等主義の確立をめざす風潮と、ロシア革命を通じた社会主義思想の拡大の影響によって、民衆運動が活性化したことを理解したい。

もう一つは、アジアから見た「大正デモクラシー」という視点。この時期は、同時に朝鮮の植民地化と統治体制の強化、中国へのさらなる進出、南洋諸島の委任統治開始など、帝国主義的性格を強めた時期でもあった。「大正デモクラシー」の「内」と「外」という二面性に留意し、日本のアジア認識について、具体的事例から考えたい。

2　「大正デモクラシー」は戦争を防げなかったか 〔教材研究のポイント〕

（1）「国民」とはだれか

産業革命や大戦景気による資本主義社会の形成が、地域社会や人々の生活に大きな変化をもたらしたことと各事件・運動とをつなげて理解したい。日比谷焼打ち事件も米騒動も、職人・職工・人足・車夫など「都市雑業層」が中心だった[1]。事件の写真・絵から参加者層とその要求について、社会的背景を確認しながら考えたい。政府系の新聞社や交番のほか、教会が焼打ちに合った理由を問い、「国民」意識と排外主義との関係を考えてもよい。

日露戦争の「勝利」で「一等国」意識をもつ「国民」が登場し、「民本主義」と「天皇機関説」を理論的支柱として民衆運動が展開された[2]。大戦景気に伴う生活向上を背景に、女性の運動も含めて活性化した。選挙法改正と治安維持法制定により、国家を支える「国民」が固められる一方、女性や社会主義者、植民地の人々らは体制外に置かれた。また、国粋主義的な動きやテロリズムをおこなう右翼団体の台頭も、1930年代の展開を考える上で重要である。

（2）米騒動は富山で始まったのか

米騒動は1918年夏、富山県の日本海沿岸に暮らす女性たちが、船による米の移出阻止のために役場などに押しかけたことを契機に拡がった全国的な騒動であ

る。しかし、大戦景気に伴う米価高・物価高・家賃高という民衆の生活難は1917年中に深刻化しており、既に同年春から米移入地域の大消費地の鉱工業・大都市を中心に、賃上げ要求などの労働争議が増加していた。

また、騒動の主体や行動のあり方についても、より具体的に明らかにされてきている。騒動発生前に、生活への不満から飲酒・家庭内暴力などで憂さを晴らす者が目立つなど不穏な状況が確認された。また、騒動発生当初は米の廉売要求という行動が、次第に米や酒の掠奪、商店に対する脅迫や放火、官憲に対する暴力が一般化した。実際に襲撃に加わったのは一部の者たちだったが、大多数の「傍観者」は騒動勢の暴動を期待し、熱狂した。騒動の実態と騒動への多様な関わり方に着目することで、民衆の生活や心性についてより多面的に考えられよう。

（3）米騒動はアジアにどのような影響を与えたか

従来、米騒動の影響は朝鮮に直接波及し、三・一運動の背景ともなったと言われてきた。しかし、朝鮮民衆の食糧事情は、日本による保護国化・植民地化以降、米食中心から雑穀中心に転換しており、米の廉売を求める過激な米騒動はほぼ発生せず、朝鮮人が米屋を襲撃する事例は新聞で確認できる限り1件のみという。また、三・一運動と米価騰貴の因果関係はみられず、運動においても米の掠奪などはほとんど起こらなかった。

米騒動の後、産米増殖計画による植民地での「内地」用の米生産増強に加え、仏領インドシナ・英領ビルマ・タイなどから「外米」を買い付け、東南アジア一帯の米価を高騰させた。また、中国でも日本人商人が米の買い占めをおこなった。日本の民衆の米食は、アジア・太平洋戦争敗戦に至るまで、在日民衆も含めた植民地やアジア民衆の犠牲の上に成立していたが、その事実は自覚されぬ一方、事あるごとに対外強硬論が主張された。米騒動は「内には民本主義、外には帝国主義」という「大正デモクラシー」の二面性について深める材料となりうる。

3 朝鮮ではなぜ米騒動が起こらなかったのか 〔授業づくりのヒント〕

日本での米騒動の実態を示す授業の後、植民地朝鮮と米騒動との関係を考える授業をおこなう。導入では、朝鮮の食糧事情を、日本による保護国化直前と植民地化後で比較し、植民地朝鮮民衆の生活を具体的に捉える。1905年頃の調査記録（資料1）と、1912～14年の調査記録（資料2）や朝鮮の新聞記事などが資料となる。

授業のコアとなる問いは二つ。「朝鮮最大の米騒動」として知られる、1918年8月28日の小学校廉売所騒動に関し、資料3を読み、「『群衆』はなぜ怒ったのか」と問い、騒動の原因を考えたい。さらに、朝鮮では「内地」のような米騒動はほとんど起こっていないこと、翌1919年には三・一運動が発生したことを確認し、「朝鮮民衆はなぜ米騒動を起こさなかったか」と問う。植民地統治の日常的な抑圧に対する不満と矛盾を抱えながらも生活していた人々の存在に気づき、植民地を含む近代日本の姿を多面的に捉えるようにしたい。

4 関東大震災の虐殺はなぜ起こったのか 〔発展学習〕

関東大震災下で朝鮮人・中国人や社会主義者らの虐殺が起こった背景に、対アジア観と差別意識、在日朝鮮人の増加、日常的な抑圧と差別に対する報復への恐怖、三・一運動「暴動」観と再発への警戒感などがあったことが指摘されている。これらに加え、前述した米騒動の実態および騒動下の民衆の心性を具体的に押さえたい。騒動と虐殺の主体が共通していること、米騒動においても様々な流言蜚語が流布され、騒動勢の来襲を怖れ、商店や料理店・劇場などが休業を余儀なくされていたことなども考える材料となるだろう。

生存への不安が他者への攻撃に向かう。虐殺の事実の否定とヘイトスピーチという現在の問題を歴史的に考えるためにも、向き合いたいテーマである。

（山田耕太）

■文献・資料紹介
- 成田龍一『大正デモクラシー』岩波新書（2007年）
- 北尾悟「教育から見る大正デモクラシー―教材化の視点を中心に」『歴史地理教育』750号（2009年）
- 和田春樹他『東アジア近現代通史 上』岩波現代全書（2014年）
- 井本三夫編『米騒動・大戦後デモクラシー百周年論集Ⅰ』集広舎（2019年）

■注
1) 前掲『大正デモクラシー』p.6
2) 加藤千香子は、第一次世界大戦期の『横浜貿易新報』社説から、「デモクラシー」の意識と「帝国民」意識との不可分な関係を考察している。「『大正デモクラシー』と国民国家」『歴史評論』766号（2014年）

第4章　「歴史総合」実践の手引き　　C　国際秩序の変化や大衆化と私たち

16　今に生きる不戦条約

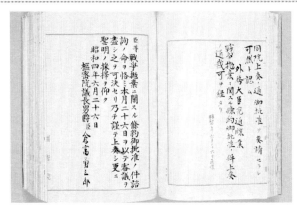

「戦争抛棄ニ関スル条約ヲ批准セラル」
1929年批准（出典：国立公文書館HP）

資料1：不戦条約

　第1条　締約国は、国際紛争解決のために戦争に訴えることを非難し、かつ、その相互の関係において国家政策の手段として戦争を放棄することを、その各々の人民の名において厳粛に宣言する。

資料2：日本国憲法第9条第1項

　日本国民は，正義と秩序を基調とする国際平和を誠実に希求し，国権の発動たる戦争と，武力による威嚇又は武力の行使は，国際紛争を解決する手段としては，永久にこれを放棄する。

1　現代につながる不戦条約
［授業テーマ―課題と視点］

　第一次世界大戦後に見られる平和を求める動きは、未曾有の犠牲や重い軍事費負担を前に人々の切実な願いの表れとして理解される。一方、第二次世界大戦という歴史的な結果を招いたことから、制度的な欠陥や戦勝国を中心とした大国の思惑を超えるものではなかったと評価される。

　1928年にパリで締結された不戦条約は、アメリカ、イギリス、ドイツ、フランス、イタリア、日本、ソヴィエト連邦を含む63ヶ国が署名した。大戦前の勢力均衡による国際秩序のなかで、国家間の紛争の解決のため戦争が権利として半ば認められていたのに対して、「戦争の非合法化」を定めたことは画期的であり、多国間で平和を維持しようとする集団安全保障体制、国際連盟を法的に補完するものであった。しかし、第2条に規定された紛争の平和的な解決手段が具体的に示されず、アメリカをはじめとする各国が自衛のため、あるいは条約違反国に対しては戦争を認める解釈を当初から示していた。これらのことから、第二次大戦へ向かう状況下、その実効性には確かに限界があった。

　とは言え、条約のもつ理念が消えていないことは日本国憲法第9条と見比べれば明らかである。そして、不戦条約をめぐる課題は、現代の憲法9条をめぐる日本の状況、紛争が絶えない世界の状況と重なる。「どのようにすれば戦争をなくすことができるのか？」、いささか大きなテーマではあるが、公民科で「公共」が設置されると憲法学習の機会が減ることが予想される。「歴史総合」の授業で、こうした機会を持つことは重要ではないだろうか。

2　不戦の系譜
［教材研究のポイント］

（1）不戦条約に至るまで

　このテーマでは法整備を含めた不戦のしくみに焦点をあてる。ただ、不戦を考える入口には、「そもそも争うことは人間の本性なのか？」という問いが浮かぶ。その答えはいずれにせよ、われわれの日常には確かに争いは存在する。しかし、私たちには起こっても治める術があり、争いを避ける術を持っている。これまでの学習に目を向けても、キリスト教や仏教をはじめとする宗教の多くに不戦・平和の教えが見られる。さらに市民革命を通して、人権の意識が浸透すると、個々のもめごとをいわゆる決闘によって解決することは禁じられ、法律に基づく解決が徹底されていく。まさに不戦とは国家間においても法の支配を徹底していこうとするものである。具体的には17世紀オランダのグロティウスが唱えた国際法を嚆矢とし、1899・1907年のハーグ世界平和会議における毒ガス等の兵器の禁止や降伏者の扱いなどは戦争に一定の制限をかけるものであった。

（2）戦争非合法化運動と不戦条約

不戦条約の成立には1920年代アメリカで展開された「戦争非合法化」運動が大きな影響を与えている。プラグマティズムの哲学者ジョン・デューイやレビンソン、モリソンといった人物が中心となった。彼らが主張したのは、自衛・制裁を問わず全面的に戦争を非合法化することであった。紛争解決のため、常設の国際裁判所を設置、明確な国際法典を制定し、国内裁判同様に判決を下す。その際、国際法典の制定や判決を担保するのは、諸国民自身、人民の意思であるとする。しかし、時に人民は熱狂的に戦争を支持してきたのではないかとの批判に、モリソンは、非合法化運動のねらいが戦争の可否を人民自身が決定する機会を与えることにあるとする。それは為政者によるプロパガンダなどのない平時であれば、必ず人民は戦争を否定する。平和は武力で強制できないという信念に基づいている。不戦条約の「人民の名において」[1]にも、この思想が色濃く反映されている。

これまでの文脈で憲法第9条を見たとき、2項の戦力不保持と合わせると、不戦条約で果たせなかった戦争全面否定の理念が込められていると受け取ることができる。

3 不戦条約の意義を考える　〔授業づくりのヒント〕

（1）今に続く不戦の思想

資料1・2を見比べ、その共通点を確認する。国際紛争解決のため、戦争〔武力行使〕を放棄している。国際連合憲章（1945年）第2条3・4項および第33条にも共通している。

不戦条約は第2条において、平和的手段を求めている。まずは日本で個人や団体同士のもめごとや犯罪が起こった場合、どのように解決がはかられるかを確認する。話し合いや場合によっては喧嘩ということもあるが、基本的に法に基づく裁判や調停によって解決がはかられていること、不戦条約や憲法9条は国家間の紛争においても法による解決をめざしている。

（2）不戦条約と日本

日本は不戦条約成立の1928年から締約国として参加している。1931年満州事変を引き起こす。日本は不戦条約締結国として、どのような主張を行ったかを考える。

前述の自衛のための戦争を認める解釈を援用し、満州における日本の「権益」を守ることは自衛であると主張した。また、「事変」と称することで戦争に当たらない解釈も示した。授業では、選択肢等を示して日本のロジックを予想する展開や事変の規模などから戦争と言えるか、言えないかを考える展開が考えられる。グループで考える展開が考えられる。

満州事変は、自衛戦争と認められなかったが、日本の例から「自衛」の定義の難しさと自衛権を認める中での不戦条約の限界が見て取れる。一方で、不戦条約があったからこそ、あからさまな侵略戦争を抑止することができたと言う両面性が表れている。

（3）武力を行使しない紛争解決は可能か？

ここでは各自が中学校からの学習や知識を踏まえ、自由に意見を述べる。「戦争は嫌」「どうせ戦争なんてなくならい」といった情緒的な意見も予想されるが、ここでの意見の相違を踏まえて、発展学習へとつなげたい。

4 戦争のない世界は可能か　〔発展学習〕

テーマ・時代を移すことになるが、多国籍軍が投入された湾岸戦争や、開戦理由とされた大量破壊兵器がついに見つからなかったイラク戦争、少数民族や難民の救済を目的にした軍事介入など、武力による制裁や解決がはかられた事例が現代史の中には存在する。また国際連合は武力制裁を可能にしている。これらの帰結や現状を学びながら、改めて不戦条約や憲法9条の理念が、現実に即さない変更されるべき理想なのか、なお求めるべき理想としてあり続けるものなのか、各自の意見をまとめる。

（田城賢司）

■文献・資料紹介
- 星野安三郎他『世界の中の憲法第九条』高文研（2000年）
- 歴史学研究会『世界史史料10』岩波書店（2006年）
- 小川幸司『世界史との対話（下）』地歴社（2012年）
- 河上暁弘「日本国憲法第9条と不戦条約」専修法研論集, 34号, （2004年）

■注
1) 1929年、天皇主権の国家体制にそぐわない理由から、日本はこの文言を適用しない宣言書を発している。

第4章 「歴史総合」実践の手引き　　C　国際秩序の変化や大衆化と私たち

17　ファシズム

「ナチス政権下のレクリエーション」

この写真は1936年におこなわれた青年たちによる体操である。ナチスは、スポーツ教育にも力を入れ、大衆を統合していった。

第二次世界大戦の中核を担っていた20代の兵士たちは、少年期にヒトラーユーゲントとして積極的に運動に参加していった。①ボクシング②軍事訓練③運動会④射撃訓練などがその例である。

また、ドイツ少女連盟（Bund Deutscher Madel）は女性解放への大きい機会となり、愛国心育成の役割を担った。

（出典：フランソワ・ゲジ『フランスの歴史〔近現代史〕』明石書店，2011）

1　ナチスの全体主義　〔授業テーマ―課題と視点〕

第一次世界大戦後、ヒトラーは合法的な形で政権を獲得するために様々な政策を打ち出す。これらは、政権獲得後も積極的に続けられた。ドイツのファシズムが成功した理由はいくつも考えられるが、ここでは

①ヒトラーユーゲント・ナチス政権下の教育
②スケープゴートの明確化（ユダヤ人、障がい者など）に絞りたい。

「僕たちは総統と国家に戦い、殺し、必要とあれば死ぬ覚悟はできていた。父と母は戦争が起こりそうな事態に憂いていた。僕たちは、ヒトラーユーゲントの教え、すなわち『戦争は人類にとって必要な浄化のプロセス』と信じていた。父と母は、愚かな、時代遅れの人間としか思えなかった。」

これはヒトラーユーゲントの回想記録である。ファシズムは、子どもたちにとって「楽しいもの」である。子どもたちを魅了するファシズムの本質を迫りたい。

集団の中で弱者・少数派が排除されると、その集団は、より「集団化」されていくメカニズムを持つ[1]。それは、今日の社会も同様である。しかし、機械的な殺戮がおこなわれる「ガス室」という概念をつくったのは歴史上ドイツだけである。排外主義が漂う今日に、あらためてナチス・ドイツを学ぶ意味を問い、生徒とともに考え合う。

2　ナチスの政策　〔教材研究のポイント〕

（1）戦争と子どもたち

戦時下の子どもやヒトラーユーゲントの熱狂ぶりがわかるものとして、ナチスが製作した映画『意志の勝利』があげられる（ドイツでは現在も一般上映は禁止されている）。

ヒトラーに対する敬礼、一糸乱れぬ行進、全員統一された制服、少年少女を鼓舞させる音楽。巧みに演出されたナチスの式典は、当時の子どもたちを魅了した。子どもたちは、おそらく今も昔も「一体感」「連体感」に対する「憧れ」はあるだろう。ナチスは大衆をまとめるために遊園地・自動車などの「余暇活動」を与えるだけでなく、運動会、体操などの「肉体的統合」、学校における「敬礼」、ヒトラー賛美の歌曲を導入するなどの「精神的統合」を進めていき、ファシズムの枠に嵌めていった。

（2）弱者の迫害

強大な国家を創造していくためには、彼らにとって「不利益」「生産性がない」と判断された弱者は排除の対象になる。ヒトラーは大衆の社会不満をそらすために、ユダヤ人を排除の対象にしたが、大規模なユダヤ人排除よりも前に対象となったのが障がい者である。

1933年「劣等遺伝子予防法」という名の下に、ヒトラーは、精神、身体障がい者ら30万人が不妊治療を取らせた。狂気の思想は「排除」から「絶命」へと

転換していった。ナチス政権下のドイツでは、障がい者20万人が医師などにより虐殺されたという。

ある医師は「私はこれらの生きる価値なき患者たちに対して、民族共同体の利益のために、安楽死を直接実行する責任を喜んで負う」と宣言した[2]。

強硬な全体主義の下では、虐殺すら正当化される。

（3）プロパガンダとユダヤ人

ヒトラーは、大衆をまとめるためにプロパガンダを巧みに利用した。当時の新聞記事、雑誌広告、本、歌、詩などマスメディアから芸術分野に至るまでに、排除の「根拠づけ」がなされている。

「ユダヤ人と南京虫は似ている」

「ドイツよ、目覚めよ。ユダヤよ、くたばれ」

ヒトラーは、様々なツールを用いて攻撃対象を名指しした。

3 全体主義を体感する 〔授業づくりのヒント〕

（1）集団の「一体感」を体験する

ナチスにおける「全体主義」の授業実践の一例として、冒頭で示した写真と併せて、ベルリンオリンピックにおけるドイツ国民が一斉に「敬礼」する写真や、女学生がナチス・ドイツの国旗に一斉に敬礼している写真を使用する（明石書店の世界の教科書シリーズ『フランスの歴史〔近現代史〕』では、ナチス時代のドイツについても詳細に記述しているので参照されたい）。

授業の柱となる問題提起は二つある。一つは、「一体感」を実際に体験してみることである。実際に生徒たちにその場で行進してもらう。最初は足踏みがそろわない。しかし段々と歩調があい、ものの数十秒でナチスの行進のように乱れぬ行進となる。全員が同じ行動をおこなうことで、ある種の「安心感」さえ覚える。実際に、この授業をおこなった時、ある生徒は「バラバラなのがまとまり、心地よさを感じた」と話している。

二つ目は、「この時代、どうしてドイツ国民全員がナチスの政策に賛同したのか？」という問いである。

（2）ユダヤ人を取り締まる法律の年表を確認する

ホロコーストは、突如として起きたわけではない。ユダヤ人の自由を制限する法律が1930年代から着々と施行されていった。ユダヤ人との婚姻の禁止、ユダヤ人の裁判官の罷免、ユダヤ人の公務員の解雇、ユダヤ人の外出禁止、ユダヤ人への食料配給の禁止…。

このような年表・細かい事実経過を一つひとつ丁寧に追っていくと「排除」というのは、急におこなわれるものではない。段々と国民の間に浸透され、理不尽な政治に対して意義を唱えられなくなり、結果として全体主義を多くの人が受容してしまうことにつながっていくことを共有したい。

4 全体主義に抵抗した「白いバラ」 〔発展学習〕

（1）全体主義に抵抗した「白いバラ」

第二次世界大戦の最中、ミュンヘン大学のフーバー教授とショル兄妹たちの「白いバラ」のメンバーは、反ナチ運動を展開し、反戦を訴えるビラを撒いた。

彼らは、すぐさま逮捕されてしまい死刑判決を言い渡されてしまう。彼らの逮捕を手助けしたのは、大学の職員で、報奨金さえ貰っていた。

彼らの知的な勇気ある反戦活動が評価され、ミュンヘン大学の広場には、ビラの記念碑が設立されている。ユダヤ人をかくまったオスカー・シンドラー、ユダヤ人にビザを発給した杉原千畝は有名だが、「白いバラ」の抵抗運動にも着目させたい。

（2）映画「フリーダムライターズ」

ナチズム、ユダヤ人迫害に関わる映画を参考にしている方も多いだろう。ここで紹介する「フリーダムライターズ」はアメリカの困難校の子どもたちがホロコーストと向き合い、アンネフランクの日記を読むことによって、再生していく物語であり、実話である。

ある日黒人のジャマールの唇を嘲笑するビラがクラスで出回る。主人公の教師エリンは「こういった行動が、やがてホロコーストにつながっていく」と諭しても生徒たちに伝わらない。授業の進め方に苦心するも段々と心を開き、生きることに向かっていく子どもたち。ホロコーストという普遍的なテーマに向き合う姿は、映画を見た子どもたちの心に「自己内対話」が展開されるだろう。

（北條薫）

■文献・資料紹介
- 阿部良男『ヒトラー全記録』柏書房（2001年）
- 池田浩士『抵抗者たち　反ナチス運動の記録』TBSブリタニカ（1980年）
- 映画　デニス＝ガンゼル監督『THE　WAVE』（2008年）

■注
1) 香山リカ『独裁入門』集英社新書（2012年）pp.42-43
2) 『東京新聞』（2015年11月1日付朝刊）

第4章 「歴史総合」実践の手引き　　C　国際秩序の変化や大衆化と私たち

18　日本のアジア侵略をどう認識するか

中学校の歴史教科書の読み比べてみる（ワークシート例）

〔育鵬社版〕

（南京事件）
・日本軍によって、中国の軍民に多数の死傷者が出ました。

（日本の占領とアジア諸国）
・日本軍が進攻した地域では、兵士や民衆に多くの犠牲者が出ました。
・インドネシアでは日本語教育や神社参拝を強いたことに対する反発もありました。
・フィリピンではアメリカと結んでゲリラ活動を行う勢力にきびしく対処しました。

〔東京書籍版〕

（南京事件）
・女性や子どもなど一般の人々や捕虜を含む多数の中国人を殺害しました。

（植民地と占領地）
・多数の朝鮮人や中国人が意に反して日本に連れてこられ、鉱山などで劣悪な条件下で労働を強いられました。
・各地で抵抗運動が発生しました。日本軍は抗日的と見なした人々を厳しく弾圧し、多くの犠牲者が出ました。

1　中学校歴史教科書を教材にする
〔授業テーマ―課題と視点〕

　日本のアジア侵略の歴史を授業で取り上げる場合、映像資料や証言などの資料を用いながら、日本の加害の事実を列挙するというのが一般的である。しかし、圧倒的な加害の事実を前にして、思考停止に陥る生徒がしばしば見られるのもまた事実である。

　そこで、生徒が加害の事実と向かい合った時に、「なぜ」「どうして」といった疑問が生まれ、その疑問を追究することによって、歴史認識を深めていくことができるような授業を構想した。具体的には、日中戦争から敗戦に至る過程が記述された「育鵬社版と東京書籍版の中学校歴史教科書」を読ませ、両社の記述を比較させる授業である。

2　生徒の教科書信仰を打ち破る
〔教材研究のポイント〕

　育鵬社版であれ東京書籍版であれ、教科書に書いてあることは事実である。しかし、その事実は膨大な事実の中から各社（執筆者）が「選んだ事実」であると同時に、その「事実の表現方法」にも各社の特色があることがわかる。

　同じ出来事でも、教科書によって事実の選択や表現の仕方が違うという事実は、「教科書にはみな同じ事が書いてある」と漠然と思っている生徒の常識を大きく揺さぶるにちがいない。ここから生徒は「歴史教科書の記述はどうあるべきか」といった問題意識を持ち、歴史を追究する主体として立ち上がるのである。

3　教科書の記述の違いを探る授業
〔授業づくりのヒント〕

（1）ワークシートを使って両社を比較する

　二社の教科書記述を読ませることから授業が始まるが、記述の違いを明確にするために、ワークシートを使って対立点・相違点を生徒全員が共有できるようにする。この共通理解が後述する討論のベースとなる。

　上にワークシート例を掲載したが、アンダーラインの部分は空欄にしておき、教科書を読み進めながら空欄に適語を入れていく。

　南京事件について、育鵬社版は「軍民」が犠牲になったと記述しているのに対して、東京書籍版は「女性や子ども」に重点を置いていることが分かる。同様に、アジア太平洋戦争中の日本軍の東南アジア地域占領に関わる記述も対照的である。育鵬社版は日本軍が「進攻」したと表現し、フィリピンにおけるゲリラ活動への弾圧も、ゲリラが「アメリカ」と結んだことが弾圧の原因であると表現している。一方、東京書籍版はゲリラ活動ではなく抵抗運動と表現し、「抗日的」と見られた人々が弾圧されたと表現している。

　また、ワークシート例には掲載しなかったが、育鵬社版は、アジア太平洋戦争初期における日本の勝利が東南アジアやインドの人々に独立への希望を与えたと

して、タイ、インド、ビルマ、インドネシアでの「希望」の具体例が描かれている。

（２）支持する教科書を選ばせる

二社の教科書記述の違いが明確になったところで、どちらの教科書を支持するのかを選ばせる。ここでのポイントは、支持する場合は「A社の〇〇が良い、なぜなら…」、支持しない場合は「B社の××が問題、なぜなら…」と書き方を統一させることである。「〇〇」「××」には教科書の文言を入れるように指示をする。

こうすることで、教科書の記述のどこの部分を評価し、または問題としているのかが明確になる。ここまでが1時間である。

（３）代表意見に対して、賛成・反対を表明する

2時間目は、何人かの代表意見を生徒に示すところから始まる。そして、それぞれの代表意見に対して、賛成、反対、質問を書くという課題を与える。ここでも「〇〇さんは××と言っているけど、…」と書き方を統一させることがポイントである。

東京書籍版を支持した代表生徒Aは「育鵬社のアジアの人々に独立の希望を与えたという記述が問題。なぜなら、アジアに初め独立の希望を与えたのは事実かもしれないが、その後の日本軍に対する抵抗を『反発もあった』として濁して説明するのは良くない」と書いた。これに対して、育鵬社を支持する生徒は、「Aさんは日本軍に対する抵抗を濁して説明するのは良くないと言っているけど、太平洋戦争と言えば宣戦もなしに日本が戦争を始めて日本＝悪というイメージが強い。けれども、戦争初期の日本の勝利がアジアの人々に独立の希望を与えたことは、日本の独りよがりの勝利でないことがわかって良い」と反論した。ここから紙上討論が始まる。

（４）紙上討論を組織する

批判や質問を代表生徒に渡し、再反論を書くように指示をする。1週間程度時間をとり代表生徒の反論をまとめ、プリントして生徒に配付する。代表生徒Aの反論を紹介する。

「長らく欧米諸国に支配されていた東南アジアの人々にとって、日本が来て『欧米諸国から解放してあげよう』と言ったら、それは間違いなく『独立への希望』になると思います。ただ、過酷な労働、神社参拝、日本語教育を強いたら、人々は抵抗するに決まっていると思います。それを『抗日的』とみなして弾圧するのは軍の論理から言うと当然のことだったかも知れません。しかし、民衆の抵抗そのものを『反発もあった』と、あたかも日本を敵対視するのは少数派というように記述するのは間違っていると思います。」

一般的な討論授業では、活発な討論が展開されても、言葉が流れていくため、何が焦点となっているのか、論争している当事者ばかりでなく、聞いている周りの生徒にも十分に理解されない恐れがある。紙上討論の場合は、批判や反論に対して、その場で答えるのではなく再反論を形成する時間が与えられる。さらに再反論を「書く」という行為を通じて論点が整序されることで、読み手に対して説得力を持った文章になる。

一般的な討論の場合、限られた時間の中で討論を整理して、今何が論点になっているのかを明確にする教師の役割が非常に重要になってくる。しかし、紙上討論の場合は生徒が書いた質問や疑問を議論がかみ合うように整理して、質問を受けた生徒に反論をうながすことができるため、討論授業の経験が少ない教員も取り組める利点がある。

４ 生徒が中学校歴史教科書を記述する　〔発展学習〕

この授業を通じて生徒は、育鵬社版が当時の人たちの視点と日本中心の視点を持って記述しているのに対し、現代の人たちの視点とアジアの人たちの視点から記述しているのが東京書籍版であると分析した。そして歴史的事実をより客観的に理解するためには、さまざまな視点から歴史を見ることの重要性を指摘している。

「歴史総合」では、資料等を適切に用いて自分の考えを論理的に説明したり、論述したりする力を生徒に求めている。そうであるならば、歴史教科書記述の分析やその評価をおこなった生徒が、次に取り組むべき課題は、中学生が学ぶべき「日本のアジア侵略の歴史」を生徒自身が記述することであろう。

（楳澤和夫）

■文献・資料紹介
- 『中学社会　新しい日本の歴史』育鵬社（2015年）
- 『新しい社会　歴史』東京書籍（2015年）
- 楳澤和夫「高校生の中学校歴史教科書の読み比べ」『歴史地理教育』（2013年2月号）

第4章 「歴史総合」実践の手引き　　C　国際秩序の変化や大衆化と私たち

19　第二次世界大戦

資料1：ワイマール憲法（1919年8月11日）

第48条
（2）ドイツ国内において、公共の安全及び秩序に著しい障害が生じ、又はそのおそれがあるときは、大統領は、公共の安全及び秩序を回復させるために必要な措置をとることができ、必要な場合は、武装兵力を用いて介入することができる。

資料2：全権委任法（授権法）（1933年3月24日）

第1条　国の法律は、憲法の定める手続きによるほか、政府によっても制定され得る。

資料3：ヤルタ協定（1945年2月11日）

ソヴィエト連邦、アメリカ合衆国およびイギリス三大国の指導者たちは、ドイツが降伏しヨーロッパにおける戦争が終結したのち、2ないし3ヶ月後にソヴィエト連邦が以下の条件により連合国の側に立って対日戦争に参加すべきことに合意した。

1　なぜヒトラー政権が誕生したのか
〔授業テーマ―課題と視点〕

第二次世界大戦の学習で重要なことの一つは、ヒトラーがいかにして政権を獲得し独裁者となったか、である。

1932年7月の国会選挙でナチ党は37.3％を獲得して第一党となるが、同年11月の国会選挙でナチ党の得票率は33.1％へ低落し、共産党は16.8％へ躍進した。共産党の躍進に危機感をもった財界は、ヒトラーを首相にすべきとする請願書をヒンデンブルク大統領に送った。大統領は、国会で3分の1弱の議席しかないナチ党の党首ヒトラーを首相に任命し、1933年1月にヒトラー政権が誕生した。

ヒトラーは政権を握ると、ワイマール憲法48条の緊急措置権にもとづいた大統領緊急令を使って言論統制を強めていった。2月に起きた「国会議事堂炎上事件」では大統領緊急令を発して、憲法が保障する国民の基本権を奪って共産党を弾圧した。

さらに3月23日に立法権を政府にゆだねる全権委任法（授権法）を制定し、事実上ワイマール憲法は破棄された。7月14日には、ナチ党を唯一の政党とする法律を制定し一党独裁体制を確立した。

ヒトラー政権の成立からナチ党の独裁までは、あっという間の出来事であった。この過程でワイマール憲法48条の緊急措置権が大きな役割をはたし、ヒトラー独裁に道を開くきっかけとなったのである。

2　ファシズムと反ファシズムの間の戦争
〔教材研究のポイント〕

木畑洋一は「第二次世界大戦を第一次世界大戦を含むそれまでの戦争と区別する最大の性格は、ファシズムと反ファシズムの間の戦争としての性格であった」と指摘している[1]。

ファシズムに対する抵抗運動から第二次世界大戦を捉えることは大切な視点である。

ヨーロッパでは、ドイツ・イタリアのファシズム国に対する抵抗は激しかった。フランスでは、ドイツ軍のパリ占領に屈することなく、ロンドンに亡命したド・ゴールがレジスタンス（抵抗）を宣言し、自由フランス政府を組織した。ドイツでは、ミュンヘン大学のショル兄妹が「白バラ通信」を出してひそかに反ナチ運動を続けた[2]。

北イタリアでは、「国民解放委員会」が結成され、共産党などを中心とする反ファシズム統一戦線がつくられた。現在、ボローニャ市市庁舎の壁には、ファシストとたたかって亡くなった2000名を超えるレジスタンス戦士の写真が飾られている。

1941年6月、ドイツ軍は独ソ不可侵条約を破ってソ連領内に侵攻し独ソ戦が始まった。独ソ戦は長期化したが、1943年のスターリングラードで敗北すると、ヨーロッパ各地のレジスタンス運動は勢いを増し、9

月イタリアが無条件降伏した。

3 ヤルタ会談からポツダム会談へ
【授業づくりのヒント】

　戦争終結に至る過程を通して、第二次世界大戦が戦後政治に大きな影響を与えたことを考えることも重要な学習テーマである。1945年2月、ローズヴェルト、チャーチル、スターリンの米英ソの三国首脳がクリミア半島のヤルタで会談した。このヤルタ会談では、ドイツに対する最終作戦、戦後の非ナチ化や軍国主義の排除、分割占領などが決定された。敗色濃厚となったドイツはヒトラーが自殺し、5月8日に無条件降伏した。残るは日本だけとなった。

　ヤルタ会談では、日本に対するソ連の参戦も決められた。ヤルタ協定では、ソ連の参戦は「ドイツが降伏しヨーロッパにおける戦争が終結したのち、2ないし3ヶ月後」となった。

　7月、米英ソの三国の首脳はポツダム会談をひらきドイツの処理を決めるとともに、対日戦に参加していないソ連を除いて、アメリカ・イギリス・中国の三カ国政府の名で、日本に無条件降伏を求めるポツダム宣言を発表した。しかし、日本政府はポツダム宣言を黙殺した。ポツダム宣言の受諾は、二つの原子爆弾が投下された後の8月14日のことであった。

4 なぜ原爆は投下されたか
【発展学習】

　なぜ原爆は投下されたのだろうか。アメリカは早期終戦のための原爆投下だとしているが、はたしてそうであろうか。史上初の核兵器・原爆の使用という人道上の問題とともに、米ソ対立の中での投下という政治的な問題から考えてみたい。ヤルタ会談から戦争終結までの動きをみてみよう（下記の表参照）。

　なぜ原爆が投下されたのかを考えるポイントは以下の三点である。

　①ヤルタ会談で、米・ソ・英の三国首脳はドイツが降伏してから3ヶ月以内にソ連に対日参戦するヤルタ協定を締結した。

　②ドイツは5月8日に降伏した。それから3ヶ月後は8月8日である。アメリカは、この日までにソ連が対日参戦することを知っていた。

　③アメリカは原爆投下を急いだ。7月16日に原爆実験、25日にトルーマン大統領は投下命令を出した。投下命令は「8月3日ごろ以降、天候が目視爆撃を許すかぎりなるべくすみやかに」というものであった。ソ連の対日参戦が予想される8月8日の直前の6日に投下された。

　アメリカは、ソ連が対日参戦する前に原爆を投下したかった。ソ連の力ではなく、アメリカ自身の手で戦争を終わらせることで、戦後世界政治の主導権を握ることができるからからである。

　学習指導要領では、第二次世界大戦の学習について、「内容の取扱い」において「第二次世界大戦の過程での米ソ対立」などに触れ「大戦の複合的な性格に気付くようにすること」とある。米ソ対立の中での原爆投下は「大戦の複合的な性格」を学習する一つとなる。

（河合美喜夫）

■文献・資料紹介
- 石田勇治『ヒトラーとナチ・ドイツ』講談社現代新書（2015年）
- 西島有厚『原爆はなぜ投下されたか―新装版―』青木書店（1985年）
- 荒井信一『原爆投下への道』東京大学出版会（1985年）
- ワイマール憲法48条については、長谷部恭男・石田勇治『ナチスの「手口」と緊急事態条項』集英社新書（2017年）が条文とともに、緊急事態条項の問題を分析している。
- 全権委任法とヤルタ協定は、歴史学研究会編『世界史史料10』岩波書店（2006年）に所収。

■注
1) 木畑洋一「第二次世界大戦の構造と性格」『講座世界史8　戦争と民衆』東京大学出版会（1996年）
2) インゲ・ショル著、内垣啓一訳『白バラは散らず』未来社（1964年）

1945年2月4日	ヤルタ会談（〜2月11日）
2月11日	ヤルタ協定
5月8日	ドイツ無条件降伏
7月16日	アメリカ、原爆実験成功
17日	ポツダム会談（〜8月2日）
25日	トルーマン大統領、原爆投下命令
1945年7月26日	ポツダム宣言発表
8月6日	広島に原爆投下
8日	ソ連、対日宣戦布告
9日	長崎に原爆投下
14日	日本、ポツダム宣言受諾
15日	戦争終結の放送

第4章　「歴史総合」実践の手引き　　C　国際秩序の変化や大衆化と私たち

20　アジア太平洋戦争と民衆

墓誌（出典：大洞東平『銃を持たされた農民たち』築地書館〔1995年〕撮影者・大洞東平）

資料1：銃を持たされた農民たち（抜粋）

夫は武装移民に応募して昭和8年に渡満し、私は昭和11年に集団花嫁で渡った。終戦時は、5人の子持ちで、夫は召集され不在。5か月の子は逃げる途中10日目くらいで死んだ。すぐ埋めたが翌日には掘り起こされて、衣類は盗まれてしまっていた。

資料2：国府台陸軍病院『病床日誌』

山東省デ部隊長命令デ部落民ヲ殺セルコトガ最モ脳裏ニ残ッテイル／特ニ幼児ヲモ一緒ニ殺セシコトハ自分ニモ同ジ様ナ子供ガアッタノデ余計嫌ナ気ガシタ

1　民衆にとっての加害・被害・加担・抵抗体験
〔授業テーマ─課題と視点〕

　アジア太平洋戦争の死者数は約2000万人超、うち日本人の犠牲者は約250万人などと教科書に記述されている。だが、その数字から人々が戦争の時代をどう生きたのかなかなか見えてこない。「戦争と民衆」という課題は民衆を総体ではなく、一人ひとりが戦争の時代をどう生きたかのかという視点から考えたい。

　民衆の戦争体験には、出征、工場などへの徴用、隣組での戦争協力、抵抗や厭戦、疎開、空襲、戦争孤児、家族の離散・喪失など、いくつもの事例がある。そして、戦後における補償や、裁判での戦争受忍論の問題もある。さらに、「軍官民共生共死」を唱えた日本軍によって住民が殺害されるなど甚大な犠牲者が出た沖縄では、現在も遺骨収集が続いている。こうした「終わらない戦争」が、解決されないまま残された現実であることを確認したい。

　戦争は日常生活をも変える。兵士だけでなく、子ども、女性、健康でないとされた人々も含めて戦争に向き合わざるを得ない。一人ひとりにとって、加害・被害・抵抗・加担が幾重にも関係してくる。「重層的なくるしみとかなしみの構造」をどうつかみ、戦争へのイマジネーションをどう持つか。証言や映像、資料館などを活用し、ふたたび戦争の時代にならないための学習を組み立てるという課題意識が大切である。

2　満州移民の戦時・戦後
〔教材研究のポイント〕

（1）国策としての満州移民

　戦争とは人々の移動の歴史でもある。以下、満州移民などを例に民衆にとっての戦争について考えたい。

　満州移民政策は、土地不足や過剰人口、昭和恐慌の影響による農村危機を戦争と植民地獲得によって解決しようとしたものであった。約27万人が送出され、県別では長野や山形の出身者が多い。満洲移民を主導したのは、陸軍と東京帝国大学農科大学出身の農林官僚らであり、国策として推進された点を確認したい。

　初期の武装移民として1933年に設置された「千振開拓団」は、農科出身の宗光彦を団長に東北・北陸・北関東などの在郷軍人らで構成された。1936年以降になると農山村を中心に分村移民が全国で推進された。さらに日中戦争開戦後には、徴兵前の15〜19歳の満蒙開拓青少年義勇軍がソ連国境などに配置された。

（2）敗戦、引揚げ、戦後開拓

　戦争末期には開拓団の男性が根こそぎ動員され、残された女性や子どもらはソ連侵攻時の逃避行のなかで殺害や強姦、自決などの状況におかれた。残留孤児や残留婦人となった者も多い。千振開拓団宮城村の集団自決を物語る墓誌（写真）の家族は、父が軍隊にいて生還したが、母子6人が8月15日に自決した。戦争の悲惨さや理不尽さは具体例を通して考えたい。

敗戦後は、約60万人以上の軍人・民間人がソ連に抑留された。抑留者名の解明、進展のない遺骨収集、国家賠償など、政府の「棄民」政策の面も捉えさせたい。

　千振開拓団は、1946年に佐世保港に引揚げ、各自故郷に戻った。だが、多くの開拓団と同様に、故郷での受け入れや生活は厳しかった。国内での定住地を新たに探さざるを得ず、陸軍省白河軍馬補充部隊跡の国有地（栃木県那須町）に入植した。戦後は、満州千振村と同じく、出身県ごとの集落で酪農を中心に生活を開始した。戦中・戦後を貫く視点を大切にしたい。

3 人々にとっての戦争経験　　〔授業づくりのヒント〕

（1）中国の人々にとっての満州移民

　中国の人々にとって、満州移民は土地を買収（収奪）する存在だった。強制移住やクーリー（使用人）となった人も多い。ソ連侵攻後に開拓団を襲撃した中国の人々、開拓団が預けた幼子を育てた中国の人々など、その多様な面も含めて、「〜にとって」という異なる立場や視点から授業を組みたてたい。

　満州移民は引揚げ時の逃避行に焦点が当てられがちだが、そもそも、なぜ満州に日本人がいたのかを押さえたい。父の戦争体験を通じて日本の満州支配やソ連抑留、帰国後の人生などを描いた漫画『凍りの掌』（おざわゆき著）などは教材づくりの一助になる。さらに、「日本軍の支那占領地においてなせし処の仕返しなり」「満洲にて常に日本人の支那人に対して為せし処。因果応報、是非もなき次第なりといふ」（永井荷風『断腸亭日常』1945年9月）との見方も参考になろう。

（2）家族の歴史から戦争を見つめ直す

　塩島たつ江さんは、1912年に山梨県に生まれ「大陸の花嫁」として渡満した（資料1）。戦後、那須へ移住。夫は、シベリアへ抑留され、1950年に死亡通知が届いた。県庁に行くと、白い木箱に石ころ1つが入っていただけであった。満州生まれの息子・忠貞さんは、父を失った悲しみや石を投げられ悔しい思いをしたと語る。国策による移民と戦争の経験は、離散や喪失、差別体験として人々の記憶に突き刺さっている。家族の歴史を時代に繋げて捉え直したい。

（3）戦争で病む兵士

　精神疾患などの症状で戦後を生きた兵士にも注目したい（資料2）。山形県出身の郵便局員だったこの兵士は、1937年に中国北部方面に出征した。精神乖離症と診断され、国府台陸軍病院に入院した。診療記録には、住民殺害について「之ガ夢ニ出テウナサレテナラヌ」と記されていた。故郷を離れ、家族を思い、戦場に立った兵士の、傷つき病んだ体験と戦後の人生を考えることは、殺された人々を想起することにも繋がる。

4 「帝国日本」を捉えなおす　　〔発展学習〕

（1）戦後開拓はどう進められたか

　政府は、「緊急開拓事業実施要領」（1945年11月）で食糧増産や引揚者の就労を目的に全国で戦後開拓を進めた。場所は肥沃な土地だったのか、戦前・戦後・現在で土地はどう活用されてきたか、一人ひとりの家族と生活の変遷を戦後史の文脈から考えたい。

　なお、満州に限らず南洋諸島や南米などへ移民として行くことを選択せざるをえなかったように、引揚者が戦後あらたに入植して、開拓地での定住生活をせざるを得なかった点もおさえたい。さらに、移民問題が国内の社会的矛盾のはけ口であることをふまえ、現代の難民や移民の課題と繋げて考えさせたい。

（2）「周縁」におかれた人々からの問い

　博多港は、引揚者の帰国場所であると同時に日本列島から朝鮮半島へ戻る人々が集まる場所でもあった。「移動する人々」の交錯地点に着目するなど、地域史研究の成果に学んだ授業づくりを工夫したい。朝鮮の人々の戦時・戦後については、『在日一世の記憶』（集英社新書）の証言が参考になる。

　また、ソ連兵による性暴力や二日市保養所（福岡県）、「混血児」などの歴史に着目することは、日本軍「慰安婦」などの戦時性暴力や女性や子どもにとっての戦争を考えるうえで大切な課題である。さらに、朝鮮人満州移民やサハリン少数民族など、「帝国日本」を構成した多様な人々の視点からも戦争を捉え直したい。

（江連恭弘）

■文献・資料紹介
- 黒羽清隆『十五年戦争と平和教育』地歴社（1983年）
- 清水寛『日本帝国陸軍と精神障害兵士』不二出版（2006年）
- 大洞東平『銃を持たされた農民たち』築地書館（1995年）
- 森武麿「戦後開拓と満州移民」、神奈川大学日本常民文化研究所論集『歴史と民俗』35（2019年2月）
- 加藤聖文「引揚者をめぐる境界」、安田常雄監修『シリーズ戦後日本社会の歴史4　社会の境界を生きる人びと』岩波書店（2013年）

第4章 「歴史総合」実践の手引き　　C　国際秩序の変化や大衆化と私たち

21　大戦後の国際連合と国際経済体制

大西洋憲章（1941年8月14日発表）抜粋[1]

　第三、両国は、すべての人民が、彼らがそのもとで生活する政体を選択する権利を尊重する。両国は、主権および自治を強奪された者にそれらが回復されることを希望する。

　第四、両国は、現存する義務に対して正当な尊重を払いつつ、あらゆる国家が、大国小国を問わず、また勝者敗者にかかわらず、経済的繁栄に必要とされる世界の通商および原料の均等な開放を享受すべく努力する。

国際連合憲章抜粋[2]

第42条　【軍事的措置】
　安全保障理事会は、第41条に定める措置では不十分であろうと認め、又は不十分なことが判明したと認めるときは、国際の平和及び安全の維持又は回復に必要な空軍、海軍又は陸軍の行動をとることができる。

1　戦後の国際体制の形成　［授業テーマ─課題と視点］

　第二次世界大戦後の国際体制の構想は、すでに大戦の早い段階から連合国の間で始まっていた。1941年8月にアメリカのフランクリン・ローズヴェルトとイギリスのチャーチルが発表した大西洋憲章は、領土不拡大、民族自決、貿易の自由化、社会保障の改善、恐怖と欠乏からの解放などをめざすもので、翌年1月には、ソ連を含む連合国の共同宣言でも戦後構想の原則として確認された。

　その後、1943年の一般安全保障に関するモスクワ宣言で、平和と安全を維持するための国際機構設立が表明され、ダンバートン＝オークス会議、サンフランシスコ会議を経て、1945年10月、国際連盟に代わる国際機関として国際連合が発足した。

　また、戦後の国際経済体制を構築する動きも、大戦中に模索された。1944年7月のブレトン＝ウッズ協定を受け、1945年12月に国際通貨基金（IMF）と国際復興開発銀行（IBRD、世界銀行）が設立され、1947年10月に関税と貿易に関する一般協定（GATT）が締結されることになった。

　こうした戦後の国際体制の創出は、国際連盟の限界、ファシズム諸国への対抗、国際経済の協力体制構築の必要性から起こったものではあるが、第一次世界大戦を経て生み出された諸原理を再確認し、それを普遍化していくプロセスであったことにも注目したい[3]。

　ここでは、14カ条の平和原則と大西洋憲章、国際連盟と国際連合の安全保障などを比較し、多角的に考察することで、国際連合を中心とした戦後の国際体制の特質と課題を学んでいく。

2　第一次世界大戦後の国際体制　［教材研究のポイント］

　まずは、戦後の国際体制の前提となる第一次世界大戦後の国際体制について確認しておきたい。

　第一次世界大戦後の国際体制構築に大きく貢献したのは、大戦末期にアメリカのウィルソンが発表した14カ条の平和原則であった。この中では、秘密外交の禁止、軍備縮小、東欧における民族自決、領土問題の解決などが謳われ、パリ講和会議の基礎となった。また、ヴェルサイユ条約により、世界の恒久平和をめざす初めての国際組織として国際連盟が設立された。

　第一次世界大戦を経て、民主主義、民族自決権、国民国家、社会主義といった諸原理が生み出された。しかし、現実的には多くの矛盾と課題を抱えていた。例えば、東欧の民族自決が認められ、この地域に国民国家が創出された一方で、アジア・アフリカなどの植民地支配体制は委任統治の形で拡大している。

　国際連盟の中核を担った理事会は、発足当初、常任理事国のイギリス、フランス、日本（〜1933年）、イタリア（〜1937年）、これにその他の国から選ばれた

非常任理事国で構成された。

国際連盟は、勢力均衡（バランス・オブ・パワー）に代わり大国の協調に基づく集団安全保障体制のシステムを採用し、平和が破られた際の制裁措置は、経済制裁など非軍事的措置に限定されていた（国際連盟規約の11条・16条）。また、発足当初、敗戦国のドイツや社会主義国のソ連などが排除され、アメリカも不参加であった。そのため、その機能は十分ではなかった。ギリシアとブルガリアとの紛争（1925年）など、中小国間の紛争解決には積極的な役割を果たせたものの、日本の起こした満州事変（1931年）やイタリアのエチオピア侵攻（1935年）など、大国がからむ事案では機能不全を露呈した。

世界恐慌を経て、自国中心の閉鎖的な経済圏が形成されると、国際経済・金融の協力基盤は破壊された。

このような状況の下で、第一次世界大戦を経て生み出された諸原理を否定するファシズムが拡大していったのである。

3 戦後の国際体制の特質　〔授業づくりのヒント〕

授業では、国際連盟がなぜ第二次世界大戦を防ぐことができなかったのか、これまでの学習を踏まえ、考えることから始めたい。

そして、第二次世界大戦の開戦後早い段階で、大西洋憲章が発表されたことについてふれ、その内容について取り上げていく。ここでは、両大戦の戦後構想の基礎となった14カ条の平和原則と大西洋憲章を比較し、めざされた国際秩序の共通点を確認する。その上で、大西洋憲章で謳われている民族自決をめぐっては、アメリカとイギリスの間で主張の隔たりがあったことにもふれておきたい。アメリカは植民地の解体を希望したが、イギリスは植民地の継続を主張した。また、貿易自由化をめぐっても、イギリスはスターリング・ブロックの存続を主張して、自由貿易を主張するアメリカと激しく対立した。

次に、国際連合の安全保障の仕組みを扱う。国際連合憲章の第42条には、軍事的制裁の措置が明記されている。また、安全保障理事会では、アメリカ、ソ連、イギリス、フランス、中国の五大国が常任理事国となり、拒否権を有した。ここでは、国際連盟と国際連合の違いや共通点を確認し、戦後の国際体制の特質を理解したい。

また、国際経済体制の構築にあたって、圧倒的な経済力を背景としたアメリカがそれを主導した。ドルが基軸通貨となり、IMF設立時の出資額は全体の3分の1をアメリカが占めた。

4 安全保障理事会を機能させるために　〔発展学習〕

国際連合の集団安全保障は、国際連盟に比べて強化されたが、アメリカとソ連の冷戦対立、拒否権の制度など、安全保障理事会は、国際紛争の解決に十分な役割を果たせていないという批判もある。そもそも、カナダのマッケンジー・キングがサンフランシスコ会議で述べた国際連合における国家の役割など、制度創設時から批判があった[4]。

そこで、「あなたが、安全保障理事会の創設に関わるメンバー（米・ソ・英・仏・中のいずれの国出身でもない）であったならば、世界平和を実現するためにどのような仕組みを採用するか」という問いを用意したい。生徒が具体的な仕組みの案を考え、発表し、互いの意見を討論することで、現代の国際紛争と国際連合の役割についての理解に生かすことができる。

（小野恭一）

■文献・資料紹介
- 浜林正夫ほか編『新版戦後世界史』上巻、大月書店（1996年）
- 木畑洋一『国際体制の展開』山川出版社（1997年）
- 石見徹『国際経済体制の再建から多極化へ』山川出版社（1996年）
- 歴史学研究会『世界史史料11　20世紀の世界Ⅱ』岩波書店（2012年）

■注
1) 歴史学研究会編『世界史史料10　20世紀の世界Ⅰ』岩波書店（2006年）pp.352-354
2) 岩沢雄司編『国際条約集』有斐閣（2019年）
3) 木村靖二『二つの世界大戦』山川出版社（1996年）p.84
4) 『ドイツ・フランス共通歴史教科書〔現代史〕』明石書店（2008年）p.19

第4章　「歴史総合」実践の手引き　　　　C　国際秩序の変化や大衆化と私たち

22　日本国憲法の成立と民主化

資料1：ベアテ・シロタと日本国憲法第24条

各国の憲法を読みながら、日本の女性が幸せになるには、何が一番大事かを考えた。…女性の権利をはっきり掲げなければならない。
（出典：ベアテ・シロタ・ゴードン『1945年のクリスマス』朝日文庫〔2016年〕）

資料3：「女性は家庭へ復帰せよ」

当時は仕事における性別職務分離と結婚退職制は当然のこととされた。1950年時点の労働省婦人少年局によれば、結婚退職制は違法ではなかった。職場では、いっさいの掃除やお茶くみ、煙草、パンなどの買い物、ハンカチや靴下の選択、弁当箱洗いまでがしつけの美名のもとに女性に押し付けられた。

（出典：大門正克『戦争と戦後を生きる』小学館〔2009年〕）

資料2：占領軍のつくったポスター（複製）

1 世界史の中の日本国憲法　〔授業テーマ―課題と視点〕

ポツダム宣言は、民主主義的傾向の復活、基本的人権尊重の確立、日本国国民の自由意思による平和的傾向の政府の樹立などを求めた。これは、実質的には、大日本帝国憲法改正の必要性を意味した。日本国憲法がどのような経緯で成立し、また、日本に住む人々や世界にどう受け入れられたのか、世界史の文脈を意識しながら明らかにすることがこのテーマを学ぶ視点である。

特に次の二点を中心に学びたい。一つは、世界大戦の戦後処理とアメリカの戦略、女性の権利保障という歴史的経緯に位置づけながら、日本国憲法の歴史的意義を考えたい。もう一つは、新憲法の人々に生活にとっての意味を、憲法上の「国民」とは誰かを考えながら、多様な人々の視点から考えたい。

2 憲法改正はどう受け止められたか　〔教材研究のポイント〕

（1）「押しつけ憲法」論を考える

明治憲法改正の経緯を押さえる際、その一部のみ強調して押しつけか否かを議論するのは生産的でないだろう。ポツダム宣言の内容の履行が国際社会復帰の前提だったこと、戦犯として天皇処罰を求める諸国の意向や世論に対し、天皇制存続のため日本とGHQが共同で憲法改正を進めた面があること（極東国際軍事裁判も同様）、すでに自由民権運動期や「大正デモクラシー」期に諸権利の議論があったこと、戦争放棄条項は第一次世界大戦後の戦争違法化の文脈上にあること、GHQ案は憲法研究会など民間の憲法案も参考にしたこと、日本政府案や帝国議会審議を経て、「自然人」や「人民」から「国民」への権利主体の変更、生存権の新設などが盛り込まれたことを押さえておきたい。

（2）新憲法は「日本国民」にどう受け入れられたか

国民は新憲法をどう受け止めたか。1945年12月の朝日新聞の天皇制存廃世論調査では、「維持」が男性92.4％・女性85.5％、うち「現状」男性34.6％・女性38.2％、「改革」男性46.7％・女性25.9％であった。1946年4月「憲法改正草案」公表直後の毎日新聞調査では、象徴天皇制賛成が85％、戦争放棄賛成が70％だった。また、極東委員会が憲法施行後、国民投票など日本人の新憲法に対する意見を確かめる手続きを認めたことを押さえてもよい。世論の支持がなかったため、1949年4月、日本政府は憲法改正の意思がないと吉田茂首相が答弁し、手続きをとらなかった。

（3）新憲法で「戦後日本」は「平和」になったか

「戦後日本」のあり方、アジアの視点も含め多面的に考えるために、沖縄に焦点をあてる。沖縄戦の後、米軍単独の直接占領が継続、「琉球」「琉球人」と呼ばれて「日本」「日本国民」から切り離され、異なる「戦後」を歩んだ。1945年12月の衆議院議員選挙法改定

で「日本人」女性に参政権が付与された一方、沖縄は選挙区から削除され、住民は選挙権・被選挙権を失った。沖縄県選出議員がいないなかで戦争放棄をうたう「平和憲法」が成立し、それは沖縄に適用されなかったのである。天皇がアメリカによる琉球諸島の軍事占領の継続を望んだ、1947年9月の「天皇メッセージ」に象徴されるように、「平和国家日本」は沖縄の軍事占領継続と不可分の関係にあったことを意識したい。

1952年4月28日、サンフランシスコ講和条約発効の一方、沖縄占領は継続された。それでも当時の沖縄では「祖国の独立」を祝う声が大きかったが、後に同日は「屈辱の日」と呼ばれるようになる。各時期の沖縄の人々の生活の状況から、「戦後日本」史を学びたい。

「本土」の米軍基地返還が進む一方、沖縄では基地拡張が進み、由美子ちゃん事件（1955年）や宮森小米軍機墜落事故（1959年）などの基地被害が続いた。そのため、1960年代になって、沖縄の人々は「平和憲法」による庇護を求めて「祖国復帰運動」を展開した。沖縄にとって日本国憲法は、積極的に獲得すべき対象だった。しかし、1972年の施政権返還後も沖縄への米軍基地集中は続き、「平和憲法」への失望が広がる時期を迎える。このような学習をふまえ、「誰が誰に何を押しつけたのか」と問い、より考察を深めることもできる。

3 新憲法によって女性の生活は変わったか 〔授業づくりのヒント〕

このテーマを女性の生活の視点からどう捉え直すか。資料1・2と3から、新憲法の理念と現実生活での男女平等実現とは大きな溝があり、それを埋める努力がなされてきたと理解したい。憲法成立の経緯では、民間人要員のベアテ・シロタ・ゴードンや、初の女性衆議院議員の一人として政府案の修正を求めた加藤シヅエたちにふれる。ベアテは、10年間の日本での経験や大戦中のユダヤ人シロタ家への迫害の歴史を背景に、仕事・結婚・出産・育児など広い範囲に及ぶ女性の権利規定を盛り込む草案を提示した。GHQ内でも拒否され、女性の権利保障に消極的な日本政府案では抽象的な表現に抑えられたが、議会での加藤の主張もあり、24条やその他、具体的な社会権の規定として反映された。

一方、改正民法・刑法ではジェンダー・バイアスが残存し、生活における女性の地位の向上はすぐには進まなかったことにも意識を向けたい。「女性は家庭へ復帰せよ」と国鉄が女性たちを解雇した例、敗戦後に祖父に夫を決められたことや、隣の農家に嫁に行った妹が妊娠中に無理をして亡くなったことなどを機に生活改良のグループをつくった女性の例など、個人の生活の視点から具体的に捉え、後の男女雇用機会均等法などの学習に繋げたい[1]。

4 在日外国人にとっての日本国憲法とは 〔発展学習〕

大日本帝国の臣民かつ日本在住の在日台湾人・朝鮮人にとっての日本国憲法の意義は何か。ヘイトスピーチや在日外国人の権利保障の問題など、現在の日本社会を考えるためにも学びたい。前述の1945年の選挙法改定では、戸籍条項により日本戸籍のない在日台湾人・朝鮮人の参政権が停止された。また、GHQ案にあった外国人の人権擁護規定が削除され、日本国民の要件を法律で定めるとした第10条が挿入された。1947年5月2日、最後の勅令で外国人登録令が発せられ、「日本国籍を有しない者」を「外国人」と規定し、日本国籍をもつ台湾人・朝鮮人を「当分の間、これを外国人とみなす」とし、「国民」から排除した。

講和条約発効の際には、日本政府は選択の機会を与えることなく在日台湾人・朝鮮人の日本国籍を剥奪した。社会福祉制度の対象から外れ、復活した恩給などの補償を受けられない一方、BC級戦犯への処罰は継続された。生活の基盤が日本にあり、かつ戦争などの混乱で祖国に帰れなかった人々も、「戦後日本」史の一部であることを理解しておくべきである。

（山田耕太）

■文献・資料紹介

- 田中宏『在日外国人 第三版』岩波新書（2013年）
- 伊香俊哉「近代日本の「自衛」論と憲法第九条の戦争放棄」『歴史地理教育』No.822（2014年）
- 小松寛「戦後沖縄と平和憲法」島袋純・阿部浩己編『沖縄が問う日本の安全保障』岩波書店（2015年）
- 古関彰一『日本国憲法の誕生 増補改訂版』岩波現代文庫（2017年）

■注

1) 戦後日本のシゴトと家族の問題については、筒井純也『シゴトと家族』中公新書（2015年）が詳しい。また、東アジアの視点で扱った書としては、瀬地山角編著『ジェンダーとセクシュアリティで見る東アジア』勁草書房（2017年）がある。

第4章 「歴史総合」実践の手引き　　C　国際秩序の変化や大衆化と私たち

23　二つの大戦と戦後の冷戦

朝鮮半島へ向かう戦闘機の真下で（1952年）[1]
（出典：毎日新聞）

米軍用機を修理する日本の工場（1953年）[2]
（出典：毎日新聞）

資料：朝鮮人民共和国樹立宣言（1945年9月6日）

（前略）……われわれはわれわれの眼前によこたわっているすべての難問を突破し、われわれを選出した革命的同志と人民大衆の基本的要求に応え、日本帝国主義の残存勢力を完全に駆逐すると同時に、われわれの自主独立を妨害する外来勢力と反民主主義的、反動的なすべての勢力に対し徹底した闘争を通じ、完全な独立国家を建設し、真正なる民主主義社会の実現を期する。

そしてわれわれは内には朝鮮人民の大衆生活の急進的向上と政治的自由を確保し、外にはソ連、米国、中国、英国をはじめとする平和を愛するすべての民主主義的諸国家と提携し、世界平和の確立に努力せんとする。……（後略）[3]

1　二つの大戦と独立の獲得　〔授業テーマ―課題と視点〕

　第一次世界大戦後、ヨーロッパでは民族自決が果たされたが、中東地域で英仏の委任統治領が設定されたほか、アジア・アフリカ地域では列強の植民地支配が依然として継続した。ヴェルサイユ体制の矛盾は、列強の従属下におかれた国や地域における独立や主権を回復するための民族運動を活発化させ、同時に列強による抑圧も強化された。このような列強の帝国主義的支配下に置かれた国や地域が独立を獲得したのは、第二次世界大戦の終結後である。この脱植民地化は、20世紀後半における最も大きな世界史の変化であった。

　一方でこうした独立は、民族運動の抑圧と分断により、宗教や民族、独立後の国家体制をめぐる深刻な対立や困難を背負うことになった。また、戦後処理をめぐってアメリカとソ連の対立が激化する中で、国際社会は冷戦へと突入し、朝鮮半島やベトナムでは「熱戦」が展開した。冷戦による新たな民族の分断、独立後の国家や社会、民衆がこれに左右されていったことも見落としてはならない。

　このテーマでは、アジア諸国の独立の動きを朝鮮半島に焦点を当て、朝鮮の人々の願いと独立運動の経過、大国主導の国際体制が戦後の朝鮮に与えた影響、そして朝鮮戦争と不可分の関係にある我が国の復興と講和条約・日米安全保障条約について多角的に考察する。

2　光復と独立への道のり　〔教材研究のポイント〕

　1919年の三・一運動を契機に、上海で大韓民国臨時政府が樹立し、日本の植民地支配からの解放「光復」をめざして朝鮮半島内外で抗日運動が展開した。日米開戦後の1940年、大韓民国臨時政府は対日宣戦を発表し、光復軍を結成してアジア太平洋戦争に参戦した。金九らが蔣介石に働きかけた結果、カイロ会談（1943年11月）で「朝鮮人民の隷属状態を考慮し、適切な方法により朝鮮に自由と独立がもたらされるべき」[4]ことが約束された。しかし、朝鮮の独立は、当事者を介さず、アメリカやソ連によって国際信託統治となる方向性が準備されていた。ヤルタ協定によりソ連は満州へ進軍する。ソ連軍による朝鮮全面占領が現実味を帯びたことで、アメリカは北緯38度線での分割占領をソ連に提案した。

　日本降伏後、呂運亨は建国準備委員会を組織し、アメリカ軍が上陸する直前の1945年9月6日、朝鮮人民共和国の樹立を宣言した。この朝鮮人民共和国の中央人民委員には、李承晩、金九から金日成まで幅広い政治立場の人物が選出されており、超党派的な観点から国家建設がめざされていた。ところが、二日後にアメリカ軍が上陸すると、軍政が敷かれ、10月10日には朝鮮人民共和国の否認声明が出され、朝鮮の主体的な独立や建国は否定された。12月28日、統一した臨

時政府を樹立するために朝鮮を最高で5ヶ年間、連合軍の信託統治下に置くというモスクワ協定が発表されると、この賛否をめぐって党派の対立が激化する。信託統治の具体策について米ソ共同委員会が開催されたが、米ソの対立も相まって委員会は決裂し、北緯38度線を境界とした南北の対立へと進展していった。その後、国連管理下による選挙の実施をめぐって、南北の対立が決定的となり、1948年8月に大韓民国が、翌9月に朝鮮民主主義人民共和国が建国されたのである。

3 冷戦下の朝鮮と日本 〔授業づくりのヒント〕

授業では、いくつかの生徒への発問を軸に、これまでに概観した歴史を確認しつつ朝鮮の独立の問題を考察する。そして、朝鮮戦争と日本の「平和」について考えていきたい。

まず、資料「朝鮮人民共和国樹立宣言」を提示し、「この宣言には、朝鮮の人々のどのような願いがこめられているか」を問いかけ、植民地支配からの解放と独立という願いを読み取る。その上で、9月8日に南部朝鮮へ上陸した米軍司令官ホッジの発した「マッカーサーの布告（1945年9月7日付）」[5]を読み、「この布告を朝鮮の人々はどのように受けとめたか」、生徒が意見を書くようにしたい。ちなみに、8月26日に北部朝鮮へ進駐したソ連軍のチスチャコフの声明文（8月15日付）は、これと対照的である[6]。モスクワ協定をめぐっては、アメリカとソ連の思惑も絡みあいながら、朝鮮内部の対立を激化させ、済州島では武力衝突も起きた。この協定に対し、「信託統治を受け容れるべきか」、当時の人々の状況に身を置いて生徒が意見を表明することで、当時の困難な状況を追体験したい。

1950年、ソ連と中国の後ろ盾を得た北朝鮮は、周到な用意のもと軍事的に南北を統一するため朝鮮戦争を起こした。朝鮮戦争によって、占領下の日本では、マッカーサーの指令で警察予備隊が創設され、再軍備への道が開かれた。また、米軍の兵站基地として機能し、多くの戦闘機が日本から朝鮮半島に飛び立った。また、米軍物資の供給のため朝鮮特需と呼ばれる好景気は、戦後日本の復興を後押しした。ここでは、二枚の写真をもとに、戦闘機の真下で、日本人は朝鮮戦争をどう見ていたのか考える。併せて、当時の日本の新聞なども資料として活用したい。そこには、平和の希求、再び戦争に巻き込まれる恐怖、特需による恩恵など、戦争と平和の問題を考える手がかりが得られる。

4 日本の講和 〔発展学習〕

1951年9月のサンフランシスコ講和条約には、韓国政府も対日講和に連合国として参加することを希望していたが、韓国と日本が正式に交戦状態にあったわけではないとして、拒否された。アメリカは、日韓講和を進めるため、1951年10月の日韓予備会談を斡旋したが、主張の隔たりは埋まらなかった。この会談について、李承晩の残した覚書[7]は興味深い。韓国の日本への希望は、韓国への軍事的支援ではなく、植民地支配への反省であった。

朝鮮戦争や冷戦構造と不可分の関係にあった日本の講和について、講和会議の参加・不参加国の立場や考えを具体的に検討することで、そこに存在する問題を客観的に捉えることもできる。これらの学習を通じて、その後の日韓基本条約、現代の日韓歴史認識や植民地支配の賠償・責任問題を考える視座を提供したい。

（小野恭一）

■文献・資料紹介
- 浜林正夫 他編『新版戦後世界史』上、大月書店（1996年）
- 林哲「朝鮮の『解放』と中国」（歴史学研究会編『講座世界歴史8 戦争と民衆』東京大学出版会（1996年）
- 佐々木隆爾「朝鮮戦争と対日講和・日米安保条約」（歴史学研究会編『講座世界歴史9 解放の夢』東京大学出版会（1996年）
- 和田春樹『朝鮮戦争全史』岩波書店（2002年）

■注
1)『決定版 昭和史』第14巻、毎日新聞社（1984年）p.64
2) 注1前掲書 pp.68
3) 歴史学研究会編『世界史史料11 20世紀の世界Ⅱ』岩波書店（2012年）pp.18-20
4) 歴史学研究会編『世界史史料10 20世紀の世界Ⅰ』岩波書店（2006年）pp.393-395
5) 注3前掲書 pp.20-22
6) 李景珉『増補朝鮮現代史の岐路』平凡社（2003年）pp.268-269
7) 李庭植『戦後日韓関係史』中央公論社（1989年）p.55

第4章 「歴史総合」実践の手引き　　C　国際秩序の変化や大衆化と私たち

24　大衆化と現代的な諸課題

> **資料：ドイツのメルケル首相の「イスラエル建国60周年記念演説」（2008年3月）**
> 「ドイツがドイツ史の道義的破局の責任をはっきり認めることによってのみ、私たちは未来を人間らしく作り上げることができると確信しています。人間性は過去に対する責任から生じるのです。…追悼の場は重要です。ベルリンやヤドヴァシェムにあるホロコースト記念碑です。そこでは記憶がいきいきと保たれています。しかし（追悼の）場だけでは充分ではありません。記憶はくり返し有効であることが証明されねばなりません。追悼から言葉が生まれ、言葉から行動が生じなければなりません。ホロコーストの生存者がやがていなくなった後も実りのある『想起の文化』をどのようにつくりあげるか、私たちの世代、そして若い世代の意識を喚起しなければなりません。そのために決定的な解決策などありません。しかしこの困難な課題を認識することこそ、これからの『想起の文化』を若い世代とともに創造的に発展させるための第一歩となります。」
> （出典：石田勇治「ドイツはナチズムをどう克服してきたか」東京歴史教育者協議会『東京の歴史教育』第47号〔2018年〕）

1　「戦争・平和」の観点も　【授業テーマ―課題と視点】

学習指導要領では、「国際秩序の変化や大衆化と私たち」の大項目の最後に、「自由・制限、平等・格差、開発・保全、統合・分化、対立・強調などの観点から主題を設定」して、「現代的な諸課題の形成に関わる国際秩序の変化や大衆化の歴史を理解すること」とある。「解説」では、この5つの観点について「現代的な諸課題を歴史的に捉えるための枠組みの例である」としている。あくまでも「例」であり、これ以外にも二つの世界大戦の枠組みを理解する例として、「戦争・平和」の観点が考えられる。

また、学習指導要領は、「大衆化」とは何かについて説明していないが、「大衆化の歴史」を理解する上で、女性や子ども、障がい者といった「弱者」の歴史にも目を向ける必要がある。ジェンダーや市民運動、労働運動からみた歴史についても重視したい。「国際秩序の変化や大衆化と私たち」の「私たち」には、様々な人々の歴史があり、その歴史が現在につながっているのである。

ここでは、「戦争・平和」の観点から、障がい者、障がいを持つ子どもたちにとって、戦争とはどのようなものであったかを考えたい。「障がい者と戦争」という授業テーマの設定である。

2　「灰色のバス」　【教材研究のポイント】

ドイツのベルリン市内の歩道には、10センチ四方のプレートが地面に埋まっている。プレートには、ホロコーストで虐殺された人の名前と生年月日、虐殺された場所が刻まれている。ホロコーストの犠牲者を追悼するモニュメントである。

移動式のモニュメント「灰色のバス」もある。第二次世界大戦下のドイツでは、障がいを持つ人たちは、バスに乗せられて専用施設に移送され殺された。戦争が始まると病床が不足するために、安楽死殺害をおこなったのである。この記憶を「心に刻む」ため、現在「灰色のバス」は全国各地を巡回している。

ナチ・ドイツのホロコーストはユダヤ人に対してだけでなく、障がい者や特定の疾患を持つ人々にもおこなわれた。「生きる価値のない人」として排除・殺戮されたのである。石田勇治は、心身障がい者や不治の病にある患者、ロマ（ジプシー）など「民族共同体の理念・規範に適合しないとみなされた人びと」に対して徹底した迫害がなされ、なかでも第二次世界大戦の開戦に前後して、心身障がい者などへの「安楽死殺害政策」が実施されたことを指摘している。ホロコーストは極端なレイシズム（人種主義）、優生思想、反ユダヤ主義の三つが互い重なり、関連して引き起こされたのだと[1]。

ドイツでは、こうした過去を克服するために、モニュメントやミュージアムなどを通して「文化的記憶」、「想起の文化」を共有、伝承する取り組みがなされている。このことは、有名な1985年の敗戦40年にあたってのヴァイツゼッカー大統領の演説だけでなく、メルケル首相の2008年のイスラエル国会での演説でも、「想起の文化」を創造的に発展することに言及している。このように、ドイツでは、過去の過ちは現在の「想起の文化」として継承されている。

3 障がい者を絶滅して戦争が始まった　〔授業づくりのヒント〕

第二次世界大戦は、障がい者を絶滅する作戦とともに始まったことに注目したい。それに至るまでのヒトラーの戦争遂行計画を見てみよう。

1937年11月5日、ヒトラーは部下を集めて侵略計画を明らかにした。この内容を総統付陸軍連絡将校のホスバッハがまとめたものが「ホスバッハの覚書」である。その中で、ヒトラーは「ドイツの政治の目標は、民族集団の維持と増大とであり、したがって、生存圏の問題が重要となる」として、「強固に凝縮した人種の核を形成している」ドイツの民族集団がチェコスロバキアとオーストリアを打倒することが第一の目標であると宣言した[2]。

1938年3月、ドイツはオーストリアを併合し、11月の夜、ユダヤ人を迫害し（「帝国水晶の夜」事件）、1939年1月、ヒトラーは国会で「ヨーロッパのユダヤ人種の絶滅」を予言する演説をおこなった。3月には、チェコスロバキアに進駐し、8月、ヒトラーは障がい者を絶滅する「安楽死殺害政策（T4作戦）」を実行に移した。

1939年9月1日、ドイツ軍が150万の大軍でポーランドに侵攻し、第二次世界大戦が開始する。9月1日の開戦日に、ヒトラーは「安楽死」についての秘密委任命令書を出した。そこには、「不治であると判断される患者に対して慈悲殺を行えるようにする権限を帝国指導者ブーラーとブラント医学博士に与える」と書かれていた[3]。「慈悲殺」という名の「安楽死」殺人であった。こうして、障がいのある子ども、障がいを持つ人びとを排除・絶滅して第二次世界大戦が始まったのである。

4 日本の障がい児学校と戦争　〔発展学習〕

日本の障がい者たちは戦争中にどんな生活を送ったのだろうか。障がい児学校の子どもたちは、戦争の時代をどう生きたのだろうか。

東京都世田谷区にあった光明国民学校（現在の都立光明特別支援学校）は、全国で唯一の肢体不自由児の学校として発足した。戦争が激しくなると、都内の国民学校の児童・生徒は疎開計画に基づいて疎開したが、障がい児は疎開計画にも入れられなかった。

光明国民学校も疎開先が割り当てられず、校舎に寝泊まりをし、校庭に防空壕を掘って空襲に耐えるほかなかった。自力で疎開先を見つけたのは1945年3月の大空襲の後の5月のことであった。長野県上山田温泉に集団疎開するが、その10日後には世田谷の校舎、寄宿舎が空襲で焼失してしまう。戦争が終わっても戻る校舎がなく、4年間も疎開先での生活を送ったのである。

清水寛による太平洋戦争下の全国の障害児学校についての調査研究[4]では、集団疎開は全体として敗戦直前の空爆が激化した1945年の前半に疎開をする学校が最も多くなったという。また、戦争中は障がい児学校でも勤労奉仕・勤労動員がおこなわれ、軍事教練を実施した盲聾唖学校もあった。「戦争に役に立たない」と言われた障がいを持つ子どもたちは、戦争のなかでも、その尊厳と権利は踏みにじられたのである。

（河合美喜夫）

■文献・資料紹介
- 木畑和子「第二次世界大戦下のドイツにおける『安楽死』問題」『1939 ドイツ第三帝国と第二次世界大戦』同文舘（1989年）所収
- スザンヌE・エヴァンス著、黒田学・清水貞夫監訳『障害者の安楽死計画とホロコースト―ナチスの忘れ去られた犯罪』クリエイツかもがわ（2017年）
- 松本昌介ほか編『編集復刻版　障害児 学童疎開資料集』第1巻〜第4巻、六花出版（2017年）。光明国民学校が学童疎開中に発した『学寮通信』など、障害児の学童疎開の実態がわかる基本的な資料が納められている。

■注
1) 石田勇治『ヒトラーとナチ・ドイツ』講談社現代新書（2015年）
2)、3) 歴史学研究会編『世界史史料10』岩波書店（2006年）
4) 清水寛『太平洋戦争下の全国の障害児学校―被害と翼賛―』新日本出版社（2018年）

第4章 「歴史総合」実践の手引き　　　　　　　　　D　グローバル化と私たち

25　脱植民地化とグローバル化

資料1：「平和五原則」

・領土的な保全と主権の相互の尊重・相互の不可侵・相互の内政への不干渉・平等と互恵・平和共存
（「インド共和国政府と中華人民共和国政府による中国のチベット地方とインドとの間の通商と交流に関する協定」）

資料2：「バンドン十原則」（一部）

第1項「基本的人権および国連憲章の目的と原則の尊重」　第2項「すべての諸国の主権および領土保全の尊重」　第4項「他国の内政への介入、干渉を差し控えること」　第7項「いかなる国の領土保全、あるいは政治的独立に対しても侵略の行為、脅迫、武力の行使を差し控えること」　第9項「相互利益と協力を促進すること」　第10項「正義と国際的義務の尊重」

1　「平和五原則」から非同盟運動へ　〔授業テーマ─課題と視点〕

　1954年6月末、周恩来・ネルー共同声明で発表された「平和五原則」は、ヒンディー語で「パンチ・シール」（5つの理念）と呼ばれ、国家間の理想的な外交関係の理念を示すとともに、翌1955年4月、インドネシアのバンドンで開催されたアジア・アフリカ会議の「バンドン十原則」に継承された。

　歴史家の上原専禄は1960年代初めの時点で、アジア・アフリカ会議が世界史上、画期的だった点として、①アジア・アフリカのほとんどすべての独立国の参加によっておこなわれたこと、②アジア・アフリカが世界史の客体から主体へと転換する動きを示したこと、③アジア・アフリカに共通する問題としての経済開発のための協力、文化の交流、民族の独立と世界平和への寄与の強調を指摘している（『世界史における現代のアジア』未来社、1961年）。

　「バンドン十原則」は、その後、アジア・アフリカ人民連帯会議の宣言（1958年1月）にも受け継がれ、やがて1961年の第1回非同盟諸国会議を経て非同盟運動の精神につながることになった。

　授業では「平和五原則」「バンドン十原則」などを資料として活用し、そこに記された思想や理念を考察し、非同盟運動・第三勢力につながる歴史的な流れ・思想史的意義を理解したい。なお、その際、日本の外交との関係についても着目したい。

2　「平和五原則」・「バンドン十原則」の意義　〔教材研究のポイント〕

　「平和五原則」と「バンドン十原則」の関係性、そしてそれらがアジア・アフリカ人民連帯会議宣言および第1回非同盟諸国会議宣言にどのように受け継がれたかに注目したい。

　資料1の「平和五原則」の①領土的な保全と主権の相互の尊重、②相互の不可侵、③相互の内政への不干渉、④平等と互恵、⑤平和共存は、資料2の「バンドン十原則」のそれぞれ、第2、第7、第4、第9、第10項に対応している。

　当時の1950年代半ばは、ヨーロッパの冷戦がアジアに波及して朝鮮戦争、インドシナ戦争などが継起する「アジア諸戦争の時代」の渦中におかれていた。植民地支配からの解放・独立を果たしたアジア・アフリカ諸国は、国民国家の建設と経済的自立という二重の課題に直面していた。

　こうしたなか、アジア・アフリカ会議には、29ヵ国（アジア16、アラブ9、アフリカ4ヵ国）が参加し、経済協力、文化協力、世界平和への協力などを議論し、「バンドン十原則」を含む最終コミュニケをまとめた。

　開催国のスカルノ大統領が同会議を「人類の歴史上はじめての有色人種のインター・コンチネンタルな会議」と評価したように、この会議は欧米諸国の植民地

だったアジア・アフリカ諸国の自立と連帯を世界に示すという意義を残した。

続いて、ナセル大統領の呼びかけでエジプトのカイロで開催されたアジア・アフリカ人民連帯会議は、その宣言で以下のように記している。

「我らは1955年4月のバンドン会議によって適用された諸原則が、国際関係の基礎となり続けるべきことをここに宣言する。我らは…（バンドン）十原則に対する絶対的支持をここに新たにする。我らはこれら十原則が受け入れられることで、現代世界の緊張が確実に緩和され、数多の人民の心を苛んでいる絶滅への甚だしい恐怖心を取り除くことができるであろうと確信する。」

この会議にはアジア・アフリカ諸国のほか、ソ連・東欧諸国が参加したが、「バンドン十原則」はアジア・アフリカ・アラブの共通かつ普遍的な外交の原理として再確認された。

さらに、第1回非同盟諸国会議の宣言は「バンドン十原則」を念頭に置き、「…アジア、アフリカ、ラテンアメリカにおける植民地帝国及びその他の形態での外国による諸人民の圧迫は次第に歴史の舞台から消え去りつつある。民族の独立と平等を求める多くの諸人民の闘争の中で大きな成果が収められつつある」と述べている。非同盟諸国会議は米ソ両陣営のいずれにも与しないという立場を打ち出し、アジア・アフリカの新興独立国の国際政治における地位の強化をめざし、その理念に「バンドン十原則」が含まれていたこに注目したい。以上のように、資料を読み解くことによって、「平和五原則」と「バンドン十原則」が、後の国際政治に及ぼした影響について具体的に理解することができる。

3 資料の読解から当時の歴史的状況を理解する 〔授業づくりのヒント〕

「バンドン十原則」を読むと、第5項で「国連憲章に合致する諸国家の個別的あるいは集団的自衛権を尊重すること」とある一方で、第6項で「集団的防衛に関わる諸協定を、いかなる大国であってもその特定の利益に寄与するために適用することを差し控えること」と記してあり、各項の矛盾あるいは制限が加えられていることが分かる。ここから、29の参加国には西側陣営、社会主義国、非同盟中立志向の国など多様な立場があり、一定の妥協がはかられていたことを読み取ることができる。

次に、授業では日本とアジア・アフリカ会議の関係にもふれる必要がある。同会議は、サンフランシスコ講和条約発効によって国際社会に復帰した日本にとって最初の国際会議になり、日本政府から十数名が参加した。日本政府代表団は西側の一員であることを意識してイギリス、アメリカなど「古い植民地主義」を批判する討議には消極的姿勢を示し、逆に東欧でのソ連の覇権という「新しい植民地主義」批判には積極的に関わり、不参加国のアメリカの思惑を代行した。こうした日本の外交姿勢から、「アジア諸戦争の時代」からの脱却を求める新興独立諸国と、西側の一員としてアメリカの肩を持ち「戦後」の平和を享受する日本との違いに気づきたい。

4 アジア・アフリカ会議の評価について 〔発展学習〕

同会議が、マラヤ（独立前で非常事態下）を招かなかったこと、1965年にアルジェリアで予定されていた第2回会議が開催されなかったことなどから、同会議の意義を過小評価する研究が現れている。しかし、後世の事象から遡及的に解釈する「事後的評価」ではなく、当時の時代状況の中で評価すべきである。

逆に、「バンドン十原則」はASEAN憲章（第2条、加盟国の独立や主権の尊重、加盟国の内政への不干渉、法の支配や民主主義の原則を支持、基本的自由と人権の尊重と社会正義の推進、国連憲章、国際法、国際人道法の支持など）に結実し、非同盟運動だけでなく、1960年代以降の「地域統合」を支える理念にも影響を与えたことが指摘されている。「平和五原則」・「バンドン十原則」を当時の歴史的文脈の中で正確に理解するとともに、未来につながる「地域統合」とも関連づけて学習していきたい。

（米山宏史）

■文献・資料紹介
- 歴史学研究会編『世界史史料11 20世紀の世界Ⅱ』岩波書店（2012年）
- 木畑洋一他『東アジア近現代通史（下）』岩波書店（2014年）
- 岩崎育夫『アジア近現代史』中央公論新社新書（2019年）

第4章　「歴史総合」実践の手引き　　　　　　　　　　D　グローバル化と私たち

26　核実験と平和運動

（都立第五福竜丸展示館で筆者撮影）

資料1：「杉並アピール」（1954年5月9日）[1]
1　水爆禁止のために全国民が署名しましょう。
2　世界各国の政府と国民に訴えましょう。
3　人類の生命と幸福を守りましょう。

資料2：「ストックホルム・アピール」（1950年3月19日）[2]
われわれは原子力兵器を人類威嚇ならびに大量殺人の兵器として無条件に禁止することを要求する。
われわれはこの決議の遂行を監視する厳重な国際管理機関を設立するよう要求する。
われわれは原子力兵器を最初に使用する政府を、人類に対する犯罪行為を犯したるものとみなし、かつその政府を当然戦争犯罪人とみなすものである。
われわれは全世界の善良な意志をもった人々に対し、このアピールに署名するようよびかける。

1　原水爆実験と核兵器開発競争　〈授業テーマー課題と視点〉

戦後、米ソは競って原水爆実験を重ね、広島・長崎への原爆投下から9年目の1954年3月1日、ビキニ環礁でアメリカによる水爆実験（「ブラボー」、15メガトン）がおこなわれた。この実験で周辺の島民は被爆し、日本の多くの漁船が被爆した。そのなかにマグロ漁船「第五福竜丸」があった。

この出来事を当時の人たちはどう受けとめて、どういう行動に出たのだろうか。このテーマで学ぶ視点の一つである。

核実験は、やがて米ソを中心に核兵器開発競争に向かった。ひとたび核兵器を使用したら人類の危機となる。世界の核弾頭は1987年に7万近く存在していたが、2019年、1万3880発（2019年度推計、長崎大学核兵器廃絶センター「核弾頭データ追跡チーム」）に削減された。アメリカは2019年に、「包括的核実験禁止条約（CTBT）」に違反しないかたちで、核の性能を確かめる爆発を伴わない臨界前核実験を繰り返している。それでも、なぜ、核兵器を保有し続けるのか。これは現代的な課題である。

中学校の歴史分野で学んだことを踏まえ、原水爆実験に対して、日本や世界の人たちはどんな取り組みをしたのか、核保有国はなぜ廃絶しようとしないのか考え合う。

2　ビキニ水爆実験から始まった原水禁運動　〈教材研究のポイント〉

（1）日本の漁船の被災・被爆状況

ビキニ環礁での水爆実験で、被災した日本の漁船は1,423隻（水産庁1954年11月30日付行政文書）という。厚労省は2014年9月19日に、第五福竜丸以外の473隻が放射能検査をしていた文書を公開した。被災から60年目のことである。

被爆した第五福竜丸の乗組員・久保山愛吉さんに関わる資料は、東京都立第五福竜丸展示館にある。この展示館前には、「原水爆の被害者はわたしを最後にしてほしい」という久保山さんの言葉の石碑がある。

（2）原水爆禁止運動

第五福竜丸「原爆マグロ」処分、乗組員が急性放射能症と発表（1954年3月20日）、「死の灰」の恐怖、各地に放射能雨、これらを受けてから、原水爆禁止の運動が急展開する。水爆禁止の署名運動が東京・杉並の婦人団体などを中心に始まった。同年5月9日「水爆禁止署名運動杉並協議会」がつくられ、アピール（資料1）を発表した。約2ヶ月間で27万筆、1年余で3400万筆にのぼった[3]。この運動は、原水爆禁止世界大会（1955年8月6日、広島市公会堂、14カ国代表参加）開催の契機になった。

核廃絶をめざす国際的な取り組みは、1950年、原子兵器の絶対禁止を世界平和協議会が呼びかけ、「ス

トックホルム・アピール」（資料2）を出していた。

（3）核抑止力

核保有国の戦略・核抑止力の考えが存在している。また、ビキニ環礁水爆実験後の4月に、当時の岡崎勝男外相は「アメリカの水爆実験に協力する」と演説している。アメリカ大統領・アイゼンハワーは、1953年12月8日の国連総会で原子力の平和利用を打ち出していた。1955年11月から1957年にかけて、アメリカの情報局と日本のマスコミが共催して、日本各地で「原子力平和利用博覧会」を開催している。当時の日米安保条約下の日本は、アメリカの核の傘に置かれ、対米従属の立場である。

核実験がイギリスやフランス・中国と広がっていくなかで、1968年にNPT（「核兵器の不拡散に関する条約」）が調印され1970年に発効する。NPTの締約国・地域は191、核兵器禁止条約には至っていない。

3 核保有の賛否を問う 〔授業づくりのヒント〕

授業の導入は、教材研究のポイント（1）で示した当時の被災・被爆の状況である。写真や映像記録などを活用すれば、当時の様子を具体的につかむことができる。

授業のコアの箇所は、二つある。一つは、当時の人たちが、原水爆禁止に向けて行動を起こしたことを読み取ることである。「杉並アピール」で「何人が署名してくれるだろうか」という問いを立てて、生徒の反応を確認していく。運動の期間と署名数は生徒の想像を超えるものになっていく。この運動を経て世論は高まり、「原水爆禁止世界大会」につながったことを明らかにする。

もう一つは、核廃絶に向けた課題を考え合うことである。そこで、核保有国（従属国を含む）の核抑止力の考えについての賛否を取り上げる。

（A）核兵器を持っていれば攻撃されないし、平和を維持できる。戦争を防ぐ手段だ。

（B）核兵器をひとたび使用すれば甚大な被害が起こる。核兵器による脅しこそ平和に反し、脅威だ。

この二つの考えについて、生徒の意見を出し合いながら、現代の課題として核廃絶について深めていく。核兵器は、その使用を前提にしたものである。久保山愛吉さんの最後に残した言葉にどう応えるかにつなげて深めていく。

なお、世界の核弾頭の内訳（前述の2019年度）は、ロシア6500、アメリカ6185、フランス300、中国290、イギリス215、パキスタン150、インド130、イスラエル80、北朝鮮20～30となっている。アメリカとロシアで90％以上を占めている。

4 核廃絶に向けて 〔発展学習〕

核廃絶の取り組みについては、この60年余の平和運動に着目させる。

核軍拡競争が展開される情勢のもとで反核運動は世界中に広がった。1982年、第2回国連軍縮特別総会が開催され、6月12日には100万人がニューヨークを埋め尽くした。冷戦終結後も核廃絶とはならず、また、新たに核保有国が登場する情勢になった。そのなかで、市民などから誕生したICAN（「核兵器廃絶国際キャンペーン」）が核禁止条約を求めて世論を動かし、2017年7月7日に国連で核兵器禁止条約（「核兵器の開発、実験、製造、備蓄、移譲、使用及び威嚇としての使用の禁止ならびにその廃絶に関する条約」）が採択された（賛成122か国、日本は不参加）。

ICANは、同年にノーベル平和賞を受賞した。こうした取り組みには、市民の運動が大きな役割を果たしている。なお、核兵器禁止条約は2019年4月現在、調印した国は70カ国、批准した国は23カ国である。条約は、50カ国が批准してから90日後に発効する。

（大野一夫）

■文献・資料紹介
- 久保山愛吉「絶筆 死の床にて（遺稿）」、『中央公論』（1954年11月号）所収
- 『アサヒグラフ／原爆の記録・総集編』朝日新聞社（1982年）
- 飯塚利弘『死の灰を越えて―久保山すずさんの道』かもがわ出版（1993年）
- 丸浜江里子『原水禁署名運動の誕生』凱風社（2011年）
- 川崎哲『核兵器を禁止する』岩波ブックレット（2014年、新版2018年）

■注
1) 水爆禁止署名運動杉並協議会「水爆禁止のための署名簿」より
2) 法政大学大原社会問題研究所『日本労働年鑑 第24集』労働旬報社（1951年）より
3) 杉並から全国へ「原水爆禁止署名運動」として展開

第4章 「歴史総合」実践の手引き　　　　　　　　　D　グローバル化と私たち

27　高度経済成長の時代

図表1：主要資本主義諸国における経済指標の1961年～70年の年平均増大率の比較

	実質経済成長率	鉱工業生産	設備投資	労働生産性	労働賃金	賃金コスト	輸出	輸入	卸売物価	消費者物価
日　本	11.1	14.1	15.2	11.1	12.2	1.1	17.1	15.9	1.3	5.9
アメリカ	4.1	4.5	3.9	3.1	4.1	1.0	7.7	10.2	1.5	2.8
イギリス	2.8	2.8	4.7(1)	3.2(1)	6.4	3.2(1)	6.7	5.7	3.1	4.1
西ドイツ	4.8	5.8	5.7	6.0(1)	8.1	2.0(1)	11.0(1)	10.8(1)	2.0	2.7
フランス	5.8	6.0	9.1(1)	6.4(1)	8.1	1.6(1)	10.1	11.7	3.0	4.0
イタリア	5.6	7.1	5.2(1)	6.4(1)	8.7	2.2(1)	13.8	12.6	2.6	4.0
カナダ	5.2	6.4(1)	5.4	4.3(2)	5.1	0.8(1)	11.1	9.6	2.1	2.6

注（1）1961～69年平均（2）1961～68年平均
（出典：日銀『日本経済を中心とする国際比較統計』1971年版より作成）

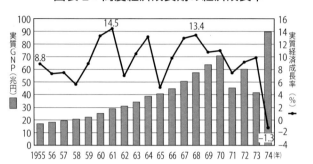

図表2：高度経済成長期の経済成長率
（1970年基準）
（出典：経企庁『国民所得統計年報』1978年版より作成）

図表3：産業別人口の推移

	第1次	第2次	第3次
1950年	48.5%	21.8%	29.6%
1960年	32.7%	29.1%	38.2%
1970年	19.3%	34.0%	46.6%

（出典：国勢調査より作成）

図表4：給料と価格の推移

	公務員の初任給	食パン1斤の価格
1951年	5,500円	25円
1960年	12,900円	32円
1972年	47,200円	60円

公務員の初任給は大卒国家公務員、食パンは小売標準価格
（出典：週刊朝日編『戦後値段史年表』朝日文庫より作成）

1　高度経済成長の時代を読み解く
〔授業テーマ―課題と視点〕

　1955年頃に日本経済は敗戦からの復興を果たし、以後73年までの時期が高度経済成長の時代である。1956年度の『経済白書』（経済企画庁）は、序文の一節に「もはや戦後ではない」と書き、流行語にもなった。
　高度経済成長を象徴するものに、1958年の1万円札発行や東京タワーの完成、1964年の東海道新幹線開業や東京オリンピック開催、家電製品の普及や公団住宅などがある。1960年の池田勇人内閣の「国民所得倍増計画」もあって、物価の上昇もあったが生活水準の向上を多くの国民が実感した（図表4参照）。経済成長はライフスタイルを変えた。1960年代の日本の実質経済成長率は10％を超え、欧米諸国と比べても奇跡とも言える経済成長であった（図表1参照）。
　一方、この時期は日米安保体制が強化された時代であり、1955年の保守合同と社会党統一による55年体制と重なる。また、日本国憲法の定着もあって、国民の政治参加の運動（安保反対、ベトナム反戦、学生運動、革新自治体、公害反対などの住民運動）が広がった時代である。
　このテーマでは、経済成長を可能にした要因は何か、経済成長がもたらしたものは何かを学び、現代における課題につなげて考えを深めていく。

2　つくられた高度経済成長
〔教材研究のポイント〕

（1）経済の高度成長を可能にしたのは
　戦後、中国が社会主義の国となり、アメリカのアジア政策は転換した。それは、ロストウらアメリカの経済学者によって進められた政策（低開発国の経済成長、アジアの技術革新、アジアの資源開発など）である。この方針は日本の高度経済成長を実現させる試みに向かった。こうして、アメリカの支援のもとで1955年に日本生産性本部が設立され、経済成長をリードする。
　日本での高度成長を可能にした経済的要因としては、技術革新、設備投資を可能にする資本、労働力の確保、購買力の拡大、輸出があげられる。資本の確保では低金利と国民の貯蓄がある。1ドル＝360円という為替相場（固定）が輸出を後押しした。貿易・資本の自由化も、この時代に進められた。政治的要因には、

前述の所得倍増計画をはじめ、金融と行政の護送船団方式という政策がある。

労働力の確保は、農村から大都市への人口移動による。若年労働者は中卒の集団就職によって確保された。日本の産業構造は大きく変化し、産業別人口は、図表3のように推移した。

（2）高度経済成長の功罪

物価の上昇もあったが、7年で所得倍増が実現し、国民の生活水準は向上する。「消費は美徳」といった風潮が広がり、大量消費社会をつくりだした。日本は平和憲法のもとで、経済成長を重視して経済大国として歩み出すことになる。

一方、農山村の人口流出によって農業は衰退し、過疎過密問題を生んだ。さらに、重厚長大型の産業は、四大公害事件をはじめとする深刻な公害問題を起こした。大都市では人口の増加によって、住宅問題、通勤地獄、交通事故の増加、騒音・大気汚染など、生活環境が悪化した。

3 高度経済成長とその功罪　〔授業づくりのヒント〕

高度経済成長の時代のイメージは、当時の映像や写真から学んできている。改めて、それらの教材を活用して確認する。1960年代の生活の一コマとしては、国立歴史民俗博物館の展示「日本住宅公団団地実物大再現」[1]が参考になる。いずれも授業の導入で扱う。この時代に生まれた様々なものが現在の歴史につながっている。

次いで、1955年以降の経済成長率は図表2で確認する。その際、図表1の主要資本主義諸国における経済指標の国際比較をもとに、日本の経済成長がどんなものであったか読み取る。どの指標をとってみても、他国と比較にならないほどの経済成長であることがわかる。60年代は証券不況（65年）もあったが、GNP（当時使われていた国民経済の指標、1994年からGDP）は伸び続けていた。世界から「日本の奇跡」と呼ばれた時代である。

授業で深めたいことは二つある。一つは、なぜ、経済成長が可能だったのかである。これは、教材研究のポイント（1）で取り上げた内容である。導入で取り上げた教材やライフスタイルから「どのようにして生み出されたのか、それを可能にした条件は何か」と問い、考えさせていく。なお、この時代の年表を活用することで、国際経済の動向や政治・経済の対米従属路線などから、高度経済成長が自然発生的に生まれたものではないことが明らかになる。

もう一つは、この時代の経済成長の功罪である。これについては、「功」と「罪」に分けて、ワークシートやカードに書き出して、確認し合う。教材研究のポイント（2）の内容である。1960年代から70年代にかけての市民（住民）運動は、平和と民主主義が定着したことと無関係ではない。これは「功」に分類されよう。

4 現在につながる課題　〔発展学習〕

現在につながる課題を取り上げ、どのように解決するか考え深め合う。

高度経済成長以後、経済のグローバル化が進んできている。日本をはじめ欧米の先進国は、経済成長率低下の傾向にある。その要因に少子高齢化とIT化がある。なお、中国やインドの新興国の経済成長率は高いが、行く末は不透明である。

経済大国をめざした日本は、企業の終身雇用制のもとで「会社人間」をつくり出し、結果として長時間労働を強いて「過労死（病）」を生んできた。また、非正規労働という働き方が広がり、所得格差は拡大した。公害をはじめとする様々な環境問題も解決していない。プラスチック処理や地球温暖化問題もある。

さらに、高度経済成長期に推進された原子力発電は、東日本大震災による原発事故を受けて、今後の政策が不透明なままである。原発依存かどうか、核廃棄物（人工放射性物質）の処理の解決などは、未来に先送りされている。

（大野一夫）

■文献・資料紹介
- 林直道『現代の日本経済－第4版』青木書店（1986年）
- 中村政則『戦後史』岩波新書（2005年）
- 歴史教育者協議会編、大日方純夫・山田朗・早川紀代・石山久男『日本社会の歴史 下』大月書店（2012年）

■注
1) 国立歴史民俗博物館のＨＰに展示の画像が掲載されている〈https://www.rekihaku.ac.jp〉。

第4章 「歴史総合」実践の手引き　　D　グローバル化と私たち

28　パレスチナ問題と中東戦争

資料：声明（2014年8月）

ナチスのジェノサイドの生還者として、また生還者および犠牲者の子孫として、私たちは、ガザにおけるパレスチナ人の集団殺戮と歴史的パレスチナの継続する占領および植民地化を全面的に非難する。〔中略〕ジェノサイドは、世界が沈黙することによって始まる。（出典：高橋真樹『ぼくの村は壁で囲まれた』現代書館〔2017年〕）

エジプトとの境界にあるパレスチナ自治区ガザ南部ラファで、フェンスのそばに立つパレスチナ人女性。

検問所閉鎖解除が鍵（2014年6月18日）
（出典：ロイター＝共同）

1　人権問題としてのパレスチナ
〔授業テーマ―課題と視点〕

　パレスチナ問題は中学でも扱われる内容であり、中東戦争については石油危機とともに日本へ影響を与えた戦争として学習する。ユダヤ人の歴史や中東を取り巻く国際情勢の複雑さ、パレスチナそのものの複雑さ（ガザとヨルダン川西岸にわかれたパレスチナ自治区やエルサレム）、そして何より解決の糸口も見いだせない現状など、授業者にとっても難しいテーマである。この難解さが、かえってユダヤとイスラムの宗教対立であるとか、自己利益の主張だけで妥協をしない人たち、とかくテロ（暴力）に訴える人々といった単純化されたイメージを生んでいるのではないだろうか。

　このテーマでは様々な課題をテーマとすることができるが、イスラエルの建国からガザ地区やヨルダン川西岸のパレスチナ自治区の状況をパレスチナの人々の人権侵害の問題と捉える。確かにパレスチナ側の一部が起こすテロ行為も看過し得ないけれども、写真のように隔離され劣悪な住環境に置かれ、ガザ地区住民の生活が守られない現状こそ最大の問題であろう。また、近年の研究では1948年イスラエルの建国の前後から第1次中東戦争の過程でいわゆる民族浄化（強制移住や追放、虐殺）がおこなわれたことが明らかになっている。

　最終的な解決は、ナクバによって生まれ現在は500万人を超えるパレスチナ難民の帰還をどうするかにある。しかし、現在その解決糸口は見いだせない。ここでは、パレスチナ問題を理解するため、複雑な経過をたどるよりも、ポイントとなる歴史的な背景をおさえる構成としたい。

2　パレスチナ問題の背景
〔教材研究のポイント〕

（1）バルフォア宣言

　シオニズム運動は、パレスチナにユダヤ人の国を建設する運動であり、1897年ヘルツルの呼びかけで開催された第1回シオニスト会議において、運動目的が定められた。1917年に出されたバルフォア宣言はこの運動にイギリスとして賛意を示すものであった。それまでのパレスチナには、例えば「アラビア語を話すユダヤ教徒」が存在し、ユダヤ人か非ユダヤ人かの差異はなかった。

　短い宣言であるが、「パレスチナに存在している非ユダヤ人」の文言がパレスチナに「アラブ人対ユダヤ人」の対立を生みだす。宣言は国際連盟のパレスチナ委任統治規約に取り入れられ、イスラエル建国が実現に向けて動き始める。よく言われるイギリスの三枚舌外交（サイクス・ピコ協定、フサイン・マクマホン協定）に依るところも大きい。しかし、パレスチナ内部

にもたらした分断の意味としては、バルフォア宣言が大きい。

（2）ナクバ

ナクバは、アラビア語で「大破局」を意味する。1980年代からイスラエルでは「新しい歴史家」が登場し、特にイラン・パペ『パレスチナの民族浄化』が著され、イスラエル建国を巡る負の歴史が明らかになってきている。パレスチナでは沈黙を守ってきた人たちがその記憶を語り、少数とはいえイスラエル国内でもこの事実に向き合い、パレスチナとの共存を望む人々が存在している。教科書ではまだなじみのないことばであるが、パレスチナ問題において、ナクバこそその根幹となる歴史的事実である。

（3）アメリカとイスラエル

パレスチナ問題を理解するには、4次にわたる中東戦争、オスロ合意から現在の混迷の時期をイスラエルとアラブ諸国の複雑な関係の変化とともに理解することは重要である。そのなかで、子どもたちが疑問に持つのはアメリカが一貫してイスラエル支持であることではないだろうか。国内の要因としてはアメリカ・イスラエル公共委員会（AIPAC）などのイスラエル・ロビーが外交政策に影響を与えている。対外的には第3次中東戦争で明らかになった軍事国家イスラエルに対する軍需産業も含めた戦略的なパートナーとしての位置づけがある。

3 パレスチナ問題の何が問題なのか？ 〔授業づくりのヒント〕

写真のガザの街を取り囲んでいるものが何なのかを導入として、ガザが置かれている状況（経済封鎖や2014年のイスラエル侵攻で2,000人以上が死亡）を確認する。

この状況を生むに至った中東戦争、ナクバ、バルフォア宣言の歴史をたどる。パレスチナの現状を伝える資料は膨大にあり、何より現実をしっかり理解することが重要である。

また、資料にはあげていないが、写真やイラストから圧倒的な軍事力を前にしたパレスチナの人々がどのような行動をとったのかを考え、そうした行動がどのような結果をもたらしたのかを考えることも必要である。（インティファーダからパレスチナ国家樹立宣言）

資料では、「ナチスのジェノサイドの生還者」が誰なのかを問いとして、ホロコーストの犠牲者とその子孫がイスラエルのガザ攻撃を非難している事実を確認する[1]。すべてではないが、イスラエル寄りであるアメリカの中でも人道的な見地から、現在のイスラエルの政策に反対する声は大きくなっている。決して楽観はできないが、イスラエル国内でも和平派が強硬派に迫る状況が生まれている。

そして、最後の問いとして、資料の文末にある「ジェノサイドは、世界が沈黙することによって始まる」の「沈黙する」とはどのようなことなのかを議論したい。様々な解釈が可能である。もちろん、反対の声を上げることが第一だと思われるが、ガザの現状やナクバの記憶を語り広めること、事実を知ろうとすることの重要性を確認したい。

4 これからの世界へ 〔発展学習〕

（1）何を語り継ぐのか？

パレスチナ問題では、事実・過去に向き合うこと、語り継ぐことの大切さをテーマとした。私たちの身のまわりにも語り継ぐべきものはないか探りたい。戦跡やモニュメント、祖父母の体験など、それは多様である。

（2）パレスチナに関わる日本人

パレスチナ問題について、何らかの解決策を考えることはやはり難しい。学習の最後にNPO「パレスチナ子どものキャンペーン」をはじめに多くの日本人が関わっている事実も確認しておきたい。

（田城賢司）

■文献・資料紹介

- 臼杵陽『世界史の中のパレスチナ問題』講談社現代新書（2013年）
- 高橋真樹『ぼくの村は壁で囲まれた』現代書館（2017年）
- 髙橋宗瑠『パレスチナ人は苦しみ続ける』現代人文社（2015年）
- 「特集パレスチナ―イスラエル問題」『現代思想』5月号（2018年）

■注

[1] ホロコーストの犠牲者であるイスラエルが、パレスチナの人々を迫害することについて、基本的にはドイツ社会にあって生きようとしたユダヤ人とイスラエルの地に移住をめざしたユダヤ人は別の存在である。

29　ベトナム戦争と日本

① 金子徳好さんが8年間、通勤一人デモで身につけていた「ベトナム反戦ゼッケン」

② 枯葉剤の被害を患う子どもたち

（ホーチミン市のベトナム戦争証跡博物館で筆者撮影）

1　第二次世界大戦後の最大の戦争と反戦運動

授業テーマ―課題と視点

ベトナム共和国（南ベトナム）と、これに対抗する南ベトナム解放民族戦線との戦闘に端を発し、1965年の北爆後、アメリカが本格介入したのがベトナム戦争である。この戦争に、アメリカは最大時に54万以上の米兵を派兵し、300万人近くのベトナム人が死亡するなど、第二次世界大戦後、最大の戦争となった。

また、戦争の長期化に伴い、1960年代後半にはアメリカ本国はじめ世界各地で国境を越えたベトナム反戦運動が展開した。

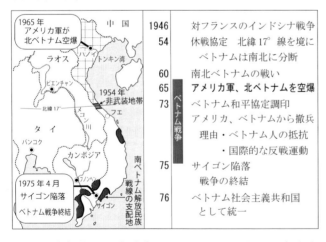

この戦争中、日本政府はアメリカのベトナム介入を支持し、沖縄の米軍基地がアメリカの戦争遂行の拠点として利用されるとともに、日本企業は様々な物資の提供により、ベトナム特需とよばれる巨額の利益を得た。その一方、日本の国民は様々な形態でベトナム反戦運動を繰り広げ、沖縄でも米軍基地反対運動と日本への復帰運動が結びついて展開した。

ベトナム戦争を交戦当事国のアメリカとベトナム、アメリカを支持した日本政府、出撃拠点の沖縄、アメリカと日本の民衆の反戦運動、韓国の派兵の目的と影響などから多角的に理解したい。

2　ベトナム戦争と日本、そして戦争の被害

授業づくりのヒント

（1）ベトナム戦争と日本の関係

日本政府（佐藤栄作内閣）は、日米安保条約が定める「極東地域」にベトナムが含まれると拡大解釈し、在日米軍の「極東地域」の防衛を認めるという立場をとった。その上、ベトナム戦争を正当化してアメリカへの支持・協力を一貫して表明した。

これに基づき、米軍のB52爆撃機が沖縄の米軍基地からベトナムに飛び立ち、アメリカ第7艦隊所属の原子力空母が横須賀や佐世保からベトナムに出撃した。ベトナム戦争は、日本の企業に日用品や軍事物資の生産、艦船・航空機の修理などの需要をもたらし、巨額の「ベトナム特需」を生み（1965～72年の特需は直接・間接特需を合わせて約70億ドル）、戦後日本の経済復興につながった。

沖縄の米軍基地に駐留するB52は1965年7月29

日にベトナムへの爆撃をめざし、沖縄を発進した。米軍にとって沖縄は訓練・発進・補給・通信・核装備・休養などの基地であり、ユリシーズ・シャープ米太平洋軍司令官は「アメリカは沖縄なしにはベトナム戦争を戦うことができない」と語った。

ベトナム戦争の進行に伴い、アメリカ国内をはじめ世界各地でベトナム反戦運動が展開した。日本では、労働者の反戦ストライキ、「ベトナムに平和を！市民連合」（ベ平連）による日本での帰休米兵の脱走支援運動やフォーク・ゲリラ集会をはじめ、多様な反戦運動が労働者、宗教者、知識人、学生、芸術家、歌手、弁護士、一般市民など、思想と職種を越えて展開した。

（2）枯葉剤の被害

アメリカは、ジャングルを利用してゲリラ戦を展開する南ベトナムの解放勢力に対抗するため、1961年8月10日以降、10年間にわたりダイオキシンを含む枯葉剤を空から撒布し、熱帯雨林を砂漠化する作戦をとった。

猛毒のダイオキシンを含む枯葉剤は直接浴びなくても、水や土に混じって口に入ると体内に蓄積され、癌の発生、生殖異常、先天異常などの影響を及ぼす。

ベトナム戦争では、最低でも480万人が直接的に枯葉剤の被害を受け、ホーチミン市の平和村には、眼球がない子ども、魚鱗症や水頭症の子どもたちが暮らしている。アメリカはベトナム帰還米兵の枯葉剤被害者には補償をおこなっているが、ベトナム人被害者に対しては因果関係を示すデータがないから被害を認めないという立場をとっている。

3 ベトナム戦争を多角的に理解する　〔教材研究のポイント〕

日本の企業は様々な物資を生産し、ベトナムの戦場に送り米軍とその兵士に販売し、「ベトナム特需」とよばれる多額の利益を得た。

以下はベトナムに送られた物資の一部である。これを見て、ベトナム戦争と日本との経済的な関係について、考えてみよう。

> ジャングル・プリント（迷彩服）、ジャングル・シューズ、プレハブ・ハウス、有刺鉄線、防虫網、ダイナマイト、釘、木材、セメント、カメラ、時計、ラジオ、テープレコーダー、装飾品、陶磁器、自動車部品、ジェット燃料JP4、ナパーム弾など。

冒頭の写真①は、会社員・金子徳好さんが1965年4月から8年間、電車での通勤時に身に付け、通勤一人デモをおこなった際のベトナム反戦のゼッケンである。日本全国で、様々な組織や個人が思い思いのベトナム反戦運動をおこなっていたことが分かる。そこで、日本各地の様々なベトナム反戦運動について、調べてみよう。

写真②は、枯葉剤の撒布の影響を受け奇形や重い障がいを持って生まれた子どもたちの写真である。授業では、枯葉剤の被害が決して過去のことではなく、現在にも続く問題であることをリアルに学びたい。

そのための教材として、映画『沈黙の春を生きて』（坂田雅子監督、2011年）のDVDを視聴したい。この作品には、ベトナム帰還米兵の娘ヘザーが片足と手の指が欠損した状態で出生し、後にその原因は父が枯葉剤被害者であるという事実を突き止め、成人した彼女がベトナムを訪問し、ホーチミン市の平和村をはじめ、各地でベトナム人の枯葉剤被害者と交流する旅が収められている。この作品は、枯葉剤の被害に苦しむ人々の惨状を活写し、枯葉剤被害はベトナム戦争の終結40余年を経た今でも、現在進行中の問題であり、枯葉剤が国境を越えた戦争犯罪であることを教えてくれる。

4 現在の視点からベトナム戦争を考える　〔発展学習〕

近年、韓国軍兵士のベトナム派兵、ソンミ村の虐殺事件、帰還米兵のPTSD（心的外傷後ストレス障害）、アメリカと日本の反戦運動などに関して、新しい研究が現れている。また、沖縄の米軍基地に枯葉剤（エージェント・オレンジ）が貯蔵されていた事実も明らかになっている。ベトナム戦争の通史的学習をていねいに取り組みながら、現在の研究成果をふまえ、現在に残された諸課題やベトナム戦争と日本・沖縄・韓国などとの関係を授業で扱いたい。

（米山宏史）

■文献・資料紹介

- J.ミッチェル（阿部小涼訳）『追跡・沖縄の枯葉剤』高文研（2014年）
- 歴史教育者協議会編「特集 ベトナムが描くアジアの未来」『歴史地理教育』第851号（2016年）
- 油井大三郎『平和を我らに』岩波書店（2019年）

第4章 「歴史総合」実践の手引き　　D　グローバル化と私たち

30　石油危機と世界経済

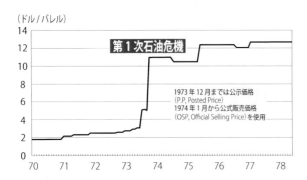

図表：アラビアン・ライト原油価格の推移

1973年12月までは公示価格（P.P, Posted Price）
1974年1月から公式販売価格（OSP, Official Selling Price）を使用

（出典：資源エネルギー庁HP エネルギー白書2010より作成）

第1次石油危機・トイレットペーパーの買いあさりパニック
（出典：毎日新聞社／時事通信フォト）

1　石油危機に「至るまで」と「影響」
〔授業テーマ―課題と視点〕

言わずもがな、石油は私たちの生活に不可欠なものである。生徒は日本で消費される石油のほとんどを輸入に頼っていることを知っている。しかし、石油が安定供給されることの意義について歴史的に理解させるには、石油危機について学ぶ必要がある。石油危機（ここでは特に1973年第1次石油危機を指す）は、「なぜ石油危機に至ったのか」と「石油危機が何をもたらしたのか」という二つの視点が考えられる。前者の視点からは、石油危機のきっかけが第4次中東戦争であったことから、パレスチナ問題を理解する必要がある。後者の視点からは、ドル危機に端を発するブレトン・ウッズ体制の崩壊とも紐付けて考察する必要があるだろう。

パレスチナ問題については別テーマに譲り、ここでは生徒にとって身近な石油をテーマとした世界経済の変動について扱っていく。

2　石油危機とエネルギー戦略
〔教材研究のポイント〕

（1）石油危機に至る世界史的状況

石油危機とは、1973年に原油価格が急騰したことに端を発する世界的な経済の混乱状況を指す。これは第4次中東戦争の際、石油輸出国機構（OPEC）による原油価格の引き上げ、アラブ石油輸出国機構（OAPEC）による石油減産、さらにアメリカを中心とするイスラエルを支持する国家への石油禁輸などがおこなわれたことによる。1973年までは1バレルあたり2～3ドルで推移していた原油価格は、石油危機以降10ドルを超えるようになる。それまで中東の極めて安価な原油供給によって支えられていた世界経済は、大きな打撃を受けることになった。

（2）日本における石油危機

日本はイスラエルに対して敵対的な立場ではなかったが、日米安全保障条約によるアメリカとの同盟関係の存在は、石油戦略が日本にも大きな影響を与えることを想像させるには十分だった。翌74年には消費者物価指数は約23％上昇するなど、「狂乱物価」と呼ばれるインフレ状態となる。ただしこのインフレは原油価格の上昇だけでなく、ドル危機以降の変動為替相場制への移行の中で金融緩和が継続されたことの影響も指摘されている。冒頭の写真にもあるような「トイレットペーパー買い占め」などは集団的ヒステリーとも言えるが、世界経済の動向が日常生活に大きな影響を受けることをヴィジュアルに訴えかけてくる。この74年には戦後初の「マイナス成長」も記録し、高度経済成長の終焉の分水嶺となった。

（3）石油危機とエネルギー戦略

石油危機は、各国のエネルギーをめぐる安全保障に大きな変化をもたらした。日本においては石油備蓄体制の整備、石油代替エネルギーへの注目、省エネルギ

ーの推進などが検討された。フランスではエネルギーの自給をめざして原子力発電の導入を急速に進め、8割近くを占めるまでに至る。

また、1975年にはフランスのジスカール・デスタン大統領の提唱により第1回のサミットが開催された。世界経済の諸問題について先進国首脳が討議する場が米ソ両大国主導ではない形で生まれたのである。

3 石油危機の歴史的意義を問う 〈授業づくりのヒント〉

授業では、石油自体が生徒たちにとって身近な存在であり、エネルギー源であるとともにプラスチックなどの原料となること、また、石油の主な産出地域が中東・アラブ圏であることを、世界地図上でも確認しておきたい。ホルムズ海峡やマラッカ海峡が原油タンカーの通る最短ルートであることは、「地理総合」の授業ともつながるだろう。「石油の価格がもし、上昇したら自分たちの生活にどのような影響があるか？」と問いかけることで、自分たちの生活がいかに石油に依存しているかを考えさせる。1リットルあたりのガソリン価格程度のイメージしかない生徒に想像を膨らませたい。そして前項で述べたような1973年に世界で起こったこと、日本で起こったことをそれぞれ整理させる。その上で、「石油危機によって世界はどのように変わったか」という問いを投げかけ、石油危機の歴史的意義を考えさせる。「歴史総合」の授業では、歴史的意義を考えることが歴史的思考力の育成のために重要であるものの、それは生徒にとって簡単ではない。そこで前項の内容を手がかりに、以下の4つの選択肢を生徒に提示し、グループごとに機械的に割り振りをする。

A：OPEC・OAPECなど産油国ではオイルマネーによって福祉の充実に成功するとともに、国際社会における発言力が向上した。
B：資本主義世界におけるアメリカのプレゼンスが低下し、サミットが開催されるなど、先進国間の協調が図られるようになった。
C：エネルギーについての安全保障の考え方が登場し、多様なエネルギー源（北海油田の開発・原子力発電など）の確保がめざされるようになった。
D：世界的なドル危機後の経済混乱も相まって、日本の高度経済成長が終わりを迎え、安定成長／低成長の時期を迎えることになった。

A～Dまでのテーマについて、教科書・資料集で調べたり、インターネットで情報を収集したりして、説明を肉付けできるよう準備する。具体的には、グループに1枚A3判の白紙を配付し、中央にA～Dのテーマを書かせ、調べた内容をキーワードマッピングの要領でまとめさせる。

最後にジグソー法の要領でA～Dの立場をそれぞれ発表させ、内容の理解を深め、どの解釈が最も説得力があったか投票させる。答えのない問いを考えさせる恰好の機会としたい。

4 グローバル化の中で 〈発展学習〉
—エネルギー問題とイスラーム圏との付き合い方

産油国の多くは、アラブ・イスラーム圏に所属している。エネルギーの安全保障を考える際、これらの地域の政治的安定は重要な要素である。しかし現実には、パレスチナ問題、シリア内戦、イランの核開発問題、クルド人問題など、政情が安定しているとは言えない。そして、このいずれもが歴史的文脈での考察が不可欠である。特にパレスチナ問題は、現在トランプ政権下においてアメリカとイスラエルの関係をより強固にする動きがあり、国家であることを主張するパレスチナ側との対立が続いている。日本は石油の輸入をこれらの地域に依存し、かつアメリカの同盟国でもあるという立場から、中東の諸問題に日本がどのように関わるべきかを考えさせたい。

手がかりになるのは、これらの地域への支援をおこなっているNPOなどの取り組みである。筆者が担当していたある生徒は、パレスチナ問題に関心を持ち、「パレスチナ子どものキャンペーン」「日本国際民間協力会」「パルシック」の三団体にインタビュー調査をおこなっていた。グローバルな経済的結びつきを意識する学びの一方で、マクロな視点をミクロな視点に転換し、実際の行動につなげた好例である。発展学習として、「グローバルに経済が結びついているから協力すべき」ではなく、「地球に暮らす良き隣人として共に生きる」という感覚を持ってもらえるような学びの機会を提供したい。

（飯塚真吾）

■文献・資料紹介
・猪木武徳『戦後世界経済史』中央公論新社（2009年）

第4章　「歴史総合」実践の手引き　　　　　　　　　　　　D　グローバル化と私たち

31　冷戦の終結と地域紛争の拡散

キューバ危機の風刺画（フルシチョフとケネディ）
（出典：British Cartoon Archive）

米ソ首脳会談〔マルタ会談〕
（出典：AFP＝時事）

1　冷戦とは何だったのか？
〔授業テーマ―課題と視点〕

　冷戦（Cold War）は、1945年から1989年までの国際社会を説明する上で便利な概念である。アメリカ・西ヨーロッパ諸国を中心とする資本主義陣営と、ソ連・東ヨーロッパ諸国を中心とする社会主義（共産主義）陣営との対立が、互いに持つ核兵器の存在の故に米ソ間の直接戦争とはならず、核軍拡を伴う厳しい緊張状態が続いた、というのが一般的説明であろうか。万一核戦争となれば、地球そのものが大きなダメージを受けるのは必至であり、その意味での緊張感は1962年キューバ危機など何度となく高まることになった。

　冷戦終結から30年が経ち、この緊張感は生徒にはまったく共有されていない。戦争など遠い世界の出来事であり、自分の周囲でも争いは好まず、「平和」という言葉に安直に飛びつく。冷戦体制の中でおこなわれた軍拡の緊張感とともに、冷戦末期の中距離核戦力（INF）全廃条約など軍縮の意義を考えさせたい。

　冷戦が終われば世界が平和になったのかと問われれば、これもまた否である。1990年代は湾岸戦争、ユーゴスラヴィア紛争など、地域紛争は変わらず起こっている。米ソのプレゼンスが低下したからこそ、冷戦のように世界を単純には説明できなくなる。また、グローバル化と情報化の進展は国民国家の地位を相対的に低下させたともいえる。冷戦が終わっても地域紛争はかえって世界に広がったようにも見える。情報化がその誘引となった例として「アラブの春」があげられよう。それでは冷戦の終結によって「終わったもの」はいったい何だったのか、生徒に考えさせてみたい。

2　冷戦の捉え方
〔教材研究のポイント〕

（1）緊張と緩和

　ヤルタ会談で露わになった東西両陣営の対立は、緊張と緩和を繰り返すことになる。「緊張」の時期としては1950年から53年の朝鮮戦争、1961年のベルリンの壁構築、1962年のキューバ危機、1968年のプラハの春、1979年のソ連アフガニスタン侵攻などがあげられる。緊張を回避した後には「緩和」の時期が訪れる。1959年フルシチョフ訪米、1963年米ソ間のホットライン協定締結と部分的核実験停止条約（PTBT）調印などがその事例である。「歴史総合」の授業の中で、それぞれを詳細に扱うことは困難であるため、緊張と緩和の視点から概略を把握させたい。

（2）冷戦体制下の地域紛争

　「冷戦」という言葉とは裏腹に、その関与の度合いは様々であるとは言え、米ソ間の対立がアジアを舞台に「戦争」に発展していることも指摘したい。先述の朝鮮戦争、中東戦争、ベトナム戦争などがあげられる。「冷戦」とは、あくまで米ソ間の直接戦争がなかったという意味であり、戦争を誘発した事実を生徒に把握

させたい。

（3）冷戦の終結

1979年のソ連によるアフガニスタン侵攻以来、「新冷戦」と言われる緊張状態となる。しかし1985年にソ連のゴルバチョフがペレストロイカをはじめ、軍拡が経済に悪影響を与えることが意識されると、新思考外交としてアメリカとの緊張緩和がめざされ、1987年には中距離核戦力全廃条約が調印される。また1989年には、マルタ島でおこなわれたゴルバチョフとブッシュ米国大統領による会談で、冷戦の終結が宣言された。

3 冷戦によって終わったもの、終わらなかったもの　〔授業づくりのヒント〕

短い時間で冷戦の全体像を把握させることは困難である。そこで冷戦のイメージを持たせた後、冷戦期に起こったことが冷戦後に「終わった」のかどうかを考えさせる。

導入は、冒頭に掲げた資料である。まずはキューバ危機の風刺画を読み解かせ、何が描かれているかを指摘させる。お互いの座席の下にある核兵器のスイッチを押さんとして腕相撲している両首脳の姿である。一方でマルタ会談の写真を見れば、笑顔で肩を寄せ合っており、対照的な姿であると言えよう。冷戦期の概要を示した年表などをもとに、どの時期のことかを推測させるのもよい。ここで「冷戦とは何だったのか？」と生徒に問い、この段階での定義を確認しておこう。

その後アメリカにおける「双子の赤字」やソ連の社会主義経済の限界などを指摘し、ペレストロイカの流れの中で核軍縮がめざされたことを、中距離核戦力全廃条約を事例に取り上げていく。『世界史史料12』には中距離核戦力全廃条約の条文の抜粋が掲載されており、実際の条約の条文から何が廃止されたのかを丁寧に読み取らせるワークを入れれば、資料活用能力の育成にもつながる。解説によれば「一定のカテゴリーの核兵器（発射装置）体系を全廃するのはINF条約が最初であり、これまでのところ唯一である」とあり、その意義を生徒に考えさせる。導入で核戦争の危機を生徒に伝えられたかが、この問いの効果を左右するだろう。

マルタ会談によって冷戦の終結が宣言され、ベルリンの壁が崩壊し、1991年にはソ連自体が崩壊することになる。ここで「冷戦によって終わったもの」を生徒に問う。「冷戦とは何だったのか？」という冒頭の問いが意識されていれば、「核戦争の危機」「社会主義世界の存在」「アメリカの世界での影響力」などの答えが想像できる。そして、それらが本当に「終わったのか」を考えさせる。北朝鮮やイランなどの核開発、さらに未だ多くの核弾頭を各国が保有していることを考えれば、核戦争の危機が去ったとは言えない。中国とアメリカとの「貿易戦争」、ロシアとアメリカとの対立を考えれば、超大国同士の国際社会における主導権争いも終わったとは言えないだろう。この点は、教員の側から問題提起してよい。冷戦終結30年を機に、むしろ冷戦後の30年の事実から、冷戦終結の意義を評価できるのではないだろうか。

4 冷戦と社会主義の意義を考える　〔発展学習〕

以前筆者の授業で社会主義のイメージを問いかけた時、「計画的に物事を進めることが可能であり、平等性が高いが、それにより国内の競争率が下がり、技術の進歩が遅れてしまう」「皆平等だが、経済成長しない。独裁政治をおこなっていて、上からの平等というイメージがあった。ソ連、中国、東欧でおこなわれていたイメージが強いが、最近は減ってきていると思う」などの答えが得られた。経済面での課題と民主的ではない政治という二つのイメージの実際を学ばせられれば、「冷戦によって何が終わったのか」という考察がさらに深まるだろう。塩川伸明によるソ連・冷戦についての「『常識』的命題」に対する疑問の提起とその解答は、大変参考になる。例えば「社会主義は民主主義の反対物であり、そこからの離脱は民主化を意味する」という命題に対し、より「高度な民主主義」をめざしたが、それが断念されたという評価を下している。このような形で、冷戦終結まで学んだ後、ソ連の歴史的役割を考えさせてみたい。

（飯塚真吾）

■文献・資料紹介

- 塩川伸明『冷戦終焉20年　何が、どのようにして終わったのか』勁草書房（2010年）
- 歴史学研究会編『世界史史料12　21世紀の世界へ　日本と世界』岩波書店（2013年）

第4章 「歴史総合」実践の手引き　　　　　　　　　D　グローバル化と私たち

32　アジアの経済成長と貿易の自由化

資料：電化製品の世界市場シェア（2017年）

〘大型液晶ディスプレー〙
1位　LGディスプレー（韓国）
　　　27.9%
2位　友達光電（台湾）
　　　14.0%
3位　サムスン電子（韓国）
　　　13.9%
4位　群創光電（台湾）
　　　13.7%
5位　京東方科技集団（中国）
　　　13.3%

〘中小型有機EL〙
1位　サムスン電子（韓国）
　　　90.1%
2位　LGディスプレー（韓国）
　　　7.7%
3位　和輝光電（中国）
　　　0.6%
4位　維信諾顕示技術（中国）
　　　0.5%
5位　ソニー（日本）
　　　0.5%

〘家庭用エアコン〙
1位　珠海格力電器（中国）
　　　21.9%
2位　美的集団（中国）
　　　14.8%
3位　海爾集団（中国）
　　　10.1%
4位　パナソニック（日本）
　　　5.7%
5位　奥克斯集団（中国）
　　　4.8%

（出典：『日本経済新聞』2018年7月10日付紙面・電子版）

1　アジア諸国の経済発展とグローバル化　〔授業テーマ―課題と視点〕

　生徒たちは、現在の日本の経済状況についてどんなイメージを持っているだろうか。日本はいい国だという漠然とした感覚を持つ反面、GDPは中国に抜かれ大きく水をあけられていることも、生徒は知っている。所持する携帯電話も、Apple社のiPhoneやSamsung社のGalaxyである。後者が韓国企業であることも、生徒は知っている。

　「地理総合」でも、アジア諸国が経済発展を遂げ、日本企業もアジア諸国に生産拠点を持っていることが扱われるだろう。しかし歴史の文脈では、日本とタイを除いてアジア諸国は欧米列強の植民地であったはずで、「なぜ現在のような経済発展が実現したのか」という問いが生まれるのではないだろうか。これは「歴史総合」で問われる「グローバル化」というテーマにも直結する。

　アジアの経済発展の歴史を振り返ると、日本の高度経済成長に始まり、アジアNIEsやASEAN諸国、そしてBRICSの一員として中国やインドが台頭するという全体像を描けそうである。

2　アジア各国の経済成長　〔教材研究のポイント〕

（1）アジアNIEsの経済成長

　日本の高度経済成長期にアジアNIEsとして「4匹の虎」と言われた韓国・台湾・香港・シンガポールでは、1960年代から経済成長を遂げ、80年代でも年率8％程度の経済成長を誇った。日本の高度経済成長期の成長率は平均で10％を越えていたが、1974年には石油危機の影響を受けてマイナス成長となっていた。日本との違いは明らかである。

　アジアNIEsの経済成長初期は輸入代替工業化から始まるが、その後輸出志向工業化に転換していく。これらアジアNIEsに続くのがASEAN諸国である。特にタイ・マレーシア・インドネシアは70年代から80年代にかけて年率7％程度の経済成長を続けた。アジア経済成長の第2グループと言える。中国でも文化大革命後の鄧小平を中心とした「四つの現代化」の進展とともに、改革開放路線がとられ、経済成長が進んだ。1985年のプラザ合意以降、円高の進行に対応したコストカットを求めた日本の企業のアジア諸国への工場移転・進出もあいまって、90年代に至るまで「東アジアの奇跡」とも呼ばれる経済成長が続いた。

（2）経済のグローバル化とアジア経済危機

　このように好調なアジア諸国の成長は、外国資本の導入に拠った部分も大きかった。これらある種のバブル的状況から大きく転換するのが1997年、タイ・バーツの暴落に端を発して、アジア諸国に経済危機が広がったことである。欧米諸国のヘッジファンドによる通貨の「空売り」から始まり、タイや韓国はIMFの

管理下に置かれることになった。インドネシアでは32年間在職したスハルト大統領が、その地位を降りる事態ともなる。この経済危機によって、NIEsの時代は終わったとも言えるだろう。2000年代に入ると、アジアでは中国やインドなど大きな国内市場と労働力を持つ国が経済成長を続け、世界的にはBRICSと呼ばれる新興国が台頭する。

（3）開発独裁

これら多くの国々では、経済成長の過程で開発独裁がおこなわれてきた。韓国の朴正熙、シンガポールのリー・クアン・ユー、インドネシアのスハルトなど枚挙にいとまがない。独裁権力の背景は国によって様々だが、国民の政治的権利を制限しながら、土地収用や効率の良い資本投下によって輸出志向型の工業を育成することに成功している点は共通している。しかし、経済成長に伴って国民の政治意識が高まってくるとこれら独裁体制への不満が高まり、政権が打倒される。また、経済成長の面で成果を出せなくなって国民の支持が得られなくなるケースもある。前者の例として韓国の全斗煥政権、後者の例として前述のスハルト政権があげられる。

3 開発独裁のあり方を問う 〔授業づくりのヒント〕

授業の導入は、冒頭の資料である。生徒たちにとって身近な製品がアジアで多く作られていることを知り、アジアとの協働が必要なことを考えさせたい。導入にあたっては、開発教育協会（NPO）が発行している『スマホから考える世界・わたし・SDGs』という教材も大変参考になる。グローバル企業の思惑、ローカルな工場経営者、実際にスマホの部品を作っているアジア諸国の労働者など様々な立場に立って考えるワークを提供している。現在のグローバルな分業体制のなかで、日本という先進国にいる私たち消費者に見えない、アジアの労働者の目線を知ることができる。

中学地理の授業で「アジアNIEs」や「ASEAN」については知っている生徒が多いだろう。それらを歴史の文脈で再定義することを授業の目的とする。1950年代の第三世界の動きにも触れながら、それ以降旧宗主国から経済的に自立するために輸入代替工業化が、そしてその後輸出志向工業化が進められたことを確認する。各国の経済成長率がどのように推移しているか、種々の統計データから読み取らせるのもよいだろう。

ここで、経済成長を遂げたアジアの国々の多くが開発独裁体制であったことを指摘する。冒頭の資料を手がかりとするならば、韓国の状況を例とするのがよい。1970年代の朴正熙政権下における「維新体制」では、非常戒厳令の下で新憲法を制定し、大統領に広範な緊急措置権を認めている。すなわち、独裁強化であり、民主化の流れに逆行する動きだった。その一方で、政府主導の重化学工業化に成功している。1980年には、民主化を求める民衆の暴動を軍により弾圧した全斗煥が大統領に就任し（光州事件）、開発独裁体制が継続されることになる。

前述の通り、この間も韓国は1980年を除いて高い経済成長を継続している（10年間のうち5年間は10％を超えている）。ここで生徒に、「当時の韓国人だったら朴大統領を支持しますか？」と問い、ディベートさせるのもよい。具体的な歴史的事実を根拠にして、アジア諸国の開発独裁体制が抱える「民主化」と「経済成長」という矛盾を捉えさせることができるだろう。

4 「民主化」の意味を考える 〔発展学習〕

開発独裁体制の是非は、二つの方向で発展させて考えられる。一つは過去との比較である。1930年代のドイツでは、世界恐慌という経済危機に対しナチ党政権が独裁を展開したが、失業に苦しむ当時のドイツ人はそれを支持し、少なくとも恐慌からの経済復興は果たした。もう一つはアジア以外の地域への着目である。2010年のチュニジア・ジャスミン革命に端を発する「アラブの春」も、同様に開発独裁に対する「No」であるということができよう。「経済成長という成功を収めれば独裁でもよい」という考えについて、過去のさまざまな事例と比較して考えさせてみたい。そのことにより、グローバルな時代、国民国家が相対化されている時代における「民主化」「民主主義」の持つ意味について、より深く考察できるのではないだろうか。

（飯塚真吾）

■文献・資料紹介
- 末廣昭『新興アジア経済論—キャッチアップを超えて』岩波書店（2014年）
- 『スマホから考える世界・わたし・SDGs』開発教育協会（2018年）

第4章　「歴史総合」実践の手引き　　　　　　　　　　　　D　グローバル化と私たち

33　9・11テロとアフガン・イラク戦争

資料：対テロ戦争で荒稼ぎする米巨大企業

（副大統領チェイニーがCEOをつとめていたハリバートンは）2003年8月末のワシントン・ポスト紙の分析では、ブッシュ政権発足以来、イラク、アフガニスタンなどで軍の業務（米軍部隊の施設や補給にまつわる兵站業務）を受注し、17億ドル（約2000億円　1＄＝120円）を稼いだという。

2002年財政年度に三大兵器メーカー（ロッキード・マーチン、ボーイング、ノースロップ・グラマン）が国防総省から受注した契約の総額は、410億ドル以上。軍用の簡易食やライフルからミサイルにいたるまで、国防総省が支出する予算の4分の1を今やこの3社が得ている。

（出典：ウィリアム・D・ハートゥング『ブッシュの戦争株式会社』阪急コミュニケーションズ 2004年より作成）

1　高校生が生きる21世紀の世界　〔授業テーマ—課題と視点〕

1989～91年（冷戦終結、ソ連崩壊）を機に20世紀の歴史構造は大きく変わり、2001年（「9.11」）、2011年（「中東革命」、「3.11」）を経て混迷の時代を迎えている。栗田禎子は、1990年代以降の世界を「資本の論理（市場原理・経済効率）」による支配だとして、経済的には「新自由主義」という形をとり、政治的・軍事的には9.11テロ以降「対テロ戦争」の名で正当化、推進されてきたアメリカ主導の戦争体制という形をとってきたという[1]。

9.11テロを事態の推移とともに学んだ高校生が発した疑問は、「なぜアメリカがテロで狙われたのか」「アメリカの報復攻撃は正しいのか」「なぜ日本はアメリカの言いなりになっているのか」などであった[2]。この問いに応えるためには、「対テロ戦争」の実態と新自由主義が支配するグローバリゼーションを捉えることができる教材を開発し、21世紀を学ぶことができるカリキュラムを自主編成することが第1の課題である。

2　「対テロ戦争」の論理と実態　〔教材研究のポイント〕

(1) 9.11テロからアフガニスタン攻撃へ

9.11テロ事件後、ブッシュ大統領は「対テロ戦争」を宣言した。「アメリカの側につくのか、テロリストの側につくのか」とせまり、国連安保理決議1368で英・仏・露・中などの支持を受け、ビンラディンをテロの首謀者とし、彼をかくまうアフガニスタンのタリバン政権を軍事攻撃した。一方、アメリカの一部知識人は、テロに見舞われた原因がアメリカの側にあると指摘した。ノーム・チョムスキーは、ニカラグア事件を取り上げ「アメリカこそが唯一の国際テロ国家」[3]だと指摘、南米出身の劇作家アリエル・ドーフマンは、「もう一つの9.11」（1973年のチリ・クーデター）に言及し[4]、アメリカ政府の対応を批判した。

(2) ブッシュ・ドクトリンとイラク戦争

ブッシュ大統領は、2002年の「一般教書演説」で大量破壊兵器の開発が疑われるとしてイラクなどを「悪の枢軸」と非難し、自衛権行使のため、これら「テロ支援国家」及びテロリストへの先制攻撃を主張した（ブッシュ・ドクトリン）。当初、アメリカはイラクが大量破壊兵器を隠し持っているという理由でイラク攻撃を主張したが、国連査察団の調査で発見されないと、国連安保理の仏、露、中、独が反対するなか、「サダム・フセインの独裁からイラク市民を守る」ためという理由で2003年3月20日夜、米英軍がイラク攻撃を開始した。米英軍はさしたる抵抗もないまま、4月9日バグダッドを落とし、実質3週間でフセイン体制が崩壊、5月1日には、ブッシュ大統領は戦闘終結を宣言した。この間の米軍の戦死者は138人だった。

その後は、治安維持にあたる米兵とそれに対する自爆テロが繰り返され、ブッシュ政権の末期08年末段階で、米兵死者数は累計で約4000人、これに対し、開戦以降イラク民間人死者は推計でおよそ10万人に達した。この間、アメリカの巨大企業がイラク戦争で莫大な利益を得ている実態や戦争が民営化され、民間の軍事会社が治安維持活動や危険地帯での輸送、後方支援などの業務を請け負う戦争の実像が明らかになった。

（3）日本の対応

9.11テロが起こると、小泉純一郎首相（当時）は米国支持を表明、テロ対策特別措置法（2001年）を制定して海上自衛隊をインド洋に派遣して、アフガニスタン空爆をおこなう米軍をはじめとする多国籍軍の後方支援を行った。次いで、イラク戦争に際して、イラク復興支援特別措置法を制定（2003年7月）、人道復興支援活動と安全確保支援活動の名目で陸上自衛隊をイラク南部のサマワに（04年1月から06年7月まで、約550人）、航空自衛隊をクウェートに（04年1月～08年12月、約200名）派遣した。

サマワの自衛隊駐屯地にロケット砲が打ち込まれ、非戦闘地域か疑わしい状態の時、国会で質問された小泉首相は、「戦闘地域か非戦闘地域かはわからない。自衛隊が派遣されるところが非戦闘地域だ」と抗弁した。

3 自衛隊派遣の賛否を問う　［授業づくりのヒント］

2004年4月7日には日本人人質事件が起こり、武装グループが自衛隊の撤退を要求した。小泉首相は「テロリストの卑劣な脅しに乗ってはいけない」とテロと対決する姿勢を鮮明に、要求を拒否した。一方、多国籍軍に参加していたフィリピンは、7月にフィリピン人労働者がイラクで武装勢力の人質になった事件で、アロヨ大統領（当時）は「国民の命こそ守るべき国益」として部隊を撤退させた。

（1）第1時　日本とフィリピンの人質事件の概要を説明し、生徒に次の意見表明を求める。

《意見表明》2004年に起こった人質事件に対し、日本とフィリピンでは全く違う対応をとりました。あなたは、イラクへの自衛隊派遣についてどう考えますか。

（2）第2時　教員が、意見表明文を読み解き、派遣賛成派と反対派に分類して双方三つ程度の意見を示し、自分の立場と違う主張を批判する紙上討論を仕組む。

（3）第3時　紙上討論で示された双方の主張を読み合わせ、そこで生まれた「アメリカが進める『対テロ戦争』とはどんなものか」という問いを解明するために、シンディ・シーハンの闘い[5]、戦争ビジネス等の資料を示して考える。

4 日米安保条約について学ぶ　［発展学習］

「戦争放棄を憲法に謳う日本がなぜ自衛隊を派遣するのか」、9.11テロ後を学んだ高校生の「問い」に応えるためには日米安保体制を学ぶ必要がある。

北朝鮮の核開発疑惑を受けた時、当時の村山政権が「安保条約堅持、アメリカの核の傘が必要」と発言、日米安保共同宣言や'98ガイドラインによって日本の自衛隊はアメリカの世界戦略の一翼を担うものとされた。

在日米軍の活動範囲は、北はアリューシャン列島から南は南極、東は日付変更線から、西はインド洋、ペルシア湾、アフリカ東海岸までとされ、テロ特措法、イラク復興支援特措法によって自衛隊が米軍の後方支援の役割を果たすことになった。

第2次安倍政権のもとで安保関連法が制定され、15ガイドラインにより自衛隊は地理的制約なしに地球的規模で米軍の後方支援に回ることが可能になった。

（井ノ口貴史）

■文献・資料紹介
- 渡辺治・後藤道夫編『「新しい戦争」の時代と日本』大月書店（2003年）
- ジョン．W．ダワー『アメリカ　暴力の世紀』岩波書店（2017年）
- 吉次公介『日米安保体制史』岩波新書（2018年）

■注
1) 栗田禎子「現代史とは何か」歴史学研究会編『歴史学のアクチュアリティ』東京大学出版会（2013年）pp.88-101
2) 拙稿「高校生とともに同時代史を学ぶ」『歴史地理教育』2006年3月号
3) ノーム・チョムスキー　山崎淳訳『9.11』文藝春秋（2001年）pp.39-61
4) 『朝日新聞』2001年11月22日付
5) 安濃一樹「シンディの戦い―ひとりの母親が大統領を追いつめた」『世界』2005年10月号

第4章　「歴史総合」実践の手引き　　　　　　　　　　　　D　グローバル化と私たち

34　現代的な諸課題と持続可能な社会

> **資料1：持続可能な開発目標（SDGs）**
> 1貧困をなくそう／2飢餓をゼロに／3すべての人に健康と福祉を／4質の高い教育をみんなに／5ジェンダー平等を実現しよう／6安全な水とトイレを世界中に／7エネルギーをみんなにそしてクリーンに／8働きがいも経済成長も／9産業や技術革新の基盤をつくろう／10人や国の不平等をなくそう／11住み続けられるまちづくりを／12つくる責任使う責任／13気候変動に具体的な対策を／14海の豊かさを守ろう／15陸の豊かさも守ろう／16平和と公正をすべての人に／17パートナーシップで目標を達成しよう（出典：国連開発計画駐日代表事務所HP）
>
> **資料2：原子力予算提案趣旨演説（1954年）**
> …米国の旧式の兵器を貸与されることを避けるがためにも、新兵器や、現在製造の過程にある原子兵器をも理解し、またはこれを使用する能力を持つことが先決問題である。
>
> **資料3：「我が国の外交政策大綱」（佐藤栄作政権下1969年）**
> …NPTに参加すると否とにかかわらず、当面核兵器は保有しない方針をとるが、核兵器製造の経済的・技術的ポテンシャルは常に保持する。（出典：資料2・3 槌田敦・藤田祐幸編『隠して核武装する日本』影書房）

1　持続可能な社会とは　〔授業テーマ―課題と視点〕

「現代的な諸課題」と「持続可能な社会」は「歴史総合」の内容面で重要なキーワードである。学習指導要領に「現代的な諸課題」が登場するのは「歴史総合」のみで、具体的な課題は明示されていない。

「歴史総合」では、教員に現代的な諸課題を歴史的に捉える「問い」や主題を設定することが求められることから、持続可能な社会を視野に、世界がかかえる現代的な諸課題を具体的に想定することが課題となる。そのために参考になるのは、宮本憲一の「持続可能な社会」についての捉え方である。

宮本は持続可能な社会について、①平和の維持（特に核戦争の防止）、②環境と資源を保全・再生し、地球を人間を含む多様な生態系の環境として維持・改善、③絶対的貧困を克服して社会的経済的な不公正を除去、④民主主義を国際・国内的に確立、⑤基本的人権と思想・表現の自由の達成と多様な文化の共生、という課題を総合的に実現する社会であると定義する。そして、持続可能な社会の実現は困難が多いとした上で、「なかでも人類が歴史のうえで実現できていないのは平和、環境保全、経済的公平である」と指摘する。

一方、「Dグローバル化と私たち」の（4）では、生徒が、持続可能な社会の実現を視野に主題を設定し、仮説検証型の授業を通じて現代的な諸課題を理解することが目標となっている。そのため生徒には持続可能な社会実現のための指標が必要になる。現代的な諸課題を追究する上では、SDGsの17の目標が有効である。

2　原発問題を考える授業　〔教材研究のポイント〕

「なぜ被爆国である日本が54基も原発をつくったのか」。東電福島第1原発事故後、小学生から中・高校生、大学生や市民から発せられた「問い」である。原発は宮本が指摘する人類の歴史的課題を象徴するものである。原発立地自治体や原発労働者は経済的不公平（格差社会）を前提に成り立ち、放射能によって地球環境を長期にわたって破壊し、核兵器開発によって平和を脅かすものであり、21世紀が抱える人類的課題である。原発問題を考えるフレームワークとして、(1)資源・エネルギー問題／地球環境問題、(2)生存権の問題（経済的不公平・格差社会）、(3)平和の問題、の3つの視点から教材化できる。SDGsでは、7・8・10・16の目標を追究の視点に設定できる。

（1）資源・エネルギー問題／地球環境問題の視点

①原発ではどのように電気を作っているのか？②原発が止まると電力不足が起こるのか？③原発のコストは安いのか？④原発はCO_2を出さない地球温暖化防止の切り札は本当か？⑤放射性廃棄物の処理はどうなっているのか？→《1回目の意見表明》あなたは原発をどうすべき（「再稼働を認める」「廃炉にする」）だ

と思いますか。

（2）生存権の問題（経済的不公平・格差）の視点

①原発立地自治体の現実はどうなっているのか？②原発労働者はどのようにして確保されているのか？③事故後の原発労働者の労働実態はどうなっているのか？→《2回目の意見表明》あなたは原発をどうすべき（「再稼働を認める」「廃炉にする」）だと思いますか。

（3）平和の問題として歴史的文脈で考える

①原爆の放射能は被爆者にどんな被害を与えたか？：内部被曝を考える（佐々木禎子、原爆症認定訴訟）

②「ノーモアヒロシマ」の被爆者の願いに市民はどう応えたか？：京大学生同学会が主催した「綜合原爆展」（1951）の内容と歴史的意義[1]、第5福竜丸事件と原水爆禁止運動

③「原子力平和利用博覧会」は何をねらっていたのか？―世界の核開発競争、アメリカ政府のねらい

④被爆国日本が原発政策をとった理由は何か？―原子力予算（1954年）提案趣旨演説、岸首相演説「自衛のためであれば核保有は合憲」、佐藤栄作政権下での核武装研究

⑤世界は原発事故からどのような教訓を得たか？―スリーマイル島事故、チェルノブイリ、東海村JCO臨界事故

⑥核燃料サイクル計画は何を狙っているのか？―約47トンのプルトニウムを保有する日本を監視するIAEA

⑦原爆・原発の原料生産過程で生まれる劣化ウランは人類にどんな被害を与えるか？―湾岸戦争、ボスニア紛争、コソボ紛争、イラク戦争、イラクやボスニアでの内部被曝の実態→《紙上討論》自分の立場を明らかにして、「再稼働派」もしくは「廃炉派」を批判しよう。

⑧核兵器禁止条約に日本は「反対」、被爆国なのにどうして？―ICAN（核兵器廃絶国際キャンペーン）の主張、日本政府の主張→《意見表明と紙上討論》あなたは日本政府の方針を支持しますか、支持しませんか？

3 意見表明から紙上討論へ　授業づくりのヒント

学習指導要領では「思考力、判断力、表現力等の育成」が強調されるが、「表現する」ことが議論に結び付くことが重要である。生徒が、「問い」を解明するために獲得した知識をもとに自らの主張を意見表明の形で表現する。教員は、それを「社会科通信」に掲載しクラス集団で読み合わせる学習を繰り返す。このような学習を通じて、生徒は自分とは違う様々な意見（大人、文献やメディア情報など）に出会うことになる（「対話的な学び」）。

その上で、教員は、生徒の意見表明文を読み解き、生徒の主張に表れる論点を整理して提示し「紙上討論」などの方法を使って相互に批判しあう学びを組織する。生徒は、獲得した知識を使って自分とは違う立場の主張を批判し、自らの主張の正当性を論理的に説明する学習を通して。自らの意見をより論理的で精緻なものに練り上げていくことになる。また、意見表明に表れる誤った知識も、相互に批判しあう学びを通じて正されていくことになる（「深い学び」）。

4 持続可能な社会で求められる歴史学習　発展学習

高校生は、現実社会が抱える課題を歴史的文脈の中で考え、国家の政策や有り様を市民社会の視点から批判的に検討し、持続可能な社会の実現に向けて自らの政治的判断を社会に向かって表明し、政治に参加する主体とならなくてはならない。中尾敏朗は、「持続可能な社会」のもとで求められる歴史学習として、①現代の社会の特色がつかめるまでの学習範囲の確実な実施、②歴史の大きな動きや現代の社会の特色が「分かる」歴史学習、など4点をあげている[2]。中尾が言う「現代の社会の特色がつかめる」「歴史の大きな動きや現代の社会の特色が分かる」学習範囲は「9.11」「3.11」までの学習ということになろう。

（井ノ口貴史）

■文献・資料紹介
- 宮本憲一『環境経済学　新版』岩波書店（2007年）
- 古沢広祐『みんな幸せってどんな世界』ほんの木（2018年）
- 石橋克彦編『原発を終わらせる』岩波新書（2011年）
- 井ノ口貴史「「フクシマ」後の原発学習の実践と課題」『京都橘大学研究紀要』第40号（2014年）

■注
1) 小畑哲雄『占領下の「原爆展」』かもがわ出版（1995年）
2) 中尾敏朗「持続可能な社会とこれからの歴史学習」日本社会科教育学会『社会科教育研究』No.113（2011年）

第4章 「歴史総合」実践の手引き　　　　　　　　　D　グローバル化と私たち

35　アジアの平和と友好に向けて —歴史認識の課題

日中韓3国の中学生や高校生が、「日中韓青少年歴史体験キャンプ」をおこなっている。開催国は毎年異なり、各国をまわるスタイルを採っている。2018年で17回目になった。

左の写真は、2010年に3国の子どもたちが平和について班討論をおこない、平和宣言を作った際の1枚である。

東アジアの地図の上に3か国の言語で平和の文字と国旗を描き、「かいわ」・「しんじる」・「やくそく」・「やさしさ」といった班討論で感じ取ったことを記している。

1　歴史認識の溝と歴史対話
〔授業テーマ―課題と視点〕

日本の敗戦から70年以上が経過した。しかし、戦争や植民地支配をめぐる私たちの歴史認識は、どれほど深まったといえるだろうか。今日、日本とアジアとの友好や平和を妨げる要因の一つとなっているのが実情である。

歴史認識の溝はどのように生じているのか。原因の一つは、歴史学習において近現代史を学んだ機会が少ないこと。なかでも東アジア各国がたどった現代史を学んだ経験がほぼ無いことを指摘できる。また、今日まで継続する植民地主義である。

この二つに対して、「日中韓青少年歴史体験キャンプ」などを事例にしながら、若い世代が国境を越えて他者に向き合い、歴史対話を通してどのように克服しようとしているのか、具体的に示すことが大切である。そこには、自国中心の歴史教育や歴史教科書、生活のなかにある植民地主義とはどのようなものなのか、自らの歴史認識を問い直す学び合いがみられる。

中学校で学んだ内容や教科書のどこが自国中心であり、それはなぜなのか、ということに生徒が気づき、その疑問を他者との対話のなかからみずから深めることを可能とする授業が求められる。そのためには、他国における歴史学習の内容などにも視野を広げ、歴史認識の溝がどのように生じているのかを考えてみたい。

2　生徒たちが国境を越えて歴史に向き合う
〔教材研究のポイント〕

（1）生徒たちをとりまく歴史認識の溝

日本とアジア各国との歴史認識の溝は、各種世論調査に示された数字よりも、生徒の身近にある現実から迫りたい。例えば、中国や韓国の対日批判はメディアを通して届くが、他の国や地域の声は届いているか、ということである。

台湾であれば、2014年に外交部が安倍晋三首相の靖国神社参拝を批判する外交文書を公表しており、さらに同年、南京事件についても「過ちを認める勇気を持ってほしい」と総統府が声明を出している。シンガポールやフィリピンといった日本の占領下におかれた国々からも同様の公式発表がたびたびなされている。

（2）植民地主義とは

植民地期の朝鮮では、内鮮一体と称して日本や日本人との同化政策がすすめられた。その一方で、「遅れた」「貧しい」「恐ろしい」といった民族観を根拠に、同化は不可能だとする朝鮮観や朝鮮人観が存在した。

今日も日本で暮らす在日朝鮮人に対して、「生活保護を不正受給している」「日本人と同じ権利が欲しければ帰化すればよい」といった戦前から連続した意識を持つものも少なくない。また、朝鮮だけでなく台湾における植民地支配の実態や、支配を受けた人々の歴史を顧みないまま、短絡的に日本のおかげで近代化す

ることができたと捉える歴史認識もある。

植民地主義とは何かを考えることは、アジアとの平和と友好を模索するうえで欠かせない。

(3) 生徒たちが国境を越えて歴史に向き合う

日中韓青少年歴史体験キャンプでは、各国の生徒が戦争遺跡のフィールドワーク、戦争体験者の証言を聞く、国境を越えておこなわれる班討論、そして各国の文化を紹介する出し物など5泊6日の共同体験をする。

彼らは、「日本人は謝り続けなければならないのか」「東アジアの平和はどうすれば築けるのか」「民衆に戦争責任はあるのか」といったテーマで班討論をおこなっている。各国の生徒ともに初めは自国中心の歴史観に立って意見を出すものの、班討論を続けることで自国の教科書に書かれていない内容は何か、他者の意見を否定できるだけの明確な根拠を自分は持っているのか、どうすれば歴史認識の違いを尊重し、共有できるのか、ということに気づきはじめる。

3 安重根は暗殺者か、それとも義士か　〔授業づくりのヒント〕

授業の導入は、教材研究のポイント(1)、(2)でふれた、生徒の身近にあるものや、既存の学習内容を他者や他国の視点から問い直すテーマが望ましい。

例えば、日中韓青少年歴史体験キャンプでは、「安重根は暗殺者か、それとも義士か」という班討論をおこなっている。そこでは、「日本側から見るとひとりのテロリストである。その意味では、死刑という日本側の判決は正しいと思う」という日本の生徒に対して、「安重根は、独立運動として伊藤博文を殺したのであって、個人的な恨みによる殺人とは異なる」と韓国の生徒は応じている。

班討論を続けた結果、日本のある高校生は、「僕は国によって人物に対する捉え方が違うこと。国と国との関係によっては、まったく正反対の価値になることが分かった。歴史は出来事を中心に覚えてきたので、今までそんなことは考えたこともなかった。これからは知識を教わるだけでなく、同じ人物や出来事でも、いろいろな視野を持つことが大切だと分かった」と感想を残している。

また、別の日本の高校生は、「国のためという意思はともかく殺人事件を道徳の教科書で、さも良いことのように教えるのはおかしいのではないか。この質問に対して、韓国側がテロというより義兵による闘争であり、道徳の教科書には安重根の意志を教えているのであって殺人を肯定しているわけではないと返答があった。この考え方の違いは視点の違いから起こる齟齬であるが、そのことで議論ができていたように思う」と述べている。

上述したような日中韓青少年歴史体験キャンプにおいて班討論をおこなった同世代の意見をふまえながら授業をすることで、生徒は歴史対話の現場を追体験できる。そこでは、歴史学習のなかに自国中心で一国史的なものが無いかを点検しながら、みずからが国境を越えて歴史認識の溝を克服していく方法を考える主体、当事者であることに気づくだろう。

4 過去の「克服」と現代世界　〔発展学習〕

2001年に南アフリカのダーバンで開かれた「国連反人種主義・差別撤廃世界会議」において出された宣言には、「植民地主義が人種主義、人種差別、外国人排斥および関連のある不寛容をもたらし」ていると現代世界が抱える今日的課題を指摘している。

授業では、日本の戦争や植民地支配に関わる内容だけでなく、イギリスやフランス、ドイツなどが、どのように過去の「克服」に取り組んできたのか、その課題を含め扱いたい。また、ドイツとフランス、ドイツとポーランドでは、歴史認識の共有をめざして共通歴史教科書が開発され、日本語にも翻訳されている。

共通歴史教科書では、歴史認識をめぐって関係国でとらえ方が異なる今日的課題も扱っている。そこでは、どちらかの考えを一方的に記すのではなく、双方の違いが分かる資料を複数載せて討論をおこなうことをうながしている。

（齋藤一晴）

■文献・資料紹介
- 水野直樹編『生活の中の植民地主義』人文書院（2004年）
- 剣持久木・小菅信子・リオネル・バビッチ『歴史認識共有の地平　独仏共通教科書と日中韓の試み』明石書店（2009年）
- 「第9回日中韓・青少年歴史体験キャンプ」日本実行委員会事務局『第9回日中韓青少年歴史体験キャンプ記録集　東アジア100年歴史に学ぶ』同事務局（2011年）
- 室田元美『いま、話したいこと〜東アジアの若者たちの歴史対話と交流〜』子どもの未来社ブックレット（2014年）

第4章　「歴史総合」実践の手引き　　　　　　　　　　　　　　　　　　　　　　　　　　　コラム

家族の歴史年表をつくる

　私たちや私たちの家族は、どんな歴史時代を生きてきたかのだろうか。日本や世界の歴史と、どのように向き合ってきたのだろうか。「家族の歴史年表をつくる」は、私たち家族と日本や世界の出来事がつながる歴史を学ぶことになる。下記の年表は、戦後の年代にしているが、戦前・戦中の時期を設けて100年の歴史年表づくりにすることもできる。

1 どんな時代を生きてきたか

　まず、曾祖父母・祖父母・父母の誰なのかは、それぞれ括弧に名前を記載する（この記載欄を個別に設ける方法もある）。

　次に、家族の誰からの聞き取りか、どのように受けとめていたのかを聞き取り、それを記録する。すでに曾祖父母が亡くなっている場合もあるので、父母や祖父母からの聞き取りは、わかる範囲でまとめていく。いつ誕生し、どこで生活していたのか、学校、就職や仕事、結婚、子どもの誕生など、それぞれの人生の歩みを年代とともに記録していく。

2 世の中の出来事をどう受けとめていたか

　記入例のように、当時の記憶や考えたことを聞き取り、記録する。父母や祖父母が曾祖父母から聞き取っていることがあれば、それも記録しておく。可能な限り聞き取ることで、世の中の出来事が他人事ではなくなり、私の歴史とつながっていく。

　年表づくりは、どんな時代にどんな歩みをしてきたか、俯瞰することができる。

（大野一夫）

■参考実践
- 学び舎版中学歴史教科書『ともに学ぶ人間の歴史』（2016年）に「歴史を体験する　一人ひとりの歴史・家族の歴史」が掲載されている。
- 小松克己ほか『資料で学ぶ日本史120時間』地歴社（2012年）に、「ワークシート・家族の歴史」がある。

年代（主な出来事）	曾祖父母（　）祖父母（　） 父母（　）私	聞き取りから（その時、考えたこと）
（記入例）　　　　　湾岸戦争	1991年　母（18歳、高3）	テレビで油にまみれた海鳥はイラクのしわざだと報道され、戦争も仕方ないと思ったが、あとで報道は嘘だったことがわかった。
1945〜　東西冷戦、日本国憲法施行 日米安保条約、朝鮮戦争		
1960〜　安保闘争、高度経済成長、公害問題 東京五輪、ベトナム戦争		
1970〜　沖縄返還、オイルショック ベトナム戦争終結		
1980〜　プラザ合意、ソ連・原発事故 消費税導入、東西冷戦の終結		
1990〜　湾岸戦争、ソ連解体、サリン事件 阪神淡路大震災、バブル崩壊		
2000〜　9・11テロとアフガン、イラク戦争 世界同時不況、派遣村		
2010〜　移民・難民問題、貿易戦争 東日本大震災、福島原発事故		

第 5 章

「公共」実践の手引き

総論　主権者教育としての「公共」をどう創るか
A　公共の扉―社会の基本原理を学ぶ
　1　近代社会の扉
　2　正義とは何か
　3　思想革命としての社会契約説
　4　「人権」と「権利」はどう違うか
　5　民主主義社会の原理と制度

B　現代社会と私たち―社会問題を読み解く
　6　権利対立の調整とルールづくり
　7　消費者保護から賢い消費者の権利へ
　8　日本国憲法の理念と現実
　9　若者の政治参加と模擬選挙
　10　広がり深まる人権
　11　「静かな沖縄を返してください」
　12　市民が真実を探る模擬裁判
　13　権力の横暴を防ぐ権力分立と地方自治
　14　日本の平和外交と国際協調
　15　市場経済のメカニズムとその限界
　16　経済を支える金融
　17　消費税は庶民に冷たい税金か
　18　社会保障をどう維持するか
　19　人間らしい働き方を求めて
　20　グローバル経済の光と影

C　持続可能な社会へ―社会問題の解決を探る
　21　生命倫理を考える
　22　住民の声を町づくりに
　23　多文化共生、誰もが当事者
　24　地球温暖化とパリ協定
　25　世界の平和を築く
コラム　ワイマール憲法の教訓
コラム　日本の領土問題をどう見るか

第5章 「公共」実践の手引き

総論　主権者教育としての「公共」をどう創るか

新科目「公共」の全体構造

- A 公共の扉（選択や追究の手がかりとなる概念や理論）
  - (1) 公共的な空間を作る私たち
  - (2) 公共的な空間における人間としての在り方生き方
  - (3) 公共的な空間における基本的原理
- B 自立した主体としてよりよい社会の形成に参画する私たち
  （政治や経済などの様々な分野における社会参加に関連して、現実社会の諸課題に関わる主題を追究）
- C 持続可能な社会づくりの主体となる私たち
  （地域や社会、国際社会における問題解決の探究）

1 「現代社会」に代わる「公共」設置の背景

1980年代に「現代社会」が始まった時、雑多な内容で体系的でないという批判があった。しかし、週4単位の必修科目であり、地理歴史も含めて多くの教員が新しい科目に関わった。資源エネルギーや地球環境の諸問題など、倫社や政経で扱わなかったテーマを含めて、様々な形のテーマ学習が生まれてきた。多くの教員が積極的に取り組んで、社会科教員の創造力がいろいろな形で引き出されたのは確かである。2000年代の2単位化以降、そうした勢いが失われたが、18歳選挙権導入に関連して「主権者教育」が堂々と主張されるようになった。この流れがあって「現代社会」の発展が期待されたものの、その廃止が決まって代わりに新科目「公共」が設置されたのである。

科目名称が「公民総合」ではなく、2010年から自民党の政策集に入っていた新教科「公共」の名前が採用され、中教審の議論では「公共」と実質的に決まっていたと推測されている。自民党は道徳教育とキャリア教育などの科目を想定したが、答申では「主体的な社会参画の力」を育てる科目とされた。マスコミは、「主権者として政治に参加する資質」を育てる科目と報道し、社会科教育の関係者も「社会的論争問題から課題を発見」する問題解決学習を期待している[1]。そうしたものを期待したいが、実際の指導要領はどうなのだろうか。その問題点を乗り越えて、主権者教育に資する科目の創造を考えてみたい。

2 「公共」の内容と特徴、問題点

学習指導要領（2018年版）は、「主体的・対話的で深い学び」による授業改革を中核にすえたものとなり、今までのような概括的な指示をやめ、一定の表現形式に従った詳細な指示が書き込まれた。「〜の課題について〜に着目して主題を設定し、多面的・多角的に考察・表現」というような型である。（文科省は社会的問題を「課題」、学習上の問題を「主題」と区別する。）そして、社会生活で生きる資質・能力の育成を目標として、知識・技能習得と思考力・表現力などの育成、学びに向かう力などの涵養の内容が細かく示される。このような制約的な指示が増えただけでなく、特に「公共」においては、文章が倫理や政治・経済とも異質な表現が多くて、理解を困難にしている。

例えば、教育基本法制定以降、主体的に社会参加する国民について「良識ある公民」と表現してきたが、「公共」では「社会に参画する自立した主体」という表現が使われる。政治・経済では「自立し、主体的に生きる国民主権を担う公民」という、一般的にも使う表現であるのに、あまり言われない「自立した主体」を使う趣旨がわからない。もう一つ、冒頭図に示した「公共」の構造にある、「公共的な空間」という表現に国家や社会を意味させる。一般には、公園など不特定多数がいる場や自由な議論の場を意味する語句を、科目名に関連させて無理に別な意味で使っている。わかりやすい表現を使わない姿勢からは、内容を正確に理解させる意図が見えず、新科目の目標やあり方への疑問を持たざるをえない。

「公共」の科目構造で最大の問題は、独特な展開を強いていることである。冒頭図に示されたABCは、この順で行うべきものと指示される。Aで学んだ概念や理論を、Bの諸分野で使って習得し、諸分野を統合してCで探究を行う、という構造である。こうした学習構造は、一つの学習理論としてあり得るだろうが、今までの指導要領で行われたことがないのに、学習方法をかなり縛って新科目での実施を強制している

のである。様々な生徒や教員の状況を考えると、この規定を根拠にして教育委員会が介入する恐れはないのだろうか。現代社会の問題を総合的に探究する部分を置いたことが評価できるとしても、初の試みでもあり柔軟な模索が必要だと思われる。

もう一つの問題がA「公共の扉」である。中教審答申の前段階、ワーキンググループによる現状分析では「理念や概念の理解、情報活用能力が十分身についていない」が問題とされた[2]。これが「公共の扉」設置の理由と思われるが、概念を学ぶ部分をつくれば解決する問題でもない。高1冒頭で、抽象的な概念や理論をどう理解させるのか。最初からの難しい話で「公共嫌い」を生ませてはならない。思考実験によって不思議感が増すようでも困る。簡略な条件の中で考察して、概念の本質をつかませる工夫が必要だろう。

なお、「公共」は「現実社会の諸課題から」の追究や探究でしかなく、「政治・経済」が「正解が一つに定まらない現実社会の複雑な諸課題を『問い』」とする探究を重視する科目と位置付けられる。

3 本章のねらいと内容

「公共」では社会的論争を取り上げるという趣旨が明示されず、現実社会の動きやあり方を考察することが中心である。本章では、主権者教育の科目となるように、できるだけ社会的論争を取り上げた。単に多面的多角的に考察するだけでなく、生徒自身が論争できるような授業づくりに努めている。

最初の5論考が「A公共の扉」にあたり、教員との質疑応答を中心にして、思考実験やケーススタディ的な議論で概念を学ぶ取り組みを紹介した。教員は、概念や理論の深い理解が必要である。しかし、授業を組み立てるには、生徒の関心や学力に見合う質問や発問を考え、議論を通して何か新しい視点を得られて、面白さを感じる展開を工夫したい。注意したいのは、歴史や思想家についての説明ではなく、シンプルな本質的条件の中でその内容を考察させることである。

次の6から20までの論考は、B諸分野の問題を読み解く部分である。文科省は「主題設定学習」として、教師の発問により多面的多角的な理解を求めている。それぞれの分野の全体像とこうした理解を教員がつかんだ上で、社会的論争問題に関連して中心課題を設定するようにした。知識や関心がなさそうに見える生徒でも、15年も生活すれば様々な問題への意見を持っている。自分の意見を多数派と思っているので、そうした意見を引き出して関心や知識を確認して、中心課題の考察を進めてほしい。論争問題を取り上げると、特定分野を超えることが当たり前となるので、生徒の探究の広がりを支援してほしいものである。

努めたいのが概念の深い理解、他の概念との複雑な関連を常に追究することである。例えば、自衛隊に関連する妙な語句が多い。憲法9条が自衛戦争を禁止すると政府は考えても、武力行使可能な自衛隊を保有する不思議がある。戦争は国家の宣戦布告によるもので、武力攻撃を受けての自衛措置は戦争でなくて国連憲章で認められる。さらに自衛措置を最低限とするため「専守防衛」と称して、空母などを持たないと言う。こうした理解を積み重ねないと、不思議の内容が見えてこないので、教員自身の追究が不可欠なのである。

また、歴史的経緯を教える必要があっても、発展の内容や必要を簡潔な条件として示して考察させ、生徒が理解した後に具体的な情報を提示したい。

21から25はC探究学習の部分にあたり、現代的な大きな問題に取り組む、生徒主体の学習方法を紹介する論考となっている。「扉」においての質疑応答や議論、そして諸分野ごとの論争を経て、教員も生徒も議論の仕方や概念・理論の使い方に慣れてくれば、こうした学習活動にも取り組みやすくなるだろう。しかし、現実にはABCの順とばかりにもいかないと思われるので、概念理解に戻ったり解決策探究に進んだり、という柔軟な授業展開が必要だろう。

（杉浦正和）

■文献・資料紹介
- 杉浦正和「『公共』を事実を考察し討論する科目に発展させよう」『民主主義教育21』Vol.13(2019年)pp.135-143
- 工藤文三「公共の基本的性格と実践に向けた課題」『新科目「公共」「公共の扉」をひらく授業事例集』清水書院(2018年)pp.8-15

■注
1) 杉浦（2019）p.135
2) 教育課程部会社会・地理歴史・公民ワーキンググループ（第1回）配付資料資料8-1〈http://www.mext.go.jp/b_menu/shingi/chukyo/chukyo3/071/siryo/icsFiles/afieldfile/2015/12/14/1365200_1_8_1_1.pdf 30/53〉参照 2019年4月7日

第5章　「公共」実践の手引き　　　　　　　　A　公共の扉―社会の基本原理を学ぶ

1　近代社会の扉 ―自立した主体と社会（アダム・スミスに学ぶ）

アダム・スミスといえば、①『国富論』の著者。経済的利己心にまかせれば市場の「見えざる手」によって経済は発展する（自由放任政策）。政府の規制は最小限にとどめるべし（安価な政府論）。そう主張した市場万能主義の経済学者と誤解され、教科書にもそう書かれている。だがスミスは、①の7年前に②『道徳感情論』というモラル・サイエンスの著書を書いていた。自立した主体である個人が、いかなる原理によって近代社会を構成しうるのか。その原理を探究し、道徳哲学（②）の一環として経済学（①）や法学等を位置づけていた。近代社会の扉がひらかれる時代に、自立した個人と社会がどのような関係としてデザインされたのか。アダム・スミスの思想や理論からヒントを得て考えてみよう。

1　近代社会の基本原理―「公共的な空間」とは何か　〔授業テーマ―課題と視点〕

「公共の扉」冒頭の「公共的な空間を作る私たち」では、自立した主体のあり方や社会との関係を、伝統や文化などの背景や生徒の成長体験から考察するとされる。さらに、集団の一員として他者と協働し、社会参加が自己実現に結びつくことを理解させる、とある。

だが、歴史的考察を軽んじ、現代社会の構造を問わない「公共的な空間」論は、現状を道徳的に解釈し、既成秩序に馴化した「主体」を育てる愚につながらないだろうか。そして、自我にめざめ他者との違いを意識する高校生には、個人と社会の関係を予定調和的にえがくこうした「建前」は、嘘っぽくみえるだろう。

本来、「公共の扉」で扱う「公共的な空間における基本的原理」は、日本国憲法の原理であり、市民革命によって可能となった国民主権・立憲政治・主権国家による政治、近代社会が成り立つ原理である。さらに、産業革命による機械制大工業と資本主義経済の確立をへて、国民経済の原理が作用する社会でもある。

自由・人権・国民主権の思想や運動の下で、宗教勢力や王・貴族、特権商人等の旧支配層のくびきをたちきる血と汗の努力（struggle）を通して、近代の「公共的空間」は出現した。日本国憲法が、「(基本的人権は)人類の多年にわたる自由獲得の努力（struggle）の成果」「過去幾多の試練に堪え、現在および将来の国民に対し、おかすことのできない永久の権利として信託された」（97条）と述べるゆえんである。

近代社会の扉は、身体・活動の自由と人としての平等のうえで、自立した個人の経済活動が生活物資の生産をおしあげ、豊かな社会の実現むけて開かれていった。その際、スミスは、「共感」を前提とした「利己心」（self- interest・「自分への関心」の意味もある）が肯定的な役割を演ずると主張した。近代社会の扉を開いた思想家の一人であるスミスの理論を補助線として、近代社会の成立原理を、多面的・多角的に考察しよう。

2　資本主義の道徳的条件―共感にもとづく利己心　〔教材研究のポイント〕

スミスは、誤解されることの多い人物である。利己心と市場経済の見えざる手で産業化を推進した人物としてのみ理解され、教科書記述も〈個人の利己心にまかせれば、市場機構によって社会全体の利益が増大する〉とだけ述べる俗流化されたものが多い。日本は、戦前からスミス研究で世界の最先端に位置したが、社会科教育でのスミス理解は不十分なままである。

スミス理解のポイントは、①国富論と②道徳感情論の統一的把握にある。利己心を強調した①と、利他心・共感を強調した②が対立しているように見えるという問題が、かつて「アダム・スミス問題」と呼ばれた。しかし、現在研究の世界では、両者の矛盾を指摘する声はない。

スミスは、経済学者である前にモラル・サイエンスの研究者であった。死期せまる中で、遺稿の焼却を依頼したため、スミスの思考の跡をたどることは難しいが、全体として次のような領域を含んでいた。

自然科学―（天文学史の遺稿）
倫理学―②道徳感情論
法学―（法学講義－聴講学生のノート）

経済学―①国富論

そのうち、②において自立した個人が社会を構成する原理として共感をあげた。①で、利己心による経済活動を肯定したが、その前提には②があった。すなわち、共感と利己心とは、前者が前提となり、後者が支持される。後者の許される範囲は、前者によって規定される。俗にいえば、経済活動には良い金もうけと悪い金もうけがある。「公正な第三者」に支持されるのが前者である。端的にいえば、〈資本主義の道徳的条件〉をスミスは提示した[1]。

この道徳的条件を前提に、富とは何か、富がどう増えるか（経済発展）を研究したのが①である。個々人が、利己心にうながされて労働を投下して商品を生産する。こうした経済活動を展開することで、格差があっても最底辺の民衆でさえかつての皇帝より豊かな生活が可能となる。分業と生産的分野への投資（労働）の配分により、必需品と便益品の生産が伸び、戦争のない国際環境のなかで貿易を盛んにすることで、諸国民の富が増進すると述べた。

そのため、金銀の保有が国の豊かさととらえた重商主義政策による輸出奨励と輸入規制に反対し、軍拡と戦争、植民地支配、重税と財政拡大等をも厳しく批判した。スミスは、書斎の穏健な研究者ではなく、特権や独裁にチャレンジした戦闘的な自由主義者だった。

3 近代社会の可能性と課題―自立した個人と社会 〔授業づくりのヒント〕

○近代社会の基本原理（「公共的空間」なるもの）

個人が自由に活動できるしくみはどのように生まれたか。そのような社会への扉は、近代社会の成立とともに開かれる。そのためには3つの前提―①個人の権利を保障しない社会は契約違反という思想（国民主権の思想）、②圧政からの自由を求めた市民革命（立憲制度のしくみ）、③利潤を求めた大量生産を可能にした産業革命（資本主義経済）―が必要となる。

○「どんな夢をもって社会で独り立ちしたいか」（発問）

個人の自由なふるまい（利己心）が社会を混乱なく成り立たせるためには、どのような前提が必要か。そこで、キャリアへの思いを生徒に聞くと、経済との関わりが多いだろう。大半が社会のため（利他心）でなく、生活向上や生きがいなど自分の幸福追求、つまり利己心につながる。「人々が利己心で動いて、なぜ社会が混乱しないのか」と発問し、生徒に社会のあり方を考えさせる。その際、アダム・スミスの理論を参考にする。

○「共感」を前提にした利己心の肯定（スミスの理論）

市場万能・自由放任のスミス像の誤解を指摘し、重商主義政策を批判するリベラリストとしてのスミスを紹介する。次にスミスの2冊の本（①道徳感情論と②国富論）を示し、②は有名だが、①が先に出ている。①と②を統一的に理解することが重要と指摘する。

スミスは、利己心の前提に共感をおいた。公正な第三者が同意できない利己心は否定される。個人の利己心は共感を前提として社会と調和する。

スミスは、一方で重商主義政策を批判し、他方で自由な経済活動で諸国民の富の増進（底辺の民衆でさえむかしの皇帝より豊かになりうる社会をめざす）を主張した。スミスは、自由で豊かな社会をめざすとともに、資本主義の道徳的条件を提示したのである。

○「徳と富」の関係（現代社会をみる一視点）

資本主義の道徳的条件は、現在機能しているか、生徒に問いかけ、意見交換をしてみたい。

4 徳による富の規制という課題 〔発展学習〕

スミスの示した資本主義の道徳的条件は、現実社会を考察する有効な視点となる。現実社会では、金融資産で荒稼ぎする資産家がいる一方、非正規雇用の若者などがふえ、社会的格差が広がり、移民や難民が大きな問題を引き起こしている。中産階級の生活が不安定となり、国際協調をゆるがす動きも激しくなっている。

現在、自由と平等を求めた近代社会の原理が、大きくゆらぎ始めている。社会の活力となる利己心と協力や協調をこばむ自己防衛の利己心の間で、「公正な第三者」の視点や共感によって適切なバランスをとることができるのか。地球温暖化やグローバリズムの進展という新しい条件の中で、徳による富の規制という原則がますます重要な課題となっている。こうした問題意識による現実の考察を生徒に期待したい。

（和井田清司）

■文献・資料紹介
- アダム・スミス『道徳感情論』『諸国民の富』
- 堂目卓生『アダム・スミス』中公新書（2008年）

■注
1) 中村隆之『はじめての経済思想史』講談社現代新書（2018年）p.20

第5章　「公共」実践の手引き　　　　　　　　A　公共の扉―社会の基本原理を学ぶ

2　正義とは何か ―「幸福」か、「公正」か

左の写真は、1970年頃の新幹線に接した名古屋駅近くの状況[1]。開通時は少なかった列車本数が急増して、激しい騒音が近隣住民を苦しめるようになった。当時の国鉄は騒音対策を全く行わず、防音壁もない上に自宅の一部を裂くように路線が建設された所もあった。そのため、騒音の少ない速度で走るように要求する差し止め訴訟を住民が起こした。ここで速度を落すと全線で運行に支障が出ると国鉄が拒否し、社会の利益が大きいため差し止め判決が高裁でも得られなかった。しかし、住民側は国鉄と粘り強く交渉して和解協定を結び、国鉄－JR東海が熱心な技術対策を行って、目標期限内に騒音問題が解決されるに至った。

1　個人と社会で対立する二つの見方・考え方　〔授業テーマ―課題と視点〕

　社会のあり方を考える時に根本的問題となるのは、社会を構成する個々のメンバー（個人）と社会がどのように関係するのかである。第一に考えるべきなのは、人なのか社会なのか。つまり、個人があっての社会なのか、社会があっての個人なのかである。現実にはこの二つのあり方が重なっているが、社会の改善を考えるには二つの見方から考察する必要がある。

　幸福は、個々人でその内容が異なるが、個人の生活にとって幸福が最も重要な目標・価値であることは間違いない。問題は、人々の間で求める幸福が対立して、正しい社会のあり方が分らなくなることである。その時、個々人の幸福を平等に見て、多数の個人の幸福を目標とする考え方がある。「最大多数の最大幸福」が目標で、現在では功利主義と言われる。他方で、個人の尊厳を重視して社会が個人の尊厳を侵害しないことを優先する考え方もある。カントの義務論やロールズの公正としての正義論である。公正は、完全な同等性でなくて、人間らしさなどの基準で同じ扱いを求めることである。社会の正しいあり方を「正義」と呼ぶと、正義についての議論では、幸福と公正という二つの見方が対立して異なる結論となることが多いので、二つの選択についてしっかり理解させることが重要である。

2　公害裁判における二つの考え方の適用　〔教材研究のポイント〕

　こうした議論を展開して有名なのがサンデルで、大学講義が放送・出版されて様々な思考実験やケーススタディが紹介されている。彼自身は、歴史の重みを個々人が背負うという立場である。先の二つを幸福の最大化、自由の尊重と述べて、その他に美徳の促進をあげている。二つの対立する見方だけでなく、他にも様々な選択の方法があることは知っておきたい。

　現実の問題解決として、公害裁判でどう判断されたのかの知識が役立つ。有名な四大公害は、疫学的因果関係（統計による証明）によって、人々の健康被害が排出物に原因があるとして患者側勝訴となった。ここでは、産業上の利益より人権が優先されたが、大阪国際空港や名古屋新幹線の騒音問題では、「公共の福祉」で住民側が負けたと言われる。飛行機などの運行差し止め要求は、社会の利益が住民被害を止めるよりも大きいとして認められなかった。住民の権利は、被害への賠償金を課す範囲で認められたが、騒音と健康被害の間に医学的因果関係がなく、運行差し止めを決められなかった。しかし、両訴訟で和解協定が結ばれて賠償金を増やし、騒音低減目標が設定された結果、期限内に騒音問題が解決された[2]。つまり、二つの考え方が対立を越えて共に解決する可能性もあるわけである。

　人権問題とまで言えないが、迷惑施設と考えられる

ものが近隣につくられそうになると、施設の必要性を認めても「総論賛成、各論反対」となることが多い。この解決にはどのような工夫が必要なのか、公害判決からヒントを得ることができるだろう。

3 臓器移植などの思考実験で理解を深める 〈授業づくりのヒント〉

　新科目の「公共の扉」でこの単元を扱うには、学年初めに簡潔におこなう必要がある。簡単な思考実験を重ねていくことで、視点や考え方を広げ深めることができる。まず、生徒が社会をどう感じているかを確認したい。家族や友達、学校、近所など、彼らを助けたり制限したりする集団に関して、いろいろな思いを語らせながら、そうした存在を社会として認識させるのである。そして、次のような展開で思考実験を進める。

　1）「こうした社会に対して自分個人と社会、どちらがより優先されるべきか」と問う。確認した様々な思いと関連づけながら、①で述べたような内容で対話をおこなう。意図は、どちらかの結論を求めるのではなくて、幸福や利益の量と個々人の権利尊重の対比を実感させることである。

　2）近隣でゴミ処理場ができるとどう思うかと聞く。これで二つの見方によって、施設への賛否が大きく異なってくることを確認する。

　3）「トロッコ問題」の思考実験を紹介して、暴走するトロッコから救うのは5人か1人かを考える。1人の犠牲を覚悟する方に傾くだろうが、家族や友人という条件を入れて思考を揺らしたい。

　4）「交通事故で脳死となった人がいたら、彼の臓器を移植して他の人々を救うべきか」と発問する。脳死からの治癒が不可能で2週ほどの余命しかないと説明する。その人の意思や家族の意思について問題となれば、条件を少しずつ増やしてそれぞれのケースで、考え方がどう変わるかを確認していく。臓器移植によって数名の健康回復という利益があるのは間違いないが、脳死となった方の臓器をそのように扱えるのかがテーマである。

　5）「肉親が腎臓の病気となり自分の腎臓移植で健康が戻るとすると、あなたは移植の決断ができますか」と発問する。これは二つの見方とは若干異なるが、全くの他人に対して移植する人が実際に存在することや、途上国では臓器売買が行われていることを話して、自分の生き方に関わることに気付かせたい。また、臓器移植における売買禁止や、移植相手を第三者機関が決める原則についての考察も重要である。

4 現実の公衆衛生問題について考える 〈発展学習〉

　少数派の人権を考えると功利主義の考えは批判されがちであるが、現代の功利主義では人権も基準の一つとして考えるので、単純な対立にはならない。現実的に大きな問題となってきたのが公衆衛生問題である。災害などの緊急事態に対応が十分できず、優先すべき対象を絞ることが必要となる。救急医療でトリアージとして、患者の重症度によって治療の優先度を決めて選別する方法が行われている。トリアージを、人命に順位を付けるとして否定すべきかを考えさせる。

　また、高齢化が進む中で生活習慣病が問題視されるようになった。今までは、政府が個々人の生活のあり方に介入するのは自由権の侵害と見なされた。しかし、生活習慣病を減らして医療費を抑えるため、メタボ健診など健康増進となるライフスタイルが求められるようになった。つまり、健康被害という人権ではなく、生活の自由の制約という人権の問題である。例えば、「自宅内を全面禁煙とすべき」の討論ができる。

　同じ構造の問題が防犯カメラの急増でもある。犯人検挙が容易となって社会全体で治安向上効果があるけれども、屋外の行動が監視下に晒されることは、プライバシーの侵害となり、何らかの自由制約とならないのかを討論できる。迷惑施設の扱いを含めて、二つの見方で対立するテーマが多いので、「公共の扉」以降の諸分野の学習においても活用したいものである。

（杉浦正和）

■文献・資料紹介
- マイケル・サンデル『これから「正義」の話をしよう』早川書房（2010年）
- 小林正弥『サンデルの政治哲学』平凡社新書（2010年）
- 児玉聡『功利主義入門』ちくま新書（2012年）

■注
1) 名古屋新幹線公害訴訟弁護団『静かさを返せ！―物語・新幹線公害訴訟』風媒社（1996年）
2) 詳しくは、石井・山口「騒音公害の差止め請求の成果と課題」『判決から読みとく日本』本の泉社（2017年）pp.137-145

第5章 「公共」実践の手引き　　A　公共の扉—社会の基本原理を学ぶ

3　思想革命としての社会契約説

社会契約説は、支配者と人民の間の支配契約ではなくて、国家のない自然状態から抜け出すために、人民個々が自由意志で同意して国家を作ったという考えである。ホッブズは、内戦の悲惨を避けるため「万人の万人に対する戦争」として自然状態を描いて強大な権力の意義を説明した。ロックは、裁判や警察などの欠けただけの社会を自然状態として、国家を人民の幸福を守るものとして説明した。これは、幸福を守らない政府に対する革命権を認めて、名誉革命を擁護することとなる。この思想により、国家誕生の前に個人が存在し、国家はその同意に基づいて生まれ、個人を保護する存在だと見なされるようになった。

（出典：左／wikipedia『homas Hobbes』〈https://en.wikipedia.org/wiki/Thomas_Hobbes#/media/File:Thomas_Hobbes.jpeg〉参照2019年6月23日、右／wikipedia『John Locke』〈https://en.wikipedia.org/wiki/John_Locke#/media/File:John_Locke%27_Kit-cat_portrait_by_Godfrey_Kneller,_National_Portrait_Gallery,_London.JPG〉参照2019年6月23日）

1　近代民主主義に向けた思想革命　［授業テーマ—課題と視点］

　中学高校とも教科書には、民主主義の原理を説明する時に社会契約説が載っていて、ホッブズ・ロック・ルソーについて説明されている。しかし、この3名の思想を知って、違いまで理解する必要があるのだろうか。本文では、「人々が約束してつくったものが国家である」と書かれるくらいで、そんな契約など存在しないわけだから、生徒には理解しがたい話だと思われる。必要なことは、3名の思想家やその特徴ではなく、社会契約説がどんな意義を持った考え方だったのかを、民主主義の発展の中に位置づけて理解させることだろう。

　古代ギリシアで生まれた民主政、古代ローマが育てた法思想、そしてキリスト教が広げた個人の自覚など、近代民主主義の基盤には様々な要素が必要であった。しかし、社会から独立した個人が存在し、その集合である人民の同意によって社会が創られたという、社会契約説の考え方が決定的であった。それまでは、支配者と支配される人民の間の支配契約しか考えられなかった。社会契約のような全員一致の意思によって人民が国家を創ったとしたら、その後に選ばれる支配者が人民から様々な統制をより多く受けるのは当然だ、ということになったからである。

2　個人の主体的同意による国家創設　［教材研究のポイント］

　日本では、フランス革命などの市民革命を過剰に意義づける傾向がある。フランスでは革命以降に帝政となるなど民主政も憲法も定着せず、混乱が続いたのである。革命などの大事件を過剰に意義づけず、多様な形をとった各国の人々の闘いによって、人権や民主政が徐々に発展・拡充した歴史として理解させたい。

　支配者や人々に何らかの契約に基づく義務があるという考えは古くからあった。中世には、契約の観念が封建制の主君と家臣の相互関係にあって理解しやすかったが、多くは支配契約と想定された。しかし、契約を想定することで政府への不服従を正当化する動きが現れる。

　ホッブズが社会契約説により、悲惨な自然状態と対比して、安定した秩序を保障する絶対的権力の意義を説明した。同時に、個人の生命を守る権利を奪えないものとして、個人の独自性を打ちだしていた。ロックが想定する自然状態は常識的で、欠けたのは裁判や警察による安全・安心でしかなかった。これは、幸福を生むのは人々の勤勉であり、幸福追求を確実に守るよう義務づけられた（信託）政府の創設を語るためであった。そしてロックは、圧政に対する革命権まで明言したのである。現実政治に最も影響を与えたロックの考え方をベースに社会契約説を説明したい。

古代・中世の人々には、社会の存在が大前提であり、身分や伝統など無数の制約の中で生活していた。これに対して、個々人が自由・平等な意思で合意して安全な国家を創り上げたという、人民の主体的な国家設立の物語が提示された。この思想革命によって、人権や民主政治が発展してきたことが想像できるだろう。

3 ロック的な社会契約の過程を思考実験する〔授業づくりのヒント〕

1）「国って何だろう」と質疑応答してから、「国家がないとはどんな状態だろう」と発問する。ホッブズやロック、ルソーの自然状態が違うように、生徒のイメージするものも様々だろう。ホッブズの自己中心の欲望、ロックの勤勉と理性、ルソーの協力と思いやりなど素朴な人間観が現れるだろうが、これは国家のない自然状態を意識させる目的の発問である。

2）自然状態の条件を決める。生徒がよく知っていれば、最も影響したロックの考えだと説明する。みんながバラバラに生活し、自分を守る力＝権利を持っているが、盗みや殺しを自由にやらなかったと想定する。「国家がないと困ることは何だろうか」と発問する。ここでは、自然権などの語句を使う必要がない。

3）明確なルールがなくてもめる、紛争を解決する裁判官がいない、ルールに反した者を捕らえる警察などがないという問題が出るだろう。現在の政府の仕事もあがるだろうが、3つの問題点が確認できればよい。これを、国民の幸福が守られること、安全や安心を確保することと説明して理解を深める。そこで、「どうすれば問題を解決できるか」と聞く。

4）3つの問題に対応させ、ルール＝法律を決めて（立法）、それに従ってトラブルを判断し（司法）、違反者を罰してルールを守らせる（執行）力が必要だ、という意見が出るだろう。その力を持つものが国家だと確認して、「どうすれば国家が作れるか」と発問する。

5）王様を決めるなどが出るだろうが、自力でバラバラに生きることをやめ、多数決で法律を決めて、それに従う約束が必要だと質疑応答しながらまとめる。さらに、どのように約束するのかを問う。「社会契約」の意味だけでなく、自然に持っていた力を政府に預けて法律に従う契約を、全員一致で合意する必要があることまで確認する。反対者は国家に入らないので、国家に入る者の間では全員一致となるのである。もちろん、こんな歴史的事実がないこと、架空の物語が人々の意識を変えたことを確認する。

6）最後に、設立された国家の目的を聞いて、国民が幸福を得る権利を守るために国家が作られたと説明する。さらに、日本国憲法にこの考えがあるかと聞いて、第13条「生命、自由及び幸福追求に対する国民の権利については…立法その他の国政の上で、最大の尊重を必要とする」を示すことができる。

4 社会契約説の歴史的意義を明確にする〔発展学習〕

社会契約説が17-18世紀に登場しアメリカ独立宣言などに影響したという説明だけでもよいが、さらに深めるには、現在の民主政にどう影響しているかの考察まで進めたい。次のような意義が確認できるだろう。

王権に支配されて伝統的掟に縛られるだけだった人民が、自らが国家の真の主人であって国民の意思が政治に反映されるべきであること（国民主権）や、幸福を追求する様々な力＝権利を個々人が持っていること（自然権、これが人権へと発展）である。個人に重点が置かれるようになったという意義である。ホッブズ的な見方も紹介できれば、上位権力が十分に強くないと国家が混乱すること（内戦）に気づかせる。

この全員一致の歴史的合意を想定してこそ、多数決で法律を決めることが認められる。現在の国民はこの合意に関わっていないと言えるが、そうなると内戦を否定できなくなる。だから、個人は社会の歴史的背景を無視できず、現実社会の遺産・インフラによって成長したことを認め、その上での「暗黙の合意」を想定する必要がある。開発途上国で大統領選挙をきっかけに内戦が起きやすいのは、独立時に国民が「暗黙の合意」をつくれなかったからだと考えられる。また、国連が上位の権力でないため、国際社会が自然状態にあってまとめにくいと考えることもできる。なお、立憲主義については、「法の支配」をより強固にする制度として位置づけ、国民の権利を守るという国家設立の意義を確認した後に説明すべきであろう。

（杉浦正和）

■文献・資料紹介
- ジョン・ロールズ『政治哲学史講義Ⅰ』岩波書店（2011年）
- M. レヴィン「社会契約」『西洋思想大事典』第2巻 平凡社（1990年）pp.389-401

第5章　「公共」実践の手引き　　　　A　公共の扉—社会の基本原理を学ぶ

4　「人権」と「権利」はどう違うか

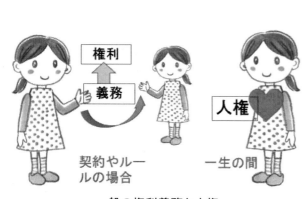

一般の権利義務と人権

権利は、「利益を得たり他人に要求したりする資格」と説明される。団体の活動や私人間の契約において権利と義務を認めることで、平等な人間に一時的な上下差をつけて社会生活を円滑にする。特定の条件がなくなれば、権利は消えるか誰かに移るものである。しかし、18世紀から主張された人権は、条件抜きに人間が一生の間持っている特別な権利である。人間と個人の尊厳を守るため、権力からの自由や幸福追求の自由を認めて、その人から引き離せない、一身に専属的に付着すると考えられる権利である。どちらも政府による侵害が許されないが、人権は政府による制限ができない、憲法で保障すべき重要な権利なのである。

1　誰でも持つ資格という人権は奇妙である

〔授業テーマ—課題と視点〕

中学高校の教科書では人権の大切さが、「個々人のかけがえのなさ」や「人間らしい生活に欠くことができない」と強調される。しかし、こうした実感は社会生活を通して得るしかないだろう。学校で教えるべきは、人権の概念を深く理解して、歴史的な意義をも知ることである。しかし日本では、「生まれながらに誰でも持つ権利」という人権の説明があっても、肝心の権利の説明はない。関連する政治文書の歴史が教えられても、人権批判の考えを克復した歴史が全く語られていない。

辞典では権利が「誰かに何かを要求できる資格」などと説明されるが、これではピンと来ない。実生活でこのような資格がどのように得られるかをイメージして、権利の意味を理解させたい。何らかの行為＝努力を認められて初めて資格は得られる。つまり、ある種の正当な理由があって権利が主張される。英語で権利はright（正しい）なので、これを例にすると分りやすい。人権も権利の一種であるが、先の説明を使うと「どんな人間でも持つ何かを要求できる資格」となる。前者の資格が誰でも得られるものではないのに、後者の人権という資格は生まれながらに誰でも持つ。この二つの間の違いに気づかせて、人権の特別な意味を深く理解させたい。

2　危険と批判された人権が認められる歴史

〔教材研究のポイント〕

学校生活では生徒自治が十分に行われず、生徒は、生活を支えるルールをただの制約と感じるだけだろう。スマホの普及で生徒同士の約束することもあまりなくなった。ルールや約束＝契約が重要だとわかると、そこにおける権利義務関係の理解が深まるので、そうした日常生活における問題を意識させたい。

身分のあった時代で武士に生まれれば、それだけで年貢を得る権利などが与えられた。これは正確には特権と言うべきであり、現代では権利を得るのに何らかの努力や義務が必要となる。車が左側通行のルールを守っていれば、右側に寄って衝突した車へ賠償請求の権利が得られる。買い手が商品への支払い義務を果たしていれば、商品に不備があれば良品と交換する権利を得られるという関係である。売買契約では、買い手と売り手の権利義務がギブアンドテイクとして相互に結びつき、民法で保障されている。しかし、アメリカ独立革命期に主張されだした人権は、政府からの自由などの様々な権利のリストとして要求され、生まれながらに持ち、憲法で守るべき権利と主張された。

法律に基づかない人権に対して、思想家ヒュームやベンサムは空想的で危険だと激しく批判した。人権を縛るものとして法律を否定する動きが出てくるので、法的根拠を重視する人々からも人権が危険視された。19

世紀に実定法を重視する法実証主義が力を持つと、憲法上の権利は、政府が与えた国民の基本権であり法律で制限できるとされた。人間の尊厳に基づく人権が憲法で認められるのは、アウシュビッツ虐殺発覚後に国際連合が人権を推進し始めた20世紀後半からなのである。

3 様々な権利を考えその根拠を考察させる 〔授業づくりのヒント〕

最初に、権利の意味を多様な表現で示す。何かを要求する能力や何かの利益を得る資格など多種多様にある。その上で、日常生活で起りそうな紛争の場面を提示して、誰にどのような権利や義務があるのかを考えさせる。レアなコミックを買う約束を友達としたら、他の人がもっと高く買うと言ってきて友達が売りたくないと言い出す、のようなケースである。ここでは、約束（契約）やルールに基づく権利のケースを選び、権利を確認してからなぜ権利があるのかを説明させる。権利は、約束やルールなどの正当な理由があって、その範囲で誰かに何かを要求する資格であり、要求された相手はそれに応える義務があることを確認する。

次に、人権に関わっているケースで考える。まず、授業中に何度も先生に質問するケース、そして、昼休みにギターを弾くケースである。質問する生徒の学ぶ権利と、授業進行が遅れて困る他の生徒の学ぶ権利が対立している。後者では、静かに過ごしたい生徒の権利と、休み時間に自由な活動をする権利の対立である。人権は他の人権によってしか制限できないので、その場の正当さの程度を比べて調整提案を考察する。

第3に、企業や政府が関わるケースを取り上げる。工場から出る排出物で住民に病気が出るケースや、政府が政府を批判する新聞記事の書き換えを命じるケースである。工場に経済活動の自由があり、住民に健康に暮らす権利があって対立しているが、これを調整するのだろうか。政府に批判記事を止める権利があるだろうか。生徒に分りやすいケースと思われるが、人権の根拠を説明させるのが目的である。表現の自由の答では人権の種類にすぎないので、正当な理由をあげて説明できるかを問うのである。ただし、関連する法律がないものとする。ここでは、政府批判を含む表現の自由が大切だという説明でよしとする。

最後に、人権宣言の時代にも、法律に基づかない人権を危険だと非難した思想家がいて、19世紀にそうした考え方が広がったと説明し、この考えが正しいかを考えさせる。明確な法律に基づいた権利でないと、混乱の起きる可能性を確認し、それでも人権を認める必要性があるかを生徒に考察させたい。ここでは、「人間の尊厳」のために人権が必要だという説明が期待される。世界人権宣言前文において、「人間の尊厳」に基づいて平等な権利が述べられ、憲法13条では「個人の尊厳」で「生命、自由および幸福追求」が根拠づけられたことを確認する。

検討するケースの種類や難しさを変えれば、授業時間や学力レベルの違いに対応できる。人権の具体的内容は、権利説明が詳しくなっている世界人権宣言と、日本国憲法の条文と比較・考察させるのがよい。尊厳の深い理解には、「子どもの権利条約」などを調べさせたい。

4 譲ることのできない権利としての人権 〔発展学習〕

社会契約説によって、国民の幸福や権利を守る政府の設立へ動き出しても、19世紀には民主政を支える制度（普通選挙や違憲立法審査制など）が十分な国がほとんどなかったことを確認し、それでも人々の間に広がった変化を予想させる。身分制崩壊の中で、人間の平等という感じ方や考え方が実感を持って広がった。大衆文化の普及、特に小説で貧しい人々が描かれて同じ人間と感じた影響が大きかったと考えられる。

さらに、人権の本質的特徴は何かと発問し、1776年アメリカ独立宣言や1789年フランス人権宣言、1948年国連世界人権宣言で共通する文言を調べさせる。それが「譲ることのできない権利」である。日本が憲法11条の「侵すことのできない永久の権利」で説明することを、世界ではこれで特徴付ける。政府が与えたのでなく、生まれながらに持ち、所有権のように他人に渡すこともできない権利という意味である。要求の切り札としてではなくて、人間の尊厳を守るために当然だと、人々が納得できる権利である。尊厳を深くイメージして、生活の中で正当さを説明しながら権利主張することを学ばせたい。

（杉浦正和）

■文献・資料紹介
- 『ABC：人権を教える』国際連合広報センター（2004年）
- イェリネック『人権宣言論争』みすず書房（1995年）
- 斎藤惠彦『世界人権宣言と現代』有信堂高文社（1984年）

第5章　「公共」実践の手引き

第5章　「公共」実践の手引き　　　　　A　公共の扉—社会の基本原理を学ぶ

5　民主主義社会の原理と制度

（出典：Bundesarchiv, Bild 102-14439 / CC-BY-SA 3.0）

写真は、ドイツ・ワイマール共和国において1933年3月23日に全権委任法を提案した議会。それは、「民族および国家の危難を除去するための法律」で、ヒトラー内閣に立法権を与えて憲法に違反することができるとした。37年までの時限立法であり、大統領権限などを侵害しないとして野党から賛成票を得て、2/3以上の賛成で成立した。その後他政党や労組を解体して7月には一党独裁体制を確立した。

ワイマール憲法は、男女普通選挙を実現したものの、制限できない人権の規定がなく、違憲立法審査制もなかったので、ナチスは合法的に一党独裁を実現することが可能であった。

1　民主政を支える、法に関連した原理や制度　［授業テーマ—課題と視点］

「公共の扉」では、「公共的な空間における基本的原理」を理解させ、諸分野の学習において活用するとしている。この原理は「人間の尊厳と平等，個人の尊重，民主主義，法の支配，自由・権利と責任・義務など」であり、「日本国憲法の基礎にある考え方」とされている。この節で取り上げるのは、法の支配や立憲主義、権力分立などの政治制度的なものである。

欧米の政治文書で取り上げられるのは、民主主義や人権保障の次に来るのが法の支配である。これは、第一に、国家が定めた守るべき決まりを法として明示することであり、西欧の古代からの政治原理である。日本では、江戸時代に「民は由らしむべし、知らしむべからず」と法を民衆に知らせず、これと正反対の政治原理をとっていた。この原理によれば、政府において、法をつくる立法と法の執行、法によって裁く司法という三つの機能が分かれることが当然となる。

憲法典のないイギリスのダイシーが、法の支配を基本原理として分析した。それは、正義の法によって政府の恣意を排除し、公務員を含めて法の下の平等を徹底し、人権を保障することである。このように、単に法による統治というだけでなく、法に関連して権力を規制し専政化を防ぐ原理や制度として、民主政を支えているのである。

2　法の理解を深めて制度の意義を理解する　［教材研究のポイント］

日本人の法意識の特徴は、「法がなくても正常に動いていく社会が理想」に半数近くが同意する点にある[1]。法への信頼感が低く道徳に期待する傾向が強い。このことと、瑣末な学校規則から自由を縛るだけと法を見なす生徒が多いと考えておこう。政治家や政府への信頼感が低いことも関連するだろう。しかし、憲法への信頼感が高いのは面白い。改憲派が多いと言っても、新しい条文を入れたいという意見にすぎない。

法の支配は、人権を保障する法という意味を含む点で、法に従って行政を行うという法治主義と異なると言われる。英語直訳で分りにくく、法による政治＝法治という説明でもよい。立憲主義は、最上位の法規範たる憲法で明確に権力を縛る原理であり、国民間に価値観の対立があっても憲法の下で平和共存を図るため、公共的な世界と私的な世界を分けて人権を守るものである。さらに、憲法を強固に守る制度として、アメリカ憲法から始まった違憲立法審査制が重要である。ただし、これが世界に広まるのは第2次大戦後である。そして、憲法で明示されるのが権力分立である。人権を守るべき権力が腐敗し濫用されないように、小さく分けて相互抑制を組み込む原理である。三権分立としての丸暗記でなく、抑制機能を丁寧に理解させ、二院制や連邦制・地方自治など様々な制度と関連させ

て理解を深めたい。こうした原理や制度によって国民の人権が守られるが、多数派が政府権力を持つのに対して、特に少数派の人権を守る仕組みと考えてもよい。

大半の内容が中学公民で聞いた話なので、改めて講義をしても面白くない。ケーススタディの形をとって、生徒自身にこれらの原理や制度を思い出させながら確認したい。立憲主義については、簡単な解説を読ませた後に、架空の国で王様が専制的になるという事例を示し、その横暴を抑える憲法を生徒に考えさせるケーススタディの実践がある[2]。これを参考にしてケースを複雑にして、憲法としてどんな政府組織をつくるべきかを生徒に考えさせる授業が有効と思われる。

授業づくりのヒント

3 諸制度の欠けたケースの分析から考察する

例えば、次のような王国のケースを設定する。歴代の王が、古くからの法律をベースにして、富裕な名家出身者と相談しながら法律を制定し、王が任命した役人や裁判官が王から指示を受けながら政治を行っている。国内の治安は良くて経済活動も活発で、所得の10％の税金でも人々の満足感は高かった。ところが、王が病気となって退位し王子が新しい王となると、一部の名家出身者を重用して、法律を変えないまま王の指示で税金を20％に上げ、王家関連施設の拡充に力を入れるようになった。不公平な判決も増えて国民の不満が大きく増した。こうしたケースに対して、どんな問題があるのか、どう直すべきかを班討論で生徒に考えてもらう。ここでは、王国廃止の案も出るだろうが、一つ一つ問題点を確認しながら、その問題点を直す制度を具体的に考察させるのが目的である。関連して人権に関する議論も出るが、政治の原理や制度を中心にして検討するように指示する。

ねらいは、法律のあり方を考えることである。生徒の意見から諸制度を、中学の知識を確認しながら説明して足りない点を補っていく。伝統的秩序の下での温和な王政でも、法の支配がないので勝手に法律を変えられてしまう。こうした人の支配と対比してその意義を確認する。そして、国民の意思を反映させるため、議会・選挙権の拡大や内閣・行政府、裁判所・裁判官のあり方を考えさせる。反政府の意見を自由に言えることの重要性にも気づかせたい。

古い王の状態に戻せばよいとの意見に対して、権力濫用を防げないことに気付かせる。憲法制定の意見には、なぜ憲法が必要かと詳しい説明を求める。そして、憲法制定の意義として、安定した政治形態を整えると共に、権力の横暴を抑えて国民の権利を守ることを確認する。その上で、法を執行する行政府が自由に法律を変えられたらどうなるかと発問して、三権の分離と相互抑制が必要であることを具体的に再確認する。

次に、王国が文化のかなり異なる二つの地方で成り立つケースを検討する。どちらも文化が異なるために、全ての法律を同じにすることが難しいことに気付かせる。この解決には、地方自治、さらに連邦制が必要なのである。連邦制は、権力分立の重要な方法なのによく知られていないので、例をあげて理解させたい。

発展学習

4 人権保障と違憲立法審査制の重要さ

人権保障について理解を深めるため、古くから少数民族が住んでいるケースを考えさせたい。少数民族の場合は多数民族によって文化的アイデンティティを奪われ、迫害を受けやすいことに気づかせる。少数派の人権保護には、憲法で権利を明記しそれを違憲立法審査制によって確実に守る必要がある。多数派は、自分たちの考え方を押しつける（多数の横暴と呼ぶ）傾向があるので、この制度が不可欠になる。そして、この場合、国民主権という意味で、国民多数の意見が反映しているかと発問する。ナチスの全権委任法のように、当時の多数派の支持を受けた権力が憲法秩序を根底から破壊できたら、それは最も危険なことだったのである。その意味で、現時点での集団的判断だけで動くリスクに気付き、人権保障と民主主義の不可分な関係と、立憲主義によって現在の国民意思（国民主権）に一定の制限がかかっていること、国民の憲法理解や政治参加の意義も理解させたい。

（杉浦正和）

■文献・資料紹介
- 長谷部恭男『憲法と平和を問いなおす』筑摩書房（2004年）

■注
1) 河合幹雄「法イメージの国際比較」『人間の心と法』有斐閣（2003年）pp.84-106 日米中の調査で、日本42％、米18％、中13％。
2) 大畑方人「憲法改正、その前に。」『Voters』46号（2018年10月）明るい選挙推進協会、pp.19-21

第5章　「公共」実践の手引き　　　B　現代社会と私たち──社会問題を読み解く

6　権利対立の調整とルールづくり

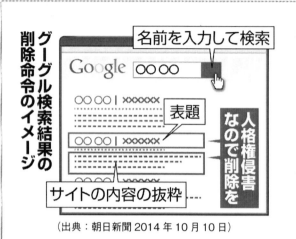

グーグル検索結果の削除命令のイメージ

名前を入力して検索
表題
サイトの内容の抜粋
人格権侵害なので削除を

（出典：朝日新聞2014年10月10日）

インターネット検索最大手「グーグル」で自分の名前を検索すると、犯罪に関わっているかのような検索結果が出てくるのはプライバシー侵害だとして、日本人男性がグーグルの米国本社に検索結果の削除を求めていた仮処分申請で、東京地裁は、2014年10月9日、検索結果の一部の削除を命じる決定を下した。

ネットの普及とともに重要性を増す検索エンジンと、検索結果がもたらすプライバシー問題。今回の決定について、東京大の生貝直人特任講師（情報法）は、「ネット上で公表することと、削除することの双方の利益をきちんと比較している。EUなど、国際的な水準に比べても妥当な判決だ」と評価する。

1　権利対立の調整とルール作りの意義　〔授業テーマ─課題と視点〕

現代社会においては、私人相互の権利が衝突し、その対立と調整が課題となる場合が少なくない。本稿においては、近年注目される「忘れられる権利」「プライバシーの権利」と「表現の自由」「知る権利」の対立の問題を取り上げ、ルールを作ることによってこれらの権利の対立をどのように解決するかを考えてみたい。

授業の目標と内容は、次のように設定する。

第一は、高度情報社会における「表現の自由」や「知る権利」の重要性を認識するとともに、個人情報の収集が容易になったことにより、「プライバシーの権利」の侵害や「忘れられる権利」が生成中の権利として主張されていることを理解することである。

第二は、「表現の自由」「知る権利」と「プライバシーの権利」「忘れられる権利」の対立が具体的にどのような形で生じているかを理解し、それらの権利の対立をどのように調整し解決するかを考察することである。

第三は、これらの権利の対立を調整し解決するためのルールを作成し表現することを通して、法やルールが紛争解決にどのように機能するかを考察し評価する能力を身につけることである。

2　権利の対立と問題の所在　〔教材研究のポイント〕

高度情報社会においては、大量の情報が流通する基盤を整えることが大切である。インターネット上に無数に存在するウェブページ上のデータが集められていて、キーワードを入力すると、関連するウェブサイトを探し出して表示するシステムである検索エンジンが普及したことも、「知る権利」に大いに貢献しているものといえよう。

その有用性については誰もが認める検索エンジンではあるが、運用上いくつかの課題が指摘されることもある。たとえば、犯罪歴などの消してほしい過去がいつまでも残ってしまうことにより、不遇をかこつ人々の存在である。たとえきわめて軽微な事件であり、本人が悔い改めていたとしても、Googleなどの検索サービスを利用すると、過去の記事が出てくるため、こうした人々が「検索で犯罪歴が分かってしまうと、就職試験などの際に採用が見送られるなど、人生をやり直すことができない」などと訴え、Googleに検索結果を削除するよう求めて裁判を起こすケースが相次いでいる。このような主張の根拠となるのが「プライバシーの権利」の侵害や「忘れられる権利」の主張である。教材作成においては、権利対立のポイントを明確に示しておくことが大切である。

3 ルールによる権利対立の調整　　〔授業づくりのヒント〕

権利の対立の具体的な場面は、裁判を通して明らかにされることが少なくない。先例として知られるのが、スペインの男性が「自分の名前を検索すると、10年以上前に社会保険料の滞納のために不動産を差し押さえられたという情報が表示される」としてGoogle本社などを相手に記事の削除を求めたケースである。この案件について、EU司法裁判所は、男性の主張する「忘れられる権利」という言葉を使い、たとえ過去に違法な行為をしたことのある者でも、掲載目的や時間経過を踏まえ、「不適切で、必要性がなく、過剰」な場合は、Googleなどに対して、検索結果からそうした情報を削除できるよう要求できると判断したのである（2014年5月）。

「忘れられる権利」は、自分の個人情報の削除や非表示を求める権利（検索エンジンに対する削除請求権）であるが、インターネット上の記事そのものの削除を請求するのではなく、Googleなどの検索結果に表示される情報を一括して削除してもらう権利である点に特徴がある。

授業においては、ルールによる紛争解決をめざして、次の観点から課題を設定することにしたい。

第一は、検索エンジンを利用して得られる法的利益は何か、あるいは、検索結果の削除によって得られる法的利益は何か。前者には、検索エンジンを利用して情報にアクセスするユーザーの利益とそれを支える「知る権利」、情報提供者の「表現の自由」などがあげられよう。後者には、「人格権」や「プライバシー権」に基づく私生活を尊重されるべき権利や更生を妨げられない権利、「忘れられる権利」などがあげられるであろう。

第二は、個人情報を検索結果として提供する理由と個人情報を公表されない法的利益を比較衡量するときの判断基準は何か。当該事実を公表されない法的利益が優越することが明らかな場合には、検索エンジンに対し、当該情報を検索結果から削除することを求めることができると判断することができるであろう。

第三は、ネット情報への情報の媒介者に過ぎないはずの検索エンジン事業者は、ネット情報の提供者とは別に独立の責任を負うべきか。

そのうえで、どのようなルールを作ることが適切かを考えてみよう。ここでは、学習者を検索エンジンの立場に立たせ、検索結果の削除を求められた場合に、どのようなルール（基準）を作り対応すべきか、考案してもらうような学習課題を設定してみた。

〈論点〉「表現の自由」「知る権利」と「プライバシー権」「忘れられる権利」の対立をどのように調整するか。
〈授業づくりのヒント〉削除請求に対する原則的な基準と個別的な基準を分け、それぞれ検討するとよい。参考までに、Google法務顧問のピーター・フライシャーは、①削除は例外でなくてはならず、正当な理由がなければならないという原則的な基準を示したうえで、②罪を犯した人であるなら、どのくらい前の犯罪なのか、犯罪は軽微なものか、公共性の高い犯罪かどうかを検討すること、③私人の軽微な犯罪歴は削除の判断になりやすいこと、④犯罪被害者の氏名、個人の私生活に関わること、青少年や児童に関することなどは削除の方向で検討すると述べている（朝日新聞2016年8月24日参照）。

このように、個別の事例ごとに基準を立てながら、ルール作りにチャレンジしていくが、応用問題として、政治家などの公人によるスキャンダル記事、一般私人が過去に自らネットに掲載した、いわゆる「黒歴史」に関する結果の削除をどうするかを考えさせてもよい。いずれにしてもプライバシーの保護と表現の自由のバランスをいかに図るかが課題となる。

4 インターネット時代における個人情報　　〔発展学習〕

EUとアメリカでは、データ保護に対するスタンスが異なっており、EUは、個人情報保護の新ルール「一般データ保護規則（GDPR）」を制定し（2018年5月施行）、「忘れられる権利」を明記したが、アメリカ合衆国の場合は、表現の自由を重視し、情報削減に慎重な意見が強く主張されている。授業においては、EUなど、外国の法制化の取り組みなどを取り上げてもよい。

検索結果の削除の問題は、実は、インターネット時代における情報流通の在り方や個人の尊重の意義を問うことでもある。このことを意識して授業をつくることが大切になるであろう。

（吉田俊弘）

■文献・資料紹介
- 宍戸常寿「検索結果の削除をめぐる裁判例と今後の課題」『情報法制研究』創刊号（2017年5月）
- 山本龍彦『おそろしいビッグデータ』朝日新書（2017年）

第5章　「公共」実践の手引き　　　B　現代社会と私たち―社会問題を読み解く

7　消費者保護から賢い消費者の権利へ

原料原産地表示の場所（下線部分）

① 原材料名の原材料の後のカッコ
② 原料原産地表示名を設けて記載
③ 一括表示枠外もあり
（参考　輸入品の場合は原産国）

2018年9月から食品表示基準が改正され、加工食品にも原料原産地表示が義務づけられた。左は消費者庁が作成したパンフレット「知っておきたい食品の表示」から。改正項目はそれ以外にもアレルギー表示のルール、加工食品の栄養表示の義務化などがある。消費者の権利の中の「安全を求める権利」「知らされる権利」が保障されていく過程を身近に見ることができる。新旧の比較を提示し、原産地表示がされていることを確認しよう。雪印偽装牛肉事件、船場吉兆事件などを一緒に例示できると良い。

（出典：『FOOCOM.NET』〈http://www.foocom.net/wp/wp-content/uploads/2017/09/原料原産地がスタート1.jpg〉参照2019年6月20日）

1 消費者保護の流れ　〔授業テーマ―課題と視点〕

そもそも近代市民社会においては、契約自由の原則、即ち、契約は双方の当事者が対等な立場で自由に締結できるという原則があり、それを破棄するには破棄する側に賠償責任が生じる。しかし、契約する当事者である事業者と消費者が対等である、という事態は現代社会では実状にあっていない。前近代ならば、人と人がそれぞれ欲しいものを交換し合い、自分が何を手に入れたかを把握していた。しかし、大量生産・大量消費の現代にあってはそれは望めないことである。

かくして、「消費者問題」が社会的に注目を浴びるようになるのは1950年代である。森永ヒ素ミルク事件、スモン事件、サリドマイド事件など、大きな事件が世間を騒がした。そうした問題が真っ先に現実化したのはアメリカで、消費者の権利意識もそこから始まっていく。1962年ケネディ大統領が消費者保護特別教書で提唱した「消費者の4つの権利」である。即ち①安全を求める権利　②知らされる権利　③選ぶ権利　④意見を聞いてもらう権利である。これはその後1975年にフォード大統領が⑤消費者教育を受ける権利を加えて5つの権利となる。さらに国際消費者機構（CI）は「8つの権利」を唱っている。ちなみに下に記す消費者基本法も同じく8つの権利を挙げている。参照して欲しい。

この流れに沿って、日本でも消費者権利保護の法体制が整備されていく。

1968年　消費者保護基本法
1994年　製造物責任法（PL法）
2003年　食品安全基本法
2004年　消費者基本法
2009年　消費者庁及び消費者委員会設置

さらに現在では「権利」だけでなく、「五つの責務」も提唱されている（CI）。①批判的な意識を持つ責務　②主張し行動する責務　③社会的関心を持つ責務　④環境への自覚を持つ責務　⑤連帯する責務。

消費者が自分の生活を自分で守るという自覚だけでなく、消費を通して社会全体を良くしていくという意識、責任が求められる時代になっている。

2 現代の消費者問題　〔教材研究のポイント〕

消費者問題はわれわれの周り、生徒の周りにいくらでもその事例を見つけることができる。身近なものから社会的大事件まで教材に事欠くことはないだろう。どの問題を取り上げても良いが、それが前に挙げた消費者の権利と対照できるものが良い。2000年代の事件で言えば、「肉牛BSE問題」「中国冷凍餃子問題」「ホテルレストランでの食品偽装表示問題」などはまさしく「安全を求める権利」「知らされる権利」に関わる大事件である。これらの事件を単なる商売上の詐欺と

か、事故という問題に矮小化するのではなく、市民にとっての生活権、生存権を脅かす重大な権利侵害ととらえていくことである。特に食品の安全については、生徒にとっても身近な問題であり、問題が起こる度に行政の対応も注目され、教材にしやすい。冒頭に掲げた食品表示は消費者庁が「食品表示基準」を改正したもので、2018年9月から始まっている。全ての加工食品に原料原産地表示を義務づけた。

生徒に身近なところでは様々な「悪質商法」があり、これも事例を探すのに苦労することはないだろう。悪質商法や身近な取引に関しては同時に「クーリング・オフ」「製造物責任法」「消費生活センター」など消費者として闘う手段を教える必要がある。権利を概念として捉えるだけではなく、主権者として行使すべきものとして教える観点が必要だ。

3 賢い消費者をめざして　〈授業づくりのヒント〉

実は「消費者問題」は高校生にとって喫緊の問題でもある。2022年、成人年齢の引き下げが実現するからである。これにより、18歳でも単独で契約が成立することになり、高額商品でも親の取り消し権が行使できない事態となる。つまり、高校生でも家が買えちゃう、というか家を買う契約が可能だということだ。まず、契約はどうやって成立するかクイズ形式で教え、成立後に生ずる権利と義務を理解させたい。その上で、2001年施行、06年改正の「消費者契約法」。この法律は「その契約をなかったことに！」がキャッチコピーだ。契約の成立と履行が近代社会の基本精神だという立場が、不当な勧誘からの消費者保護へとスタンスを変えている。

消費者問題から消費者の権利、消費者保護行政へと授業を進めた後、最後に考えてもらいたいこと。大量生産・大量消費の中で、その商品は本当に自分に必要なものなのか、垂れ流しのCMの影響はどれほどか、その商品購入は地球環境にどんな影響があるか、等の課題は山ほどあるだろう。「賢い消費者」「自立した消費者」への道筋のキーワードの一つは前述の闘う消費者以外に「持続可能社会」である。商品として一例を挙げるなら持続可能な森林経営による木材を使った家具や紙、フェアトレード商品、再生紙、エコ家電やエコカー、生分解性プラスチック製容器など。これらは実物教材としても教室に持ち込める。

実物教材と言えば、教室に持ち込める教材には事欠かない。誇大広告かもしれない宣伝チラシ、いろいろな商品の商品表示、行政が発行している各種パンフレットなど、利用できるものは活用しよう。筆者は長いこと、「商品マーククイズ」を導入として使っている。マーク自体がヒントになっていて関連商品を推測するのが楽しい。

「家庭用に正しさが要求される商品って？」（家庭用計量器マーク）、「最初のSはセーフティー、じゃ安全なFって何？」（日本煙火協会の安全マーク）、「あの『うんこ漢字ドリル』にもついている！」（グッドデザイン賞）など。

4 授業にもう一工夫　〈発展学習〉

（1）ゲストティーチャーを呼ぶ

「契約」を学ぶならお薦めなのが司法書士さん。今、中高生を相手にした法教育プログラムを実践している。「司法書士法教育ネットワーク」というところで作っている読み物教材「法と親しくなろう～身近な消費生活の学び方」は良くできている。是非連絡を取ってみて欲しい。

公正取引委員会も出前授業を実施している。公取委というとピンと来ないかもしれないが、価格をつり上げる闇カルテル、買う人をだます誇大広告は大きな消費者問題の一つだ。その摘発の様子を見せてくれる。筆者も二度ばかり利用している。

もちろん消費生活センターもお薦めである。これは地元のセンターとのコラボが楽しみなところだ。

（2）対話的で深い学びに

前項で述べた「賢い消費者」への道筋は生徒同士で語り合って欲しい課題である。また、悪質商法の撃退方法などはロールプレイング（だます人とだまされる人）を用いることでより具体化できる。ここは授業者の工夫のしどころだろう。

（武藤章）

■**文献・資料紹介**
- 林郁、圓山茂雄編『実践的消費者読本』民事法研究会（2013年）
- 及川昭伍『消費者事件 歴史の証言』民事法研究会（2016年）
- 正田彬『消費者の権利 新版』岩波新書（2010年）
（悪質商法の事例を書いた本は多数あり。）

第5章 「公共」実践の手引き　　B　現代社会と私たち―社会問題を読み解く

8　日本国憲法の理念と現実 ―9条をめぐる相剋

「新規（自衛）隊員募集に対して、都道府県の6割以上が協力を拒否しているという悲しい実態があります。…憲法にしっかりと自衛隊と明記して、違憲論争に終止符を打とうではありませんか。」と自民党大会で安倍晋三首相が演説した（『朝日新聞』2019年2月13日）。しかし、実際には90％の市区町村が協力し、36％が適齢者の名簿を本人の了解もないまま自衛隊に提供していた。個人情報保護やプライバシー権より名簿提供を優先しないと、首相は協力とみなさなかったのである。

現在、憲法に明記されている国家機関は、国会・内閣・裁判所・会計検査院だけである。憲法に自衛隊を明記する意味は重い。社会における価値観の優先度や雰囲気を変えるかもしれないことに留意したい。

（出典：防衛省・自衛隊　茨城地方協力本部サイト）

1　憲法と現実は緊張関係にある
〔授業テーマ―課題と視点〕

憲法の理念と現実の乖離は、どこの国のどの憲法にも起こりうることである。日本国憲法も例外ではない。国民主権・基本的人権の尊重・徹底した平和主義を掲げる先進的な憲法は、敗戦と占領統治という情勢のもとでなければ誕生しなかったし、その理念が当時の日本社会の実態よりはるかに先行していたことは疑いない。その後は、理念を現実が追いかけることもあれば、理念から現実が逆走することもあった。日本国憲法の戦後史は、理念と現実との緊張関係の過程として把握することが重要である。

憲法の理念と現実の乖離に対処するには、2つの方法がある。一つは、現実に合わせて憲法の理念を変えることであり、もう一つは、現実を憲法の理念に近づける努力をすることである。前者には更に2つの方法があり、①現実に合わせて憲法の解釈を変える方法（解釈改憲）と、②憲法の条文そのものを変える方法（明文改憲）である。前者と後者、私たちはどちらの方法をとるべきだろうか。これはこの授業の大きなテーマとなる。

日本国憲法の理念と現実の乖離は、国民主権についても基本的人権についても見られるが、最大の乖離が平和主義の問題に生じていることに異論はないだろう。

憲法の平和主義の理念とは何か、この平和主義の理念と現実はどのように乖離してきたのか、この乖離にどう対処すべきか、9条改憲は是か非か、このような点が授業のポイントとなる。

2　憲法の平和主義と現実の乖離
〔教材研究のポイント〕

日本国憲法の平和主義の理念をどう理解するかが、最初の論点となる。教師は9条解釈をめぐる学説状況を学んでおくべきだが、授業ではあまり深入りする必要はない。生徒には、大きく次の2つの解釈に分かれることを理解させれば十分である。

①9条1項では自衛のための戦争を放棄していないが、2項で一切の戦力の保持と交戦権を否認しているので、結果として一切の戦争と軍備の保持が禁止される。②9条1項の解釈は①と同じで、2項で戦力の保持は認められていないが、自衛のための必要最小限度の実力の保持は戦力に該当しない。

自衛隊誕生という現実を背景に政府解釈が①から②に変更されたこと（解釈改憲）、憲法学界では①が通説であるが、国民の間では②を支持する世論が主流になっていること、①が自衛隊違憲論、②が自衛隊合憲論の根拠になっていることを確認しておきたい。

ここで改めて問われるのが、①②の9条解釈の違いを超えて、憲法の平和主義の普遍的な理念とは何かである。前文の趣旨を合わせて考えると、それは「武力によらない平和の実現」となるであろう。これは、一

切の軍備を保持しないのが最適だが、「自衛のための必要最小限度の実力」を保持しても可能だからである。

戦後史は、憲法の平和主義の規定と現実との相剋の歴史であった。再軍備、米軍基地の提供、自衛隊の増強、米国の戦争への協力、自衛隊の海外派遣（米国の戦争の後方支援、PKO）などが重要事項である。具体的経過については年表などで説明することになるが、その際おさえておくべき大切な視点が3つある。

①これらの重要事項が基本的に米国政府の意向を背景に進められてきたこと。
②憲法の理念である「武力によらない平和の実現」に沿うものであったかが問われること。
③これらの政策を実施するためには、憲法9条との整合性が問われ、9条による制約が働いていたこと。

9条との乖離がいまどこまで進んでいるかについては、様々なアプローチの仕方がある。

①2014年の閣議決定で集団的自衛権の一部行使が合憲と解釈変更され、翌年の日米防衛協力の指針や安全保障法制によって、自衛隊の海外での武力行使までもが条件付きで認められたこと。
②防衛費と防衛力の整備から見ると、いまや日本は世界有数の軍事大国になっていて、自衛隊の装備の内容は海外での軍事行動を可能とする水準に達していること。
③自衛隊の米軍等との合同軍事演習の実態を見れば、訓練内容は自衛の範囲を超える可能性が高いこと。

①②③のどのアプローチをとっても、自衛隊の現状が建前としての「専守防衛」や「自衛のための必要最小限度の実力」を超える段階にあることが確認されよう。9条と現実の乖離は解釈改憲の限界に迫りつつある。明文改憲が現実的な争点として立ち現れるのは、このためである。

3 9条改憲か護憲か 〔授業づくりのヒント〕

明文改憲をめざす憲法改正国民投票が近いのではないかと取り沙汰されている。「改憲派はどのような9条改正案を用意しているのか、改憲の理由をどう説明しているのか、改憲が実現すると社会はどう変わるのか」「護憲派はどういう理由で9条改憲に反対しているのか」。資料が豊富なので、これらの点を生徒の調べ学習とすることは可能である。

さて、自民党の本来の9条改正案（2012年）は「国防軍の明記」であったが、現在（2018年）は、現行の9条の1項・2項を残したうえでの「自衛隊の明記」が有力な案となっている。この自民党9条改正案への賛否を生徒に問うことにしよう。「憲法9条に自衛隊を明記するべきである」を論題にディベートを実施することも可能である。生徒には、憲法の平和主義をめぐる相剋の歴史をふまえて考えること、9条改正案では自衛隊の活動がどこまで可能になるかを読み取るよう指導する。

予想される代表的な意見は次のとおりである。

〔賛成〕現在の国際情勢から考えて、日本の安全保障のためには自衛隊は必要であるから、自衛隊の位置づけを憲法上曖昧なままにしておくべきではない。

〔反対〕自衛隊を憲法に明記すれば、専守防衛ではなく海外での武力行使が可能になり、憲法の平和主義を放棄することになる。

自衛隊明記の目的を「自衛隊違憲論の解消」と見るか「海外での武力行使」と見るかで、意見が分かれることが確認できる。生徒には、憲法に自衛隊が明記された場合の社会における価値観の変化についても考えさせたい（資料参照）。

4 憲法の平和主義実現への道 〔発展学習〕

9条改憲への賛否は、現実に合わせて憲法の理念を変えることの是非を問うものであった。発展学習では、現実を憲法の理念に近づける努力について考えさせたい。②で検討したように、憲法の平和主義の普遍的理念は「武力によらない平和の実現」であった。抽象的な問題の立て方をするよりも、たとえば「北朝鮮の核兵器開発やミサイル発射問題に日本はどう対応するべきか」（2017年）のように、時々の具体的な課題を設定した方がよい。識者の見解を紹介しながら、生徒と教師の自由な意見交換がふさわしいだろう。

（桑山俊昭）

■文献・資料紹介
- 辻村みよ子『比較のなかの改憲論』岩波新書（2014年）
- 松竹伸幸『改憲的護憲論』集英社新書（2017年）
- 渡辺治『戦後史のなかの安倍改憲』新日本出版社（2018年）
- 伊藤真ほか『9条の挑戦』大月書店（2018年）

第5章 「公共」実践の手引き　　B　現代社会と私たち―社会問題を読み解く

9　若者の政治参加と模擬選挙

模擬選挙をおこなうと、生徒たちが思いのほか真剣に取り組んでくれることに驚く。投票用紙に付したアンケート欄に、「自分の一票がこの先の日本を左右すると考えると、とてもプレッシャーが重く、とても悩んだが、いい体験になった」と、模擬であることを忘れたかのような感想を寄せた生徒もいる。実際の投票権を持つ大人からすれば「実際の選挙結果に反映されない投票に何の意味があるのか」と思われるかもしれない。しかし、子どもの学習は元来「ごっこ遊び」から始まるものであり、模擬であることに大人ほど違和感はないようだ。むしろ、子どものうちから模擬投票を通して、選挙や政治を身近に感じておくことが重要なのだ。

1 広がる模擬選挙　　〔授業テーマ―課題と視点〕

2017年衆院選における20代の投票率は33.8%。1980年代までは20代でも半数以上が投票に行っていたことと比べると、ここ20年ほどの間での若者の「政治離れ」ないし「選挙離れ」は深刻である。

そのようななか、2016年に選挙権年齢が18歳に引き下げられると、学校における主権者教育が注目されるようになった。選挙権年齢引き下げ後、初の国政選挙であった2016年参院選の投票率は18歳が51.3%。20代の投票率（35.6%）と比べれば学校での主権者教育が一定の成果を上げたと言えなくもない。しかし、人生で初めての投票に半分の若者が足を運ばない状況であることに変わりはない。また、翌年の衆院選における19歳投票率が33.3%であったことを見ると、一年前18歳だった人の一定数が投票に行くことをやめてしまったことも分かる。有権者としてどのように選挙と関わっていくか、中高生に考えさせるより効果的な取り組みが求められている。

選挙に対する関心を持たせ、主体的な投票行動を促す取り組みとして注目されているのが模擬選挙である。2003年からは国政選挙に合わせ全国規模で模擬投票をおこなう取り組みが草の根ではじまっている。18歳選挙権施行に合わせて総務省・文科省が作成した主権者教育パンフレット『私たちが拓く日本の未来』でも、その実施が勧められている。

2 政策で評価する　　〔教材研究のポイント〕

模擬選挙には、架空の選挙を想定しておこなうものと、実際の選挙に合わせて実在する政党や候補者に投票するものがある。実施が容易なのは前者であるが、現実の選挙や政治に関心を持たせるのに効果が大きいのはやはり後者である。本稿では後者の模擬選挙の進め方を紹介したい。

模擬選挙では、候補者の容姿や、マスメディアを通して醸成される漠然としたイメージによって投票するのではなく、候補者や政党が掲げる政策で判断することを生徒に体験させたい。そうすることで模擬選挙が、現実の政治や社会の課題に出会う機会となるからだ。

もちろん、生徒に現実の政治課題を理解させ、政策の是非を判断させることは容易なことではなく、そこに教師の創意工夫が求められる。

また、実際の選挙に合わせて模擬選挙をおこなう場合には、公職選挙法などによる規制に最低限の注意を払うことも必要である[1]。特に注意すべきは、生徒たちの投票の秘密を侵さないようにすること、実際の選挙の投開票日前に模擬選挙の開票を行わないこと、授業が選挙運動の場となってしまわないようにすることだろう（そもそも18歳未満には選挙運動が禁じられていることにも注意が必要だ）。しかし、必要以上に

委縮する必要はない。選挙運動とは、特定の候補者への支持・投票を促す行為であって、そのような目的なしに政治や政策について議論することは大いに勧められるべきことを強調しておきたい。

3 模擬選挙のすすめ　　〔授業づくりのヒント〕

政策判断に基づいて投票先を選択すると言っても、多くの中高生は政党の掲げる政策はおろか、日本にどのような政党があるかさえ知らない場合が多いだろう。

どのような政党があるかを示し、また同時に選挙の争点を理解させるのに効果的なのが、選挙公示日に発せられる政党党首の第一声だ。翌日の新聞記事を配付するとよいだろう。各政党がどの政策分野を重視しているのかも把握しやすい。

その上でより詳しく各政党の政策評価に進んでいくには、新聞各紙や政治サイト（「政治山」や「YAHOO!みんなの政治」など）が作成した政策比較表が役に立つ。生徒自身に、いくつかの政策分野について各政党のウェブサイトを参照させて比較表を作らせてもいいだろう。各政党に対する生徒自身の評価をレーダーチャートにしたり、興味のある二つの政策分野についてX・Y座標軸をつくって政党の位置を落とし込んだりして、各政党の特徴を可視化させたい。前後して、複数の質問項目に回答すると、意見があう政党を判定してくれるボートマッチサイト[2]を使わせてみると、生徒が自分の選好の傾向を把握しやすい。

模擬選挙に向けた事前学習時間が十分にある場合には、生徒に政策の是非について議論させたい。立場を決めたうえでディベートすると議論が深まるが、実際の政党を立場とすると議論が選挙運動と見られてしまう恐れがある。実際の政党に結びつけずに政策の選択肢を示し、それをもとに生徒に架空の政党（二大政党など）をつくらせ討論させるとよいだろう。いったん架空の政党に落とし込んで討論させ、各政策の長所や短所について理解を深めさせたうえで、実際の政党の政策パッケージを評価させるのである（この方法を使えば、実際の選挙がない年にも、過去の国政選挙での政策争点を用いて議論を深めることもしやすい）。

4 模擬選挙後の振り返り　　〔発展学習〕

模擬選挙をしたあとには、必ず振り返りを行わせ、政治についての理解や関心を広げさせたい。総務省・文科省のパンフレットでは、模擬選挙の選挙結果と実際の選挙結果の差に注目させ、世代間での判断基準の違いや、投票先を判断する際に参考にしたメディアの特性を考察させることを勧めている。

国政選挙の場合には、それに加えて、あるいはそれ以上に、実際の選挙での政党得票率と議席率の差にも注目させたい。模擬であるとはいえ投票行為を経験したうえで、得票率と議席率に乖離があり投票結果が直接議席配分に反映されるのではないことを知ると生徒たちは驚くだろう。そこから選挙制度の特性を考えさせたい。とくに小選挙区制の効果を民意の集約として肯定的に評価するか、行き過ぎた歪みとして否定的に評価するかは生徒たちの意見の分かれるところだろう。

大切なのは、模擬選挙をしたうえで、政治参加の手段としての選挙を相対化することだ。選挙は、政治参加の唯一の手段でもなければ、最も公正・公平な手段であるわけでもない。「政治参加＝現状の選挙への参加」として教えてしまうと、はじめは選挙に興味を持った生徒も投票を重ねるうちに選挙に対する幻滅を覚え、政治参加自体から遠のいてしまうかもしれない。模擬選挙をして現状の選挙を理解したうえで、よりよい選挙制度（選挙運動に対する規制のあり方や、一票の格差の改善、義務投票制の是非、男女割当制なども含め）を構想させたり、選挙による間接民主制を補完するデモや請願などの直接民主制の要素の可能性を考えさせたりするとよいだろう。

模擬選挙は、政治参加を促す主権者教育のゴールではなく、むしろ出発点に位置づけられるべきではないだろうか。

（八島朔彦）

■文献・資料紹介
- 杉浦真理『主権者を育てる模擬投票』きょういくネット（2008年）
- 『未来を拓く模擬選挙』悠光堂（2013年）
- 全国民主主義教育研究会編『18歳からの選挙Q＆A』同時代社（2015年）

■注
1) 政党の政策などを扱うに当たっては適切なバランスを保って、政治的中立に配慮したい
2) 毎日新聞「えらぼーと」や日本政治.com「投票マッチング」などがある

第5章 「公共」実践の手引き　　B　現代社会と私たち―社会問題を読み解く

10　広がり深まる人権

国籍法規定は違憲　最高裁大法廷が国籍法の規定を憲法違反と判断、大喜びでジャンプする母子ら＝4日午後、最高裁
（写真提供：共同通信社）

　写真は2008年6月、国籍法違憲裁判で、原告勝訴の判決が出た時の様子である。この裁判は婚姻関係にない日本人の父とフィリピン人の母との間に生まれた子を、2年後に父親が認知した。旧国籍法は出生前に認知すれば、日本国籍を得られるが、出生後に認知しても日本国籍が得られない規定であった。最高裁は判決で、国籍を取るうえで著しい差別が生じており、憲法14条に違反すると述べた。国会で成立した法律は、社会の多数意見の反映であるが、多数決では決められないことや、多数決で決めてはならないことを最高裁は示した。最高裁は、国会は人権を奪う法律は制定できないことを明らかにした。

1　人権保障の歴史
〔授業テーマ―課題と視点〕

　マグナカルタは、1215年、イングランド王ジョンが徴税権の制限や不当逮捕の禁止などを、封建貴族に強制されて承認した文章である。権利請願は1628年、議会の同意のない課税の禁止、不当逮捕などを議会が国王に承認させたものである。いずれも、これまで持っていた封建貴族の権利を再確認した文章であり、天賦人権論に立った文章ではなかった。1776年のバージニア権利章典は、人は生まれながらに権利を持つと書き、1789年のフランス人権宣言も、人は自由かつ平等であると規定した。今日でいう人権を明記し自由権や平等権の保障をうたっている。

　産業革命によって成立した資本主義経済は、自由な経済活動を基本とするため、人々に貧富の格差をもたらした。労働者は劣悪な労働環境のもと、病気となる者や死亡する者があらわれた。20世紀に入ると国家は労働者や社会的弱者の労働や福祉を権利として認め、保障すべきだという考え方が出てきて、1919年のワイマール憲法が制定された。ワイマール憲法には国家が、人間たるに値する生存を、国民に保障することが書かれ、社会権を初めて認めている。

　近代までの人権は、身分的な支配や差別に抵抗して、自由や平等、政治参加を求め、国王や君主と闘った封建貴族や商工業者、その闘いを理論的に支えた啓蒙思想家などにより闘いとられていった。

　1946年に制定された日本国憲法には、これらの人権が集約され、自由権、平等権、社会権、参政権などが規定された。日本国憲法には明記されていないが、知る権利、プライバシーの権利、自己決定権などは、判決によって認められている。

2　条約の批准と違憲判決で人権が発展
〔教材研究のポイント〕

　第2次世界大戦後は国内法の制定、人権を推進している国連人権条約への署名と批准、最高裁の違憲判決などによって人権保障が広がった。しかし、教科書を読んでも、この記述が弱い。授業ではこの点をしっかりと取り上げたい。

　1985年、わが国は女性差別撤廃条約に批准するため、国籍法を改正し、男女雇用機会均等法を制定した。改正前の国籍法は、子の国籍は父親が日本人であることが必要だった（父系主義）。改正によって母親が、日本人であることも加わった（父母両系主義）。男女雇用機会均等法を制定し、募集・採用・昇給・退職・解雇を男女平等にすることを定めた。批准後の2007年に、この法律が改正され、妊娠や出産を理由とする退職の強要や配置換えの禁止、男性へのセクハラ防止対策を雇用者に義務づけた。男女混合名簿がすすんだのは、この時期からである。

　裁判所の持つ違憲審査権とは、裁判所が法律や命令、

規則を憲法の主旨に違反しているか、いないかを決定する権限である。「女性の再婚禁止期間裁判」で最高裁は、条約の批准や国民の意識の変化、科学技術の発達などから憲法に違反すると判断した。「婚外子の相続格差裁判」では婚外子の遺産相続が、婚内子の半分と規定する民法を、憲法14条に反すると判断した。このように違憲判決は、人権保障を発展させる役割を持っている。

3 人権をテーマにして議論しよう 〔授業づくりのヒント〕

人権をテーマとする授業の蓄積は豊富にある。しかし、議論をさせている公民科の授業書はあまり多くはない。ここでは資料が豊富にあって、これから議論の起こりそうなテーマを取り上げてみたい。提示する資料はさまざまな意見を過不足なく用意する。憲法の概説書、資料集、新聞記事、最高裁のHPなどが有益である。

テーマ①「在日外国人の地方参政権について」

在日外国人に地方自治体の長や議員の投票権を認めるかが争われた裁判で、1995年、最高裁は「権利の性質上日本国民のみをその対象としている」と理解できるものを除いて、外国人にも保障されると述べた。「日本国民のみをその対象としている権利」とは何であろうか。まず、これを明らかにさせたい。

憲法15条に公務員を選定し、罷免することは国民の権利であると書かれている。国民を、国籍を持っている人と理解すれば、外国人に選挙権はない。しかし、地方公務員に外国人がなっている職種がある。問題は単純ではない。最高裁判決を読みこんで、諸外国の例などを調べさせる必要がある。

テーマ②「18歳成人について」

2016年6月の参議院選挙から「18歳選挙」が実現した。2018年6月に民法が改正され、成人年齢が18歳に引き下げられた。引き下げの理由は18歳以上の若者に積極的な社会参加を促し、自らの生き方を尊重できるとされている。これによってクレジットカードを作る、ローンを組む、などが可能になった。消費者として守る制度は、クーリングオフや消費生活センターが用意されている。18歳に大人としての権利が与えられるが、義務も生じる。一方、親権がはずれることで、授業料や学校徴収金の未納問題が起こり、生徒指導での保護者の協力が得られないという声がある。これをどのように考えるか、議論してみたい。

テーマ③「女性の再婚禁止期間100日は妥当か」

2015年12月、最高裁は、「女性の再婚禁止期間違憲裁判」で、民法733条1項が定める再婚禁止6ヶ月規定のうち、100日を超える部分は、憲法14条1項と24条2項に違反すると判断した。初の女性差別を認めた判決であった。最高裁の示した禁止期間100日は妥当だろうか。男性にはない再婚禁止期間を、なぜ女性だけに100日間も置くのだろうか。

最高裁は、父親の確定は子の養育にとって大事なことであり、前夫の子か現夫の子かが不明確では混乱すると述べる。現在では父親はDNA鑑定でほぼ100％判明する、妊娠の有無の証明書を付ければ父親を確定できる、などの意見もある。最高裁判決や新聞記事、関連する本などを読んで議論させてみたい。

4 テーマ④「同性婚を認めるべきか」 〔発展学習〕

2019年2月、「同性婚が認められないのは、婚姻の自由を保障した憲法に違反する」として、東京、大阪、札幌、名古屋の各地方裁判所に合計13組のカップルが裁判を起こした。原告側は性的指向を理由に結婚できず、共同親権がなく、手術で同意者になれなかったのは、憲法14条に反すると主張した。

憲法24条1項は、「婚姻は、両性の合意のみに基づいて成立」すると書いている。発展学習として、この裁判で裁判所が判決を示す前に、生徒に判決文（意見文）を書かせてみたい。

2015年、渋谷区と世田谷区は登録パートナーシップ制度を認めたが、この制度はパートナーに配偶者としての法的な権利を認めてはいない。法的な婚姻とは異なるからである。同性婚裁判で、裁判所が憲法24条1項の「両性の合意」の両性をどのように解釈するか、数年後に示される判決に注目したい。

（菅澤康雄）

■文献・資料紹介
- 芦部信喜（高橋和之補訂）『憲法〔第七版〕』岩波書店（2019年）
- 辻村みよ子『憲法〔第6版〕』日本評論社（2018年）
- 最高裁判所HP〈http://www.courts.go.jp/saikosai〉

第5章 「公共」実践の手引き　　B　現代社会と私たち—社会問題を読み解く

11　「静かな沖縄を返してください」—沖縄の米軍基地問題

1995年、米兵の少女暴行事件に抗議して開かれた「沖縄県民総決起大会」。8万5000人の参加者で埋まった（沖縄県宜野湾市の海浜公園）（出典：時事）

「いつまでも米兵におびえ、事故におびえ、危機にさらされながら生活を続けていくのは、私はいやです。…私たち、子供、女性に犠牲を強いるのはもうやめてください。

私は戦争が嫌いです。人を殺すための道具が自分の身の周りにあるのはいやです。…若い世代に新しい沖縄をスタートさせてほしい。沖縄を本当の意味で平和な島にしてほしいと願います。そのためにも私も一歩一歩行動していきたい。

私たちに静かな沖縄を返してください。軍隊のない、悲劇のない、平和な島を返してください。」（高校生代表のあいさつ）

1　安保条約の矛盾がなぜ沖縄に集中するのか　〔授業テーマ―課題と視点〕

日本国憲法第9条で「陸海空軍その他の戦力は保持しない」と規定しているが、日本の国内に米軍基地が多数存在している。その中でも、国土の0.6％に過ぎない沖縄県に在日米軍専用施設の7割以上が集中している。さらに、「世界一危険だ」といわれる米軍普天間飛行場の返還が1996年に日米両政府で合意したにもかかわらず、現在に至るまで返還されていない。沖縄県民が度重なる選挙において、普天間基地の「移設先」を沖縄県外との意思を示してきたにもかかわらず、日本政府は県内辺野古沖を埋め立て基地建設を進めている。沖縄の米軍基地をめぐる政府と沖縄県民の厳しい対立は、解決の見通しが見えてこない。

沖縄県民は、太平洋戦争で唯一の地上戦があって4人に1人が犠牲になり、さらに集団自決という類例のない惨禍も体験した。戦後も1972年まで米軍の統治下に置かれ、復帰後も失業率が近年まで全国平均の2倍ほどで、平均所得が東京の半分と言われる。製造業がほとんどなく屈指の観光立県としてサービス業が発達しているものの、米軍基地が発展の妨げになっている。基地周辺の騒音問題は深刻で裁判が続いているが、米軍基地に対しては司法の判断が示されない。こうした状況や歴史を踏まえた上で、沖縄の米軍基地をどうすべきなのかていねいに考えさせる必要がある。

2　県民意思を無視した辺野古移設議論　〔教材研究のポイント〕

サンフランシスコ講和条約（1951年）によって、日本は独立を果たしたが、それは沖縄を切り離して米軍による軍事占領を続行し、同時に締結した日米安全保障条約によって在日米軍の駐留を認め、日本の防衛を米軍に依拠するようにしたものであった。条約が発効した4月28日は、政府にとって「主権回復の日」でも、沖縄県は「屈辱の日」と見なしている。

本土の米軍基地は激しい各地の基地撤去運動が起きるなか基地縮小が進むが、沖縄は米軍の「銃剣とブルドーザー」による民有地の強制接収で基地の拡張が進められた。1972年の沖縄復帰以降、在日米軍の再編がなされ、本土の米軍基地は1/3ほどに縮小されたが、沖縄の米軍基地はほとんど減らなかったために、在日米軍専用施設の75％が沖縄に集中する状態になった。

軍政下で多くの米軍人による犯罪が続いていたが、返還後も問題が解決されず、1995年12歳の少女に対する米兵の暴行事件が起きたため、「少女暴行事件を糾弾し、地位協定見直しを要求する県民総決起大会」に10万人近くの県民が集まった。この激しい反基地

辺野古海岸の様子（2018年 筆者撮影）

感情の高まりに、翌96年に当時の橋本首相とモンデール駐日大使が、「5年〜7年後以内」での普天間基地全面返還で合意した。しかし、その前提は普天間の機能維持であって、岩国などへの移転の他に既設基地にヘリポートを造る必要があった。

普天間基地は、嘉手納基地に次ぐ米軍の拠点であるが、那覇市のベッドタウンとして発展した宜野湾市にあって面積5km²の周りに住宅地が密集している。多くの移設先検討の末に県外移設案が否定され、2006年に名護市辺野古沖を埋め立ててキャンプシュワブ基地に滑走路を拡充する案で合意された。しかし当時の稲嶺知事は、県外でなく15年期限の要求も拒否されたことに反発した。そして、2009年民主党政権の鳩山首相が「国外、最低でも県内移設」案を打ち出すが、具体案を出せずに民主党政権も辺野古移設を事実上認めて、今日政府の「唯一の解決策」となっている。

一方、沖縄県民は、「なぜ沖縄だけが負担を押しつけられるのか。安全保障が大事ならば、それは日本全体で考えるべきだ」と反発し、各種の選挙で辺野古移設に反対する結果が相次いだ。しかし、政府は、「世界一危険な普天間飛行場を一刻も早く返還するため、辺野古への移転を進める」として、2017年埋め立て工事に着工した。しかし、沖縄県は機能が拡充される「新基地断固阻止」を主張し、2018年9月の沖縄県知事選挙でも「辺野古の新基地建設」に反対する玉城デニー氏が圧勝した。そのため、沖縄県と国との対立が一層深刻化している。

3 新聞記事を使って沖縄の問題を考える　〔授業づくりのヒント〕

辺野古問題は、沖縄県と本土の関係や日米の交渉経緯などがあって非常に複雑で解決も難しい。本来は沖縄の基地大幅軽減問題であるべきだ。問題のポイントを絞って、対立点を明確に理解させることに重点を置きたい。そのためには、新聞記事を教材にして授業を組み立てるのが有効である。特に、立場や見解の異なる複数の新聞社の社説を比較・対比して提示し、どう見解が異なるのか、その根拠は何かを読み取り、整理する作業は高い学習効果が期待できる。

例えば、2018年12月の辺野古沖「土砂投入」に対して、読売新聞は「基地被害軽減へ歩み止めるな」と、辺野古移設で危険性が低減し、海兵隊が欠かせない抑止力だとして政府に賛成し、経済振興策を求めた。朝日新聞は「民意も海に埋めるのか」と、基地の抑止力をめぐる状況変化を指摘し、地方に有無を言わせない姿勢を強く批判し、国民全体の議論を求める。

この問題は、本土の人々が安保条約と沖縄の歴史をどれほど我がこととして考えられるかが問われる。

4 日米安保体制の今後　〔発展学習〕

在日米軍の存在が問われたのが、砂川事件である。最高裁判決では、「外国の軍隊は憲法の禁ずる『戦力』にあたらない」として、1審の在日米軍違憲論を退けた。そして、安保条約が憲法第九条などに明白に反していないとして、日米安保条約を認める判決になった。安保条約で日本が米国防衛義務を免れたので、米軍基地は事実上アメリカが自由に扱える存在となって、日本政府が交渉で強く発言することができない。基地の騒音や危険性を中々減らせないのも日本国内法による規制がきかないことによる。無制限の戦闘機の離発着、低空飛行による騒音、事故の多発、米兵による犯罪など繰り返されてきた。米軍の優先扱いを定めた「地位協定」の改訂を含め、日米安保条約のあり方を再検討する課題に直面している。

（田中祐児）

■文献・資料紹介
- 伊勢崎賢治・布施祐仁『主権なき平和国家 地位協定の国際比較からみる日本の姿』集英社（2017年）
- 新崎盛暉『日本にとって沖縄とは何か』岩波新書（2016年）
- 佐藤学・屋良朝博編『沖縄の基地の間違ったうわさ』岩波ブックレット（2017年）
- 梅林宏道『在日米軍 変貌する日米安保体制』岩波新書（2017年）

第5章 「公共」実践の手引き　　B　現代社会と私たち―社会問題を読み解く

12　市民が真実を探る模擬裁判

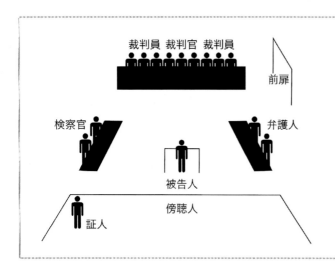

左図は模擬裁判のために教室を法廷にするときのモデルである。普段の教室の机・椅子を実際の法廷に近づけて配置し、裁判の流れを実感しやすい環境を整える。必要な配役は被告人、証人が各1名、裁判長1名と裁判官が2名、弁護士2名、検察官2名で、事前に生徒から募っておく。実際の制度を意識して、裁判員6名は残りの生徒から当日朝に抽選で決定する。残りの生徒は傍聴者とする。公判後の評議のための場所を教室以外に確保しておく。また、評議の間を傍聴生徒が判決を予想する時間とできる。そのために、議論するグループをつくっておいてもよい。

1　市民参加の意義と課題を探る模擬裁判　［授業テーマー課題と視点］

　刑事裁判については、司法制度改革の一環として2009年から裁判員裁判制度が導入され、10年が経過した。市民の司法参加を導入したこの制度は、実際の裁判員体験者の大半から高く評価されながらも、裁判員に指名されながらも辞退する率が6割台で推移し、一か月を超える長期裁判が多くなるなど、制度自体のあり方が再検討される時期に来たとも指摘される。司法制度改革の到達点を確認して、どんな問題がなぜ生まれるのかを具体的に考えるためにも、裁判員裁判を教室で「体験」することが必要ではないだろうか。この体験を通して、身体の自由という自由権について理解を深め、冤罪が起きる原因にも気づかせたい。

2　裁判の過程を体験し、判決を相互評価する　［教材研究のポイント］

　司法関係者が推進している模擬裁判を活用して裁判員裁判の理解を深めたい。裁判全体を見る機会はまずないので、裁判の過程を具体的に「体験」するメリットが非常に大きいと考えられる。そこで、法務省のサイトに中学生向け資料があって高校生にも使えるので、架空の刑事事件を題材にしたこのシナリオに沿って、ロールプレイで公判を行って、判決を考える評議を生徒が考えるという形の授業実践を行ってみたい。これ以外に、最高裁が作成して全国の学校に配付した広報映画『評議』を使って、審理部分だけを見せて正当防衛が成り立つかを考察させる方法もある。しかし、法務省のシナリオは内容がシンプルであるものの、手元でプリントを見られて正確な事実をベースにして議論できるメリットがある。

　専門的知識が問われる量刑判断を省いたこのシナリオの中心は、有罪か無罪かの判断、公正に事実判定を下すことである。この時、証拠をどのように判断するかを学ぶことになる。そして有罪・無罪両方の判断の根拠になる証拠の整理や討論を通して、事実を多面的・多角的に考察する力を生徒は身につけることができるだろう。

　模擬公判が終了して裁判員などが評議をしている間に「裁判長としてあなたの判決文を200字程度で書きなさい」という課題を出し、それを隣の生徒と相互評価させることができる。評価は、表1のようなルーブリック評価によって3〜9点で行える。生徒の実態に合わせて配点を変えたり、生徒から意見を聞いて評価軸を共に練り上げたりすることも考えられるだろう。

3　法務省の模擬裁判台本を使う　［授業づくりのヒント］

　1時間目は講義で、罪刑法定主義や司法制度改革、裁判員裁判の仕組みなどのポイントを教える。2時間目に、公判シナリオを配付して読み込んで、3時間目に模擬裁判をおこなう授業展開ができる。4時間目に単元全

体の振り返りをおこなうのが標準的な授業展開だろう。

　刑事裁判は証拠に基づいて事実を分析することが重要なので、シナリオを生徒全員が十分に読み込むことが、模擬裁判を充実させるポイントである。

　法務省サイトに公表されている資料には、教師向け解説や授業展開などかなり詳しいが、ここでは強盗致傷事件を扱ったシナリオをそのまま使って、被告人質問と検察論告・弁護人弁論を合わせたものを全員に配付する。事件は以下のようなものである。

> ある日の夕暮れ時、家賃入りの封筒を持っていたおばあさんが路上で何者かに襲われた。20分後に近くを歩いていた若い男性が警察官に質問され、所持品が確認された。すると、おばあさんの持っていたお金の種類・特徴とこの男性が持っていたものとが一致し、その場で逮捕されるに至った。

　シナリオ読み込みの際、原則裁判の役割と関係なく、個人として内容の理解に努めるよう指導する。教員は、争点となる点を中心に、次のようなポイントを指示して生徒の理解を深める。①被告人の証言に信憑性があるか、②被告人が持っていたものと奪われた封筒とお金の特徴の一致は偶然か、③事件現場と逮捕された場所が2km離れていることは不自然でないかである。なお、この時間に裁判長と裁判官には、評議を円滑に進めるために、評議の仕方をどうリードするかを整理させて、有罪と無罪どちらでも使えるように、判決文の作成の下準備をおこなうよう指導する。

　3時間目の本番では教室を法廷に見立てて模擬裁判をおこなう。台本に従って進むこの模擬裁判の流れは、①人定質問、②起訴状朗読、③黙秘権の告知、被告人・弁護人の陳述、④冒頭陳述、⑤法廷の取調べ、⑥被告人質問、⑦検察論告、⑧弁護人弁論となる。その後に評議の時間として別室で行えるとよいだろう。評議では裁判長を中心に議論を行い、判決文の作成までおこなう。約10分間時間をとり、最後に判決文の言い渡しをおこなう。評議の間、傍聴生徒に判決を書かせたり判決予想の議論をさせたりする。このシナリオの場合、お札の種類やホッチキスの痕を偶然性としてどう判断するかがポイントで、多くの生徒は有罪と考えがちである。

　4時間目に、模擬裁判単元の理解や意見をまとめるワークシートを書いて相互評価をおこなう時間とする。

4 専門機関と連携し裁判員制度の現状を考察 〈発展学習〉

　模擬裁判をより効果的におこなうには、弁護士会との連携・協働がお勧めである。私は千葉県弁護士会松戸支部に模擬裁判の実施時に来校することを依頼している。依頼内容は、評議の場にアドバイザーとして臨席いただくことや、放課後などの時間を用意して、質問や実際の裁判や裏話などをお話しいただくことである。

　さらに深めるには、このシナリオの証拠の条件を変えることを想定し、判断がどう変わるかを議論したい。そうする中で冤罪や誤判がどういう場合に起こるかを知ることができる。また、裁判員制度の到達点と問題点を考えるために、裁判員の候補者数や辞退率、拘束日数が伸びているグラフ、裁判員裁判の件数などの資料によって議論できる。時間がない場合は、テストで資料読み取り問題として組み込むとよいだろう。また、「複数の資料から読み取れることのできる裁判員裁判の課題について140字以内で答えなさい」と、記述式問題の導入後の「大学入学共通テスト」に対応するような出題も考えられるだろう。さらに発展的な深い問いにするには、制度の修正を提案させる論述問題も一つの手だろう。

表1 判決の評価に用いるルーブリック例

	3点	2点	1点
考察力	3つ以上の視点から事象を捉えている	2つの視点から事象を捉えている	1つの視点から事象を捉えている
表現力	わかりやすい表現で書かれている	一部わかりにくい表現がある	わかりにくい表現が多い
知識・技能	司法の仕組みを理解して表現されている	一部誤った司法の仕組みの理解がある	複数の誤った司法の理解が見られる

（内久根直樹）

■文献・資料紹介
- 「御協力 お願いします 裁判員」〈http://www.moj.go.jp/keiji1/saibanin_info_saibanin_kyozai.html〉参照 2019年2月28日
- 裁判員制度広報映画「評議」〈https://www.youtube.com/watch?v=qZ526-RYjYI〉参照 2019月2月28日
- 東京大学法科大学院出張教室『ロースクール生が、出張教室。法教育への扉を叩く9つの授業』商事法務（2008年）
- 日本弁護士連合会市民のための法教育委員会『中学校のための法教育11教材』東洋館出版社（2018年）

第5章 「公共」実践の手引き　　B　現代社会と私たち―社会問題を読み解く

13　権力の横暴を防ぐ権力分立と地方自治

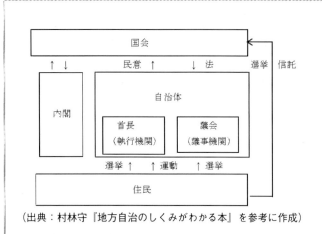

（出典：村林守『地方自治のしくみがわかる本』を参考に作成）

芦部信喜は地方自治について以下のように書いている[1]。

「統治機構は民主主義と権力分立原理に基づいて組織されるが、それには、まず、地方の政治は住民自治によるという原理が認められねばならない。『地方自治は民主主義の小学校である』と言われ、あるいは、地方自治は中央の統一権力の強大化を抑えて、権力を地方に分散させるという重要な意義があると説かれるのは、そのためである。」

財政、人口減少、高齢化などの課題を抱えている地方自治は、住民自身が地域で生活を向上させる制度であると同時に国政を動かしていく力も持っている。

1　地方自治は民主主義の学校
〈授業テーマ―課題と視点〉

　ある市のある町に、市が指定した桜の大木も植えてある、梅林があった。ある日、地主から付近の住民に対して、駐車場を作るので、桜や梅の樹木を伐採するとの連絡があった。更地の一部に線が引かれ駐車場のようなものができた数日後、そこに近所にはない高さのマンションを建設するという建設会社からの案内板が立てられた。数千万円をかけて建てた自宅に朝の数時間しか陽が当たらなくなる。さらに、構造上、風や熱の影響が出てくることもわかった。住民たちは、「市長への手紙」というその市にある独自の制度を利用したり、直接市役所の担当部署に要請を行ったりしたが、市は「法律に違反していない」という一方的な説明しかせず、住民の声はまったくきき入れられないままに、マンションは建設された。これを止めるには、住民寄りの条例制定か建築基準法等の改正しかなかったと言える。

　地方自治は「民主主義の学校」と言われる。

　地方自治は、民主主義を学ぶ貴重な場である。しかし、単に学ぶだけの場ではない。住民の民主主義を求める行動は、都道府県や国の民主主義にも強い影響を与え、権力の横暴を抑える力となっていくのである。

2　権力分立の原理と地域の民主主義
〈教材研究のポイント〉

　学習するポイントは、民主主義、権力分立、地方自治である。それぞれの「しくみ」とそれを支えていく政治に参加する「行動」の2つに留意しておきたい。

　まず、基本的な知識を押さえておこう。

　地方自治は住民自治と団体自治の考え方からなり、地域はそこに住む住民自身が行うもので、国とは独立した存在である団体として行う。これを日本国憲法では「地方自治の本旨」と表現している。地方自治体は、国とは対等な立場にあるはずであるが、国からの仕事が多く、財源を国からの援助に頼らざるを得なかった現実があった。そこで、分権一括法を制定[2]して地域の自主性や自立性を高めようと試み、税源の移譲などの「三位一体の改革」も行うことになった。

　権力は、ある特定の機関や人に集中してしまうと濫用される危険性があるので、いくつかの機関に権力を分けることが必要だ。国政レベルの三権分立である。戦後新たにスタートした地方自治は、それ自体が国の権力濫用を抑制する制度でもある。国の権力に対しての地方であり、地方自治体が首長と議員を別々に選ぶ二元代表制をとっていることも、それぞれの権力の抑制と均衡をめざす権力分立の制度であるといえる。

　行動の面を見てみても、住民が地方自治に参加できる方法はいろいろある。選挙を思い浮かべるが、イニ

シアティブやリコール、レファレンダムもある。様々な住民投票も行われてきている。直接民主制の制度は、国政よりもはるかに多く用意されている。

> 授業づくりのヒント

3 地域独自の課題と政策を考える

権力分立の授業では、国政の三権分立のしくみを図式的に説明しがちである。三権の長の俸給・歳費からのアプローチも可能である。それぞれの機関間でも、抑制と均衡が働くはずである。例えば、大学生向けの授業実践ではあるが、「内閣の力を抑制する可能性のあるもの」を出した後、「権力分立に実効性を持たせるにはどうしたらよいか」と問うた。さらに「権力分立を機能させるための改革案」を考えさせた報告がある[3]。

国の政策・計画に対して住民が反対の意思を示し、行動した例は、有名なものがいくつもある。県知事や議員選挙を通して民意を示すばかりではなく、新潟県巻町や柏崎刈羽、高知県窪川町の原発、徳島市の吉野川可動堰、そして沖縄の辺野古米軍基地建設などがある。運動の形は、住民が中心となって、市長が議会と対立して孤立したり、住民と行政が一緒になって進むなどと様々であるが、こうした運動の具体的な活動を紹介すると、地域の政治を変える可能性を知ることができる。

ただ、そのような全国的に有名な事例でなくても、自分たちの地域に目を向けるとより身近になる。そのためには、新聞や市政だより、ときには駅前で演説している議員が配る議会報告などからも、地域の課題を取り上げてどう解決するかを生徒に考察させたい。

世界では多くの若者が市民として政治に参加する具体的例が多く、それを紹介した著書を提示して生徒にも調べさせたい[4]。前述した「首長への手紙」や自治体が主催するワークショップなどに参加させるのもよいだろう。

地方自治の動向や議論を歴史的にたどることも可能である[5]。政官業の利益、オンブズマン制度、改革派首長、地域政党、地方分権改革と一極集中、財政破綻、過疎・限界集落・地方消滅など、国とは異なる住民生活に直結する問題が起こってきた。他方で、地域住民がまとまれば、国とはかなり違う政策を実施していけるのも事実である。また、地方創生、地域活性化・ふるさと納税など、地域の問題解決をめざすような政策も行われてきた。これらは、言葉と現実の違いを意識して考察することが大切だ。

> 発展学習

4 地方議員になったとしたら

ここまで、おもに住民側の視点から述べてきたが、地方議会は、議員選挙で無投票当選も多く、「なり手不足」など、地方議会の再生が課題となっている。生徒に、「もし市議会議員になったら」と仮定して、どのように取り組むかを考えさせることができる。

明石市のように、市が住民と協力して子育て支援体制をつくり、子育て世代の住民誘致に成功している例は少なくない。市民の要求を議員としてどう実現するかを探求していくと、住民側とは異なる視点で見ることができる。議員として政策を作成する場合、何のために、誰が、誰に、どのような方法で行うかを明確にし、本当に必要なのか、どの程度解決可能か、コストなども勘案した上で、計画し、実行せねばならない。

住民の生命・自由・幸福を実現するための、理想とする地域のあり方を構想することが必要である。そのためには、多くの異なる考え方を調整していく必要もある。そのような探求の中から、民主主義を活性化させ、国家全体の民主主義も活性化させていく方法や行動が生まれるだろう。

（田中祐児）

■文献・資料紹介
- 新井誠他『地域に学ぶ憲法演習』日本評論社（2011年）
- 礒崎初仁『自治体議員の政策づくり入門』イマジン出版（2017年）
- 松下圭一『日本の自治・分権』岩波新書（1996年）
- 松下啓一『自治体政策づくりの道具箱』学陽書房（2002年）
- 村林守『地方自治のしくみがわかる本』岩波書店（2016年）

■注
1) 芦部信喜『憲法 第3版』岩波書店（2004年）p.336
2) 『内閣府』「地方分権改革」〈https://www.cao.go.jp/bunken-suishin/〉
3) 桑山俊昭「権力分立をどう教えるか」『民主主義教育21』同時代社（2018年）pp.52-53
4) 首藤信彦『政治参加で未来を守ろう』岩波書店（2006年）pp.86-121 pp.152-180
5) 金井利之「官僚制・自治制の閉塞」『平成史講義』筑摩書房（2019年）pp.69-99

［付記］本節は、森田敏彦・杉浦正和両氏の原案をもとに田中が執筆した。

第5章 「公共」実践の手引き　　B　現代社会と私たち—社会問題を読み解く

14　日本の平和外交と国際協調

戦争の悲劇を繰り返さないために第二次世界大戦後に設立された国連教育科学文化機関（ユネスコ）の憲章は「戦争は人の心の中で生まれるものであるから、人の心の中に平和のとりでを築かなければならない」で始まる。平和外交や国際協調というと遠い世界の話のように思えるが、実際は私たちの心掛けにかかっている。

しかし、現実には「平和のとりで」を脅かす課題が山積している。その中でも本項では「軍縮」と「持続可能な開発目標（SDGs）」に関する授業例を紹介する。唯一の戦争被爆国としての軍縮に向けた役割、SDGsの達成に向けた私たちの行動のあり方など、中高生の問題意識を高める工夫を心掛けたい。

写真は国連大学（本部・東京）。「国連中心外交」を掲げる日本で、国内におかれている国連機関の本部である。平和や環境などの地球規模の課題に取り組む研究機関で、SDGs達成に向けた研究も行われている。
（筆者撮影）

1　「平和国家」を次の世代へ　　授業テーマ—課題と視点

日本は「平和国家」と言われる。戦後70年の『外交青書2015』（外務省）には、以下のような説明がある。

「日本が国際社会の中で一貫して平和国家として歩んできた原点は、先の大戦の深い反省を踏まえた不戦・平和の誓いにある。…戦後の日本は、常に国際社会と共に歩み他国と共に栄えることを重視し、国際協調の中で国家の再建を果たした。…この70年間の平和国家としての歩みは、日本国民の中に深く浸透しており、今後も決して変わることはない」(p.2)

日本は戦後、国内、海外で一度も武力を行使したことがない。防衛費もこれまで、対GDP比では1%程度に抑制されてきた。「非核三原則」は提唱から半世紀を経て、日本の国是として定着している。これらのよりどころに、日本国憲法の徹底した平和主義があることはもちろんである。

私たちは、こうした先人たちの努力を受け継ぎ、平和国家のあゆみを次の世代に引き継がなくてはならない。その担い手を育てることこそ、先の戦争の反省と戦後の民主化の中から生まれ、平和と民主主義の実現を教科目標に掲げた社会科の、最大の使命である。

2　理念と現実のはざまで　　教材研究のポイント

「平和国家」の理念と対照的に、日本の外交は様々な現実に直面してきた。特に近隣諸国との関係では、領土や歴史の問題をきっかけに抗議デモが発生し、日系の工場や商店が襲撃されるなど、その行き詰まりが、日々の生活に直接影響を及ぼしてきた。

近隣に限らず、より広い舞台でも、日本の外交姿勢は問われ続けている。2017年に国連で採択された、核兵器の全廃と根絶を目的とする「核兵器禁止条約」に日本は参加しなかった。「米国による核抑止力の正当性を損ない、国民の生命・財産を危険に晒す」[1]というのがその理由だが、唯一の戦争被爆国である日本こそ、条約発効の先頭に立つべきだとの意見は強い[2]。核兵器以外にも、対人地雷、クラスター爆弾など、非人道的な兵器を禁止する条約が近年になって相次いで調印されたが、そこで主導的役割を果たしたのは、地雷禁止国際キャンペーン（ICBL）などNGOであった。今またAI（人工知能）を搭載した兵器の規制が議論されているが、米ロなどが慎重な中、日本はどこまで積極的に参加できるか。平和外交や国際協調の理念は、大国の思惑とのはざまで、難しい判断を迫られ続けている。

3 「我が事」と捉える工夫を　〔授業づくりのヒント〕

そうしたジレンマを生徒が実感的に理解するには、どのような教材が効果的だろうか。一つの方法として、問題の本質を失わず、かつ、教材の中に、中高生と何らかの接点を用意する方法がある。時事的なテーマを使ったり、教材の中に同世代の若者を登場させたり、提案・参加など実際の活動を取り入れたりすれば、生徒はそれを「我が事」ととらえ、ひいてはテーマ全体に問題意識をもって向き合うことができる。

例えば、前述の核兵器禁止条約に関連して、採択のあった2017年の国連の軍縮会議で、日本の「高校生平和大使」のスピーチが見送られた事実を取り上げる。条約とは無関係とされているが、高校生が条約を歓迎していたことと関係があるとの指摘もある[3]。そこで、もし自分がスピーチできるなら、核廃絶のメッセージをどのように世界に発信するかを考えたい。各国の様々な思惑が交錯する中、大使を務めた高校生の気持ちを推察しながら、自分なりのスピーチを提案できれば、核廃絶への問題意識を高めることが期待できる。

また、「持続可能な開発目標（SDGs）の達成も、本項目に関わる重要なテーマである。SDGsとは、「地球上の誰一人として取り残さない」ことをめざし、2015年の国連総会で採択された、持続可能な世界を実現するための国際目標である。17ある目標の中から身近なテーマを選んで、現状を調べ、目標達成に向けた取り組みを提案する参加型の授業を構想したい。

例えば第1目標の「貧困」や第2の「飢餓」に関して、食糧難に苦しむ国で、その国の農作物が先進国の大手企業に買い取られ、日本を含めた世界に輸出されている現実を紹介し、食料自給率の向上や食品廃棄の削減策を提案することができる。第4目標の「教育」では、途上国には識字率が3割に満たない国もある中で、教育の普及に力を入れる国の取り組みを紹介し、支援のあり方を提案できる。また、高等教育の奨学金など、日本も達成不十分なSDGsがあることにふれ、その解決策を考察することもできるだろう。

日本の政府開発援助（ODA）の対GNI（国民総所得）比は0.2％で、国連の目標値（0.7％）に届かない[4]。援助を充実させるべきという意見と、財政難で支出は増やせないとの意見がある中で、SDGs達成に向けた取り組みをどう進めるか、生徒が自ら提案し、「我が事」としての日々の行動につなげる授業を構想したい。

4 対話によって「平和のとりで」を　〔発展学習〕

こうした授業で大切なことは、個別の知識の獲得もさることながら、授業がこのテーマへの問題意識を高めるきっかけとなることである。新聞の国際面を読み始めることから始まり、友人と国際シンポジウムに参加する、外交政策の推進や見直しを外務省に提案する、軍縮やSDGs達成に取り組むNGOについて調べ、国内外の様々な人々とつながって、世界を変える動きをつくる…などと考えるようになれば、授業の目標は達成される。

その際に欠かせないのが、多様な人々とのコミュニケーションである。特に、自分の立場と異なる他者の意見をどう受け止めるかは、多様な価値観が共生する社会を築き、平和外交や国際協調を推進する上での大前提である。しかし、中高生の現状は、気の合うグループならともかく、クラス内での対話や意見交換さえ成立しづらい場合も少なくない。まずは日々の授業から、教師と生徒、あるいは生徒同士が、社会的課題について自由に意見を述べ合える雰囲気づくりを大切にしたい。そのことがひいては、生徒の心に「平和のとりで」の土台を築くことにつながる。

（渥美利文）

■文献・資料紹介
- 外務省軍縮不拡散・科学部編『日本の軍縮・不拡散外交（第七版）』（2018年）
- 酒井哲哉編『平和国家のアイデンティティ（リーディングス 戦後日本の思想水脈 第1巻）』岩波書店（2016年）
- 高柳彰夫・大橋正明編『SDGsを学ぶ 国際開発・国際協力入門』法律文化社（2018年）

■注
1) 外務省HP「核兵器禁止条約と日本政府の考え」（参照2019年5月26日）
2) 「核禁止条約 背を向けず参加模索を」朝日新聞2017年10月25日付社説、「核禁止条約採択から1年 発効を急ぎ廃絶の圧力に」毎日新聞2018年7月6日付社説
3) 「国連軍縮会議 高校生演説見送り 外務省が配慮？ 核兵器禁止条約 見解異なり」毎日新聞2017年8月22日付24面
4) 外務省『2017年版 開発協力白書 日本の国際協力』p.229

第5章 「公共」実践の手引き　　B　現代社会と私たち—社会問題を読み解く

15　市場経済のメカニズムとその限界

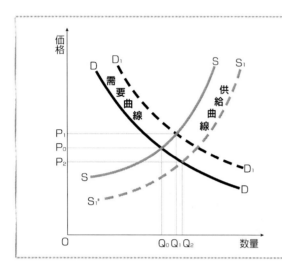

市場の働きについて、需給曲線から具体的にイメージする。需要と供給、価格の関係を左図によって確認する。それぞれの曲線の変化と価格の動きを具体的な例で考えさせ理解を深める。具体例としては、技術革新、間接税の導入、為替の変化などが一般的だが、2019年春に社会問題となった引っ越し代の高騰も生徒の関心を引く例といえる。人手不足による供給曲線の左シフト、引っ越しシーズンによる需要曲線の右シフトで価格の高騰が説明、理解できるだろう。

また、価格の変化に対する取引量の変化の大小（価格の弾力性）についても具体的な財やサービスを挙げながらイメージと理解を深める。

1　市場機構の具体的理解から学習を深める　〈授業テーマ—課題と視点〉

　中高の教科書には、アダム・スミスの紹介や需要・供給曲線と均衡価格が決まる市場メカニズムの図が載っている。これらの意味を表面的に分っている者は多いが、需要の意味や需給曲線がどうできるか、どのような場合に変化するか、均衡が社会にとってどんな意味を持つかなどを正しく理解する者は少ない。難しい語句を使わずに具体的なケースで考察することによって理解させ、改めて概念を丁寧に説明する。

　例えば、グラフ読み取りは、X軸（需給量）からでなくてY軸（価格）から行うことを確認し、多くの消費者の需要を積み上げて需要曲線をつくり、価格変化で需要量の変わることの表現の仕方を理解させる。生徒は数学問題が解けても、その意味を理解していない。グラフを経済学的意味と結びつけて理解できることが、市場機構の学習で欠かせない前提である。

　需給の均衡メカニズムを完全に理解してから、アダム・スミスの紹介や価格の自動調整機能など関連用語を解説する。そして、諸条件の変化による需給の変化や商品市場以外の様々な市場での働き、これが働かないケースとして寡占の問題や政府の働きなど、市場の失敗に関わる内容へと展開していきたい。

2　用語でなく、メカニズムの理解が重要　〈教材研究のポイント〉

　「希少な資源の効率的配分」というと難しいが、要は売れ残りやモノ不足が起こらないことである。価格の変動で均衡に至るメカニズムを説明する中で、社会主義の例をあげて統制の問題点と自由な活動の利点を説明することができる。また、具体的な数字を積み上げて需給曲線をつくると、消費者・生産者がどんな利益（余剰と呼ぶ）を得ているかがわかる。難しげな用語でなくて、グラフを日常用語で説明して理解させないと、経済嫌いを増やすばかりである。

　独占・寡占市場の例（ビールや自動車、携帯電話などが代表的でわかりやすい）やその形態（カルテル・トラスト・コンツェルン）の説明があり、管理価格や価格の下方硬直性、非価格競争など独占市場の特徴や弊害が詳しいので、これらを需給曲線の中でなぜそうなるのかを確認したい。非価格競争の具体的な事例や消費者への影響については、質疑応答で深めることが容易である。広告・宣伝のあり方や商品選択について、消費者の権利の視点で考察させ、消費をあおる経済と関連づけて生徒に議論させることもできる。

　商品の知識を正確に得られるかという問題から、情報の非対称性が説明できる。情報化が進むと商品に関する情報が豊富になって、供給側と需要側で差が少なくなるように感じるが、消費者は高度に進んでいく技

術を追っていくことができないので、現在情報の非対称化が進んで問題が起きやすいことを説明したい。

市場機構は万能ではなくさまざまな限界があることを市場の失敗という。「公共」では、ここから政府の政策の必要性を考え整理することが必要である。

3 時事問題を取り上げイメージ豊かに　〔授業づくりのヒント〕

市場機構では、実際に需給曲線の変化を生徒の作業と板書でイメージさせ理解を深める。具体的な事例を複数あげたい。冒頭に紹介した2019年春の引っ越し料金の高騰など身近な時事問題が使える。センター試験でも毎年、出題があるので進学校では過去問活用も有効である。アダム・スミスについては「神の見えざる手」などの教科書太字だけでなく、『道徳感情論』も紹介したい。他者へのシンパシー、胸中の公平な観察者などの部分を読むことで、「私欲が公益に」という表現が誤解されないように注意したい。

市場のイメージとして、生徒にさまざまな市場の例を出してもらう。それぞれの市場の比較や特徴を発表しあう形かワークシート方式が採用できる。農産物市場とスマートホンや自動車の市場の違いはどうだろうか。供給者の数やその違いなどが生徒から出るだろう。それらをうまく生かしながら発問を交え、独占形態、独占・寡占市場の特色をおさえる展開ができる。株式市場や外国為替市場、国際的な商品市場の存在を確認し、市場メカニズムの広がりを理解させたいが、生徒は存在を知っているだけなので、資料を使って価格がどう動くかのイメージを持たせたい。独占市場が我々消費者に及ぼす影響については家庭科の消費者教育の分野とコラボして授業をすることがイメージできる。班討論や発表から板書整理につなげられる。

政府の政策を考える例として公正取引委員会と独占禁止法の適用がある。公取委の特徴を行政委員会の説明からおさえ、価格カルテルの摘発などの働きと、戦後の経済民主化政策から独占禁止法の歴史を示していく。その運用の歴史が緩和と引き締めを繰り返すのはなぜだろうか。1997年の独禁法改正による持株会社の解禁や、53年改正で認められた合理化カルテルや不況カルテルが、99年の改定で認められなくなったことを示して考えさせたい。持株会社については具体的な企業をあげて、その役割や容認される流れを生徒とのやり取りでつなげていく。

バブル経済崩壊などに触れながら、90年代以降の経済のグローバル化を国際化と競争力などをキーワードに考えさせたい。具体的な規制例が2018～19年にふくおかFGと十八銀行などの合併である。該当エリアの銀行顧客の70％以上を合併後の銀行が独占するので、金融庁や公正取引委員会が問題視し、指導のやり取りをしてきた。この合併に対し公取委の規制がなぜ必要かを考える。「銀行の競争が制限されると顧客にとってどのような問題が生じるか」を問う。融資金利が高くなるなど市場機能からの説明、利用者への不利益など考え、国の政策が消費者の利益にもつながることを考えさせることができる。

公取委の活動に関しては、公取委が講師派遣による「独占禁止法教室」を行って、非価格競争の具体例で行うシミュレーションゲームや模擬立入検査など、競争の重要性を学ばせる教育活動を支援している。

4 助かっているのに料金が払えない公共財　〔発展学習〕

さらに、市場メカニズムの限界として「市場の失敗」を理論的に説明したい。「失敗」は機能不全といった意味だろうが、直訳なので生徒にとって言葉の理解が困難な場合が多いようだ。外部経済・外部不経済は「政治・経済」で主に扱うとなっているが、用語を説明しないでも公害を規制できるようになった理由を、供給曲線によって説明することができるだろう。また、寡占は公取委の説明などを確認しながら説明できるので、残るのは公共財の供給の必要性となる。

道路・公園などの公共財は、利益や効率優先の私企業によっては適正な配分ができず、利用者からの料金徴収ができず、自治体や政府によって供給される必要がある。高度成長期のインフラ整備や東京オリンピックに向けた歴史、一方での被災地復興や地方活性化などの事例で討論できるだろう。

（三井肇）

■**文献・資料紹介**
- 小塩隆士『高校生のための経済学入門』ちくま新書（2002年）
- 井堀利宏『図解　大学4年間の経済学が10時間でざっと学べる』KADOKAWA（2016年）
- 菅原晃『経済学サク分かり』朝日新書（2018年）

第5章 「公共」実践の手引き　　B　現代社会と私たち―社会問題を読み解く

16　経済を支える金融 ―バブルの発生から崩壊まで

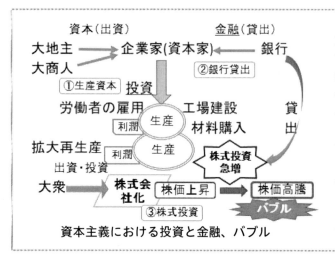

資本主義における投資と金融、バブル

左図は三段階で使う。左上①資本主義初期の生産資本、右上②銀行の貸出が加わる、右下③株式会社として資本を集める段階の図と、順に示す。①：投資で利益がどれほど得られるか不明で、出資はハイリスク・ハイリターンである。②：企業が安定すると銀行が生産拡張資金を貸し出す。金利を決めたローリスク・ローリターンである。③：銀行も株式会社も少額資金を多数集めて巨額資金を動かす。さらに、株式投資がハイリターンだと信じられると投資が殺到する。これが歴史的に繰り返されたバブル現象である。日本では、日銀の低金利政策と土地を担保にした銀行貸出が加わって、株や土地への投資額がさらに増えて80年代後半のバブルに発展した。

1　経済の拡大と発展を支える金融
〔授業テーマ―課題と視点〕

生徒は金融についてただ貸借と思うだけで、経済をどう支えているかを知らない。まず、生産資本の投資（労働者雇用や工場建設）から企業が始まることに気付かせたい。投資は、ある種の賭けであり、商品を売るはるか前に大金を使ってしまう。このリスクを乗り越えて経営が軌道に乗るのは、生産で得られた利潤を再投資して、拡大再生産⇒利潤増加が確実に続くことが必要である。これが資本主義経済における企業の本質と言える。そして、出資された資本を動かして（投資）、売れる製品を作って利潤を実現するまで、様々な苦労やリスクを負う者が企業家なのである。とすると経済の発展には、企業家を見出して必要なお金を集め、企業家の活動を支援して成功させることが重要だとわかる。こうしたお金の融通が金融であり、経済活動を支えて活発にする働きが見えるだろう。

金融の基礎知識を話すだけでは、金融の仕組みの面白さや便利さを理解することができるものの、経済の持続的発展に金融の安定性が不可欠だという理解には中々ならない。1980年代後半のバブル景気から90年代前半のバブル崩壊と後半の銀行危機、「失われた20年」を学んで、金融に対する深い理解と、現在のあり方に関する考察へとつなげていきたい。

2　強欲から生まれたバブルで経済が弱体化
〔教材研究のポイント〕

バブル経済を金融の仕組みによって理解するには、①出資としての株式購入、②値上がり益を求める株式投資、③貸出金利を決めて貸し出す銀行金融について、その特徴と違いを理解する必要がある。有限責任や少額単位の株券、株式市場の仕組みについては、生徒の理解力と授業時間で可能な範囲で話す。

一般には投資が、様々なものの売買差益（安く買って高く売る）とされるが、本来的には、1の拡大再生産に向けた投資が重要である。こうして経済活動を支えて活発にする金融が、時に経済活動を大きく狂わせることがある。そうした事件が、株式市場における株価高騰＝バブル発生とその崩壊＝恐慌なのである。

売買差益を求める投資の多くは対象が株式である。利潤が多いと思われる企業は株価が高くなると予想され、その結果として買い注文が増えて実際に株価が上がる。株式市場は、予想通りに現実が動いていく特殊な世界なのである。利益をさらに増やしたい投資家は、銀行から借入をして投資額を増やそうとする。こうして銀行が株式投資を後押しすると、買い手がますます増えてさらに株価が上がる。この好循環が続くと株価上昇が止まらなくなる。好景気で社会が浮かれて金利が低いと、さらに株価高騰が大きく長く続くのである。そして、買い手がいなくなった時に突然株価が急落す

る。1929年にウォール街で起きた「暗黒の木曜日」がそれであり、これがバブル崩壊、恐慌、経済破綻へと発展した。これについて冒頭図を使って説明する。

日本のバブル崩壊は以下のように説明する。この世界恐慌が典型であるが、日本のバブル崩壊もまた新たな典型である。日本には地価が下がらないという土地神話があり、80年代後半、日銀が低金利政策を中々変えない中で地価高騰と株価高騰が絡み合って進行した。地価の上がった土地を担保にすると銀行が安心して多額の投資資金を貸したので、地価や株価がさらに上がってバブル経済となった。そして90年頃に高騰が止まって、地価も株価も下落し始めた。しかし、1929年の世界大恐慌のような大規模な倒産や失業急増が起こらなかった。なぜか。

投資家が1億円の土地を担保に1億円を借りて株を買ったとする。その後地価も株価も半分以下になれば彼は借金を返せなくなる。銀行は担保の土地を売っても貸出損をカバーできない状態だが、返済を迫らなければ損が外に現れない。これが不良債権と呼ばれ、90年代に不良債権が膨大になって、多くの銀行が倒産の危機に直面した。住専（住宅金融専門会社）への公的資金投入などの後、1997年四大証券会社第4位の山一證券が破綻し（正確には損失隠しが直接の理由）、北海道拓殖銀行や長期信用銀行などの破綻が続いた。銀行を通じたお金の融通が絶えてしまいそうになったが、景気後退に留めることに成功した。

その後も長い間日本経済は、不良債権の処理に体力を奪われ、その基盤を弱めて高度成長以来の活力をなくして「失われた20年」と言われる。日銀がゼロ金利までに金利を下げても、企業が投資を、国民が消費を熱心におこなうムードが出てこないのである。

3 年表と仕組み図を活用してイメージ豊かに 〔授業づくりのヒント〕

ローンや保険などの細かい知識は、実生活で必要になった時正確に理解できればよく、その時のために仕組みの理解が不可欠である。クレジットの仕組みには興味が増すし、多重債務の危険にも関心があるだろう。入手しやすい金融関係のパンフレットを生徒に配付し、社会に出て失敗しそうな分野に絞って説明を行いたい。手元に現金がなくても月賦で購入できる便利さとその危険性の知識も不可欠である。そして、市場メカニズムの理解を確認して、日本銀行と政府・民間銀行の関係や資金需給で金利が決まることを確認する。こうした金融知識を学んでから、金融の意義と問題を明らかにする 1 と 2 で述べた仕組みに入りたい。

仕組みが複雑であるが、ヒントを与えればどのようになるかが予想できるので、質疑応答で理解を深めることができる。しかし、経済苦手が多いので、次のような形でイメージを豊かにしたい。①様々な事象や事件を示す年表を作成して、生徒が自分で事件の流れを確認できるようにする。説明は、②バブル発生や崩壊、不良債権など仕組みを重視する部分と、③流行や風俗を示す写真や状況を示す統計などイメージとして理解させる部分を分けておく。バブリーダンスなどの風俗やシーマ現象、就職状況の劇的な変化など、③のイメージによって生徒に現象の関連性を理解させたい。

4 現在と「失われた20年」を比べて考える 〔発展学習〕

バブル経済期は、日本的経営が絶賛された時期であり、他方でアメリカの停滞が語られ、日米の貿易摩擦があったし、日銀の金融政策にも問題があった。インターネットもなかった。そうした様々な視点でバブル期の日本社会を確認し、現在の経済状況と対比して考察させたい。いま人手不足が騒がれて不景気の感じが弱まっているが、80年代までの日本経済の強さは感じられないことを、生徒なりに比較できるだろう。

大事なのは、投資や金融、バブルという基本概念を仕組みとして理解して、経済活動や景気変動の動きを考察できることである。そうすると、経済の円滑化や発展に不可欠な金融が、人々の強欲に振り回されて経済基盤を危機にさらす様、その光と陰の姿が見えてくる。それは2000年代になって、リーマンショックやグローバル化による格差拡大と混乱をも生み出してきた。そうした現在の問題の追究と解決策の構想に向けた意欲を引き出せればベストである。

（杉浦正和）

■文献・資料紹介
- ガルブレイス『バブルの物語』ダイヤモンド社（1991年）
- 石ノ森章太郎『日本経済入門Part2』日経ビジネス人文庫（2001年）
- 細野真宏『経済のニュースがよくわかる本 日本経済編』小学館（2003年）
- 西野智彦『平成金融史』中公新書（2019年）

第5章 「公共」実践の手引き　　B　現代社会と私たち―社会問題を読み解く

17　消費税は庶民に冷たい税金か

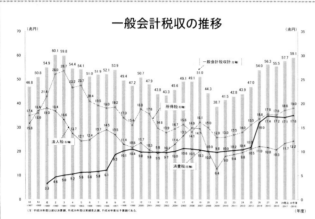

(出典：財務省HP・一般会計税収の推移〈https://www.mof.go.jp/tax_policy/summary/condition/a03.htm〉参照2019年3月28日)

グラフから、税収、所得税、法人税、消費税の推移がわかる。消費税は1989年4月に3％で導入されたが、導入時、3.3兆円の税収であった。その後、1997年に5％に、2014年に8％に税率が引き上げられ、2018年（予算）では17.6兆円にまで増大している。一方、法人税は1989年には19兆円だったのが、2018年（予算）では12.2兆円に。この30年間の法人税減収分を積算すると206.6兆円。この間の消費税収は297.9兆円。

消費税はなぜ導入され、実際には何のために使われてきたのだろうか。消費税を切り口にして税金、財政政策、財政赤字、少子高齢化、社会保障のゆくえ、等について考えてみたい。

1　消費税は庶民に冷たい税金か　〔授業テーマ―課題と視点〕

1989年4月1日に消費税が導入されて30年になるが、消費税は今や法人税を大きく上回り、所得税に迫る税収となっている。2019年10月、10％への引き上げが予定されている。すでに1863年、ドイツのラサールが間接税には「逆進性」があることを明らかにしている[1]。そのため、「逆進性」の強い消費税が低所得者に及ぼす影響を軽減するための「軽減税率」の議論が起きているが、「軽減税率」によっても「逆進性」は変わらない[2]。

2019年1月末、筆者の勤務校の高3の生徒152人から回答を得た消費税に関する意識調査では、2019年10月の消費税率引き上げに「賛成」19％、「反対」40％、「どちらともいえない」41％であった。「賛成」の理由は、少子高齢化対策、学費軽減など若者への支援、北欧型の高福祉・高負担への期待、などの他に財政赤字だから仕方がない、10％の方が計算しやすいなど。一方、「反対」の理由は景気への影響、税率引き上げが福祉に回された実感がない、政府の「無駄遣い」、政治家への不信、増税による負担感など。「どちらともいえない」の理由は、「消費税が国民のために使ってもらえるのなら賛成できるけど、使い道がよくわからないのに税率を上げて欲しくない」という回答が象徴的だ。

税金とは、消費税導入の理由、公平な税制とは等、身近な税金の問題から、財政赤字や社会保障制度との関わり、など様々な分野の学習に発展させていきたい。

2　消費税は公平な税制か　〔教材研究のポイント〕

授業前に、生徒に消費税に関する意識調査を実施し、その結果を活用し生徒同士に議論させるような授業を構想してみたらどうだろうか。先の生徒意識調査からも明らかなように、消費税は国民の意識も二分される論争的な課題である。この授業では結論を急がず、学問的な成果や事実の確認を行いつつ、将来の日本の税制のあり方についても生徒とともに考えてみたい。

「高等学校学習指導要領解説公民編（以下、「解説」と略記）」（p.68-69）では「財政及び租税の役割」について、「租税を中心とした公的負担の意義と必要性」「納税が国民の義務であること」「社会保障に関わる受益と負担の均衡」などの理解が強調されている。

租税の公平とは何か。「解説」p.68は、「公平・中立・簡素の条件を満たすことが税制を構築する上で重要であることを理解できるようにする」としているが、18世紀の「アダム・スミスの4原則」では所得に比例する課税が「公平」とされたのに対して、19世紀のドイツの財政学者アドルフ・ワグナーは、最低生活費非課税、累進課税など税負担能力に応じた課税を「公平」としてい

る[3]。神野直彦は「公平・中立・簡素」の原則について「消費税が賛美される現代日本の租税原則」と批判的に述べている[4]。その一方で所得は少ないが資産の多い富裕な高齢者からも徴収できるので、「消費税は公平な税制である」とする書物も巷に溢れている[5]。

上のグラフは、内閣府HPにある第23回税制調査会（2015年10月14日）に提出された財務省の資料「申告納税者の所得税負担率（平成25年分）」である（2019/3/30）。ワグナーの公平の原則によれば、高額所得者はその能力に応じて税を負担すべきだが、このグラフでは、所得1億円以上の所得税負担率は下がっている。これらの資料を使って税負担の公平性とは何かについて生徒に考えさせたい。

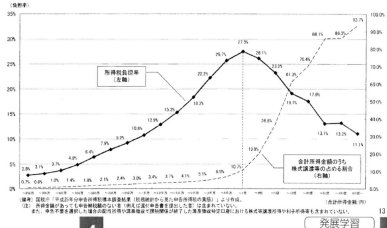

申告納税者の所得税負担率（平成25年分）

○ 株式等の保有が高所得者層に偏っていることや、分離課税となっている金融所得に軽課していること等により、高所得層で所得税の負担率は低下。

授業づくりのヒント

3 消費税は福祉のために使われているか

少人数のグループで、冒頭のグラフから所得税、法人税、消費税の変化を読み取る。景気動向（バブル崩壊、リーマンショック）や税制改正（累進課税のフラット化、法人税率引き下げ、消費税導入や税率引き上げ）などが税収に影響を与えていることがわかる。

消費税はなぜ導入されたのか、何に使われているのか。生徒アンケートを実施すれば、財政赤字、福祉のため、などの回答が予想される。文科省「解説」でも、財政（税制）と社会保障を関連させる重要性が述べられているので、次は「税と社会保障」に進む。

まず、1989年と2019年を比較し、社会保障制度の変遷について調べる。医療（サラリーマン本人窓口負担、高齢者窓口負担）、年金（国民年金保険料、厚生年金支給開始年齢）、福祉（障害者福祉利用者負担、特養ホーム待機者）など、消費税導入によって福祉（社会保障）は改善されてきたのかどうか考えさせたい。

「高福祉・低負担」はありえない、高い福祉を享受するには相応の（高）負担が必要、というのが森信などの主張[6]だが、「高福祉・高負担」とされている北欧では、日本よりも社会保険料の事業主負担が高い。消費税を福祉の主財源にすれば、企業の多くは消費者に転嫁できるので、社会保険料の事業主負担を減らすことができる。法人税の減少と合わせて、年金・医療等の社会保険料事業主負担についても考えさせたい。

4 消費税は「世代間不公平」を解消するか

財政赤字があるから消費税増税はやむをえない、高齢化のために使われるのなら賛成、と考える生徒も多い。税収不足を借金で補うのは将来の国民に対する世代間不公平を招くという議論もあるが、神野直彦は「国債の負担は将来世代には転嫁されない」という[7]。2012年6月15日、民主・自民・公明の3党合意により10％までの消費税増税が決まった（税と社会保障の一体改革）。消費税の問題から財政赤字、少子高齢化、社会保障の負担のあり方についても発展させたい。「消費税を大学や幼児教育『無償化』の財源とすることの是非」についても、生徒に議論させてみたい。

（小林孝生）

■文献・資料紹介
- 橘木俊詔『消費税15％による年金改革』東洋経済新報社（2005年）
- 山家悠紀夫・井上伸『消費税増税の大ウソ「財政破綻」論の真実』大月書店（2012年）
- 斎藤貴男『ちゃんとわかる消費税（１４歳の世渡り術）』河出書房新社（2014年）
- 政府広報「すべての国民の皆さまへ ～社会保障と税の一体改革について～」2011年12月4日各紙

■注
1) 三木義一『日本の税金 第3版』岩波新書（2018年）p.115
2) 三木　同前 p.117
3) 神野直彦『税金 常識のウソ』文春新書（2013年）pp.106-124
4) 神野　同前 p.116
5) 森信茂樹『消費税、常識のウソ』朝日新書（2012年）p.31
6) 森信　同前 p.181
7) 神野　前掲 p.43

18　社会保障をどう維持するか

よく見る図である。現役世代が老齢世代一人を現役世代何人で支えるのか。超高齢社会を目前に、30年後を40歳代の働き盛りで迎えるはずの今の高校生にとって、公的年金制度をはじめとする持続可能な社会保障制度の再構想は、極めて重要で身近な自分たちの問題である。実際に働く女性や高齢者の比率がどうなるかや国際的な経験にも眼を向けて、この難問に挑んで欲しいものだ。

（出典：「自分年金の教科書」〔https://xn--u9j342h0qi01gk6be21cq3lu53a.jp/nenkin-seido/outline/〕掲載の図をもとに作成）

1 このままでは社会保障システムが維持できない

日本国憲法第25条は、「すべての国民は、健康で文化的な最低限度の生活を営む権利を有する」、「国はすべての生活部面に於いて、社会福祉、社会保障及び公衆衛生の向上及び増進に努めなければならない」と、国民のいわゆる「生存権」と、それを保障するべく国の義務を規定している。国民の生活が様々なリスクに遭遇した場合、国が国民生活を支える義務を負っている。傷病や失業、労働災害、退職、障害や貧困などに対して、健康保険や雇用保険、労災保険、年金などの社会保険と、公的扶助などの社会福祉制度によって、安定した生活をすべての国民に保障するしくみが社会保障制度である。

戦後の高度経済成長期には、国民皆保険・皆年金制度、男性正社員の長期雇用、企業による福利厚生、専業主婦に依存した子育てと介護に支えられ、いわば「企業」と「家族」に支えられた比較的小規模の社会保障システムが構築されてきた。

その日本型社会保障は、1990年代より深刻化してきた少子高齢化社会・超少子高齢社会の下では、急速に縮小していく就業人口、グローバル化競争による非正規労働者の急増など、「支える側」の力量の衰退と、高齢化によって肥大化する医療費、介護費、年金とのアンバランスは深刻な状況にある。

従来の「日本型」社会保障制度をそのまま維持することは不可能で、持続可能な社会保障制度に転換するための改革が何度か試みられてきた。しかし、社会保障・社会福祉の諸分野で困難が顕在化し、将来の国民生活の安定と安心が見通しにくくなっている。

2 年金、医療、生活保護に焦点をあてて

社会保障制度は多岐にわたる制度が複雑に積み上げられてきているが、すべての生徒に直接関わる、老齢年金、医療保険、生活保護制度を中心に学習ポイントを例示する。

（1）公的年金制度

日本の公的年金である老齢厚生年金は、個人が納めた保険料を積み立てて個人が老齢になったとき支給する「積み立て方式」ではなく、現役世代の負担する保険料で、その時の高齢者の給付をまかなう「賦課方式」に基礎をおいている。そのため、現役世代人口の減少、経済成長の鈍化と賃金水準の停滞によって急激に増大する高齢者への給付額を保障することが難しくなってきた。2004年の年金改革は、制度持続の為に、現役世代の負担額を一定に抑え、年金額を物価や賃金の上昇率以内に抑えるため、現役世代の数的動向と平均寿命の伸びにともなう給付額の増加による給付と負担の

変動を調整する「マクロ経済スライド」を導入した。そのスライド調整が実行されると、現役世代の平均所得に対する年金給付額の割合である所得代替率は低下すると予想されている。

（2）医療保険制度

日本の公的医療保険制度は、国民健康保険、被用者の組合健康保険、後期高齢者保険ですべての国民を網羅する国民皆保険制度であり、医療費全体の5割を被保険者と事業主の保険料、4割を国と地方の公費、そして患者負担1割で負担している。

患者の医療費負担は6歳まで2割、70歳まで3割、75歳まで2割、75歳以上は1割負担を原則としている。また、高額療養費制度を設けて、一定額以上の療養費を支給し、自己負担を抑える仕組みも備えている。このため、高齢化と医療技術の高度化によって、医療費は年々増加して、保険料が上げられている。

国民健康保険については、退職後の年金受給者や非正規労働者、無業者の加入者が増え、保険料の高額化が重く、支払えない無保険者が増加しつつあり、誇るべき「皆保険」制度が今揺らぎだしている。

（3）公的扶助、生活保護制度

最後のセーフティネットと言われる生活保護制度も課題を抱えている。1990年代の中頃より非正規雇用労働者の増加、格差・貧困化の進展と、急激な高齢化により、生活保護受給者が急増（1995年に88万人だったのが2014年に200万人を超えた）してきたことである。

国と地方の財政難も深刻で、行政側が生活保護申請を厳格に選別する「水際作戦」や「自立」を迫り、セーフティネットにほころびが生まれてきている。保護基準の切り下げに加えて、所得が保護基準以下の世帯で生活保護を受給している世帯の割合（捕捉率）は2割ほどにとどまっている。これは保護対象者の8～9割が利用しているヨーロッパ諸国に比して際立った弱点である。生活保護のネットから漏れ落ちれば、貧困が放置され、子どもの貧困など貧困の連鎖が続くことになる。

3 自分の具体的問題として考える 〔授業づくりのヒント〕

高校生にとって、社会保障制度をいかに構想するかは、自分自身の人生をどう設計するか、という身近な問題である。ぜひとも具体的な課題を取り上げて、本質的な社会保障理念を考えさせたい。「大きな政府か、小さい政府か」「高福祉高負担か、低福祉・低負担か」、「自助・共助・公助のバランスをどうするか」など、長い間の世界的な難問であるが、加えて「大砲か、バターか」というテーマも取り上げたい。

公的年金制度については、政党間でも論争が繰り返されている。自分たちの老後にいかなる生活保障が実現するのか、具体的な各政党の選挙公約や政策を比較検討して、それぞれのシミュレーションを試みるのも極めて有効である。

4 「支える側」を支えなおすために 〔発展学習〕

社会保障制度の危機は、人口減と少子高齢化の進展に加えて非正規労働者の賃金低下によって、就業者層の「支える力」が弱体化していることに起因する。

少子化を食い止めるには、保育園の増設、幼児教育から高等教育までの教育の無償化、児童手当の充実など手厚い子育て条件を整備する必要がある。また、就業人口を増やす為には、女性の雇用を拡大し、長時間過密労働を改善し、最低賃金を抜本的に引き上げる必要がある。どうしたら、「支える側」の疲弊を解消し、「支えられる側」の力も活用できるのか、社会保障制度の枠を越えた施策を構想する必要がある。

一方、老齢や疾病、失業や貧困など個別のリスクに限定的に救済措置をするのではなく、すべての個人を対象に所得水準など関係なく無差別に最低の生活費（例えば月7万円程度）を支給する「ベーシック・インカム」の構想が検討され、実験的な試行もなされている。ぜひとも視点を変えた大胆な議論も教室に持ち込みたい。

（田中祐児）

■文献・資料紹介
- 井手英策『幸福の増税論』岩波新書（2018年）、『財政から読み解く日本社会』岩波ジュニア新書（2017年）
- 宮本太郎『共生保障 〈支え合い〉の戦略』岩波新書（2017年）
- 今野晴貴『生活保護』ちくま新書（2013年）

第5章 「公共」実践の手引き　　B　現代社会と私たち―社会問題を読み解く

19　人間らしい働き方を求めて

ディーセント・ワーク（Decent Work）
（働きがいのある人間らしい仕事）

1. 十分な所得のある仕事の創出
2. 社会的保護の拡充、社会保障の充実
3. 労働者の権利保障と社会的対話の促進
4. ジェンダー平等の促進

（ILO駐日事務所〈https://www.ilo.org/tokyo/about-ilo/decent-work/lang--ja/index.htm〉参照）

ILO（国際労働機構）は「すべての人にディーセントワークの実現を」と提唱している。ディーセントワークとは権利が保障され、十分な収入を生み出し、適切な社会的保護が与えられる生産的な仕事を意味する。ILO駐日事務所は「働きがいのある人間らしい仕事」と翻訳している。

「ディーセントワーク」は1999年の第87回ILO総会で初めて用いられた言葉で、ILO活動の主目標に位置づけられている。左の4つの戦略的目標は日本政府も労働政策に取り入れる姿勢を示している。

1　労働条件をめぐる課題が山積　〔授業テーマ―課題と視点〕

高度経済成長期に形成された「日本型経営」と呼ばれた雇用関係は「終身雇用制度」「年功序列型賃金体系」「企業別労働組合」を特徴としていた。1990年代、経済のグローバル化の進展による国際競争が激しくなるに従い、相次ぐ様々な労働者保護制度の「規制緩和」によって、「日本型経営」は大きく変化し、「非正規労働」と呼ばれる派遣労働者、契約労働者などの低賃金で不安定な「有期雇用」労働者があらゆる業種に広がった。そして、2000年代になると「格差と貧困」問題が深刻になり、「ワーキング・プア（働く貧困層）」と呼ばれる人々が現れてきた。

一方、正規労働者と呼ばれる期限のない雇用関係にある労働者も、激しい競争にさらされ、長時間過密労働が常態化し、「過労死・過労自殺」など異常な社会現象が相次ぐに至っている。どうすれば、安定した人間らしい働き方が実現できるのか、現代日本のきわめて重要で緊要な課題となった。

2018年、一連の「働き方改革関連法」が一括成立した。長時間労働の是正と多様で柔軟な働き方の実現をめざした労働基準法改正の主なポイントは、(1)時間外労働（残業）の上限規制、(2)年次有給休暇取得の一部義務化、(3)高度プロフェッショナル制度の創設、勤務間インターバル制度促進等である。これらの「改革」が本当に「ディーセントワーク」を実現するものになるのか、検討する必要がある。

2　日本の労働時間と「労基法改正」　〔教材研究のポイント〕

2018年の「働き方改革関連法」は、「企業寄り」との批判も強く、強行採決されたものであるが、働き方に重大な変化が予想されるものであり、教材として、その主要な論点を取り上げることは必要であろう。

1　時間外労働（残業）規制

労働基準法では「一週40時間、一日8時間（休憩時間を除く）」が労働時間の原則であるが、36条によって労働者の過半数との書面による協定（「三六協定」）が結ばれれば、法定時間を超えて労働させることが可能であり、それが無制限の長時間労働を強いる根拠であった。2018年の法改正により、時間外労働は「月45時間かつ年360時間」を上限とする原則がはじめて定められたが、繁忙期には年間6ヶ月までは複数月平均80時間、単月100時間、年720時間まで例外として認めることになっている。これでは「過労死」ラインの時間外労働を合法化するものだとの批判がある。

2　年次有給休暇を取得させる義務

年次有給休暇は労基法上、6ヶ月継続勤務で8割以上の出勤をした労働者に10日以上の有給休暇が与えられ、継続勤務年数に応じて20日まで付与する規定である。しかし、現実にはその取得率が5割前後にと

どまっており、今回の改正で、10日以上付与されている労働者に最低5日間の有給休暇取得させることを義務づけ、違反経営者には罰則が科せられることになっている。4～5週間100％取得というヨーロッパ先進諸国の年次有給休暇制度には遠く及ばないとの批判がある。

3 「高度プロフェッショナル制度」新設

一方、「高度プロフェッショナル制度」と呼ばれる労働時間に全く縛られない働き方をする雇用形態が新設された。金融商品開発や研究開発業務など特定の業種と本人の承認、年収1075万以上を条件としているが、過労死に繋がるのではないかとの懸念もされている。

その他、残業月60時間以上の割増賃金50％への引き上げなど、これらが本当に労働時間の縮減に繋がるのか、ていねいな考察が必要であろう。

③ 具体的な資料作成と出前授業の意義 〔授業づくりのヒント〕

授業では、まず身近でリアルな労働のあり方を整理し、問題の所在を確認することを重視したい。

近年では多くの高校生、ほとんどの大学生がアルバイトを経験しており、その実態を集約し交流すれば、現代日本の労働条件の現状と課題を考察する上で有力な土台となり得る。業種、労働契約書、労働時間、時給、深夜・残業手当、年次有給休暇付与日数、などの項目でアンケートをとり、集約し分析すると、リアルな労働条件が明らかになってくる。最低賃金を下回る時給や、年次有給休暇がないなどといった「発見」が期待できる。

職業安定所から各学校に送られてくる「求人票」の現物サンプルも、各企業の労働条件が比較できる形で整理されているために、極めて有力な学習資料である。グループ学習で、勤務時間や給与のありかたを比較検討して、「お薦め」企業や「ブラック」企業探しをし、発表し合うのは、愉快で有益である。

その上で、歴史的に人権として形成されてきた労働条件の原則を憲法の社会権的基本権として確認し、「労働基準法」全体をしっかり理解することが大切である。しかし、「労働基準法」も度重なる改定によって複雑で長大なものになり読みづらくなってきている。是非とも、よりシンプルなダイジェスト版を作成して授業に導入したいものである[1]。

また、全国社会保険労務士会連合会では、全国47都道府県にある社労士会を通じて、社労士が学校教育の現場に出向き、学生が社会に出る前に知っておくべき労働及び社会保険に関する基礎知識を伝えるための活動（出前授業）を積極的におこなっている。実際の労働現場の問題解決にあたっている社労士から学ぶことは多い。

④ 格差と貧困を克服するために 〔発展学習〕

冒頭の囲みにある、ILOの「ディーセントワーク」の概念に照らして、日本の労働条件を考察する場合、長時間労働に限らず、改善を迫られている課題は少なくない。

まず、各種の賃金格差が深刻である。業種間、雇用形態間、性別、外国人労働者の格差をどう是正するのか。例えば、保育労働者、介護労働者の低賃金問題を改善しない限り労働力不足を解決することができない。しかもそれらの業種と、非正規雇用に女性労働が集中しており、深刻な貧困問題に結びついている。

毎年改定される「最低賃金」の動向にも注目し、大きな地域格差の存在は妥当なのか、その水準は国際的なレベルにあるのか、など検討することは重要である。

遅々として実現が遅れているのが「同一労働同一賃金」の原則である。何を基準に「同一労働」というのか、日本独特の伝統的な賃金形態もあり、指標をどう設定するべきか、理論的課題も多い。

（田中祐児）

■文献・資料紹介

- 竹信三恵子『企業ファースト化する日本』岩波書店（2019年）
- 石田眞・朝倉むつこ・上西充子『大学生のためのアルバイト・就活トラブルQ＆A』旬報社（2017年）
- ILO駐日事務所〈https://www.ilo.org/tokyo/about-ilo/decent-work/lang--ja/index.htm〉
- 「知っておきたい 働くときの基礎知識第4版PDF版」全国社会保険労務士会連合会〈https://www.shakaihokenroumushi.jp/LinkClick.aspx?fileticket=R6KayjQcMds%3D&tabid=261〉

■注

1) 厚生労働省が、マンガ資料や高校生向け授業案を作成して、同省のHPで公開している。

第5章 「公共」実践の手引き　　B　現代社会と私たち―社会問題を読み解く

20　グローバル経済の光と影

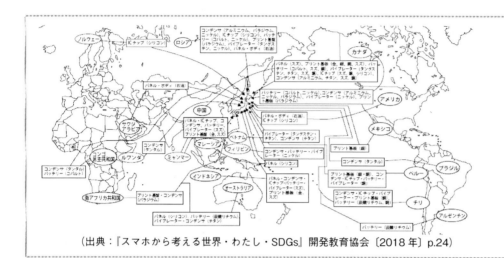

(出典：『スマホから考える世界・わたし・SDGs』開発教育協会〔2018年〕p.24)

日本のスマートフォン世帯普及率は、ほぼ80％と言われる。

左図は、スマートフォンに使われている材料や電子部品の調達ルートが示されている。私たちの生活は、このような国際的な相互依存によって支えられているが、海外の工場や原材料を産出する鉱山の労働者は、一体どのような生活をしているのだろうか。

1 グローバル化とは
〔授業テーマ―課題と視点〕

　外国人労働者の姿を各地のコンビニでも見るようになったが、これはグローバル化現象そのものである。グローバル化とは、大量のカネ（資本）や人、モノ（商品）そして情報が易々と国境を越え、移動するようになった地球規模での変化及びその過程を指す。

　第二次世界大戦後、社会主義対資本主義の二極対立構造（冷戦）により、カネ・人・モノ・情報のやり取りには大きな制限が存在した。しかし、89年に冷戦が崩壊し、資本主義、すなわち市場経済が世界を覆い尽くすようになった。93年にはEU（欧州連合）が成立、2002年にはEU圏内に共通通貨ユーロが導入され、2018年現在、EU加盟19カ国では、両替せずに自由に買い物ができるようになっている。EU加盟国市民は、EU圏内を自由に移動できる。ドイツで生活し、オランダで働き、フランスで遊ぶことも可能だ。

　89年、冷戦の崩壊には、技術革新と世界規模での情報流通（情報化）が大きな役割を果たしていた。社会主義各国での異議申し立ては、テレビで同時中継された。しかし、今では個人の力で同じことができる。Twitterを利用すれば、世界中の人に対し、「今ここで何が起きているのか」を簡単に伝えることができる。シリア内戦でも、難民や戦闘員が、シリアの今をyoutubeでライブ配信している。私たちは誰でも容易に世界とつながることができるのである。これはグローバル化の光ともいえる。

2 グローバル化の闇
〔教材研究のポイント〕

　一方、このようなグローバル化は、多くの問題を引き起こしている。先進国では、産業の空洞化、中産階級の崩壊、低賃金労働が蔓延している。Amazonなどの拡大により、地域の中小商店が倒産し、地域社会が崩壊しつつある。

　一方で、途上国も貧困・格差にあえいでいる。

　これまで世界規模での貧困・格差問題は、南北問題の単元で教えられることが多かったが、このような世界経済構造が残存していることは押さえたい。バナナなどに代表される一次産品の生産と輸出に依存し、世界市場に翻弄される途上国は多く現存する。例えば、コンゴ民主共和国で産出される鉱物タンタルは、スマートフォンなどを動かすコンデンサに欠かせないが、このタンタルは、買い叩かれて輸出され、その採掘利権は紛争の原因となっている。

　加えて、世界全体でも富はさらに集中している。「世界で最も裕福な26人が、世界人口のうち所得の低い半数に当たる38億人の総資産と同額の富を握っている」[1]のであり、国内外問わず格差はますます拡大している。

　先進国では、グローバル化への抵抗も生じている。イギリスのEU離脱問題は、EU圏内における労働力とし

ての人、加えて、シリア内戦などに伴う中東からの移民、難民の移動が背景にある。フランスでは、貧困・格差の蔓延に対しての異議申し立てとして「黄色いベスト運動」が起きている。生活地域に来た見知らぬ隣人との軋轢、文化・言語の違い、そして、低賃金労働を外国人労働者と奪い合う現実。そういった不満に対して、差別をあおるポピュリズム政治が蔓延している。このような問題を解決できない議会政治への不信は拡大し、その反動として排外主義だけでなく、直接行動が広がりつつある。

3 グローバル化の光と影、地域への影響を捉える 〈授業づくりのヒント〉

市場経済と自由貿易の拡大は、リカードの「比較優位」をもたらし、世界全体で見た時に「豊か」になったことは否定できない。アップル社の最終組み立て工場は、アメリカの他、中国、アイルランドなど各地に存在する[2]が、この相互依存によって、スマートフォンは極めて「安く」購入できるのである。まず、ヒトやモノの流通、フラットな情報流通が世界を豊かにすることを押さえたい。

続いて、南北問題などの世界における格差・貧困問題を確認する。途上国の貧困解決に向け策定されたMDGs（ミレニアム開発目標）の目標「1日1.25米ドル未満で生活する人口の割合を半減させる」は達成された。また、ODA（政府開発援助）などによりアジア各国は大きな経済成長を遂げ、中国は家電製品を輸入する側へと回った。では、中国からの輸出により日本の家電製品産業はどうなっているだろうか。ここでは、生徒自身が持っているモノの生産国を調べてみよう。ユニクロなどファストファッション企業が製造する洋服のタグを確認し、生産地を調べ、世界地図にマッピングしよう。その時、本社所在地も押さえたい。グローバル化の中でも、原料は途上国、本社は先進国といった「南北問題」は残っているかもしれない。その一方で、多国籍企業は、複数の国で会社があることを悪用して、税逃れをしていると指摘もされている。電子化されたカネはわずかな時間で易々と国境を越えてしまう。国の規制が及びにくくなり、多国籍企業が世界的な支配力を拡大している点にもふれておきたい。

最後に、途上国と先進国の現状をグラフなどの資料からしっかり確認する。先進国にいる我々は、比較的恵まれていることは事実だが、これから先は分からない。日本でも、現状への不満から外国人排斥が強まっている。排外主義への対抗するためにも、人権の観点に基づいて、国内外の貧困・格差問題について捉えよう。例えば、貧困や労働問題は、かつては遠く離れた人々の問題であったが、今や足下の地域や国にもあらわれつつある。ギリシャ元財務大臣ヤニス・バルファキスは、グローバル化によって生じる国内の格差拡大についてこう指摘している。「アップルやフェイスブックなどハイテクのアイルランドと『その他大勢』のアイルランドがある。」[3]

4 「持続可能な社会」へ向けて 〈発展学習〉

「グローバル化」は学習指導要領においては頻出単語であり、さけがたい現象と捉えられてしまう恐れがある。しかし、ここでMDGsの成果と課題を踏まえ策定されたSDGs（持続可能な開発目標）のスローガンを思い出したい。「誰一人取り残さない」というこのスローガンは、先進国・途上国問わず、貧困の中に誰も取り残さないという宣言である。このようなグローバル化の影に立ち向かう国際協調の動きや世界各地での活動にも思いをはせると良い。ここでは、グローバル金融市場で拡大するESG投資（環境・社会・企業統治への対応をしている企業を選び投資する）などにふれることができる。また、世界に拡大しつつある地球温暖化への抗議活動「絶滅への抵抗」（Extinction Rebellion）や、欧州で拡大する温暖化阻止学校ストライキにふれることもできる。

本単元ではまずグローバル化の原因を押さえ、グローバル化による国際レベルの変化が地域や国内にもたらす影響とその変化を考察し、その対応策を示すことで、次の「持続可能な社会づくりの主体育成」単元へとつなげたい。

（鈴木隆弘）

■文献・資料紹介
- ジャン・ジグレール『資本主義って悪者なの？ ジグレール教授が孫娘に語るグローバル経済の未来』CCCメディアハウス（2019年）

■注
1) AFP「世界の超富裕層26人、世界人口の半分の総資産と同額の富を独占」〈https://www.afpbb.com/articles/-/3207339〉参照2019年1月21日
2) 諸富大輔「Appleがサプライヤーリストを更新！ 日本は拠点数で世界第2位」〈https://weekly.ascii.jp/elem/000/000/205/205703/〉参照2019年3月31日
3) ジェニファー・ダガン「アップルの税逃れ拠点、アイルランドの奇妙な二重生活」〈https://www.newsweekjapan.jp/stories/world/2016/09/post-5807.php〉参照2019年3月31日

第5章　「公共」実践の手引き　　C　持続可能な社会へ―社会問題の解決を探る

21　生命倫理を考える ―生と死の自己決定をめぐって

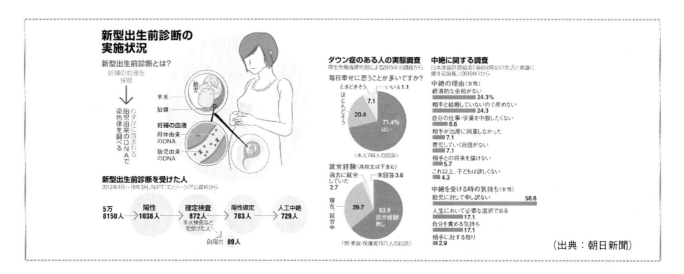

（出典：朝日新聞）

1 科学技術の発展と生命倫理の授業題材
〔授業テーマ―課題と視点〕

　科学学技術の発展が生死の在り方を変えつつある。2019年の1月だけでも、日本産科婦人科学会による「新型出生前診断（NIPT）」拡大方針の表明、中国におけるゲノム編集児誕生の事実認定等、激動が続く。

　生命倫理学（bioethics）は生・性・死といったテーマから環境倫理をも含む学際的学問である。「現代社会」の枠内で授業化されてきた典型的題材として、「安楽死」や「脳死（臓器提供）」の議論がある。

　安楽死は、本人の意思のもと身体的苦痛を死によって終結することを指す。安楽死が今日的論点として浮上した背景に、延命技術の向上がある。回復の見込みもなく延命処置が続くのであれば、死の自己決定権を尊重するべきだという主張がある。この立場からは安楽死適用のルール策定が具体的課題として提示される。反対論者からは、安楽死を認めると適用対象が徐々に拡大される危惧が出される。自己決定が内包する危うさへの指摘もある。精神科医の高橋祥友は、「死の願望は、しばしば一過性のことも多く、死を望む一方で……生を望んでいる点も忘れてはならない」と述べ[1]、安楽死に慎重な姿勢をとる。

　臓器移植は、主に脳死と関連して議論されてきた。それは、脳死が人の死と規定されているのが「臓器移植法」の中でのみ、という事実に端的に示される。伝統的に、「死」は「三徴候（瞳孔散大、呼吸停止、心停止）」で判断されてきたが、人工呼吸器などにより生き返ることもなく生き続ける状況が現出した。1985年、厚生省（当時）の研究班により脳死基準が示され、92年には脳死臨調の答申において、「脳死は人の死」と示された。臓器移植法成立を経て、脳死認定され、かつ臓器移植を承諾した人のみを「死」と扱い、臓器移植が可能となった。人工透析患者の増加もあり、移植臓器が足りないという背景もある。かねてより「移植ツーリズム」が告発される等、臓器移植をめぐる問題は山積したまま今に至る。今後は再生医療と関連した議論も過熱していくはずである。

2 新型出生前診断と命の選別への懸念
〔教材研究のポイント〕

　誕生前の子どもの状態を調べる検査を出生前診断という。中でも、母体血液中のDNAを診断する「母体血胎児染色体検査」（「新型出生前診断」＝NIPT）が注目されている。NIPTでは、妊婦の採血によりダウン症等染色体異常の可能性を判断する。陽性（染色体異常有）の場合、羊水検査による確定診断への選択肢が示される。NIPTは2013年に日本でも解禁された。以後5年間に陽性が確定した人の9割以上が人工妊娠中絶を選択し、「命の選別」を助長するとの批判が各方面より示された。「大学病院等92か所の医療施設」「35歳以上の妊婦」という規制があるものの、無認可

施設での受診の横行も指摘される。日本産科婦人科学会が拡大方針を表明したことにより、マススクリーニングを懸念する声が高まっている。安易な人工妊娠中絶を助長しないためにもカウンセリングの重要性がいわれるが、初対面のカウンセラーや医師が実施する困難性、人工妊娠中絶を受けられる時間との兼ね合い等、実効性への疑問は医師・臨床心理士からも寄せられている。

3 個別具体的事例を用いた討議・紙上討論　〔授業づくりのヒント〕

NIPTに関する討論は、NIPT解禁の是非という政策討論、特定状況下での意思決定、生徒自身の想像上の判断、の三種類が考えられる。生徒の価値観を揺さぶるには、「生徒自身の問題となった」想定で考えさせたい。

生徒が深く考えるためにも、NIPT受診を選択した人の動機や背景を含む資料（冒頭の新聞記事には当事者の投書もある）の活用が有効である。生徒の判断は多様であり、各自の考えを共有しあう場を持ちたい。例えば資料を読んだうえで、「もしも私だったら…」という視点でワークシートに記入し、班で読みあう活動が考えられる。

玉井真理子（心理学者）は、出生前診断の受診動機には、誤解、偏見から生じるものが多いと指摘し、中でも「三大神話」として次のア〜ウを挙げる[2]。

　ア　障害児（ダウン症児）を育てるにはお金がかかる
　イ　（ダウン症児は）親が死んだら生きていけない
　ウ　（ダウン症児がいると）兄弟姉妹がいじめられる

アは、障害者特別児童扶養手当、障害年金等、様々な公的補助がある。イでは、社会資源（デイサービス等）の活用により、自立の筋道はたてられる。ウの統計上の論拠はない。生徒にこうした資料と出合わせながら、思考を深めていくのも重要である。

NIPTはダウン症児を生まない選択を助長する。では、ダウン症児（を生むの）は不幸なのか。生徒の意識を相対化する資料も必要である。ダウン症がある人を対象とした2015年の厚労省調査では、「毎日幸せに思うことが多いですか」の問いに対し、71.4％が「はい」20.4％が「ほとんどそう」と答えている[3]。「ダウン症のイケメン」としてタレント活動も行うあべけん太氏の著作等、家族を含む「当事者の声」も教材になる。

これらの資料も読んだうえで、NIPT解禁・拡大をめぐる政策討議をもちたい。生徒にとって重いテーマであるだけに、丁寧に表現できる機会を提供すると良い。口頭での討議だけではなく、紙上討議も有効である。

4 「自己決定」を題材化・対象化し考察する　〔発展学習〕

「判断」や「自己決定」は生命倫理を考える際のキーワードである。当事者の判断の背景には、切実かつ個人的な状況と、社会状況（制度・視線）がある。それらを排除して展開される学びは単なる思考実験でしかない。社会保障や社会関係資本等と関連付けて、「生命倫理」を考える目を育みたいところである。

ALS患者を支援する川口有美子は、次の事例を記している。AさんはALSが進行し、気管切開による人工呼吸器装着か、人工呼吸器をつけない「安らかな死」かの選択を迫られた。彼女は、後者を「選択」した。その後Aさんは川口へのメールに、「もし私が生きる決断をしたとしても、家族に頼るつもりは一切ないんですけど、いままで家族の誰一人からも、『生きて欲しい』と言われたことはなく、出てくる言葉は『Aの意思を尊重するしかないだろう…』です。矛盾かもしれませんが、悲しいです。生きて欲しいと言われても困惑するだろうに、言ってもらえないと悲しいんです。矛盾しています。（笑）」と記した。Aさんの家族は、経済的にも余裕がある状況にはなかった[4]。

Aさんの家族が「生きて欲しい」を言えないのは、なぜか。どのように社会が変われば「生きて欲しい」を言えるのか。「自己決定」が成立する条件は何か。発展的課題として、こうした点の追究もあり得よう。

（和井田祐司）

■文献・資料紹介
- 小泉博明・井上兼生・今村博幸・吉田修馬編『テーマで読み解く生命倫理』教育出版（2016年）

■注
1) 石丸昌彦編『死生学入門』放送大学教育振興会（2014年）p.233
2) 山中美智子他編『出生前診断 受ける受けない誰が決めるの？』生活書院（2017年）、第2章・5章
3) 「朝日新聞」2018年9月17日朝刊9面「フォーラム 出生前診断」
4) 玉井真理子・大谷いづみ編『はじめて出会う生命倫理』有斐閣アルマ（2011年）pp.123-126

第5章 「公共」実践の手引き　　C　持続可能な社会へ─社会問題の解決を探る

22　住民の声を町づくりに ―模擬請願

```
模造紙（グループワーク）
　地域課題の掘り下げ

街づくり　　　　　　　　　教育・福祉
　　　　　　　　介護の
　　　人口減で　　充実E市
交通不便　困るB町　　　　保育園が
なA市　　　　　　　　　　ほしいF市
　　　　　　　　　給食はじ
　　イベントで　　めてG市
　　街おこし
　　C市　　外国人の　　語学教育
　　　　　インバウン　を公立でも
　　　　　ドをD市　　重視して下さい
　　　　　　　　　　　H市
```

本文①の授業はワークショップ形式の授業が望ましい。地域調査のまとめ、地域政策の発案を行う。その作業には、アイスブレークからはじめて、模造紙を用意してのテーマ設定ブレインストーミングが必要である。調査後に、データ資料、インタビュー、アンケートに基づいた内容を分かち合う。政策を立案するグループワークでは、模造紙と付箋紙を使ったワークを積極的に多用して、楽しく、インタラクティブにアイデアを出しあうと、チームで熟議ができて、問題解決に導きやすい。そして、提案を作成し促進することができる。

1　地域の主人公を育てる模擬請願　〔授業テーマ─課題と視点〕

　地域において生徒は、生活の主人公になっていない。ましてや主権者としての市民とするには、放っておいては無理である。そこで、地域の一員を育てる模擬請願を、以下のようにおこないたい。①地域の調査を行う、②地域政策にまとめる、③生徒提案政策を請願、陳情する。この模擬請願は、行政や議会に対して、地域市民の声、とりわけ高校生の若者の視点からの街づくり、教育、観光のアイデアを提案するきっかけになる。その声に、行政や議会が応えれば、未来の市民（主権者）のモチベーションを上げて、地域を担う主人公へと生徒が育てられるのである。うまく地域の公的機関と協力して、アクティブな主権者教育を進めたいものである。

2　地域の課題を調べて地域政策を提案する　〔教材研究のポイント〕

　まず、①地域の調査（④で説明）は、地域のニーズや地域課題の発見をしてもらう。主に夏休みに行うことをお勧めする。主に、交通、環境（ゴミ・リサイクル）、観光、教育、福祉のテーマを生徒と相談しながら設定する。生徒グループの関心によって、同じ行政単位の課題別チーム（5人から6人）で地域調査をさせると良い（同じ分野の同じ質問を同一部局に聞きに行くと学校へクレームが来るので、多くの生徒がゆく役所は、まとめて聞きに行かせるか、その情報を代表が聞きに行って、チームでシェアをする）。その際に、調査項目（学校給食や、高齢者の移動手段、観光イベント、リサイクルの方法など）を決めて地域に出した方が、課題意識を持って調査に行くことができる。このような活動には1時間の事前指導が必要である。

　次に、②地域政策にまとめるでは、地域の課題をインタビューやアンケートで考察して、それを請願項目としてまとめる。居住地域を中心に5人から6人のグループをつくる。このグループは、上記のチームと一致していても良いし、新たに作っても良い。また、集まったデータ、資料の共有をグループ間でできるように、グーグルドライブなどのグループウエアをアップさせる。ぜひ共有のためにミニプレゼンをさせたい。そのことが、他地域の課題を知り、自分の住んでいる地域の優位性や課題を見つける参考になる。

　さらに可能なら、役場の担当部署に問い合わせをして、その政策の費用（税の投入）を考えさせたい。そして、他の行政でも取り上げている課題かどうかもインターネットで調査させる。これは難しいが、市町村、都道府県のどちらの住民課題であるのかも仕分けをして、市県どちらに請願するか、どのような行政主体（首長か議会か）に請願するか考えさせる。これが無理ならば教員が請願先を探す。このようなグループワークは、2時間程度かかるので、可能ならば2時間続きの

授業時間を確保できると良い。

そして、③政策提案政策を各行政に請願、陳情する（3で説明）は、プレゼンテーションが主であるので、各行政でプロジェクター、会議室を用意してもらう。このアクティブなグループワークは、模擬請願として定式化されて、文科省の主権者教育でも取り上げられている。地域課題を発見することで地域の愛着や課題に取り組む、このようなPBL（問題解決学習）は、生徒を住民主体に育てることを可能にする主権者教育、シティズンシップ教育なのである。

3 議会事務局、市長秘書、行政部局への対応　(授業づくりのヒント①)

議会は、請願を受ける。また、議会はいろいろな委員会をもち、専門的陳情や請願を受ける。大阪市議会のように、あまり請願を受けない議会もある。しかし、憲法16条で認められた請願権によれば、原則、受け取られるべきである。議会事務局は、請願を受け付ける際に、紹介議員を求めることが多くある。ここで、本当の請願には、各会派を回って多くの議員の賛同を得ることが必要である。そうした議員へのロビー活動は、紹介議員や生徒にも大変なので、模擬請願として議会事務局にお願いする。これを議会事務局に手伝ってもらえると市民性教育（主権者教育）がうまくゆく。それも難しいときは、陳情という形で、議員の紹介なしに議会に書面で提案ができる。一般的に、陳情は請願に比べて、議会拘束力が弱い。

議会は、3月、6月、9月、12月に、1か月くらいの定例会を持っているので、3か月以上前から、議会事務局と請願の打ち合わせをしなければならない。

首長に対しては、時間が空いて、首長が興味を示してくれれば、陳情が実現することもある。直接、生徒が首長に手紙を書いて、アポを取ると主権者意識も育つ。多くは、首長に手紙を書いても、秘書部局が担当部局につないで、そちらで対応してもらうことしかできないことが多い。

また、地域課題によっては、最初から行政部局にもってゆくこともある。学校の課題は学校教育課、空き教室の課題は管財課など、同じ課題でも担当部局が地域行政によって違うので、受付で確認することが必要である。行政部局への陳情は、上記の議会事務局、秘書部局に比べて、生徒の調べた地域の課題についての提案を簡単に聞いてくれる。当然、事前にアポを生徒に取らせることが必要である。中には、高校生を主権者として理解できない、また、未成年として面倒がる部局もある。その場合は、教員からアポを丁寧に取ると、多くの自治体では協力してもらえる。

4 地域フィールドワークと政策立案　(授業づくりのヒント②)

地域調査のフィールドワークには準備が必要である。行き先は、市町村役場と、生徒の家族や近隣の家庭、役所に来る市民が良い。夏休みか冬休みに半日を設定し、どの行政部署にヒヤリングさせるかを予め設定させる。例えば、学校教育課、観光推進課、土木課（道路関係）、保育課、高齢者福祉課などである。可能ならば、事前の調査用紙を作ってそこに書きこむ方が良い。さらに、事前のアポをとっておくと良い。

生徒の住む地域が異なるので、各自で地域の課題を明確にして、違う地域の生徒とデータ資料を分かちあうことが必要である。他地域との比較は、自分の居住地域の課題を明確し、他行政から政策のヒントを得ることなる。

政策化については、地域課題を明確化した後、どの課題にどのような施策を行うと、地域の願いや市民の願いを実現できるかの視点で考える。そして、他市のデータと比較し、市の財政状況で可能なのか、費用対効果を考えながら、立案するように指導する。政策が完璧にできていなくても、アイデア勝負だけでないリアリティを少しは持たせられると良い。このように、地域を知り、市民として主体形成をはぐくむために、行政への請願（アクション）行動を経験することで、生徒は市民に育ってゆく。

（杉浦真理）

■文献・資料紹介
- 『私たちが拓く日本の未来』総務省・文部科学省（2015年）
- 藤井剛・橋本康弘監修『授業LIVE 18歳からの政治参加』清水書院（2017年）
- 村林守『地方自治がわかる本』岩波ジュニア新書（2016年）
- 杉浦真理『シティズンシップ教育のすすめ』法律文化社（2013年）

第5章　「公共」実践の手引き　　C　持続可能な社会へ——社会問題の解決を探る

23　多文化共生、誰もが当事者

言語はいくつある？それはなぜ？
（新宿区立某幼稚園の駐輪場看板、2015年筆者撮影）

円安効果やインバウンド政策の推進もあり、2018年の訪日外国人数は3千万人を突破、過去最高を更新した。中長期在留者及び特別永住者を合わせた在留外国人数も過去最多の263万人超（2018年6月末）で、100人に2人強、就業者の46人に1人が外国人となった。生徒もコンビニエンスストアのアルバイト店員など、身近で外国人に接する機会が増えていることを実感しているだろう。ではその外国人はどこからどのような状況で日本にやってきて、生徒達の生活とどのようにかかわっているのだろう。英語でコミュニケーションをとるべきなのだろうか。私たちは、共に生きる当事者としての準備がしっかりできているだろうか。

1　日本の少子高齢化と外国人労働者
〔授業テーマー課題と視点〕

少子高齢化というと、「少子化」「高齢化」が注目されやすいが、社会問題を考える上で重要なのは「生産年齢人口」の動態であり、日本では1997年を境に絶対数でも減少が続き、その傾向は他の先進国と比べ顕著である。労働・納税・消費の中心的世代である生産年齢人口が減少する影響については社会保障政策や経済規模等、生徒にも様々な観点から考えさせられる。その上で減少分を補うべきと考えるならどのような手段があるか。高齢者、女性の活用等の意見と並び、外国人労働者の更なる受入が提案されるであろう。人口移動にはプッシュ（押し出し）要因とプル（引き付け）要因があるといわれるが、在留外国人数増加の背景にも、この2つの要因があることを意識させたい。とりわけ「就労」（不法就労も）は、外国人側の事情・希望だけでは成立しない。誰が、なぜ、どのように雇用しているのかという側面をみすごしてはならない。

2　外国人受入政策の変遷と現状
〔教材研究のポイント〕

以上の観点をもちながら、戦後の在日外国人数や国籍別内訳の推移、政策の変遷を分析してみるとよい。いつ、なぜ増え減ったのか。2006年まで最大の構成比を占めていたのはどの国籍の人で、その後その割合が減っていくのはなぜか。単純労働資格での日本在留は認めない原則を残したまま外国人単純労働者を確保しようと、1989年以降日系人に定住資格が与えられたこと、その後急増した日系人がリーマンショック時に帰国を迫られたこと、そして2019年4月の「特定技能」資格創設で単純労働外国人を受け入れる政策転換に踏み切ったこと、その議論の過程で明らかになった技能実習生や留学生の人権侵害等、プッシュとプルの一致、とりわけプルの視点なくては説明できない。

一方でこのアプローチでは、外国人を「労働力」とみなすあまり、共に生きる「人」としての視点を欠く。生徒は授業や報道、SNS等を通じ、深く知り合う機会がないまま「数」「社会問題」として「外国人労働者」「難民」のイメージを形成する。来日前の彼等の営みは想像し難く、「貧しくて金儲けにやってきた人」「何も出来ないかわいそうな人」との先入観を強め、自分達との共通点に思いを馳せ共感することが難しい。それではそこに彼等を受け入れ共に生きる当事者としての自分を見出せないだろう。いかに自分の身に置き換えて考えさせるか、授業展開の工夫が求められる。

3　根拠と共感を両立させるために
〔授業づくりのヒント〕

（1）統計資料の活用

法務省『出入国管理（白書）』（HPでも閲覧可）等も活用し、在留外国人の国籍別人数上位国に加え、技能実習生や留学生等、在留資格別人数上位国やその変

化、それらの国々の主要言語も確認し（生徒に予想をあげさせた上で調べさせてもよい）、「外国人＝中国人」、「外国人＝英語」等のステレオタイプを自覚させたい。外国人労働者の割合最多は東京都の18人に1人であるが、業種別では広島県漁業従事者の6人に1人と、都市部に限定されない状況も確認できる（日本経済新聞HP「外国人依存度、業種・都道府県ランキング」）。

（2）ロールプレイの活用

プッシュとプルの両方を考えるためには、外国人側の立場を疑似体験できるロールプレイも有効だ。有田他（2018）は、異文化接触で起きやすい誤解や衝突を多様な場面・形式のロールプレイにまとめている。また故郷を離れざるを得なかった難民の状況を体験できるロールプレイもある（UNHCRや開発教育協会のもの等）。著者は既存の教材を目的・タイミングに応じ最新の画像・動画情報等も活用しながら内容をアップデートしている（例えば、バルカンルートでドイツをめざすシリア人家族が行く先々で選択を迫られるものや、東日本大震災後の自主避難区域に住む福島の家族が避難するかどうかの家族会議をするもの等）。家族を思うがあまりの別離を選択する葛藤や、自身の宝物と被災者や難民のそれとの共通点に気付いた生徒達は、自ら望んで難民になったわけではない人々と、災害により突然被災者となり得る自分達との境遇を重ねて考える。

（3）憲法や労働法規の活用

人権を人間であることで派生する前国家的権利と考える以上、外国人にも原則保障されるが、「権利の性質上」保障されないものもある。自由権、社会権、参政権の憲法条文で書き出しの違いに気付かせ、人権の普遍性という原理と保障の実情とのギャップについて考えを深めたい。外国人労働者の社会保障問題は今後ますますタイムリーになっていくだろう。同時に労働法規は国籍を問わず適用される大原則もおさえたい。また「日本人」の定義として、国籍の有無以外の可能性を考えることで内なる多様性にも目を向けさせたい（福岡は「血統」・「文化」・国籍の組合せで日本人から外国人までの8通りの類型を提示している）。ラグビーのナショナルチームを題材にしてもおもしろい。

（4）ディベートやグループ討議の活用

統計やロールプレイ学習をふまえ、多文化共生社会の作り手としての立場で議論を行いたい。著者が外国人労働者受入拡大の是非をめぐるディベートを行った際は、反対派からも技能実習生の苦境が指摘され、家族がいっしょに住めないルールや子どもの教育環境が整備されない状況での受入は拡大すべきではない、といった外国人労働者の側に立った意見が出される等、議論の深まり、広がりがみられた。また、揃いの衣装や半袖短パンで体育祭のダンスを行う慣例がある学校で、顔や手以外を隠したムスリムの女子生徒を転入生として迎えたらどうするかをグループ討議したり、学校の手紙や自治体が避難を呼びかける情報等を「やさしい日本語」に翻訳してみる実践も有意義だ。自分がすでに当事者であることを実感してもらえるだろう。

4 学びの機会をひろげる　〔発展学習〕

外国人労働者の受入拡大が日本の賃金・生活水準を低下させたり格差を広げるという意見や、経済規模の維持を至上命題とするGDP信仰への疑義もあるだろう。上述のように人権の観点から受入拡大に慎重な考えもある。「公正と効率」もキーワードになりうる。この問題は「公共」の様々な単元と関連づけて扱える。

また、身近な多文化を探すフィールドワークや「外国人」へのインタビュー機会を持ちたい。著者は新大久保や高田馬場、日本最大規模のイスラム寺院・東京ジャーミィで「〇〇を探せ」等のミッションに取り組んでもらうツアーや、生徒の希望に応じてビルマ難民の方やコンビニ店員さんにインタビューする機会を設けてきた。生徒達がそこで発見するのは、異文化のみならず自分・日本であり、世界と自分がクロスする困難のみならず楽しみ、やりがい、希望である。

（井田佐恵子）

■文献・資料紹介

- 安達三千代他「ワークショップで伝える『難民』」『開発教育65号』（2018年）
- 有田佳代子他編著『多文化社会で多様性を考えるワークブック』研究社（2018年）
- 福岡安則『在日韓国・朝鮮人』中央公論社（1993年）
- 星野ルネ『まんが アフリカ少年が日本で育った結果』毎日新聞出版（2018年）

第5章　「公共」実践の手引き　　　C　持続可能な社会へ──社会問題の解決を探る

24　地球温暖化とパリ協定 ―模擬COPで議論

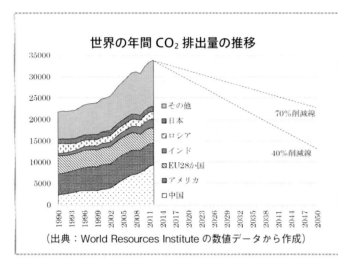
世界の年間 CO_2 排出量の推移
（出典：World Resources Institute の数値データから作成）

　図は地球温暖化の原因となる温室効果ガス（CO_2）の国別排出量の推移だ。リーマン・ショックによる経済活動の停滞にともなう非意図的な減少を除いて、一貫して増加している。国際社会は、産業革命以降の気温上昇を1.5～2度に抑えることを目標としているが、そのためには2050年頃に温室効果ガス排出を2010年比40～70%にまで抑えなくてはならないという。図で見ると分かるように決して容易な削減目標ではない。2011年以降も依然として排出が増え続けていることを思い起こせばなおさらだろう。どうすればそこまで減らすことができるのだろうか。どの国がどれだけ削減することが公平なのだろうか。

1　地球温暖化
授業テーマ―課題と視点

　地球温暖化は、深刻化の一途をたどっている。地球温暖化について最も信頼できる科学的データを提供しているIPCC（気候変動に関する政府間パネル）によれば、地球の平均気温はすでに産業革命前にくらべて約1度上昇し、極端な大雨や寒波、干ばつなどの異常気象や海面上昇などの被害を引き起こしている。今後、有効な温室効果ガス排出対策が取られなければ、今世紀末には平均気温が最大4.8度上昇すると予測され、その場合には多くの生物種が絶滅のリスクにさらされ、世界の食糧生産が危機にさらされると考えられている。

　あらためて言うまでもなく、地球温暖化は二酸化炭素をはじめとする温室効果ガスの大気中濃度が上昇することによって引き起こされる。化石燃料の使用から森林の伐採、さらには家畜のげっぷまで、人類の産業活動のほぼすべてが地球温暖化に関連している。

　地球温暖化の問題は待ったなしに、持続可能な社会への大きな転換を我々に迫っている。

2　パリ協定
教材研究のポイント

　地球環境問題の学習のあとに生徒に感想を述べさせると、「電気のスイッチをこまめに切ろうと思う」とか「レジ袋をもらわないようにする」といった身近な生活の改善が挙げられることが多い。もちろん、個人レベルでの改善は必要なのであるが、それだけでは不十分なことを強調したい。日本の温室効果ガス排出源に占める家庭の割合は間接排出で見ても15%程度である。個人レベルでの取り組みは、その15%のうちの何%かを節約できるにすぎない。生徒には、温室効果ガスを出さない社会全体のあり方を考える視点を与えなくてはならないのだ。

　そのような視点を与えるにあたってまず注目すべきなのは、温室効果ガス削減のための国際的な枠組みであるパリ協定だろう。パリ協定は、温暖化による気温上昇を産業革命前に比べて1.5~2度に抑えることを目的として、2015年の気候変動枠組み条約締約国会議（COP）で合意されたものである。同じCOPの場で1998年に締結された京都議定書が先進国だけを対象に、2008～12年の期間についてのみ温室効果ガス排出を規制したのに対して、パリ協定は世界中のすべての国を対象として、2020年から期限を定めずに温室効果ガス排出を規制していくことになる。人類社会全体が地球温暖化による破局をまぬがれ、持続可能な社会に転換していけるかは、まさにこのパリ協定の枠組みで世界が協力していけるかにかかっているのである。

　京都議定書が、先進各国に具体的な温室効果ガス削減量を課したのに対して、パリ協定は若干複雑な構造を持っている。パリ協定では、いずれの国にも具体的

な削減目標値を課していない。かわりに世界の国々には、5年ごとに自主的な削減目標値を提出し（ただし目標は、毎回前進するものでなくてはならない）、その削減実施状況を定期的に報告する義務が課せられる。ただし、削減目標の達成は義務ではない。

一見すると、多くを各国の自主性に委ねるこの協定の下で、十分な温室効果ガス削減がなされるのか疑問に思われるかもしれない。この協定が有効に機能するためには、各国が提出する削減目標や削減実施状況を監視し、より高い削減行動を促す国際世論のプレッシャーが不可欠である。その点でも、今後の市民社会を担う生徒たちにパリ協定を教えることが重要なのだ。

3 国際交渉を疑似体験する 〔授業づくりのヒント〕

パリ協定の仕組みは、生徒にとって理解しやすいものではない。パリ協定の複雑な構造の背景には、地球温暖化対策をめぐる国際的な利害対立がある。京都議定書では、「共通だが差異ある責任」（温暖化を抑える責任は世界各国が共通に負うが、産業革命以降すでに大量の温室効果ガスを排出し温暖化を引き起こした先進国の責任が重い）という考え方に基づき、先進国にのみ削減目標が課せられた。しかし、京都議定書の期限の切れた2013年にもなると世界の温室効果ガス排出量の半分以上を途上国が占めるようになり、途上国にも排出量削減を求める必要が生じてきた。しかし、先進国、新興国、後発開発途上国など様々な国があるなかで、それらの国々に一律の基準で削減目標値を定めることは困難である。また、削減義務を課すことで協定の拘束力を強めれば、京都議定書からアメリカが離脱したように、協定に参加しない国が出かねない。そうした様々な利害対立を回避して世界全体が合意できる枠組みとして考え出されたのが、パリ協定の仕組みなのである。

パリ協定の仕組みを理解させるには、こうした国際的な意見対立を生徒に疑似的に体験してもらうのが効果的だ。たとえば、パリ協定を教える前に、京都議定書の後継となる協定の内容を生徒自身に考えてもらうワークが考えられる。世界各国の温室効果ガスの年間排出量や累積排出量、1人あたりCO_2排出量、1人あたりGDPなどの諸資料を示して、どの国がどれだけ減らすべきかを考えさせる。さらに、生徒を各国代表にして模擬国際会議で交渉させることもできる。資料をもとに6カ国の班をつくって国ごとに交渉戦略を考えさせ、その上で班を再編制して6カ国の代表で国際交渉をおこなうジグソー法的な展開を1-2時間でおこなうのである。他の国際会議に関しても活用できるだろう。

生徒がパリ協定のような協定内容を思いつくことは難しいだろうが、考えをめぐらせることで、その後のパリ協定理解が容易になるだろう。また、パリ協定を教えたうえで、各国が自主的に提出する削減目標について、世界各国の目標値を示したうえで、日本の自主目標値を考えさせるのもよいだろう。パリ協定では、自国の目標案を提出する際に、それが何をもって公平だと考えるかを説明することが求められている。生徒に、理由まで含めて日本の削減目標値を考えさせるのである。なお、パリ協定の締結に合わせて日本が実際に提出した目標値は国際的な環境NGOから不十分であると非難されている。

4 どのように温室効果ガスを減らすか 〔発展学習〕

温暖化対策については、以上述べた国際的な排出削減枠組みのほか、より具体的な削減手段についても考えさせたい。再生可能エネルギーの活用などの技術的な視点のほか、炭素税や国内での排出権取引制度、また、温暖化対策への取り組みが不十分な企業から投資を引き上げるダイベストメント（投資撤退）など制度的な仕組みや取り組みも理解させたい。

また、本稿では主に温暖化対策のうち、温室効果ガス排出を減らし気温上昇を抑える「緩和」の取り組みについて述べてきたが、今日では気温上昇とそれに伴う悪影響に備える「適応」の取り組みも考えさせる必要がある。とりわけ、発展途上国など気候変動に対して脆弱な地域に対する国際的な協力の視点を忘れてはならない。

（八島朔彦）

■文献・資料紹介
- 小西雅子『地球温暖化は解決できるのか』岩波ジュニア新書（2016年）
- 八島朔彦「模擬COP21」『民主主義教育21』Vol.13（2019年）pp.105-110

第5章　「公共」実践の手引き　　　　　C　持続可能な社会へ—社会問題の解決を探る

25　世界の平和を築く —平和の主体としての市民

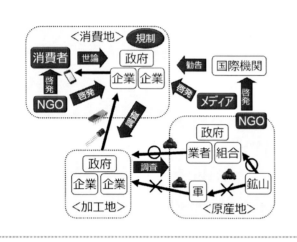

グローバル化した現代世界では、遠い地域で起きている社会問題であっても、経済構造を通じて日本の私たちとつながっている。

左図は、コンゴ民主共和国（以下、コンゴ）の紛争資源問題の解決に向けた市民の役割を描いている。コンゴで採掘された鉱物は、様々な製品となって消費者に届く一方で、武装勢力や軍の資金源となり、紛争継続の原因となってきた。しかし、NGOの啓発活動や消費者世論の高まりによって規制が導入され、鉱物は鉱山組合などを通じて輸出されるようになった。こうした事例を通して、グローバル社会の中で私たちにできることを考え、平和を築く主体としての市民を育成する授業を提案する。

1　世界の問題と自分とのつながりを考える　〔授業テーマ―課題と視点〕

2018年のノーベル平和賞受賞者の一人であるデニ・ムクウェゲ医師は、コンゴ東部のパンジ病院で4万人以上の性暴力被害者を救ってきた婦人科医である。コンゴでは、1996年の紛争発生以降、武装勢力や国軍兵士による組織的な性暴力が行われてきた。

この問題は一見すると、世界の遠い地域で日本とは無関係に起きているように思える。しかし、ノーベル平和賞の受賞スピーチ＊においてムクウェゲ医師は、過激な暴力の背景に豊かな鉱山の存在があると指摘し、消費者に問題を知ってもらいたいと訴えた。

コンゴは世界有数の鉱物産出国である。紛争地のコンゴ東部には、スズ、タングステン、タンタル、金の鉱山がある。これらの鉱物の採掘・輸送から利益を得るために、武装勢力や国軍兵士、警察官までが違法行為に関与し、地域住民に暴力を奮っている。一方、密輸された鉱物は、携帯電話やパソコンなどの電子機器の原料となり、世界中で利用されている。中でも日本は、世界有数の資源消費国である。携帯電話の普及率は181.7％であり、一人一台をはるかに超えている（総務省2018年）。

問題は紛争だけではない。鉱山はしばしば労働搾取の温床になる。コンゴ南部では、蓄電池の原料となるコバルトの鉱山で児童労働を含む過酷な労働搾取が行われているとNGOは指摘する。日本ではエコカーとして電気自動車の需要が増加する一方で、その原料となるコバルト鉱山では人権侵害が起きているのである。

こうしたグローバル社会の経済構造の中で考えた時、どうしたら私たちは平和を築く主体になれるのだろうか。

2　問題解決に向けた市民の役割　〔教材研究のポイント〕

コンゴの紛争資源問題を解決するために尽力している市民の活動がある。コンゴ東部の紛争状況については、2000年代から国連の専門家や欧米のNGOが調査を行い、その実態を国際社会に訴えてきた。NGOは、鉱物を扱う欧米企業に対策を求めたり、政府に規制の制定を求めたりしてきた。その結果としてアメリカでは、2010年にドッド・フランク法1502条が制定された。この法律では、製品の製造などにスズ、タングステン、タンタル、金を使う上場企業に対して、原料鉱物の原産地を調査し、紛争に関わらない鉱物調達をするよう求めている。

ポイントとなるのは、この法律が紛争鉱物の使用を「禁止」してはいない点である。企業は、原料鉱物の原産地を調査し、それがコンゴとその周辺国であった場合には、紛争に関与した鉱物ではないかをさらに調査し、結果をWEBで公開するよう求められている。

WEBでの情報公開にはどのような意味があるのか。近年、社会的責任投資（SRI）とよばれる投資形態

が広がっている。投資家が投資先を選ぶ際、企業が環境や人権に配慮しているかどうかを判断基準にする投資である。そのため、一般市民やNGOが企業の取り組みをWEBでチェックし、「紛争鉱物を使う企業の製品は買わない」と意思表示することが投資家に影響を与え、企業が紛争鉱物を使わなくなることにつながるのである。

日本には紛争鉱物取引規制にあたる法律はないものの、アメリカ企業と取引する際に必要であるため、日本企業も紛争鉱物への対応を行っている。日本企業の取り組みを調査して公開するNGOエシカルケータイ・キャンペーンの活動もある。紛争に加担したくないという市民の意思表示は、紛争解決に向けて一つの役割を担っている。

3 映像を活用して想像力豊かに理解する 〔授業づくりのヒント〕

コンゴの紛争資源問題を授業で扱う際には、生徒が想像力豊かに理解できる映像の活用を提案する。導入には、NGO Enough Project「紛争鉱物入門」(4分)*やNPOアジア太平洋資料センターの『スマホの真実』(DVD)が、問題を簡潔に説明する優れた教材となる。

問題を理解したうえで、紛争鉱物取引規制の短所と長所を考える。規制を導入すれば鉱物の密輸ができなくなり、資金が枯渇した武装勢力が闘争を断念するという効果への期待がある。一方で、規制によって鉱物が売れなくなれば、鉱山労働者や周辺地域の住民は生計手段を失う。また、資金源を失った武装勢力が住民の略奪に走るかもしれない。欧米先進国でも、鉱物を使用する企業の経営が悪化して経済が打撃を被るかもしれない。こうした論点を提示して、日本で規制を導入することに賛成か反対かを生徒が議論する時間を設ける。そのうえで、アメリカでは、規制導入に際して激しい議論が行われた末に、「誰かの苦しみに加担することはできない」という理念のもと、規制の制定・実施が決定されたことを伝える。

市民の意思表示の例としては、生徒と同年代の欧米学生が主体となる「Conflict Free Campus Initiative」の映像(1分30秒)*を紹介したい。学生が所属する高校や大学に対して「紛争に関わらない」電子機器を購入するよう求めるキャンペーンであり、欧米で約180校が賛同している。映像では、携帯電話やタブレットを手にした学生たちが、「私はポケットに紛争を入れている」「私はコンゴに平和になってほしい」と訴える。

加えて、WEBでの情報収集も行いたい。紛争鉱物を使わないために企業がどのような取り組みを行っているか、NGOが公開する「紛争鉱物企業ランキング」をチェックしたり、企業の社会的責任(CSR)報告書を読む。企業の取り組みを市民がチェックすることで、消費選択を意識した企業が取り組みを強化するという効果が期待されており、情報収集も一つの活動であると知る機会になる。

4 「私たちにできること」を考える 〔発展学習〕

市民の活動を学んだ後は、「ダイヤモンド・ランキング」を使った討論をして、自分にできることを考える。「私たちにできること」を10枚のカードに書き出して、いちばん良いと思う取り組み(1位)は1枚、2位は2枚、3位は4枚、4位は2枚、5位が1枚、というダイヤモンド型のランキングをつくる。筆者の授業では、「ネットや本でもっと調べて正しい知識を得る」「学んだことを家族や友だちに伝え話し合う」「紛争鉱物を使わないよう日本の企業に求める」「紛争資源問題についてSNSで情報発信する」「電子機器や携帯電話をあまり買い替えずに大切に使う」「使っていない携帯や電子機器をリサイクルする」「国際問題に取り組むNGOに協力する」「将来、国際機関で働くために一生懸命勉強する」「問題が解決するようコンゴの人々のために毎日、祈る」という9枚のカードを用意し、1枚は生徒が「独自案」を考える形式にしている。グループで話し合って順位を考えるなかで、「すぐにできることが大事」「多くの人が知ることが大事」「問題を正しく理解することが大事」などの論理が生まれる。

授業を通じて、日常生活における身近な取り組みがどのようにして世界の遠い地域の紛争解決につながっていくか、具体的に考えられるようになると期待できる。

(華井和代)

■文献・資料紹介
- 華井和代『資源問題の正義』東信堂(2016年)
- 『スマホから考える世界・わたし・SDGs』開発教育協会(2018年)
- デニ・ムクウェゲ『すべては救済のために デニ・ムクウェゲ自伝』あすなろ書房(2019年)
- 本文中の*がついた映像はYouTubeで視聴可能

第5章　「公共」実践の手引き　　　　　　　　　　　　　　　　　　　　　　　　コラム

ワイマール憲法の教訓 ―ファシズムを防ぐ仕組み

ワイマール共和国における国会議員選挙得票率と失業率

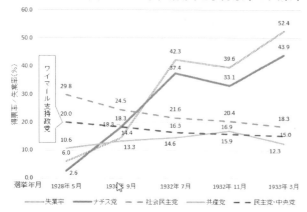

1　民主政擁護意識の欠如と「闘う民主主義」
〔授業テーマ―課題と視点〕

　民主政を語るとき、国民の意思が正しいのかという問を忘れてはならない。古代ギリシアの民主政は、民衆が公教育も受けていないため衆愚政治と化すことが多く、民主政に良いイメージがなかった。19世紀に公教育とともに普通選挙が拡大してそのイメージが良くなったものの、衆愚化を防ぐ制度は不十分であった。その危険性が現れたのが、世界大恐慌後のナチス台頭であった。

　ワイマール憲法は、男女普通選挙を比例代表制で実現し、151条に「人間の尊厳にかなった生活」の保障をかかげて高く評価され、生徒には最も有名な憲法となっている。しかし、課せられた賠償金や大恐慌による失業など過酷な歴史状況だけでなく、人々や政治家の視野が狭くて、憲法を支えるのでなく互いに対立するばかりで、民主政維持の意識が弱かった。林健太郎は、首相が大統領任命によるという憲法上の欠陥と、共和国破壊を叫ぶ者を任命した責任をあげ、諸政党が「民主主義を担当し得るまでに成長していなかった」と述べる[1]。この結果と教訓を受けて、大戦後西ドイツは、泡沫政党の台頭を防ぐ5％条項を設け、民主主義を否定する自由を認めない「闘う民主主義」を掲げて、ネオナチなどの結党を禁止し、人権条約を積極的に批准したのである。

2　人権をかかげ、憲法を堅持する仕組みへ
〔研究のポイント・ヒント〕

　憲法には、大統領の非常大権などの問題点もあったが、生徒に考えさせたいのは、「最も民主的な憲法」というワイマール憲法への過剰な評価である。現在の民主政を支えている重要な原理や制度と関連させて、ファシズム阻止の教訓を得ることである。

　当時の状況で確認せねばならないのは、ワイマール憲法の支持勢力が図のように、大恐慌以降急速に支持を失ったことと、言論よりも街頭などの激しい示威的、暴力的な運動が強かったことである。ナチスは突撃隊と親衛隊、共産党が赤色戦線戦士同盟、ワイマール共和国を守ろうとした社会民主党も国旗団という組織を持ち、数十万・数百万の隊員を擁して、集会防衛だけでなく街頭における抗争を行っていた。20年代初期の内乱が背景にあるが、言論より実力のムードが濃厚で理性的な議論が弱かったのである。

　こうした非民主的状況が憲法に象徴的に現れていた。それが、法律によっても制限のできない基本的人権の考えがなかったことと、憲法の基本枠組を堅持する仕組みがなかったことである。国民の権利は基本権として109条以下に示されたが、法律の前における平等と男女の平等をうたっただけである。114条で個人の自由は不可侵と述べても、法律による侵害が許されるとされた。そして、76条で憲法を議会の2/3で自由に変更できたので、ナチスは、政府が立法権を持てる全権委任法を可決し、合法的に一党独裁を実現することが可能だった。この反省で、大戦後西ドイツは基本法で「民主主義に基づく社会福祉国家」を目的とし、1条に人間の尊厳の不可侵と譲ることのできない人権を明記して、権力分立などを改正不能とした上で、憲法裁判所を設置して議院内閣制としたのである。

（杉浦正和）

■文献・資料紹介
- 池田浩士『ヴァイマル憲法とヒトラー』岩波書店（2015年）

■注
1) 林健太郎『ワイマル共和国』中公新書（1963年）pp.201-207。社民党は革命が最終目的であり、憲法擁護を徹底できなかった。

日本の領土問題をどう見るか

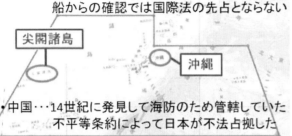

1 政府の領土問題への説明を語ること
〔授業テーマ―課題と視点〕

今回の指導要領で問題とされた一つが、領土問題に関して政府説明を詳しく教えるとして、その理解を生徒に求めていることである。正確には、公民分野の『解説』で、単に政府の説明を取り上げるだけでなく、政府の平和的な解決姿勢と、竹島や北方領土を含めて不法占拠の問題や、歴史的・国際法的な正当性について、尖閣諸島で「解決すべき領有権の問題は存在していない」ことの理解まで求めた[1]。問題がないというのは、日本が実効支配をしているという意味である。

最近落ち着いたとはいえ、相手国が国内でかなり強調している現状を考えると、日本人ももう少し関心を持つべきかと思う。過激なナショナリズムに陥らないためにも、最低限の知識と理解を深める必要がある。

2 過去の「過ち」と結びついた問題
〔教材研究のポイント〕

三つの領土問題の特徴は、いずれも日本の朝鮮植民地化や中国侵略、太平洋戦争という「過ち」に関連づけられていることである。相手国は、日本の敗戦によって「解決」したはずの問題を、日本が反省もせずに蒸し返したと主張し、その主張が相手国の国内で強く支持されている。近年宣伝合戦が激化して、ネット上で相当数のデータや主張を見られるようになった。しかし、関連資料や書籍にしても、日露間で確認された共通史料があるものの、竹島と尖閣の問題について、政府に対して反対や中立の立場に立った主張が存在するのは日本だけである。日本人としては、「過ち」を言われるといろいろ躊躇してしまう。

北方領土は、住民が財産を奪われ強制退去させられたので、不法占拠と言えるだろう。しかし竹島と尖閣は、長い間島が無人島だったので、歴史的な「固有の領土」だと言い合う史料提示論争となっている。日本の主張である国際法上の先占(occupy)をどう考えるか、多くの古い史料をどう解釈すべきかが難しく、素人が根拠を持った意見を言いにくい状況である。

3 政府と相手国の主張を論点整理しよう
〔授業づくりのヒント〕

歴史的背景の考察は複雑で大変なので、各々の中核的主張を理解することを目標にしたい。興味がある生徒には関連サイトを見て考察させればよい。日本政府の主張は外務省HPにあり、中韓政府の公式HPもあるし、個人がつくった詳しいHPサイトも検索で見つけられる。

先占とは、政府が静穏に領土宣言することであるが、「過ち」が絡んでいるので国際法の解釈論だけで済むのかが問題となる。実効支配は、実質的な統治の状態を意味するが、抗議の中で統治しても厳密には実効支配と言えない。そこで、竹島が日本政府から見れば不法占拠となり、尖閣が中台にとって不法占拠となるのである。竹島は、中立の立場をとる池内敏(2016)の新書が手頃である。読みやすい本とは言えないが、どのように論争が複雑なのかを具体的に理解できるのがよい。

（杉浦正和）

■文献・資料紹介
- 池内敏『竹島―もうひとつの日韓関係史』中公新書(2016年)
- 百瀬孝『史料検証　日本の領土』河出書房新社(2010年)
- 『独島』〈http://dokdo.mofa.go.kr/jp/〉参照 2019年3月31日
- 『釣魚島』〈http://www.diaoyudao.org.cn/jp/〉参照 2019年3月31日

■注
1) 高等学校学習指導要領（2018年版）『解説公民編』p.63

資料・付録

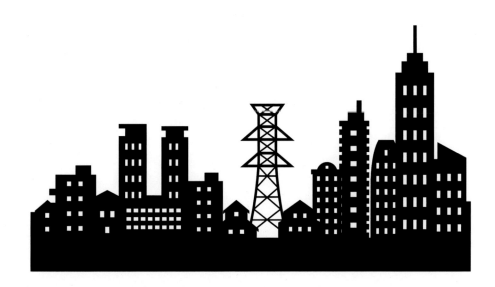

資料・付録

1　中等社会科構造図

高校の○印は必須・必履修科目

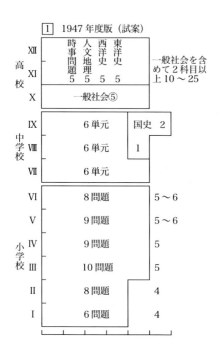
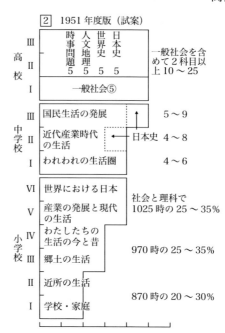
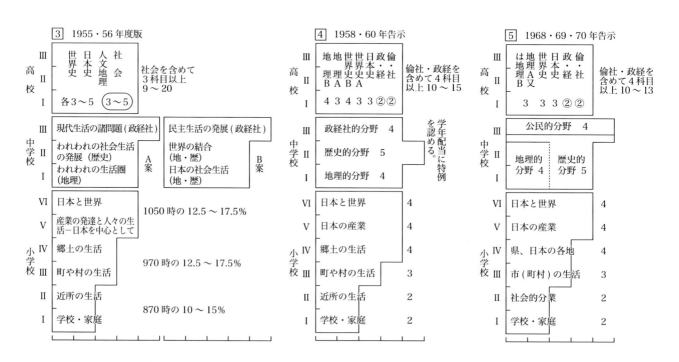

出所：原図は朝倉隆太郎作成『地理教育をつくる50のポイント』所収のものを補筆

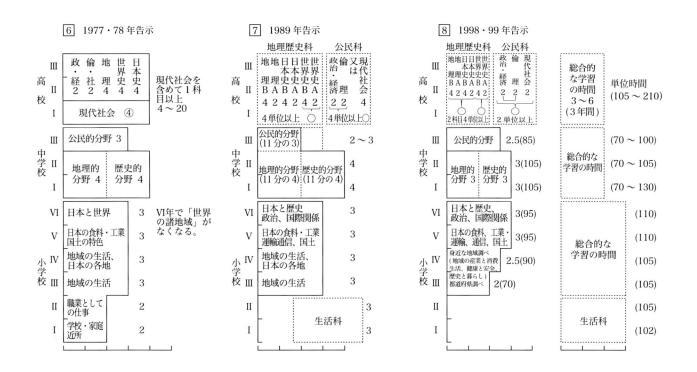
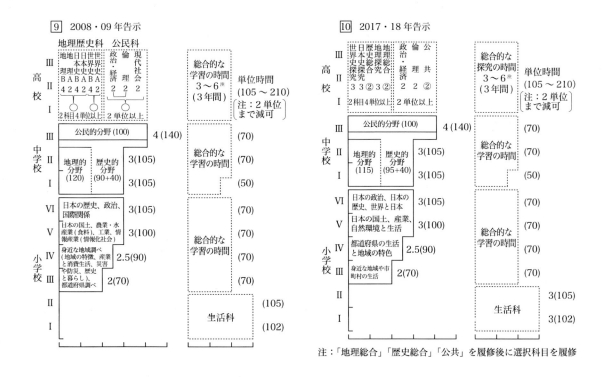

注:「地理総合」「歴史総合」「公共」を履修後に選択科目を履修

2　中等社会科関連年表

年	文部（文部科学）省関係	社会科と教科書
1945		・GHQ「修身・日本歴史・地理の授業停止, 教科書回収」
1946		・民科創立・文部省編集「くにのあゆみ」
1947	■学習指導要領（試案）	実施・「あたらしい憲法のはなし」・小中で社会科授業開始 ・63制
1948	・指導要録改訂	・新制の高校
1949		・歴教協創立　　　・検定教科書使用開始
1950		
1951	■学習指導要領（試案）	実施
1952		・教科研再建
1953		
1954		
1955	■社会科指導要領改訂（小・高）	・指導要録改訂（相対評価）　▶ 実施・社会科教科書偏向批判
1956	■社会科指導要領改訂（中）	実施・教科書調査官任命, 教科書の国定化的統制, 検定強化
1957		・地教研結成
1958	■学習指導要領（小中）告示	（郷土・国に対する愛情, 道徳の特設, 日の丸君が代）▶ 道徳実施
1959		
1960	■学習指導要領（高）	
1961	・指導要録改訂（相対評価）	▶ 小実施（道徳は社会科の指導を通して深める）・全国一斉学力テスト
1962		▶ 中実施
1963		▶ 高実施（倫理・社会の新設）
1964		
1965		・家永教科書訴訟
1966	・中教審「期待される人間像」（正しい愛国心, 象徴に敬愛, 優れた国民性を伸ばす）	
1967		
1968	■学習指導要領（小）	
1969	■学習指導要領（中）	
1970	■学習指導要領（高）	・全民研設立・家永教科書訴訟「杉本判決」（国民の教育権）
1971		▶ 小実施
1972		▶ 中実施（地歴π型実施, クラブ必修）
1973		▶ 高実施
1974		・高校進学率90％を超す
1975		
1976		・最高裁学テ判決
1977	■学習指導要領（小中）（中学で選択教科導入, 君が代を国歌と規定）	
1978	■学習指導要領（高）	
1979		・新憂うべき教科書の問題
1980	・指導要録改訂（相対と絶対）	▶ 小実施
1981		▶ 中実施　・教科書は権利ばかりのキャンペーン
1982		▶ 高実施（現代社会新設）・中学歴史, 侵略か進出か（アジアからの批判）
1983		
1984		・臨教審発足
1985	・臨教審答申（日本人としての自覚）	
1986		・新編日本史（高校）

政治・社会		その他	
・婦人参政権	東久邇・幣原	・大戦終結	1945
・日本国憲法公布	吉田	・東京裁判	
・教育基本法・学校教育法・憲法施行	片山		
・教育委員会法公布　・祝日法	芦田・吉田	・ベルリン封鎖	
・下山,三鷹,松川事件		・中華人民共和国・NATO	
・教員レッドパージ　・警察予備隊 ◀┄┄┄┄┄┄┄		・朝鮮戦争	1950
・マッカーサー日本再軍備を説く ┄┄▶		・対日講和条約,安保条約	
・保安隊に改組			
		・池田ロバートソン会談・朝鮮戦争休戦	
・自衛隊の発足	鳩山	・ビキニ水爆（第五福竜丸被爆）	
・民主党「憂うべき教科書問題」◀		・アジアアフリカ会議	1955
・文相「教基法は国家に対する忠誠心ない」・新教委法	石橋	・日ソ共同宣言,日本国連加盟	
・自民党「紀元節復活を決める」・朝日訴訟	岸	・ソ連が人工衛星	
・勤評闘争			
・砂川事件,米軍駐留違憲伊達判決→最高裁破棄			
・文相「教基法改正を主張」・安保反対闘争激化	池田	・アフリカ独立(17か国)	1960
		・キューバ危機	
・政府主催「第1回戦没者追悼式」			
・東京オリンピック	佐藤	・中国の核実験	
・建国記念日審議会設置		・日韓基本条約	1965
・政府,紀元節復活法案,審議会2月11日と諮問			
・2.11「建国記念の日」実施		・ヨーロッパ共同体	
・明治百年記念式典			
・学生運動が激化			
・公害問題深刻化　・大阪で日本万博		・米軍北爆再開	1970
		・米国「金＝ドル交換停止」	
・沖縄返還	田中	・米中共同声明・日中共同声明	
・西岡(自民)「教基法改正を主張」　・石油危機		・第4次中東戦争・変動相場制	
・田中「教育勅語いい,25年前に教基法改正できてれば」	三木		
・三木「靖国神社参拝」		・ベトナム戦争終結	1975
・ロッキード事件・田中前首相逮捕	福田		
・福田「戦前の教育制度が今日の日本をつくった」			
	大平	・日中平和友好条約	
・元号法公布施行		・米中国交回復	
・自民党の教科書批判,奥野(自民)「教科書に愛国心がない」	鈴木	・イランイラク戦争	1980
・国会で教科書論争,自民「国定化を目指し教科書制度見直し」			
・教科書に近隣諸国条項を認める	中曽根		
・中曽根「日米運命共同体」			
・中曽根「戦後政治の総決算」・中曽根「靖国神社参拝」			
		・プラザ合意	1985
		・ソ連チェルノブイリ原発事故	

年	文部（文部科学）省関係	社会科と教科書
1987		
1988		
1989	■学習指導要領(国旗国歌強制, 新しい学力観)	
1990		
1991	・指導要録改訂(相対と絶対)	・小学校教科書に「国旗国歌」の記述
1992		▶小実施(生活科始まる)
1993		▶中実施(選択社会始まる, 必修時間削減)
1994		▶高実施(社会科解体)
1995		
1996		・教科書慰安婦記述への攻撃
1997		・新しい歴史教科書をつくる会発足
1998	■学習指導要領（小中）(愛国心強化, 総合的な学習)	
1999	■学習指導要領（高）	
2000		・教育改革国民会議「教基法改正へ」・森「神の国」発言
2001	・指導要録改訂(絶対評価)	▶小, 社会の通知表に愛国心(福岡など)・つくる会教科書採択へ
2002	・中教審, 教基法見直し	▶小中実施(中学選択拡大, 必修削減)・学校5日制実施・心のノート
2003		▶高実施・君が代強制広がる
2004		・学力低下が問題化
2005	・中教審, 学力問題見直し	・つくる会教科書2度目の検定合格し採択へ
2006		・教育再生会議・教基法改正案批判
2007		・全国一斉学力テスト・教育三法・沖縄戦検定(集団自決削除)
2008	■学習指導要領（小中）・中教審答申（ゆとり教育見直し, 反復学習, 道徳化, 教科時数増）	
2009	■学習指導要領（高）	・つくる会自由社版教科書横浜市で採択
2010	・指導要録改訂(観点の改善)	・全国一斉学力テスト（抽出）・高校授業料無償化
2011		▶小実施・中学校教科書検定(育鵬社・自由社合格)・いじめ問題
2012		▶中実施・育鵬社中学校教科書横浜市などで使用
2013		▶高実施・体罰問題・全国一斉学力テスト復活・実教版日本史教科書への攻撃
2014	・学習指導要領解説改訂, 検定基準改定, 文科省「私たちの道徳」配付, 中教審道徳教科答申	
2015	・文科省補助教材取扱通達	・中学校教科書検定と採択・高校生の主権者教育
2016	・文科省高校生政治活動届け容認	・教育と政治的中立性をめぐる論議
2017	■学習指導要領（小中）(A・L, 道徳教科, 小学校英語)	・教育勅語の扱い閣議容認
2018	■学習指導要領（高）(地理総合, 歴史総合, 公共の科目新設)	・中学校道徳教科書採択
2019	・中教審, 教員の働き方改革答申	・教職免許法の全面的見直しによる大学の授業改善

政治・社会		その他	
・国鉄分割民営化	┌竹下─		
・リクルート事件	│		
・昭和から平成へ	海部・宇野─┤	・冷戦終結	
	│	・東西ドイツ統一	1990
・元慰安婦ら国家賠償を提訴	└宮沢─┤	・湾岸戦争・ソ連解体	
・政府「軍の慰安婦関与認め謝罪」・PKO法	│	・ユーゴ内戦	
・細川「侵略を反省」・自民「歴史検討委員会」・凶作	┌細川─┤		
・読売が改憲試案・社会党内閣・小選挙区導入	羽田・村山─┤	・アパルトヘイト廃止	
・国会50年決議・経済同友会「教育の民営化」	│	・阪神淡路大震災・サリン事件	1995
・藤岡「慰安婦問題は日本人の誇りを傷つけるので教科書から削除せよ」	橋本─┤		
・金融破綻相次ぐ	│	・香港の中国返還	
・町村「歴史教科書は偏向」	┌小渕─┤		
・小渕「教基法見直しに着手」・国旗国歌法成立	│	・欧州（ユーロ）	
・国会に「憲法調査会」発足	└森─┤	・朝鮮半島で南北首脳会談	2000
・小泉「靖国神社参拝」・中央省庁再編	小泉─┤	・9.11 米国テロ・アフガン戦争	
・小泉「靖国神社参拝」	│	・北朝鮮が日本人拉致認める	
・小泉「靖国神社参拝」・政府のイラク戦争支持	│	・イラク戦争	
・小泉「靖国神社参拝」・イラクに自衛隊派遣	│	・スマトラ沖地震津波	
・小泉「靖国神社参拝」・総選挙は自民郵政民営化で圧勝	│	・温暖化で自然災害多発	2005
・「改正」教基法成立・防衛省へ・小泉「靖国参拝」	┌安倍─┤	・イラク戦争泥沼化	
・改憲手続き法成立・参院選自民惨敗・安倍政権放棄	└福田─┤	・サブプライムローン問題	
・福田政権放棄　　　　・株価暴落	┌麻生─┤	・北京五輪・世界同時不況	
・雇用深刻・ソマリア沖派兵・政権交代	└鳩山─┤		
・沖縄普天間基地問題	┌菅─┤	・ギリシャ財政破綻	2010
・震災後の復興問題・脱原発運動	└野田─┤	・東日本大震災，福島原発事故	
・中韓と日本での領土問題・総選挙自民復活	安倍─┤	・北アフリカなど民主化の動き	
・安倍「靖国参拝」・参院選自民勝利	│	・福島原発汚染水漏れ・TPP参加	
・集団的自衛権行使容認・秘密法施行・総選挙自民勝利	│	・IS拡大・ウクライナ問題	
・辺野古沖基地工事本格化・安保関連法・18歳選挙権	│	・IS日本人殺害・パリテロ	2015
・安保関連法施行・改憲の動き（緊急事態条項）	│	・難民問題・熊本地震・英国EU離脱	
・森友学園問題・9条改憲の動き・共謀罪	│	・北朝鮮核問題・米国移民排斥問題	
・森友加計問題・改正入管法	│	・西日本豪雨・北海道地震・米朝会談	
・沖縄県民投票で移設反対・天皇代替わり（平成から令和へ）	│	・英国EU離脱混迷	

2019.6.30　大野一夫　作成（第19版）ⓒ

3 中等社会科 学習指導要領(抄録)

紙幅の関係で以下の内容を掲載する。
- 新設の総合系3科目（地理総合・歴史総合・公共）の全文
- 中学社会・地歴科・公民科の目標全文（表1）
- 中学各分野・地歴公民発展科目の骨格（表2）

■ 総合系3科目（地理総合・歴史総合・公共）

地理総合

1 目標

社会的事象の地理的な見方・考え方を働かせ、課題を追究したり解決したりする活動を通して、広い視野に立ち、グローバル化する国際社会に主体的に生きる平和で民主的な国家及び社会の有為な形成者に必要な公民としての資質・能力を次のとおり育成することを目指す。

(1) 地理に関わる諸事象に関して、世界の生活文化の多様性や、防災、地域や地球的課題への取組などを理解するとともに、地図や地理情報システムなどを用いて、調査や諸資料から地理に関する様々な情報を適切かつ効果的に調べまとめる技能を身に付けるようにする。

(2) 地理に関わる事象の意味や意義、特色や相互の関連を、位置や分布、場所、人間と自然環境との相互依存関係、空間的相互依存作用、地域などに着目して、概念などを活用して多面的・多角的に考察したり、地理的な課題の解決に向けて構想したりする力や、考察、構想したことを効果的に説明したり、それらを基に議論したりする力を養う。

(3) 地理に関わる諸事象について、よりよい社会の実現を視野にそこで見られる課題を主体的に追究、解決しようとする態度を養うとともに、多面的・多角的な考察や深い理解を通して涵養される日本国民としての自覚、我が国の国土に対する愛情、世界の諸地域の多様な生活文化を尊重しようとすることの大切さについての自覚などを深める。

2 内容

A 地図や地理情報システムで捉える現代世界

(1) 地図や地理情報システムと現代世界

位置や分布などに着目して、課題を追究したり解決したりする活動を通して、次の事項を身に付けることができるよう指導する。

ア 次のような知識及び技能を身に付けること。
(ア) 現代世界の地域構成を示した様々な地図の読図などを基に、方位や時差、日本の位置と領域、国内や国家間の結び付きなどについて理解すること。
(イ) 日常生活の中で見られる様々な地図の読図などを基に、地図や地理情報システムの役割や有用性などについて理解すること。
(ウ) 現代世界の様々な地理情報について、地図や地理情報システムなどを用いて、その情報を収集し、読み取り、まとめる基礎的・基本的な技能を身に付けること。

イ 次のような思考力、判断力、表現力等を身に付けること。
(ア) 現代世界の地域構成について、位置や範囲などに着目して、主題を設定し、世界的視野から見た日本の位置、国内や国家間の結び付きなどを多面的・多角的に考察し、表現すること。
(イ) 地図や地理情報システムについて、位置や範囲、縮尺などに着目して、目的や用途、内容、適切な活用の仕方などを多面的・多角的に考察し、表現すること。

B 国際理解と国際協力

(1) 生活文化の多様性と国際理解

場所や人間と自然環境との相互依存関係などに着目して、課題を追究したり解決したりする活動を通して、次の事項を身に付けることができるよう指導する。

ア 次のような知識を身に付けること。
(ア) 世界の人々の特色ある生活文化を基に、人々の生活文化が地理的環境から影響を受けたり、影響を与えたりして多様性をもつことや、地理的環境の変化によって変容することなどについて理解すること。
(イ) 世界の人々の特色ある生活文化を基に、自他の文化を尊重し国際理解を図ることの重要性などについて理解すること。

イ 次のような思考力、判断力、表現力等を身に付けること。
(ア) 世界の人々の生活文化について、その生活文化が見られる場所の特徴や自然及び社会的条件との関わりなどに着目して、主題を設定し、多様性や変容の要因などを多面的・多角的に考察し、表現すること。

(2) 地球的課題と国際協力

空間的相互依存作用や地域などに着目して、課題を追究したり解決したりする活動を通して、次の事項を身に付けることができるよう指導する。

ア 次のような知識を身に付けること。
(ア) 世界各地で見られる地球環境問題、資源・エネルギー問題、人口・食料問題及び居住・都市問題などを基に、地球的課題の各地で共通する傾向性や課題相互の関連性などについて大観し理解すること。
(イ) 世界各地で見られる地球環境問題、資源・エネルギー問題、人口・食料問題及び居住・都市問題などを基に、地球的課題の解決には持続可能な社会の実現を目指した各国の取組や国際協力が必要であることなどについて理解すること。

イ 次のような思考力、判断力、表現力等を身に付けること。
(ア) 世界各地で見られる地球環境問題、資源・エネルギー問題、人口・食料問題及び居住・都市問題などの地球的課題について、地域の結び付きや持続可能な社会づくりなどに着目して、主題を設定し、現状や要因、解決の方向性などを多面的・多角的に考察し、表現すること。

C 持続可能な地域づくりと私たち

(1) 自然環境と防災

人間と自然環境との相互依存関係や地域などに着目して、課題を追究したり解決したりする活動を通して、次の事項を身に付けることができるよう指導する。

ア 次のような知識及び技能を身に付けること。

(ア) 我が国をはじめ世界で見られる自然災害や生徒の生活圏で見られる自然災害を基に、地域の自然環境の特色と自然災害への備えや対応との関わりとともに、自然災害の規模や頻度、地域性を踏まえた備えや対応の重要性などについて理解すること。
(イ) 様々な自然災害に対応したハザードマップや新旧地形図をはじめとする各種の地理情報について、その情報を収集し、読み取り、まとめる地理的技能を身に付けること。
イ 次のような思考力、判断力、表現力等を身に付けること。
(ア) 地域性を踏まえた防災について、自然及び社会的条件との関わり、地域の共通点や差異、持続可能な地域づくりなどに着目して、主題を設定し、自然災害への備えや対応などを多面的・多角的に考察し、表現すること。
(2) 生活圏の調査と地域の展望
　空間的相互依存作用や地域などに着目して、課題を探究する活動を通して、次の事項を身に付けることができるよう指導する。
ア 次のような知識を身に付けること。
(ア) 生活圏の調査を基に、地理的な課題の解決に向けた取組や探究する手法などについて理解すること。
イ 次のような思考力、判断力、表現力等を身に付けること。
(ア) 生活圏の地理的な課題について、生活圏内や生活圏外との結び付き、地域の成り立ちや変容、持続可能な地域づくりなどに着目して、主題を設定し、課題解決に求められる取組などを多面的・多角的に考察、構想し、表現すること。

3 内容の取扱い

(1) 内容の全体にわたって、次の事項に配慮するものとする。
ア 中学校社会科との関連を図るとともに、1の目標に即して基本的な事柄を基に指導内容を構成すること。
イ 地図の読図や作図、衛星画像や空中写真、景観写真の読み取りなど地理的技能を身に付けることができるよう系統性に留意して計画的に指導すること。その際、教科用図書「地図」を十分に活用するとともに、地図や統計などの地理情報の収集・分析には、地理情報システムや情報通信ネットワークなどの活用を工夫すること。
ウ 地図の読図や作図などを主とした作業的で具体的な体験を伴う学習を取り入れるとともに、各項目を関連付けて地理的技能が身に付くよう工夫すること。また、地図を有効に活用して事象を説明したり、自分の解釈を加えて論述したり、討論したりするなどの活動を充実させること。
エ 学習過程では取り扱う内容の歴史的背景を踏まえることとし、政治的、経済的、生物的、地学的な事象なども必要に応じて扱うことができるが、それらは空間的な傾向性や諸地域の特色を理解するのに必要な程度とすること。
オ 調査の実施や諸資料の収集に当たっては、専門家や関係諸機関などと円滑に連携・協働するなどして、社会との関わりを意識した活動を重視すること。
カ 各項目の内容に応じて日本を含めて扱うとともに、日本と比較し関連付けて考察するようにすること。
(2) 内容の取扱いに当たっては、次の事項に配慮するものとする。
ア 内容のAについては、次のとおり取り扱うものとすること。
(ア) (1)については、次のとおり取り扱うこと。
　「現代世界の地域構成を示した様々な地図の読図」については、様々な地図の読図によって現代世界を地理的な視点から概観するとともに、球面上の世界の捉え方にも習熟するよう工夫すること。「日本の位置と領域」については、世界的視野から日本の位置を捉えるとともに、日本の領域をめぐる問題にも触れること。また、我が国の海洋国家としての特色と海洋の果たす役割を取り上げるとともに、竹島や北方領土が我が国の固有の領土であることなど、我が国の領域をめぐる問題も取り上げるようにすること。その際、尖閣諸島については我が国の固有の領土であり、領土問題は存在しないことも扱うこと。また、「国内や国家間の結び付き」については、国内の物流や人の往来、それを支える陸運や海運などの現状や動向、世界の国家群、貿易、交通・通信、観光の現状や動向に関する諸事象を、様々な主題図などを基に取り上げ、地図や地理情報システムの適切な活用の仕方が身に付くよう工夫すること。
　「日常生活の中で見られる様々な地図」については、観察や調査、統計、画像、文献などの地理情報の収集、選択、処理、諸資料の地理情報化や地図化などの作業的で具体的な体験を伴う学習を取り入れるよう工夫すること。また、今後の学習全体を通じて地理的技能を活用する端緒となるよう、地図や地理情報システムに関する基礎的・基本的な知識や技能を習得するとともに、地図や地理情報システムが日常生活の様々な場面で持続可能な社会づくりのために果たしている役割やその有用性に気付くことができるよう工夫すること。
イ 内容のBについては、次のとおり取り扱うものとすること。
(ア) (1)については、次のとおり取り扱うこと。
　「世界の人々の特色ある生活文化」については、「地理的環境から影響を受けたり、影響を与えたりして多様性をもつこと」や、「地理的環境の変化によって変容すること」などを理解するために、世界の人々の多様な生活文化の中から地理的環境との関わりの深い、ふさわしい特色ある事例を選んで設定すること。その際、地理的環境には自然環境だけでなく、歴史的背景や人々の産業の営みなどの社会環境も含まれることに留意すること。また、ここでは、生活と宗教の関わりなどについて取り上げるとともに、日本との共通点や相違点に着目し、多様な習慣や価値観などをもっている人々と共存していくことの意義に気付くよう工夫すること。
(イ) (2)については、次のとおり取り扱うこと。
　ここで取り上げる地球的課題については、国際連合における持続可能な開発のための取組などを参考に、「地球的課題の地域間で共通する傾向性や課題相互の関連性」などを理解するために、世界各地で見られる様々な地球的課題の中から、ふさわしい特色ある事例を選んで設定すること。その際、地球環境問題、資源・エネルギー問題、人口・食料問題及び居住・都市問題などの地球的課題は、それぞれ相互に関連し合い、地域を越えた課題であるとともに地域によって現れ方が異なるなど共通性とともに地域性をもつことに留意し、それらの現状や要因の分析、解決の方向性については、複数の立場や意見があることに留意すること。また、地球的課題の解決については、人々の生活を支える産業などの経済活動との調和のとれた取組が重要であり、それが持続可能な社会づくりにつながることに留意すること。
ウ 内容のCについては、次のとおり取り扱うものとすること。
(ア) (1)については、次のとおり取り扱うこと。
　日本は変化に富んだ地形や気候をもち、様々な自然災害が多発することから、早くから自然災害への対応に努めてきたことなどを、具体例を通して取り扱うこと。その際、地形図やハザードマップなどの主題図の読図など、日常生活と結び付いた地理的技能を身に付けるとともに、防災意識を高めるよう工夫すること。
　「我が国をはじめ世界で見られる自然災害」及び「生徒の生活圏で見られる自然災害」については、それぞれ地震災害

や津波災害、風水害、火山災害などの中から、適切な事例を取り上げること。
(イ) (2)については、次のとおり取り扱うこと。
　「生活圏の調査」については、その指導に当たって、これまでの学習成果を活用しながら、生徒の特性や学校所在地の事情などを考慮して、地域調査を実施し、生徒が適切にその方法を身に付けるよう工夫すること。

歴史総合

1 目標

社会的事象の歴史的な見方・考え方を働かせ、課題を追究したり解決したりする活動を通して、広い視野に立ち、グローバル化する国際社会に主体的に生きる平和で民主的な国家及び社会の有為な形成者に必要な公民としての資質・能力を次のとおり育成することを目指す。

(1) 近現代の歴史の変化に関わる諸事象について、世界とその中の日本を広く相互的な視野から捉え、現代的な諸課題の形成に関わる近現代の歴史を理解するとともに、諸資料から歴史に関する様々な情報を適切かつ効果的に調べまとめる技能を身に付けるようにする。

(2) 近現代の歴史の変化に関わる事象の意味や意義、特色などを、時期や年代、推移、比較、相互の関連や現在とのつながりなどに着目して、概念などを活用して多面的・多角的に考察したり、歴史に見られる課題を把握し解決を視野に入れて構想したりする力や、考察、構想したことを効果的に説明したり、それらを基に議論したりする力を養う。

(3) 近現代の歴史の変化に関わる諸事象について、よりよい社会の実現を視野に課題を主体的に追究、解決しようとする態度を養うとともに、多面的・多角的な考察や深い理解を通して涵養される日本国民としての自覚、我が国の歴史に対する愛情、他国や他国の文化を尊重することの大切さについての自覚などを深める。

2 内容

A 歴史の扉

(1) 歴史と私たち
　諸資料を活用し、課題を追究したり解決したりする活動を通して、次の事項を身に付けることができるよう指導する。
ア 次のような知識を身に付けること。
(ア) 私たちの生活や身近な地域などに見られる諸事象を基に、それらが日本や日本周辺の地域及び世界の歴史とつながっていることを理解すること。
イ 次のような思考力、判断力、表現力等を身に付けること。
(ア) 近代化、国際秩序の変化や大衆化、グローバル化などの歴史の変化と関わらせて、アで取り上げる諸事象と日本や日本周辺の地域及び世界の歴史との関連性について考察し、表現すること。

(2) 歴史の特質と資料
　日本や世界の様々な地域の人々の歴史的な営みの痕跡や記録である遺物、文書、図像などの資料を活用し、課題を追究したり解決したりする活動を通して、次の事項を身に付けることができるよう指導する。
ア 次のような知識を身に付けること。
(ア) 資料に基づいて歴史が叙述されていることを理解すること。
イ 次のような思考力、判断力、表現力等を身に付けること。
(ア) 複数の資料の関係や異同に着目して、資料から読み取った情報の意味や意義、特色などを考察し、表現すること。

B 近代化と私たち

(1) 近代化への問い
　交通と貿易、産業と人口、権利意識と政治参加や国民の義務、学校教育、労働と家族、移民などに関する資料を活用し、課題を追究したり解決したりする活動を通して、次の事項を身に付けることができるよう指導する。
ア 次のような技能を身に付けること。
(ア) 資料から情報を読み取ったりまとめたりする技能を身に付けること。
イ 次のような思考力、判断力、表現力等を身に付けること。
(ア) 近代化に伴う生活や社会の変容について考察し、問いを表現すること。

(2) 結び付く世界と日本の開国
　諸資料を活用し、課題を追究したり解決したりする活動を通して、次の事項を身に付けることができるよう指導する。
ア 次のような知識を身に付けること。
(ア) 18世紀のアジアや日本における生産と流通、アジア各地域間やアジア諸国と欧米諸国の貿易などを基に、18世紀のアジアの経済と社会を理解すること。
(イ) 産業革命と交通・通信手段の革新、中国の開港と日本の開国などを基に、工業化と世界市場の形成を理解すること。
イ 次のような思考力、判断力、表現力等を身に付けること。
(ア) 18世紀のアジア諸国の経済が欧米諸国に与えた影響などに着目して、主題を設定し、アジア諸国とその他の国や地域の動向を比較したり、相互に関連付けたりするなどして、18世紀のアジア諸国における経済活動の特徴、アジア各地域間の関係、アジア諸国と欧米諸国との関係などを多面的・多角的に考察し、表現すること。
(イ) 産業革命の影響、中国の開港と日本の開国の背景とその影響などに着目して、主題を設定し、アジア諸国とその他の国や地域の動向を比較したり、相互に関連付けたりするなどして、アジア諸国と欧米諸国との関係の変容などを多面的・多角的に考察し、表現すること。

(3) 国民国家と明治維新
　諸資料を活用し、課題を追究したり解決したりする活動を通して、次の事項を身に付けることができるよう指導する。
ア 次のような知識を身に付けること。
(ア) 18世紀後半以降の欧米の市民革命や国民統合の動向、日本の明治維新や大日本帝国憲法の制定などを基に、立憲体制と国民国家の形成を理解すること。
(イ) 列強の進出と植民地の形成、日清・日露戦争などを基に、列強の帝国主義政策とアジア諸国の変容を理解すること。
イ 次のような思考力、判断力、表現力等を身に付けること。
(ア) 国民国家の形成の背景や影響などに着目して、主題を設定し、アジア諸国とその他の国や地域の動向を比較したり、相互に関連付けたりするなどして、政治変革の特徴、国民国家の特徴や社会の変容などを多面的・多角的に考察し、表現すること。
(イ) 帝国主義政策の背景、帝国主義政策がアジア・アフリカに与えた影響などに着目して、主題を設定し、アジア諸国とその他の国や地域の動向を比較したり、相互に関連付けたりするなどして、帝国主義政策の特徴、列強間の関係の変容などを多面的・多角的に考察し、表現すること。

(4) 近代化と現代的な諸課題
　内容のA及びBの(1)から(3)までの学習などを基に、自由・制限、平等・格差、開発・保全、統合・分化、対立・協調などの観点から主題を設定し、諸資料を活用して、追究したり解決

したりする活動を通して、次の事項を身に付けることができるよう指導する。
ア 次のような知識を身に付けること。
(ア) 現代的な諸課題の形成に関わる近代化の歴史を理解すること。
イ 次のような思考力、判断力、表現力等を身に付けること。
(ア) 事象の背景や原因、結果や影響などに着目して、アジア諸国とその他の国や地域の動向を比較したり、相互に関連付けたりするなどして、主題について多面的・多角的に考察し、表現すること。

C 国際秩序の変化や大衆化と私たち
(1) 国際秩序の変化や大衆化への問い
国際関係の緊密化、アメリカ合衆国とソヴィエト連邦の台頭、植民地の独立、大衆の政治的・経済的・社会的地位の変化、生活様式の変化などに関する資料を活用し、課題を追究したり解決したりする活動を通して、次の事項を身に付けることができるよう指導する。
ア 次のような技能を身に付けること。
(ア) 資料から情報を読み取ったりまとめたりする技能を身に付けること。
イ 次のような思考力、判断力、表現力等を身に付けること。
(ア) 国際秩序の変化や大衆化に伴う生活や社会の変容について考察し、問いを表現すること。

(2) 第一次世界大戦と大衆社会
諸資料を活用し、課題を追究したり解決したりする活動を通して、次の事項を身に付けることができるよう指導する。
ア 次のような知識を身に付けること。
(ア) 第一次世界大戦の展開、日本やアジアの経済成長、ソヴィエト連邦の成立とアメリカ合衆国の台頭、ナショナリズムの動向と国際連盟の成立などを基に、総力戦と第一次世界大戦後の国際協調体制を理解すること。
(イ) 大衆の政治参加と女性の地位向上、大正デモクラシーと政党政治、大量消費社会と大衆文化、教育の普及とマスメディアの発達などを基に、大衆社会の形成と社会運動の広がりを理解すること。
イ 次のような思考力、判断力、表現力等を身に付けること。
(ア) 第一次世界大戦の推移と第一次世界大戦が大戦後の世界に与えた影響、日本の参戦の背景と影響などに着目して、主題を設定し、日本とその他の国や地域の動向を比較したり、関連付けたりするなどして、第一次世界大戦の性格と惨禍、日本とアジア及び太平洋地域の関係や国際協調体制の特徴などを多面的・多角的に考察し、表現すること。
(イ) 第一次世界大戦前後の社会の変化などに着目して、主題を設定し、日本とその他の国や地域の動向を比較したり、関連付けたりするなどして、第一次世界大戦後の社会の変容と社会運動との関連などを多面的・多角的に考察し、表現すること。

(3) 経済危機と第二次世界大戦
諸資料を活用し、課題を追究したり解決したりする活動を通して、次の事項を身に付けることができるよう指導する。
ア 次のような知識を身に付けること。
(ア) 世界恐慌、ファシズムの伸張、日本の対外政策などを基に、国際協調体制の動揺を理解すること。
(イ) 第二次世界大戦の展開、国際連合と国際経済体制、冷戦の始まりとアジア諸国の動向、戦後改革と日本国憲法の制定、平和条約と日本の独立の回復などを基に、第二次世界大戦後の国際秩序と日本の国際社会への復帰を理解すること。
イ 次のような思考力、判断力、表現力等を身に付けること。
(ア) 経済危機の背景と影響、国際秩序や政治体制の変化などに着目して、主題を設定し、日本とその他の国や地域の動向を比較したり、相互に関連付けたりするなどして、各国の世界恐慌への対応の特徴、国際協調体制の動揺の要因などを多面的・多角的に考察し、表現すること。
(イ) 第二次世界大戦の推移と第二次世界大戦が大戦後の世界に与えた影響、第二次世界大戦後の国際秩序の形成が社会に及ぼした影響などに着目して、主題を設定し、日本とその他の国や地域の動向を比較したり、相互に関連付けたりするなどして、第二次世界大戦の性格と惨禍、第二次世界大戦下の社会状況や人々の生活、日本に対する占領政策と国際情勢との関係などを多面的・多角的に考察し、表現すること。

(4) 国際秩序の変化や大衆化と現代的な諸課題
内容のA及びCの(1)から(3)までの学習などを基に、自由・制限、平等・格差、開発・保全、統合・分化、対立・協調などの観点から主題を設定し、諸資料を活用して、追究したり解決したりする活動を通して、次の事項を身に付けることができるよう指導する。
ア 次のような知識を身に付けること。
(ア) 現代的な諸課題の形成に関わる国際秩序の変化や大衆化の歴史を理解すること。
イ 次のような思考力、判断力、表現力等を身に付けること。
(ア) 事象の背景や原因、結果や影響などに着目して、日本とその他の国や地域の動向を比較したり、相互に関連付けたりするなどして、主題について多面的・多角的に考察し表現すること。

D グローバル化と私たち
(1) グローバル化への問い
冷戦と国際関係、人と資本の移動、高度情報通信、食料と人口、資源・エネルギーと地球環境、感染症、多様な人々の共存などに関する資料を活用し、課題を追究したり解決したりする活動を通して、次の事項を身に付けることができるよう指導する。
ア 次のような技能を身に付けること。
(ア) 資料から情報を読み取ったりまとめたりする技能を身に付けること。
イ 次のような思考力、判断力、表現力等を身に付けること。
(ア) グローバル化に伴う生活や社会の変容について考察し、問いを表現すること。

(2) 冷戦と世界経済
諸資料を活用し、課題を追究したり解決したりする活動を通して、次の事項を身に付けることができるよう指導する。
ア 次のような知識を身に付けること。
(ア) 脱植民地化とアジア・アフリカ諸国、冷戦下の地域紛争、先進国の政治の動向、軍備拡張や核兵器の管理などを基に、国際政治の変容を理解すること。
(イ) 西ヨーロッパや東南アジアの地域連携、計画経済とその波及、日本の高度経済成長などを基に、世界経済の拡大と経済成長下の日本の社会を理解すること。
イ 次のような思考力、判断力、表現力等を身に付けること。
(ア) 地域紛争の背景や影響、冷戦が各国の政治に及ぼした影響などに着目して、主題を設定し、日本とその他の国や地域の動向を比較したり、相互に関連付けたりするなどして、地域紛争と冷戦の関係、第三世界の国々の経済政策の特徴、欧米やソヴィエト連邦の政策転換の要因などを多面的・多角的に考察し、表現すること。
(イ) 冷戦が各国経済に及ぼした影響、地域連携の背景と影響、日本の高度経済成長の背景と影響などに着目して、主題を設定し、日本とその他の国や地域の動向を比較したり、相互に関連付けたりするなどして、冷戦下の世界経済や地域連携の特徴、経済成長による生活や社会の変容などを多面的・多角

的に考察し、表現すること。
(3) 世界秩序の変容と日本
　諸資料を活用し、課題を追究したり解決したりする活動を通して、次の事項を身に付けることができるよう指導する。
ア　次のような知識を身に付けること。
(ｱ) 石油危機、アジアの諸地域の経済発展、市場開放と経済の自由化、情報通信技術の発展などを基に、市場経済の変容と課題を理解すること。
(ｲ) 冷戦の終結、民主化の進展、地域統合の拡大と変容、地域紛争の拡散とそれへの対応などを基に、冷戦終結後の国際政治の変容と課題を理解すること。
イ　次のような思考力、判断力、表現力等を身に付けること。
(ｱ) アジアの諸地域の経済発展の背景、経済の自由化や技術革新の影響、資源・エネルギーと地球環境問題が世界経済に及ぼした影響などに着目して、主題を設定し、日本とその他の国や地域の動向を比較したり、相互に関連付けたりするなどして、市場経済のグローバル化の特徴と日本の役割などを多面的・多角的に考察し、表現すること。
(ｲ) 冷戦の変容と終結の背景、民主化や地域統合の背景と影響、地域紛争の拡散の背景と影響などに着目して、主題を設定し、日本とその他の国や地域の動向を比較したり、相互に関連付けたりするなどして、冷戦終結後の国際政治の特徴と日本の役割などを多面的・多角的に考察し、表現すること。
(4) 現代的な諸課題の形成と展望
　内容のA、B及びC並びにDの(1)から(3)までの学習などを基に、持続可能な社会の実現を視野に入れ、主題を設定し、諸資料を活用し探究する活動を通して、次の事項を身に付けることができるよう指導する。
ア　次のような知識を身に付けること。
(ｱ) 歴史的経緯を踏まえて、現代的な諸課題を理解すること。
イ　次のような思考力、判断力、表現力等を身に付けること。
(ｱ) 事象の背景や原因、結果や影響などに着目して、日本とその他の国や地域の動向を比較し相互に関連付けたり、現代的な諸課題を展望したりするなどして、主題について多面的・多角的に考察、構想し、表現すること。

3　内容の取扱い

(1) 内容の全体にわたって、次の事項に配慮するものとする。
ア　この科目では、中学校までの学習との連続性に留意して諸事象を取り上げることにより、生徒が興味・関心をもって近現代の歴史を学習できるよう指導を工夫すること。その際、近現代の歴史の変化を大観して理解し、考察、表現できるようにすることに指導の重点を置き、個別の事象のみの理解にとどまることのないよう留意すること。
イ　歴史に関わる諸事象については、地理的条件と関連付けて扱うとともに、特定の時間やその推移及び特定の空間やその広がりの中で生起することを踏まえ、時間的・空間的な比較や関連付けなどにより捉えられるよう指導を工夫すること。
ウ　近現代の歴史と現代的な諸課題との関わりを考察する際には、政治、経済、社会、文化、宗教、生活などの観点から諸事象を取り上げ、近現代の歴史を多面的・多角的に考察できるようにすること。また、過去の視点のみで一面的に現在を捉えたり、現在の視点のみで一面的に過去を捉えたりすることがないよう留意すること。
エ　年表や地図、その他の資料を積極的に活用し、文化遺産、博物館や公文書館、その他の資料館などを調査・見学したりするなど、具体的に学ぶよう指導を工夫すること。その際、歴史に関わる諸資料を整理・保存する意味や意義に気付くようにすること。また、科目の内容に関係する専門家や関係諸機関などとの円滑な連携・協働を図り、社会との関わりを意識した指導を工夫すること。
オ　活用する資料の選択に際しては、生徒の興味・関心、学校や地域の実態などに十分配慮して行うこと。
カ　指導に当たっては、客観的かつ公正な資料に基づいて、事実の正確な理解に導くとともに、多面的・多角的に考察し公正に判断する能力を育成すること。その際、核兵器などの脅威に着目させ、戦争や紛争などを防止し、平和で民主的な国際社会を実現することが重要な課題であることを認識するよう指導を工夫すること。

(2) 内容の取扱いに当たっては、次の事項に配慮するものとする。
ア　内容のA、B、C及びDについては、この順序で取り扱うものとし、A、B及びC並びにDの(1)から(3)までの学習をすることにより、Dの(4)の学習が充実するように年間指導計画を作成すること。
イ　内容のAについては、次のとおり取り扱うものとすること。
　この科目の導入として位置付け、(1)、(2)の順で取り扱うこと。また、中学校社会科の学習の成果を踏まえ、より発展的に学習できるよう留意するとともに、B、C及びDの学習の基盤を養うよう指導を工夫すること。
(1)については、中学校社会科の学習を踏まえ、生徒の空間的な認識に広がりをもたせるよう指導を工夫すること。
(2)については、資料から読み取る諸事象の解釈の違いが複数の叙述を生むことを理解できるよう具体的な事例を取り上げて指導すること。また、歴史の叙述には、諸資料の検証と論理性などが求められることに気付くようにすること。
ウ　内容のBについては、次のとおり取り扱うものとすること。
(1)については、中学校までの学習及びAの学習を踏まえ、学習内容への課題意識をもたせるとともに、(2)、(3)及び(4)の学習内容を見通して指導すること。
(2)のアについては、日本の美術などのアジアの文物が欧米諸国に与えた影響に気付くようにすること。また、欧米諸国がアジア諸国に進出し、軍事力を背景に勢力拡張を目指した競争が展開され、アジアの経済と社会の仕組みが変容したことにも触れること。また、アジア貿易における琉球の役割、北方との交易をしていたアイヌについて触れること。その際、琉球やアイヌの文化についても触れること。
(3)のアの(ｱ)については、人々の政治的な発言権が拡大し近代民主主義社会の基礎が成立したことや、国民国家以外の国家形態が存在したことにも触れること。また、富国強兵や大日本帝国憲法の制定など日本の近代化への諸政策については、この時期に日本の立憲国家としての基礎が形成されたことや、それらと欧米諸国の諸政策を比較するなどして近代国家として日本の国際的地位を欧米諸国と対等に引き上げようとするものであったことに気付くようにすること。また、日本の国民国家の形成などの学習において、領土の画定などを取り扱うようにすること。その際、北方領土に触れるとともに、竹島、尖閣諸島の編入についても触れること。
(3)のアの(ｲ)については、アジア諸国では、近代化に向けた動向や民族意識の形成など、主体的な社会変革への動きがあったことにも気付くようにすること。また、日本の近代化や日露戦争の結果が、アジアの諸民族の独立や近代化の運動に与えた影響とともに、欧米諸国がアジア諸国へ勢力を拡張し、日本が朝鮮半島や中国東北地方へ勢力を拡張したことに触れ、各国の国内状況や国際関係の変化に気付くようにすること。
(4)については、一つ、あるいは複数の観点について取り上げ、

これまでの学習を振り返り適切な主題を設定すること。その際、自由・制限、平等・格差、開発・保全、統合・分化、対立・協調などの観点に示された二つの要素のどちらかのみに着目することのないよう留意すること。
エ 内容のCについては、次のとおり取り扱うものとすること。
(1)については、中学校までの学習並びにA及びBの学習を踏まえ、学習内容への課題意識をもたせるとともに、(2)、(3)及び(4)の学習内容を見通して指導すること。
(2)のアの(ア)については、社会主義思想の広がりやロシア革命によるソヴィエト連邦の成立が、その後の世界に与えた影響にも触れること。また、国際連盟の成立、国際的な軍縮条約や不戦条約の締結などを扱い、その中で日本が果たした役割や国際的な立場の変化について触れること。
(2)のアの(イ)については、世論の影響力が高まる中で民主主義的風潮が形成され、日本において議会政治に基づく政党内閣制が機能するようになったことに触れること。
(3)のアの(ア)については、世界恐慌による混乱、日本の政治体制や対外政策の変化、国際協調を基調とするこれまでの国際秩序の変容などについて触れること。その際、当時の政治制度の特性や国際情勢に触れること。
(3)のアの(イ)については、第二次世界大戦の過程での米ソ対立や脱植民地化への萌芽などに触れ、大戦の複合的な性格に気付くようにすること。また、この戦争が人類全体に惨禍を及ぼしたことを基に、平和で民主的な国際社会の実現に努めることが大切であることを認識できるようにすること。戦後の国際政治では、冷戦と植民地の独立の動向が相互に関連していたことに触れること。
(4)については、一つ、あるいは複数の観点について取り上げ、これまでの学習を振り返り適切な主題を設定すること。その際、自由・制限、平等・格差、開発・保全、統合・分化、対立・協調などの観点に示された二つの要素のどちらかのみに着目することのないよう留意すること。
オ 内容のDについては、次のとおり取り扱うものとすること。
(1)については、中学校までの学習並びにA、B及びCの学習を踏まえ、学習内容への課題意識をもたせるとともに、(2)及び(3)の学習内容を見通して指導すること。
(2)については、アジア・アフリカ諸国が国際関係の変化に主体的に対応して国家建設を進めたことや、地域連携や経済成長と冷戦との関わりに気付くようにすること。また、この時期の日本の国内政治や、日本とアジア諸国との関係についても触れること。
(3)については、冷戦終結後も引き続き課題として残されたことや、冷戦終結後に新たに生じた課題などに触れること。その際、国家間の対立だけでなく、民族対立が拡大したり、武装集団によるテロ行為を契機として戦争が生じたりするなど、地域紛争の要因が多様化していることにも触れること。また、世界経済の安定に向けた取組を扱い、日本が先進国としての国際的な地位を確立してきたことに気付くようにするとともに、政府開発援助(ODA)や国際連合平和維持活動(PKO)、持続可能な開発のための取組などを扱い、日本が国際社会における重要な役割を担ってきたことにも気付くようにすること。
(4)については、この科目のまとめとして位置付けること。その際、Bの(4)及びCの(4)の内容を更に深めたり、Bの(4)及びCの(4)とは異なる観点を取り上げたりして、この科目の学習を振り返り適切な主題を設定すること。

公共

1 目標

人間と社会の在り方についての見方・考え方を働かせ、現代の諸課題を追究したり解決したりする活動を通して、広い視野に立ち、グローバル化する国際社会に主体的に生きる平和で民主的な国家及び社会の有為な形成者に必要な公民としての資質・能力を次のとおり育成することを目指す。
(1) 現代の諸課題を捉え考察し、選択・判断するための手掛かりとなる概念や理論について理解するとともに、諸資料から、倫理的主体などとして活動するために必要となる情報を適切かつ効果的に調べまとめる技能を身に付けるようにする。
(2) 現実社会の諸課題の解決に向けて、選択・判断の手掛かりとなる考え方や公共的な空間における基本的原理を活用して、事実を基に多面的・多角的に考察し公正に判断する力や、合意形成や社会参画を視野に入れながら構想したことを議論する力を養う。
(3) よりよい社会の実現を視野に、現代の諸課題を主体的に解決しようとする態度を養うとともに、多面的・多角的な考察や深い理解を通して涵養される、現代社会に生きる人間としての在り方生き方についての自覚や、公共的な空間に生き国民主権を担う公民として、自国を愛し、その平和と繁栄を図ることや、各国が相互に主権を尊重し、各国民が協力し合うことの大切さについての自覚などを深める。

2 内容

A 公共の扉
(1) 公共的な空間を作る私たち
　公共的な空間と人間との関わり、個人の尊厳と自主・自律、人間と社会の多様性と共通性などに着目して、社会に参画する自立した主体とは何かを問い、現代社会に生きる人間としての在り方生き方を探求する活動を通して、次の事項を身に付けることができるよう指導する。
ア 次のような知識を身に付けること。
(ア) 自らの体験などを振り返ることを通して、自らを成長させる人間としての在り方生き方について理解すること。
(イ) 人間は、個人として相互に尊重されるべき存在であるとともに、対話を通して互いの様々な立場を理解し高め合うことのできる社会的な存在であること、伝統や文化、先人の取組や知恵に触れたりすることなどを通して、自らの価値観を形成するとともに他者の価値観を尊重することができるようになる存在であることについて理解すること。
(ウ) 自分自身が、自主的によりよい公共的な空間を作り出していこうとする自立した主体になることが、自らのキャリア形成とともによりよい社会の形成に結び付くことについて理解すること。
イ 次のような思考力、判断力、表現力等を身に付けること。
(ア) 社会に参画する自立した主体とは、孤立して生きるのではなく、地域社会などの様々な集団の一員として生き、他者との協働により当事者として国家・社会などの公共的な空間を作る存在であることについて多面的・多角的に考察し、表現すること。
(2) 公共的な空間における人間としての在り方生き方
　主体的に社会に参画し、他者と協働することに向けて、幸福、正義、公正などに着目して、課題を追究したり解決したりする活動を通して、次の事項を身に付けることができるよう指導する。

ア 次のような知識及び技能を身に付けること。
(ア) 選択・判断の手掛かりとして、行為の結果である個人や社会全体の幸福を重視する考え方や、行為の動機となる公正などの義務を重視する考え方などについて理解すること。
(イ) 現代の諸課題について自らも他者も共に納得できる解決方法を見いだすことに向け、(ア)に示す考え方を活用することを通して、行為者自身の人間としての在り方生き方について探求することが、よりよく生きていく上で重要であることについて理解すること。
(ウ) 人間としての在り方生き方に関わる諸資料から、よりよく生きる行為者として活動するために必要な情報を収集し、読み取る技能を身に付けること。
イ 次のような思考力、判断力、表現力等を身に付けること。
(ア) 倫理的価値の判断において、行為の結果である個人や社会全体の幸福を重視する考え方と、行為の動機となる公正などの義務を重視する考え方などを活用し、自らも他者も共に納得できる解決方法を見いだすことに向け、思考実験など概念的な枠組みを用いて考察する活動を通して、人間としての在り方生き方を多面的・多角的に考察し、表現すること。
(3) 公共的な空間における基本的原理
自主的によりよい公共的な空間を作り出していこうとする自立した主体となることに向けて、幸福、正義、公正などに着目して、課題を追究したり解決したりする活動を通して、次の事項を身に付けることができるよう指導する。
ア 次のような知識を身に付けること。
(ア) 各人の意見や利害を公平・公正に調整することなどを通して、人間の尊厳と平等、協働の利益と社会の安定性の確保を共に図ることが、公共的な空間を作る上で必要であることについて理解すること。
(イ) 人間の尊厳と平等、個人の尊重、民主主義、法の支配、自由・権利と責任・義務など、公共的な空間における基本的原理について理解すること。
イ 次のような思考力、判断力、表現力等を身に付けること。
(ア) 公共的な空間における基本的原理について、思考実験など概念的な枠組みを用いて考察する活動を通して、個人と社会との関わりにおいて多面的・多角的に考察し、表現すること。
B 自立した主体としてよりよい社会の形成に参画する私たち
自立した主体としてよりよい社会の形成に参画することに向けて、現実社会の諸課題に関わる具体的な主題を設定し、幸福、正義、公正などに着目して、他者と協働して主題を追究したり解決したりする活動を通して、次の事項を身に付けることができるよう指導する。
ア 次のような知識及び技能を身に付けること。
(ア) 法や規範の意義及び役割、多様な契約及び消費者の権利と責任、司法参加の意義などに関わる現実社会の事柄や課題を基に、憲法の下、適正な手続きに則り、法や規範に基づいて各人の意見や利害を公平・公正に調整し、個人や社会の紛争を調停、解決することなどを通して、権利や自由が保障、実現され、社会の秩序が形成、維持されていくことについて理解すること。
(イ) 政治参加と公正な世論の形成、地方自治、国家主権、領土（領海、領空を含む。）、我が国の安全保障と防衛、国際貢献を含む国際社会における我が国の役割などに関わる現実社会の事柄や課題を基に、よりよい社会は、憲法の下、個人が議論に参加し、意見や利害の対立状況を調整して合意を形成することなどを通して築かれるものであることについて理解すること。
(ウ) 職業選択、雇用と労働問題、財政及び租税の役割、少子高齢社会における社会保障の充実・安定化、市場経済の機能と限界、金融の働き、経済のグローバル化と相互依存関係の深まり（国際社会における貧困や格差の問題を含む。）などに関わる現実社会の事柄や課題を基に、公正かつ自由な経済活動を行うことを通して資源の効率的な配分が図られること、市場経済システムを機能させたり国民福祉の向上に寄与したりする役割を政府などが担っていること及びより活発な経済活動と個人の尊重を共に成り立たせることが必要であることについて理解すること。
(エ) 現実社会の諸課題に関わる諸資料から、自立した主体として活動するために必要な情報を適切かつ効果的に収集し、読み取り、まとめる技能を身に付けること。
イ 次のような思考力、判断力、表現力等を身に付けること。
(ア) アの(ア)から(ウ)までの事項について、法、政治及び経済などの側面を関連させ、自立した主体として解決が求められる具体的な主題を設定し、合意形成や社会参画を視野に入れながら、その主題の解決に向けて事実を基に協働して考察したり構想したりしたことを、論拠をもって表現すること。
C 持続可能な社会づくりの主体となる私たち
持続可能な地域、国家・社会及び国際社会づくりに向けた役割を担う、公共の精神をもった自立した主体となることに向けて、幸福、正義、公正などに着目して、現代の諸課題を探究する活動を通して、次の事項を身に付けることができるよう指導する。
ア 地域の創造、よりよい国家・社会の構築及び平和で安定した国際社会の形成へ主体的に参画し、共に生きる社会を築くという観点から課題を見いだし、その課題の解決に向けて事実を基に協働して考察、構想し、妥当性や効果、実現可能性などを指標にして、論拠を基に自分の考えを説明、論述すること。

3 内容の取扱い

(1) 内容の全体にわたって、次の事項に配慮するものとする。
ア 内容のA、B及びCについては、この順序で取り扱うものとし、既習の学習の成果を生かすこと。
イ 中学校社会科及び特別の教科である道徳、高等学校公民科に属する他の科目、この章に示す地理歴史科、家庭科及び情報科並びに特別活動などとの関連を図るとともに、項目相互の関連に留意しながら、全体としてのまとまりを工夫し、特定の事項だけに指導が偏らないようにすること。
(2) 指導計画の作成に当たっては、次の事項に配慮するものとする。
ア 第1章第1款の2の(2)に示す道徳教育の目標に基づき、この科目の特質に応じて適切な指導をすること。
(3) 内容の取扱いに当たっては、次の事項に配慮するものとする。
ア この科目の内容の特質に応じ、学習のねらいを明確にした上でそれぞれ関係する専門家や関係諸機関などとの連携・協働を積極的に図り、社会との関わりを意識した主題を追究したり解決したりする活動の充実を図るようにすること。また、生徒が他者と共に生きる自らの生き方に関わって主体的・対話的に考察、構想し、表現できるよう学習指導の展開を工夫すること。
イ この科目においては、教科目標の実現を見通した上で、キャリア教育の充実の観点から、特別活動などと連携し、自立した主体として社会に参画する力を育む中核的機能を担うことが求められることに留意すること。
ウ 生徒が内容の基本的な意味を理解できるように配慮し、小・中学校社会科などで鍛えられた見方・考え方に加え、人間と

社会の在り方についての見方・考え方を働かせ、現実社会の諸課題と関連付けながら具体的事例を通して社会的事象等についての理解を深め、多面的・多角的に考察、構想し、表現できるようにすること。

エ 科目全体を通して、選択・判断の手掛かりとなる考え方や公共的な空間における基本的原理を活用して、事実を基に多面的・多角的に考察し公正に判断する力を養うとともに、考察、構想したことを説明したり、論拠を基に自分の意見を説明、論述させたりすることにより、思考力、判断力、表現力等を養うこと。また、考察、構想させる場合には、資料から必要な情報を読み取らせて解釈させたり、議論などを行って考えを深めさせたりするなどの工夫をすること。

オ 内容のAについては、次のとおり取り扱うものとすること。

(ア) この科目の導入として位置付け、(1)、(2)、(3)の順序で取り扱うものとし、B及びCの学習の基盤を養うよう指導すること。その際、Aに示した事項については、B以降の学習においても、それらを踏まえて学習が行われるよう特に留意すること。

(イ) Aに示したそれぞれの事項を適切に身に付けることができるよう、指導のねらいを明確にした上で、今まで受け継がれてきた我が国の文化的蓄積を含む古今東西の先人の取組、知恵などにも触れること。

(ウ) (1)については、アの(ア)から(ウ)までのそれぞれの事項との関連において、学校や地域などにおける生徒の自発的、自治的な活動やBで扱う現実社会の事柄や課題に関わる具体的な場面に触れ、生徒の学習意欲を喚起することができるよう工夫すること。その際、公共的な空間に生きる人間は、様々な集団の一員としての役割を果たす存在であること、伝統や文化、宗教などを背景にして現代の社会が成り立っていることについても触れること。また、生涯における青年期の課題を人、集団及び社会との関わりから捉え、他者と共に生きる自らの生き方についても考察できるよう工夫すること。

(エ) (2)については、指導のねらいを明確にした上で、環境保護、生命倫理などの課題を扱うこと。その際、Cで探究する課題との関わりに留意して課題を取り上げるようにすること。

(オ) (3)については、指導のねらいを明確にした上で、日本国憲法との関わりに留意して指導すること。「人間の尊厳と平等、個人の尊重」については、男女が共同して社会に参画することの重要性についても触れること。

カ 内容のBについては、次のとおり取り扱うものとすること。

(ア) アの(ア)から(ウ)までのそれぞれの事項は学習の順序を示すものではなく、イの(ア)において設定する主題については、生徒の理解のしやすさに応じ、学習意欲を喚起することができるよう創意工夫した適切な順序で指導すること。

(イ) 小学校及び中学校で習得した知識などを基盤に、Aで身に付けた選択・判断の手掛かりとなる考え方や公共的な空間における基本的原理を活用して、現実社会の諸課題に関わり設定した主題について、個人を起点に他者と協働して多面的・多角的に考察、構想するとともに、協働の必要な理由、協働を可能とする条件、協働を阻害する要因などについて考察を深めることができるようにすること。その際、生徒の学習意欲を高める具体的な問いを立て、協働して主題を追究したり解決したりすることを通して、自立した主体としてよりよい社会の形成に参画するために必要な知識及び技能を習得できるようにするという観点から、生徒の日常の社会生活と関連付けながら具体的な事柄を取り上げること。

(ウ) 生徒や学校、地域の実態などに応じて、アの(ア)から(ウ)までのそれぞれの事項において主題を設定すること。その際、主題に関わる基本的人権の保障に関連付けて取り扱ったり、自立した主体となる個人を支える家族・家庭や地域などにあるコミュニティに着目して、世代間の協力、協働や、自助、共助及び公助などによる社会的基盤の強化などと関連付けたりするなどして、主題を追究したり解決したりできるようにすること。また、指導のねらいを明確にした上で、現実の具体的な社会的事象等を扱ったり、模擬的な活動を行ったりすること。

(エ) アの(ア)の「法や規範の意義及び役割」については、法や道徳などの社会規範がそれぞれの役割を有していることや、法の役割の限界についても扱うこと。「多様な契約及び消費者の権利と責任」については、私法に関する基本的な考え方についても扱うこと。「司法参加の意義」については、裁判員制度についても扱うこと。

(オ) アの(イ)の「政治参加と公正な世論の形成、地方自治」については関連させて取り扱い、地方自治や我が国の民主政治の発展に寄与しようとする自覚や住民としての自治意識の涵養に向けて、民主政治の推進における選挙の意義について指導すること。「国家主権、領土（領海、領空を含む。）」については関連させて取り扱い、我が国が、固有の領土である竹島や北方領土に関し残されている問題の平和的な手段による解決に向けて努力していることや、尖閣諸島をめぐり解決すべき領有権の問題は存在していないことなどを取り上げること。「国家主権、領土（領海、領空を含む。）」及び「我が国の安全保障と防衛」については、国際法と関連させて取り扱うこと。「国際貢献」については、国際連合における持続可能な開発のための取組についても扱うこと。

(カ) アの(ウ)の「職業選択」については、産業構造の変化やその中での起業についての理解を深めることができるようにすること。「雇用と労働問題」については、仕事と生活の調和という観点から労働保護立法についても扱うこと。「財政及び租税の役割、少子高齢社会における社会保障の充実・安定化」については関連させて取り扱い、国際比較の観点から、我が国の財政の現状や少子高齢社会など、現代社会の特色を踏まえて財政の持続可能性と関連付けて扱うこと。「金融の働き」については、金融とは経済主体間の資金の融通であることの理解を基に、金融を通した経済活動の活性化についても触れること。「経済のグローバル化と相互依存関係の深まり（国際社会における貧困や格差の問題を含む。）」については、文化や宗教の多様性についても触れ、自他の文化などを尊重する相互理解と寛容の態度を養うことができるよう留意して指導すること。

(キ) アの(エ)については、(ア)から(ウ)までのそれぞれの事項と関連させて取り扱い、情報に関する責任や、利便性及び安全性を多面的・多角的に考察していくことを通して、情報モラルを含む情報の妥当性や信頼性を踏まえた公正な判断力を身に付けることができるよう指導すること。その際、防災情報の受信、発信などにも触れること。

キ 内容のCについては、次のとおり取り扱うものとすること。

(ア) この科目のまとめとして位置付け、社会的な見方・考え方を総合的に働かせ、Aで身に付けた選択・判断の手掛かりとなる考え方や公共的な空間における基本的原理などを活用するとともに、A及びBで扱った課題などへの関心を一層高めるよう指導すること。また、個人を起点として、自立、協働の観点から、多様性を尊重し、合意形成や社会参画を視野に入れながら探究できるよう指導すること。

(イ) 課題の探究に当たっては、法、政治及び経済などの個々の制度にとどまらず、各領域を横断して総合的に探究できるよう指導すること。

表1　中等社会科（中学社会・地歴科・公民科）目標比較

中学社会	地理歴史科	公民科
社会的な見方・考え方を働かせ、課題を追究したり解決したりする活動を通して、広い視野に立ち、グローバル化する国際社会に主体的に生きる平和で民主的な国家及び社会の形成者に必要な公民としての資質・能力の基礎を次のとおり育成することを目指す。 (1) 我が国の国土と歴史、現代の政治、経済、国際関係等に関して理解するとともに、調査や諸資料から様々な情報を効果的に調べまとめる技能を身に付けるようにする。 (2) 社会的事象の意味や意義、特色や相互の関連を多面的・多角的に考察したり、社会に見られる課題の解決に向けて選択・判断したりする力、思考・判断したことを説明したり、それらを基に議論したりする力を養う。 (3) 社会的事象について、よりよい社会の実現を視野に課題を主体的に解決しようとする態度を養うとともに、多面的・多角的な考察や深い理解を通して涵養される我が国の国土や歴史に対する愛情、国民主権を担う公民として、自国を愛し、その平和と繁栄を図ることや、他国や他国の文化を尊重することの大切さについての自覚などを深める。	社会的な見方・考え方を働かせ、課題を追究したり解決したりする活動を通して、広い視野に立ち、グローバル化する国際社会に主体的に生きる平和で民主的な国家及び社会の有為な形成者に必要な公民としての資質・能力を次のとおり育成することを目指す。 (1) 現代世界の地域的特色と日本及び世界の歴史の展開に関して理解するとともに、調査や諸資料から様々な情報を適切かつ効果的に調べまとめる技能を身に付けるようにする。 (2) 地理や歴史に関わる事象の意味や意義、特色や相互の関連を、概念などを活用して多面的・多角的に考察したり、社会に見られる課題の解決に向けて構想したりする力や、考察、構想したことを効果的に説明したり、それらを基に議論したりする力を養う。 (3) 地理や歴史に関わる諸事象について、よりよい社会の実現を視野に課題を主体的に解決しようとする態度を養うとともに、多面的・多角的な考察や深い理解を通して涵養される日本国民としての自覚、我が国の国土や歴史に対する愛情、他国や他国の文化を尊重することの大切さについての自覚などを深める。	社会的な見方・考え方を働かせ、現代の諸課題を追究したり解決したりする活動を通して、広い視野に立ち、グローバル化する国際社会に主体的に生きる平和で民主的な国家及び社会の有為な形成者に必要な公民としての資質・能力を次のとおり育成することを目指す。 (1) 選択・判断の手掛かりとなる概念や理論及び倫理、政治、経済などに関わる現代の諸課題について理解するとともに、諸資料から様々な情報を適切かつ効果的に調べまとめる技能を身に付けるようにする。 (2) 現代の諸課題について、事実を基に概念などを活用して多面的・多角的に考察したり、解決に向けて公正に判断したりする力や、合意形成や社会参画を視野に入れながら構想したことを議論する力を養う。 (3) よりよい社会の実現を視野に、現代の諸課題を主体的に解決しようとする態度を養うとともに、多面的・多角的な考察や深い理解を通して涵養される、人間としての在り方生き方についての自覚や、国民主権を担う公民として、自国を愛し、その平和と繁栄を図ることや、各国が相互に主権を尊重し、各国民が協力し合うことの大切さについての自覚などを深める。

表2　中学社会および地歴・公民発展科目の骨格

中学・地理的分野	中学・歴史的分野	中学・公民的分野
A 世界と日本の地域構成 　(1) 地域構成 　　①世界の地域構成 　　②日本の地域構成 B 世界の様々な地域 　(1) 世界各地の人々の生活と環境 　(2) 世界の諸地域 C 日本の様々な地域 　(1) 地域調査の手法 　(2) 日本の地域的特色と地域区分 　(3) 日本の諸地域 　(4) 地域の在り方	A 歴史との対話 　(1) 私たちと歴史 　(2) 身近な地域の歴史 B 近世までの日本とアジア 　(1) 古代までの日本 　(2) 中世の日本 　(3) 近世の日本 C 近現代の日本と世界 　(1) 近代の日本と世界 　(2) 現代の日本と世界	A 私たちと現代社会 　(1) 私たちが生きる現代社会と文化の特色 　(2) 現代社会を捉える枠組み B 私たちと経済 　(1) 市場の働きと経済 　(2) 国民の生活と政府の役割 C 私たちと政治 　(1) 人間の尊重と日本国憲法の基本的原則 　(2) 民主政治と政治参加 D 私たちと国際社会の諸課題 　(1) 世界平和と人類の福祉の増大 　(2) よりよい社会を目指して

地歴科・地理探究	地歴科・日本史探究	地歴科・世界史探究
A 現代世界の系統地理的考察 　(1) 自然環境 　(2) 資源、産業 　(3) 交通・通信、観光 　(4) 人口、都市・村落 　(5) 生活文化、民族・宗教 B 現代世界の地誌的考察 　(1) 現代世界の地域区分 　(2) 現代世界の諸地域 C 現代世界におけるこれからの日本の国土像 　(1) 持続可能な国土像の探究	A 原始・古代の日本と東アジア 　(1) 黎明期の日本列島と歴史的環境 　(2) 歴史資料と原始・古代の展望 　(3) 古代の国家・社会の展開と画期 　　（歴史の解釈、説明、論述） B 中世の日本と世界 　(1) 中世への転換と歴史的環境 　(2) 歴史資料と中世の展望 　(3) 中世の国家・社会の展開と画期 　　（歴史の解釈、説明、論述） C 近世の日本と世界 　(1) 近世への転換と歴史的環境 　(2) 歴史資料と近世の展望 　(3) 近世の国家・社会の展開と画期 　　（歴史の解釈、説明、論述） D 近現代の地域・日本と世界 　(1) 近代への転換と歴史的環境 　(2) 歴史資料と近代の展望 　(3) 近現代の地域・日本と世界の画期と構造 　(4) 現代の日本の課題の探究	A 世界史へのまなざし 　(1) 地球環境から見る人類の歴史 　(2) 日常生活から見る世界の歴史 B 諸地域の歴史的特質の形成 　(1) 諸地域の歴史的特質への問い 　(2) 古代文明の歴史的特質 　(3) 諸地域の歴史的特質 C 諸地域の交流・再編 　(1) 諸地域の交流・再編への問い 　(2) 結び付くユーラシアと諸地域 　(3) アジア諸地域とヨーロッパの再編 D 諸地域の結合・変容 　(1) 諸地域の結合・変容への問い 　(2) 世界市場の形成と諸地域の結合 　(3) 帝国主義とナショナリズムの高揚 　(4) 第二次世界大戦と諸地域の変容 E 地球世界の課題 　(1) 国際機構の形成と平和への模索 　(2) 経済のグローバル化と格差の是正 　(3) 科学技術の高度化と知識基盤社会 　(4) 地球世界の課題の探究

公民科・倫理	公民科・政治経済
A 現代に生きる自己の課題と人間としての在り方生き方 　(1) 人間としての在り方生き方の自覚 　(2) 国際社会に生きる日本人としての自覚 B 現代の諸課題と倫理 　(1) 自然や科学技術に関わる諸課題と倫理 　(2) 社会と文化に関わる諸課題と倫理	A 現代日本における政治・経済の諸課題 　(1) 現代日本の政治・経済 　(2) 現代日本における政治・経済の諸課題の探究 B グローバル化する国際社会の諸課題 　(1) 現代の国際政治・経済 　(2) グローバル化する国際社会の諸課題の探究

資料・付録

4 索 引

【A-Z】

AI	19, 26, 86
ASEAN憲章	155
ESD教育	93
ESG投資	219
FAO(国連食糧農業機関)	80
GAFA(インターネット巨大企業)	86
GATT	146
GHQ	148
GIS(地理情報システム)	35, 52, 54, 58, 87
GNSS(衛星測位システム)	59
ICAN	157, 173
ICT	17, 19, 44
ILO(国際労働機関)	78, 216
IMF	146, 168
INF	166
IoT(モノのインターネット)	86
IPCC(国連の気候変動に関する政府間パネル)	83, 226
MDGs(ミレニアム開発目標)	52, 219
NGO「オックスファム」	65
NPT	172
OAPEC	164
ODA	207, 219
OPEC	164
PISA型学力	13
PM2.5	84
SDGs(持続可能な開発目標)	51, 52, 219
UNHCR(国連難民高等弁務官事務所)	100, 225
WFP	68, 81

【あ行】

アイヌ神謡集	98
アイヌ文化振興法	117
アイヌ民族支援法	98
アウシュビッツ	187
アクティブ・ラーニング	13, 19
アジアNIEs	168
アジア・アフリカ会議	154
アジア経済危機	168
アジアの大反乱	115
アダム・スミス	180, 208, 212
アッラー	72
アフリカ争奪戦争	124
アメリカ独立戦争	112
安重根	175
安全保障理事会	146
安楽死	220
家永教科書裁判	24
違憲立法審査	187, 188
違式詿違条例	118
異常気象	82
イスラーム(文明)	65, 72, 74
イスラエル	152, 157, 160
五日市憲法	120
「一般社会」	8
「一本のバナナから」	15
伊波普猷	116
イラク戦争	170, 173
植木枝盛	121
上原専禄	8, 14, 154
映像教材	17, 19, 36
エネルギー自立	91
大津和子	15
オープンエンド	15, 41
沖縄経済	97, 200
沖縄返還	96
温室効果ガス	64, 77, 82, 226
温暖化	219, 226

【か行】

改憲	188, 194
外国人の権利	199, 225
外国人労働者(技能実習生)	66, 100, 217, 218, 224
開発独裁体制	169
学習指導案	17, 18, 20
核兵器禁止条約	157, 173, 206
ガザ地区	160
カシミール3D	54, 58
課題と主題	178
合衆国憲法	112
科目あって教科なし	11
枯葉剤	162
過労死(病)	159, 216
環境破壊	84
環境マップ	92
カント	182
関東大震災	107, 135
企業の社会的責任	229
気候変動枠組み条約	83, 226
気候(要素)	53, 62, 82, 84, 89

逆進性	212
9・11テロ	170
教育基本法	178
教育の現代化	11
教科書検定	24
教科書問題	24
教材解釈	18
教材づくり	18
狂乱物価	164
近隣諸国条項	24
グリーン・ツーリズム	69
グローバル化	86, 94, 216, 218, 228
軍艦島(端島)	108
警察予備隊	151
系統学習	9, 42
契約	184, 187
原子力発電	51, 76, 90
原水禁運動	156
「現代社会」	15, 178
原爆投下	143, 156
原発ゼロ基本法案	90
原発問題	172
権力分立	188, 204, 230
広域採択	24
公害裁判	84, 182
公教育教授定型	19
公共的な空間	13, 178, 180, 188
公共の扉	179, 180, 183, 188
高度経済成長	158, 164, 168
幸福と公正	182
公民的分野	11, 12
功利主義	182
国際連合憲章	137, 146, 179
黒人奴隷	112
国土地理院	54, 59, 61, 93
国民国家	70
国連加盟国	52, 71
五・四運動	131, 132
個人と社会	180, 182
国旗	102
子どもが動く社会科	14
子どもの権利条約	78, 187
米騒動	134
今昔マップ	58
コンピテンシー	13

【さ行】

災害	51, 52, 54, 60, 64, 68, 82, 88, 92
再生可能エネルギー	76, 81, 83, 90, 227
裁判員裁判	202
サスティナブルラベル	80
ザブトン型	11
サプライチェーン(供給連鎖)	79
サライェヴォ事件	128
三・一運動	131, 132, 135, 150
産業革命	108, 110, 115, 126, 134, 180, 226
3K依存経済	97
3大都市圏	94
サンフランシスコ講和条約	149, 151, 155
自衛隊	171, 179, 194
ジェニー紡績機	110
ジェファソン	112
ジェンダー規範	118
シオニズム	75
資源・エネルギー問題	172
思考実験	179, 182, 185, 221
「時事問題」	8
市場機構	180, 208
市場の失敗	208
自然権	185
持続可能な社会	50, 52, 91, 93, 104, 172, 214, 219, 226
下からの道	15, 18
視聴覚教材	36, 54
実践記録	21, 23
実物教材	17, 23, 24, 36, 193
児童労働	69, 78
シベリア出兵	131
資本主義	105, 110, 119, 123, 124, 126, 130, 134, 158, 165, 166, 180, 198, 210, 218
島津斉彬	115
四民平等	118
社会参画	13, 178
社会主義	101, 111, 130, 135, 146, 155, 166, 208
社会主義思想	111, 131, 134
社会認識	18, 46
住民投票	205
授業デザイン	18
縮尺	55, 57
主権者教育	41, 178, 196, 222
主体的対話的で深い学び	9, 42
「主たる教材」	18
少子化対策	67
少子高齢化	212, 214, 224
少数派の人権保護	189
情報モラル	45
初期社会科	8, 10, 50
植民地主義	126, 155, 174
白いバラ	139
人権保障	188, 198
人口ピラミッド	66
人口問題	66
新自由主義	170

項目	ページ
真正な評価	19
新聞学習	17, 19, 38
新兵器	129, 172
水害と市政	9
水害碑	89
スコール	62
ストリートチルドレン	68
スパルタクスの反乱	15
スローフード	69
政治的中立	41, 197
成人年齢	193, 199
世界がもし100人の村だったら	64
世界人権宣言	187
世界文化遺産	109
石油危機(石油ショック)	30, 164
石油(石油資源)	30, 76
先住民族の権利に関する国際連合宣言	98
専守防衛	179, 195
全体主義	138
選択「社会」	12
ソヴィエト政権(連邦)	130, 132, 142
臓器移植	183, 220
総合社会科	8, 10
総力戦	128, 130
祖国復帰運動	149

【た行】

項目	ページ
第一次世界大戦	106, 128, 130, 132, 134, 136, 138, 142, 146, 148, 150
大気の大循環	63
第五福竜丸	156
大正デモクラシー	134, 148
大西洋憲章	146
第二次世界大戦	138, 142, 153
田中裕一	14
単元習作	19
治安維持法	134
地域活性化事業	95
地域紛争	166
地球環境問題	172, 226
地球サミット	68
地形図	54, 58, 92
知識主義	9, 11
地図投影法(図法)	57, 58
秩父事件	121
千葉宅(卓)三郎	121
地方自治	188, 199, 204
地方消滅	95
中東	72, 74
中東戦争	160, 164, 166
朝鮮人虐殺	107
朝鮮人徴用工	109, 126
朝鮮人民共和国	150
朝鮮戦争	150, 154, 166
地理院地図	44, 54, 58
地理オリンピック	92
津波てんでんこ	61
帝国主義	122, 124, 128, 130, 133, 134, 150
ディベート	17, 19, 40
出前授業	193, 217
デューイ	8, 42
テロ対策特別措置法	171
電子黒板	44
ドイツ人捕虜収容所(習志野俘虜収容所)	105
同化政策	105, 116, 174
東京一極集中	94
東京ジャーミイ	65
東遊運動	132
独占禁止法	209
独立宣言	112, 185, 187
トラフ	55, 61, 89

【な行】

項目	ページ
ナチス	138, 143, 153, 160, 188, 230
南京事件	140, 174
難民(難民条約)	101, 224
ニーチェ	51
21世紀型能力	13
日米安全保障条約	150, 164, 200
日韓議定書	122
日韓基本条約	126, 151
日韓請求権協定	126
日清・日露戦争	122
日中韓青少年歴史体験キャンプ	174
日本軍「慰安婦」	126, 145
日本国憲法	121, 148, 158, 176, 180, 185, 187, 188, 198, 204, 214
日本国憲法第9条	136, 179, 194, 200
「日本社会の基本問題」	19
日本のアジア侵略	140
人間の尊厳	187, 188, 230
ネット・ロア	64

【は行】

項目	ページ
ハーグ平和会議	106
π型	11
ハザードマップ	55, 88, 93
場所請負制	98
発問	15, 19, 20, 26, 29, 33
パフォーマンス評価	19
パリ協定	53, 77, 83, 226
バルフォア宣言	75

項目	ページ
パレスチナ(難民)	74, 160
パレスチナ(問題)	74
板書	19, 23, 26, 29
バンドン十原則	154
東日本大震災	61, 76, 88, 90
ビキニ水爆実験	156
非同盟(諸国)	154
ヒトラー	26, 138, 142, 153, 230
評価規準	20
ファシズム	138, 142, 146, 230
フィールドワーク	34
風船式地球儀	56
フェアトレード	69, 81
フォン・ボイ・チャウ	132
福島第一原子力発電所	76, 90
不戦条約	136
ブッシュ・ドクトリン	170
プライバシー	183, 190, 194, 198
プラザ合意	168
不良債権	211
プレートテクトニクス	60
ベアテ・シロタ・ゴードン	148
米軍基地問題	96, 195, 200
平和五原則	154
平和主義	194, 206
ベトナム戦争	101, 162, 166
ベトナム特需	162
ベトナム独立運動	132
ベトナム反戦運動	162
ベルツの日記	120
ペレストロイカ	167
変動為替相場	164
防災	51, 55, 61, 88, 93
防災庁	89
訪日外国人	100
法の支配	185, 188
ポートフォリオ	19, 47
北海道旧土人保護法	117
ポツダム会談	143
ポツダム宣言	143, 148
ホッブズ	184
ホロコースト	139, 152, 161
本初子午線	56

【ま行】

項目	ページ
マイクロプラスチック	85
マグニチュード	60
学びの共同体	26
マルタ会談	166
満州移民	144
満蒙開拓青少年義勇軍	144
ミッドナイトサン	62
水俣病	14, 35
民権運動	120, 148
民族自決	128, 130, 132, 146, 150
民族(民族主義)	70
民本主義	134
ムスリム	65, 72, 100
無着成恭	9
ムハンマド	72
メディアリテラシー	45, 86
メルケル首相	152
模擬裁判	202
模擬選挙	196
モノ教材	15, 124
森は海の恋人	85
問題解決	42, 182, 222, 228

【や行】

項目	ページ
安井俊夫	14
靖国神社参拝	174
山びこ学校	9
ヤルタ会談	143, 166
ユニオン・ジャック	102
吉田定俊	9

【ら行】

項目	ページ
立憲主義	185, 188
リプロダクティブヘルス・ライツ	67
琉球三分割案	116
琉球処分	116
琉球貿易	115
ルーブリック評価	47, 202
ルソー	184
ルワンダ大虐殺	125
冷戦	127, 147, 150, 166
冷戦の終結	166
レーニン	130
歴史認識	22, 46, 140, 151, 174
労働基準法	216
ロールズ	182, 185
ロールプレイ	193, 202, 225
ロシア革命	130
ロストウ	158
ロック	184
論争問題	41, 178

【わ】

項目	ページ
ワイマール憲法	142, 188, 198, 230
忘れられる権利	190
われわれ意識	70

■編者紹介

和井田 清司（わいだ せいじ）　武蔵大学教授
- [略　　歴] 東京教育大学卒（経済学）、筑波大学大学院修了（学校教育学）、千葉県公立高校教諭、上越教育大学助教授・教授、国士舘大学教授を経て現職
- [専門分野] 教育実践研究、高校総合学習、社会科教育
- [主要業績] 『高校総合学習の研究』（三恵社）、『戦後日本の教育実践』（学文社）、『高校初期社会科の研究』（共著、学文社）ほか

篠塚 明彦（しのづか あきひこ）　弘前大学教授
- [略　　歴] 早稲田大学卒（東洋史学）、上越教育大学大学院修了（教育学）、神奈川県公立高教諭、筑波大学附属駒場中・高校教諭、弘前大学准教授を経て現職
- [専門分野] 歴史教育、社会科教育
- [主要業績] 『地域から考える世界史』（共著、勉誠出版）、『越境する歴史教育』（共著、教育資料出版会）、『教科書と一緒に読みたい津軽の歴史』（編著、弘前大学出版会）ほか

小林 汎（こばやし ひろし）
- [略　　歴] 東京教育大学卒（地理学）、筑波大学附属駒場中高教諭・副校長、筑波大学教授、地理教育研究会事務局長・理事長
- [専門分野] 地理教育、社会科教育、教科教育方法論
- [主要業績] 『地球人の地理講座（全5巻）』（共著、大月書店）、『地理教育をつくる50のポイント』（共著、大月書店）、『中等社会科ハンドブック―＜社会・地歴・公民＞授業づくりの手引き』（共著、学文社）、『中等社会科の研究』（共著、三恵社）ほか

吉本 健一（よしもと けんいち）　至学館大学教授
- [略　　歴] 明治大学（農学）・法政大学（地理学）卒、同志社大学大学院修了（政策科学）、神戸大学大学院修了（法学）、大阪府立高校教諭、中京女子大学（現・至学館大学）助教授・教授（現職）
- [専門分野] 社会科（地理）教育
- [主要業績] 『中等社会科ハンドブック』（共著、学文社）、『授業で使いたい教材資料』（清水書院）、『知るほど面白くなる日本地理』（日本実業出版社）ほか

大野 一夫（おおの かずお）
- [略　　歴] 法政大学卒（政治学）、千葉県公立中学校教諭、歴史教育者協議会事務局長、東洋大学・武蔵大学ほか（非常勤講師）
- [専門分野] 歴史教育、社会科教育、教科書研究
- [主要業績] 『新・歴史の授業と板書』（地歴社）、『仕事の絵本』第6巻（大月書店）、『新・公民の授業80時間』（地歴社）、『しらべよう！世界の選挙制度』全2巻（汐文社）、『すっきり！わかる 歴史認識の争点Q&A』（共著、大月書店）、『中等社会科の研究』（共著、三恵社）ほか

米山 宏史（よねやま ひろふみ）　法政大学中学高等学校教諭、武蔵大学・東京外国語大学非常勤講師
[略　　歴] 専修大学卒（歴史学）、横浜国立大学大学院修士課程修了（社会科教育専攻歴史研究専修）、学習院大学大学院博士後期課程単位取得退学（歴史学）
[専門分野] 高校世界史教育、社会科教育、ローマ帝国とドナウ川・黒海西岸地域史（古代ルーマニア史）
[主要業績] 『躍動する古代ローマ世界』（共編著、理想社）、『未来を切り拓く世界史教育の探求』（花伝社）ほか

田中 祐児（たなか ゆうじ）
[略　　歴] 名古屋大学卒（哲学・社会学）、埼玉県立高校教諭、武蔵大学（非常勤講師）
[専門分野] 高校社会科教育
[主要業績] 『考える政治と経済』（共著、ほるぷ出版）、『格差社会と若者の未来』（共著、同時代社）、『中等社会科の研究』（共著、三恵社）ほか

杉浦 正和（すぎうら まさかず）　武蔵大学非常勤講師
[略　　歴] 一橋大学卒（社会学部）、筑波大学大学院修了（社会科教育）、日立製作所社員、芝浦工業大学柏高等学校教諭・教頭・非常勤講師を経て現職
[専門分野] 社会科（公民）教育、人権教育、生徒会研究
[主要業績] 『原発、是か非か』（ほるぷ出版）、『生徒が変わるディベート術』・『授業が変わるディベート術』（共編著、国土社）、『手に取る公民・現代社会教材』（地歴社）、『判決から読みとく日本』（本の泉社）ほか

中等社会科 100 テーマ
〈地理総合・歴史総合・公共〉授業づくりの手引き

2019年 8月 9日　初 版 発 行
2022年11月10日　第二刷発行

編著者　和井田 清司・篠塚 明彦・小林 汎・吉本 健一・
　　　　大野 一夫・米山 宏史・杉浦 正和・田中 祐児
定　価　本体価格 2,000 円＋税
発行所　株式会社　三恵社
　　　　〒462-0056 愛知県名古屋市北区中丸町 2-24-1
　　　　TEL 052-915-5211　FAX 052-915-5019
　　　　URL http://www.sankeisha.com
本書を無断で複写・複製することを禁じます。乱丁・落丁の場合はお取替えいたします。
ISBN:978-4-86693-089-3 C2037 ¥2000E